权威·前沿·原创

皮书系列为
"十二五""十三五"国家重点图书出版规划项目

中国社会科学院创新工程学术出版项目

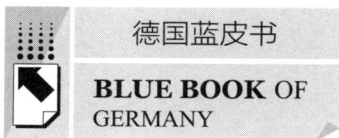

德国蓝皮书

BLUE BOOK OF
GERMANY

德国发展报告
（2018）

ANNUAL DEVELOPMENT REPORT OF GERMANY
(2018)

默克尔 4.0 时期的德国何去何从

同济大学德国研究中心
主　编／郑春荣

社会科学文献出版社
SOCIAL SCIENCES ACADEMIC PRESS (CHINA)

图书在版编目（CIP）数据

德国发展报告. 2018：默克尔 4.0 时期的德国何去何从 / 郑春荣主编 . -- 北京：社会科学文献出版社，2018.6

（德国蓝皮书）

ISBN 978 - 7 - 5201 - 2936 - 7

Ⅰ. ①德… Ⅱ. ①郑… Ⅲ. ①社会发展 - 研究报告 - 德国 - 2018 ②经济发展 - 研究报告 - 德国 - 2018 Ⅳ. ①D751.6 ②F151.64

中国版本图书馆 CIP 数据核字（2018）第 134097 号

德国蓝皮书

德国发展报告（2018）

——默克尔 4.0 时期的德国何去何从

主　　编 / 郑春荣

出 版 人 / 谢寿光
项目统筹 / 祝得彬　王晓卿
责任编辑 / 王晓卿　郭红婷

出　　版 / 社会科学文献出版社 · 当代世界出版分社（010）59367004
地址：北京市北三环中路甲 29 号院华龙大厦　邮编：100029
网址：www. ssap. com. cn
发　　行 / 市场营销中心（010）59367081　59367018
印　　装 / 三河市龙林印务有限公司

规　　格 / 开　本：787mm × 1092mm　1/16
印　张：27.5　字　数：416 千字
版　　次 / 2018 年 6 月第 1 版　2018 年 6 月第 1 次印刷
书　　号 / ISBN 978 - 7 - 5201 - 2936 - 7
定　　价 / 168.00 元

皮书序列号 / PSN B - 2012 - 278 - 1/1

德国蓝皮书编委会

主　　编　郑春荣

编　　委　（按姓氏笔画排列）

　　　　　　伍慧萍　朱宇方　朱苗苗　陈　弢　庞一琳

　　　　　　武亚平　郭　婧　胡春春　俞宙明

主编简介

郑春荣 教授、博士、博士生导师，同济大学德国研究中心主任，德国问题研究所/欧盟研究所所长，《德国研究》杂志副主编、《德国发展报告》（"德国蓝皮书"）主编，学术兼职：中国欧洲学会常务理事、德国研究会副秘书长、欧盟研究会理事，上海欧洲学会副会长、上海国际关系学会常务理事。研究方向：德国政治制度、外交与安全政策、欧洲一体化、中德与中欧关系研究。主持国家社会科学基金、上海哲学社会科学规划项目以及外交部、教育部等委托课题多项，迄今在国内外核心期刊发表论文80余篇，出版专著、编著3部，主编5部，参与主编3部，另有译著2部。

摘　要

2017 年 9 月 24 日，德国举行了联邦议院选举，随着德国另类选择党（AfD）作为第三大党首次进入联邦议院，德国迎来了 6 党体制，这也造成新政府组阁过程一波三折。在经历了德国历史上最长的组阁过程之后，默克尔领导的基民盟/基社盟和社民党终于在 2018 年 3 月 14 日再次组成大联合政府，新政府在《联合执政协议》中确立了"欧洲新觉醒、德国新动力、国家新团结"的目标。有鉴于此，本书重点关注德国联邦议院选举的过程、结果及其影响，以及德国新政府在新形势下确立的内政、外交新目标与举措。

本书的政治篇重点评述了联邦议院选举。2017 年，德国政局跌宕起伏。在大选年里，德国不仅举行了联邦总统选举，而且还在萨尔州、石勒苏益格 – 荷尔斯泰因州、北莱茵 – 威斯特法伦州和下萨克森州举行了四个州议会选举。在地方层面，德国另类选择党继续取得选举成功。2017 年，联邦议院选举的主导议题仍然是围绕难民问题的讨论。在联邦议院选举中，两大执政党均遭遇了选举失利，基民盟、基社盟和社民党的得票率均创 1949 年以来的最低值，而德国另类选择党则成为联邦议院的第三大政治力量。由此不仅改变了德国政党构成的光谱，也为未来政局的发展增添了不确定性。黑黄绿三党结盟组阁的试探性磋商因自民党的退出而破裂。经过联邦总统的斡旋，原先决定充当反对党的社民党愿意与基民盟/基社盟举行试探性磋商。此后该党特别党代会通过决议，同意进一步与联盟党就重组大联合政府举行正式谈判。社民党在组阁中得利最多，基社盟次之，基民盟则最少。《联合执政协议》由社民党党员票决认可并交三党领袖签署后，黑红大联盟终于起死回生。历经近半年组建的第四届默克尔内阁在施政中仍将面临挑战与风险。

2017 年，德国经济表现出色，国内生产总值增长 2.2%，失业率降至 5.7%。但从供应侧看，制造业回升仍显疲软，增长率为 1.8%；从需求侧看，私人需求和固定资产投资回升明显，增长率分别为 2.2% 和 3.3%，前者与国内生产总值增长率持平，后者明显超过国内生产总值增长率。2017 年，德国公共财政连续四年实现盈余，为实施积极的财政政策赢得了空间。面对来自国内外多方面的挑战，德国政府提出了加强公共设施和工业基础建设、促进教育与科研、健全竞争秩序、完善社会保障、反对贸易保护主义、开展国际合作等一系列政策，以期对提高经济增长潜力、保证社会公平、维护欧盟团结和稳定国际秩序发挥积极影响。2018 年，德国经济表现将主要取决于需求侧，预计国内生产总值增长率为 2.7%。

本书的经济篇有专文分析德国"工业 4.0"战略的进展。以"工业 4.0"为代表的高科技战略是德国革新产业结构、促进新兴和尖端产业发展的重要举措。在过去这两年的时间里，"工业 4.0"的实际应用案例已经出现在德国许多地区，不过这些应用呈现出较为明显的地区差别，它们多集中在鲁尔区、斯图加特、慕尼黑和柏林及其周边地区。作为"工业 4.0"的重要议题，数字化也呈现出蓬勃发展之势，从企业生产的数字化，到宽带网络扩建以及相关的法律制定，都有了实质性的推进。从企业层面来看，大型企业的"工业 4.0"实施速度和规模都要优于中小企业，中小企业在数字化和智能化改造方面出现了滞后。德国政府在中小企业迫切需求的领域，比如研发资金和实验环境，都给予了新的支持。但在一系列措施推进的同时，网络保护和数据安全成了各方都必须面对问题，而且这个问题在网络化的生产环境下变得越发紧迫。同时，"工业 4.0"在改变生产方式的同时，也对社会结构造成了冲击，人与机器如何相处、未来员工在生产流程上的位置和所需技能，都是企业、社会和政府所面临的挑战。本书的经济篇还有专文分析了德国新政府能源与气候政策的背景、内容与挑战。2017 年，德国能源转向和气候政策的实施效果与预期目标存在较大缺口。除了可再生能源扩建目标超出预期，其他主导领域的能源和气候指标都与目标存在偏差。德国新政府明显降低了能源与气候政策在工作中的优先级别。按照执政协议，意味着德国实质上放弃了国际气候保护先行者的地位。德国如果不采取紧急、充分的措施，不仅无法实现 2020 年的能源与气候目标，而且会影响到 2030 年的目标实现。

本书的社会文化篇首先通过奥地利作家罗伯特·梅纳斯以欧洲精英为观照对象的长篇小说《首都》来关注欧洲的时代精神。小说情节与欧洲人的生活密切相关，为欧洲社会急需回答的问题尤其是面向未来的欧洲认同问题提供了可能的答案，并为不可避免的时代变迁提供了文化解释。其后，鉴于德国在"面对过去"方面时常被视为楷模，社会文化篇有专文论述德国在"面对过去"方面遇到的新问题及德国政府的立场。此外，社会文化篇还有专文分析了德国数字教育的现状、趋势与挑战，也述及了新政府《联合执政协议》中的相关内容。德国的数字教育战略与德国整体数字化战略一样，都仍然处于成型阶段，如能在本届政府任期内进一步解决职权分散问题，并改善数字教育的外部条件，则教育的数字化进程将可得到长足发展，为德国经济与社会的数字化进程起到应有的推动作用。最后，社会文化篇还有专文从德国的难民融入政策出发，重点论述了难民语言融入措施及其效果。在大量难民涌入德国后，相关课程位置不足、教师短缺等成为德国政府在制定难民融入政策时必须面对的问题。

本书的外交篇聚焦德法、德美和中德关系。2017 年，欧洲一体化改革迎来机遇之窗，德法轴心重新启动，法、德、欧盟三支力量为一体化改革注入动力，欧盟有望在安全与防务、欧元区改革等主要议题领域取得进展。不过，迄今各种方案对于改革方向和路径存在明显分歧，德法新轴心的磨合程度和各方力量博弈结果牵制并决定着此轮改革进程的实际收获。德美关系方面，在"美国优先"的口号下，特朗普政府奉行贸易保护政策，承担北约防务的意愿有所下降。这一方面破坏了跨大西洋伙伴关系的合作基础，另一方面也赋予双方审视跨大西洋联盟合作原则、目的和策略的重要契机。必须认识到，随着世界权力中心的转移，跨大西洋伙伴关系在维系国际秩序、捍卫西方自由和民主的价值理念的过程中依然是德美双方最重要的战略资源。

在中德关系方面，2016年，德国首次成为中国对外直接投资的最大接收国，而且中国对德国的年度直接投资额首次超过德国对中国的投资额。尤其是近两年来，中资企业对德国高科技公司的并购热潮引发了德国社会各界的担忧和激烈反应。2017年，德国政府一反过去的温和立场，在致信欧盟未果之后，率先自行收紧了对海外直接投资的审核控制。本篇有两篇文章述及中国在德投资在德国产生的影响以及德国各界对此的看法。正是在前述背景下，当前德国出现了自2007年以来的第二次对华政策辩论，其实质是一股对中国的新"怀疑主义"思潮，认为应该对中国采取强硬的立场，这股新"怀疑主义"思潮正推动德国对华外交进行新一轮的调整。与以往不同的是，此次不仅是具体政策层面的"战术性"改变，还涉及对华理念的"战略性"反思；不仅是德国单独做出的调整，而且在相当程度上反映了欧盟整体的某种"共识"；此次调整不单是欧洲"中国观"变化的结果，也是包括美国在内的"大西方"对华外交"集体转向"的关键组成部分。最后，外交篇还有专文论述近年来德国在阿富汗的政治经济活动，包括中德双方在阿富汗重建中的合作机遇与挑战。

关键词：德国　联邦议院选举　经济形势　社会融入　外交政策

目 录

Ⅰ 总报告

Ⅱ 政治篇

Ⅲ 经济篇

皮书数据库阅读**使用指南**

总 报 告

General Report

B.1
"默克尔4.0政府"的内政、外交走向[*]

B.1
"默克尔4.0政府"的内政、外交走向[*]

郑春荣[**]

摘　要： "默克尔4.0政府"确立了"欧洲新觉醒、德国新动力、国家新团结"的目标。从"三和弦"的关系看，无论是"欧洲新觉醒"，还是"德国新动力"，最终都是为了实现德国"国家新团结"。本次大选的两个输家基民盟/基社盟和社民党在组成联合政府后，把国内政策的重心放在了民生问题上，重点解决国内社会的分化问题，力求重塑德国社会的团结。"大"联合政府的行动能力有所缩水，最大的挑战在于如何面对德国另类选择党在联邦议院内外发起

----

[*] 本文为国家社会科学基金一般项目"德国外交政策新动向及我国对策研究"（项目编号：14BG009）的相关成果。

[**] 郑春荣，教授、博士，同济大学德国研究中心主任、同济大学德国问题研究所/欧盟研究所所长。

的"攻击"。在外交上，德国新政府"立足欧洲，放眼全球"，有意愿延续上届政府开启的积极有为外交，通过"增加投入"落实"欧洲命运自主论"。目前，欧盟可以说迎来了改革的"窗口期"，但是，留给德国与欧盟的时间并不多，因为夏季过后，欧盟就会进入2019年欧洲议会选举的竞选阶段。如果不能在英国脱欧、欧盟改革等议题上尽快取得突破，无异于又会给欧盟内的民粹主义势力提供新的竞选弹药。

关键词： 德国　大联合政府　社会福利　国内安全　欧洲命运自主论

德国2017年9月24日的大选过去171天后，德国基民盟/基社盟（联盟党）和社民党终于在2018年3月14日组成了新政府，默克尔总理得以开启其第四个任期（默克尔4.0）。这次组阁过程在联邦德国历史上是最长的：在大选后，先是社民党因选举结果糟糕执意充当反对党，由此只剩下联盟党、自民党与绿党组成黑黄绿联合政府（牙买加联盟）的可能性，但是这一跨政党阵营的试探性会谈最终夭折。在联邦总统施泰因迈尔的说服下，社民党回心转意，重回谈判桌。但其间社民党党内反对重新组建大联合政府的声音日益响亮，好在社民党党代会在2018年1月21日以56.4%的赞成票同意在预先会谈结果的基础上与联盟党展开正式的联合执政谈判，而3月4日社民党宣布对最终《联合执政协议》的党员公投结果为66.02%的党员投了赞成票。新政府组建如此一波三折，足以说明德国历来以稳定著称的政治格局出现了某些变化。尤其是这个"旧的"新政府不能再"旧瓶装新酒""混日子"，而是必须谋求有所改变。联邦总统施泰因迈尔也在内阁任命仪式上呼吁新政府重新从民众那里"赢回失去的信任"。

为此，新政府确立了"欧洲新觉醒、德国新动力、国家新团结"① 的目标。这三个目标都被冠以"新"字，足以说明新政府求变的决心。从"三和弦"的关系看，无论是"欧洲新觉醒"，还是"德国新动力"，最终都是为了实现德国"国家新团结"。默克尔在就职后的首次联邦议院政府声明中也强调了增强德国社会团结的必要性和路径②。那么，新政府拥有怎样的行动能力来实现"三和弦"目标，在内政外交上将采取哪些措施，又面临怎样的挑战，这是本文以下将分析的内容。

一 "大"联合政府有所缩水的行动能力

德国此番艰难组成的大联合政府是默克尔与社民党组成的第三个大联合政府，不过它已是一个严重缩水的"大"联合政府。从联盟党与社民党的得票率总和看，在2005年默克尔领导下的第一个大联合政府，联盟党与社民党的得票率总和为69.4%，到2013年第二个大联合政府时已经减少为67.2%，默克尔大联合政府3.0版则更是跳水为53.4%。联盟党、社民党两大全民党，尤其是后者面临着有名无实的尴尬，社民党在2017年9月大选中20.5%的得票率离学者对于全民党定义所需的至少30%的得票率相去甚远③。对于执政联盟来说更为严峻的潜在挑战是，在组阁谈判的过程中，社民党的民调得票率甚至依然在创新低。根据ARD德国趋势的2月民调，社民党的得票率跌至18%，和紧随其后的德国另类选择党（14%）仅相差4个百分点。由此可见，两大党长期联合组阁所造成的卡特尔政党模式④，进一步削弱了两大

---

① *Ein neuer Aufbruch für Europa. Eine neue Dynamik für Deutschland. Ein neuer Zusammenhalt für unser Land. Koalitionsvertrag zwischen CDU, CSU und SPD*, Berlin, 07. 02. 2018.

② "Regierungserklärung von Bundeskanzlerin Merkel", 21. März 2018, https://www. bundesregierung. de/Content/DE/Regierungserklaerung/2018/2018 – 03 – 22 – regierungserklaerung – merkel. html.

③ Manfred G. Schmidt, *Wörterbuch zur Politik*, 3, überarbeitete und aktualisierte Auflage, Stuttgart: Kröner-Verlag, 2010.

④ 高奇琦、张佳威:《卡特尔政党模式在德国的兴起及其动因分析》,《德国研究》2016年第1期, 第18~32页。

全民党的力量，而增强了小党的吸引力，这使德国政党体制的碎片化趋于稳固①。随着两大党左右共治格局的延续，人们有理由担心，大党的颓势还会延续。

此外，大党内部的领导层与基层之间的撕裂依然产生着内耗影响。例如，这反映在社民党内部青年团发起的"不要大联合"（No GroKo）运动中。尤其是前欧洲议会议长、社民党主席马丁·舒尔茨（Martin Schulz）在是否组建大联合政府以及他本人会不会加入默克尔领导下的内阁问题上出尔反尔，最终被迫辞去党主席职务，由社民党联邦议院党团主席安德烈娅·纳勒斯（Andrea Nahles）临危接棒，但是这位德国历史最悠久政党的首位女主席能否平息党内基层的反叛，仍然是个未知数。如果在参与执政的过程中，社民党的民调数据往下走，那么主张组成大联合政府的社民党现有党内高层就会面临非常大的压力。

在基民盟方面，党内基层对于默克尔所领导的团队在与社民党的联合执政谈判中的退让也有诸多不满。在2018年2月26日的基民盟柏林党代会上，近1000名代表中仅27名对《联合执政协议》投了反对票，应该说绝大多数人支持组建大联合政府，但是这不能掩盖基民盟内部对大选结果糟糕、在组阁谈判中对社民党让步太多的不满，包括基民盟拱手让出财政部。为了平息党内的批评意见，默克尔在党代会前做了一些迎合批评者的人事安排。例如，基民盟政府阁僚的年轻化，包括施潘（Jens Spahn，37岁，卫生部长）、克吕克纳（Julia Klöckner，46岁，农业部长）、卡里切克（Anja Karliczek，46岁，教育部长）的入阁，尤其是属于基民盟内保守派、曾与默克尔的难民政策保持距离的施潘的入阁，被视为默克尔向党内反对派释放的一个善意的和解信号。此外，萨尔州州长克兰普-卡伦鲍尔（Annegret Kramp-Karrenbauer）主动"请缨"出任基民盟新任秘书长，这位因在社会问题上持保守立场但在福利政策上持自由态度而"左右通吃"的女士将负

---

① Patrick Gensing, "SPD in der Krise Volkspartei ohne Volk?", tagesschau. de, 02. 02. 2018, http：//faktenfinder. tagesschau. de/inland/spd – volkspartei – 101. html.

责基民盟的革新，包括基民盟基本纲领的修订。这一人士安排也使默克尔暂时摆脱了党内对其不谋求党的革新的批评。有"小默克尔"之称的克兰普－卡伦鲍尔也获得了在联邦政治层面施展手脚的舞台，她被基民盟内许多人士视为接班默克尔的希望之星。不管怎样，两大党依然面临着如何弥合党内高层与基层之间的裂痕、重新凝聚党内团结的问题。

除了"大"联合政府本身席位的缩水，更加令大联合政府头疼的是德国另类选择党在议会中的掣肘。有研究指出，2017 年的大选是参选率上的社会分化（social divide）显著缩小的一次，这主要得因于"德国另类选择党的效应"，它动员了通常参选率最低的社会问题区域选民的投票。但与此同时，这次大选也揭示了德国社会一条新的分歧线的形成，即现代化赢家和输家或者说开放与封闭立场之间的对立。这条新的分歧线已经对德国议会中的辩论文化尤其是在难民移民相关问题上的话语方式产生了影响，而且，不能排除的是，这条分歧线会对德国政党体制产生持久影响①。如今，作为议会内最大的反对党，德国另类选择党议员担任预算委员会主席，除此之外，它还占有法务委员会与旅游委员会的主席职位。根据联邦议院议事规程第54 条至 74 条②，委员会主席主要负责委员会会议的筹备、召集和领导工作，并负责委员会决议的实施③。因此，不能完全排除德国另类选择党会在预算委员会的程序上设置一些障碍。

对于大联合政府的行动能力，很重要的一个观测点在于，它是否在联邦参议院也拥有多数票。目前，黑红大联合政府在联邦参议院并不拥有多数票，它们在下萨克森州、梅克伦堡－前波莫瑞州、萨克森州和萨尔州联合执

---

① "The 2017 Bundestag Election: Election Results Reveal New Line of Conflict in Germany's Democracy", https://www.bertelsmann－stiftung.de/en/topics/aktuelle－meldungen/2017/oktober/the－2017－bundestag－election－election－results－reveal－new－line－of－conflict－in－germanys－democracy/.

② Geschäftsordnung des Deutschen Bundestages in der Fassung der Bekanntmachung vom 2. Juli 1980（BGBl. I S. 1237），zuletzt geändert laut Bekanntmachung vom 12. Juni 2017（BGBl. I S. 1877）.

③ 担任预算委员会主席的德国另类选择党议员彼得·伯林格尔（Peter Boehringer）反对欧元拯救措施和难民救助。

政，这些州的票数加上基社盟单独执掌的巴伐利亚州的票数，共为22票（总数为69票），离35票的多数还有一定的距离。它们要获得多数票，至少要借助三个州中参与执政的绿党的配合。例如，绿党和基民盟联合执政的巴登－符腾堡州，基民盟和绿党联合执政的黑森州，再加上社民党和绿党联合执政的汉堡或不来梅。总体来看，鉴于联盟党与社民党《联合执政协议》中通过的诸多改善社会福利的内容也是绿党所主张或支持的，因此，绿党预计不会在联邦参议院对大联合政府采取对抗路线。

需要指出，反对党左翼党、自民党和绿党虽然也在一些联邦州参与执政并因此在联邦参议院有代表，但是它们的影响力是有限的。它们虽然能够在联邦参议院阻挠有批准义务的法律。但是，对于没有批准义务的法律或反对党自身的动议，反对党缺少贯彻其异议所需的多数票。从黑红大联合政府的改革项目来看，不少是劳动力市场和养老金领域的改革，这些改革内容往往不属于有批准义务的法律，例如抑制对劳动合同无实质原因的限期、回归法定医疗保险中雇主和雇员保费的平等性、保持养老金占最后一次净工资48%的水平、引入基础养老金或租金价格刹车的强化等（详见下文）。但是，计划中的削减"团结附加税"这一相关法案会对联邦州财政产生影响，因此原则上是有批准义务的。同样的，将摩洛哥、阿尔及利亚、突尼斯以及其他避难认可比例低（5%以下）的国家列为安全来源国也属于有批准义务的法案。此外，明确属于有批准义务的有基民盟/基社盟与社民党提出的放宽联邦与州之间在教育领域的合作，为此还需要修改《基本法》，在联邦议院和联邦参议院都需要2/3多数通过。绿党、自民党和左翼党很长时间以来就要求废除此合作禁令，因此在这个议题上不会遭遇大的阻力。倒是在安全来源国认定问题上，可能会遭到绿党等的反对，因为绿党认为这有违个体申请避难的基本权利。[①]

"选举后便是选举前"，2018年10月，德国将迎来两场州议会选举，分

[①] "Macht der Bundesrat der Groko einen Strich durch die Rechnung?", Merkur. de, Feb. 9, 2018, https：//www. merkur. de/politik/macht－bundesrat－groko－einen－strich－durch－rechnung－zr－9603544. html.

别是巴伐利亚州州议会选举（10月14日）和黑森州州议会选举（10月28日）。尤其是巴伐利亚州州议会选举令人关注，根据2018年2月25日民调机构 Forsa 的民调数据，由于德国另类选择党会以10%左右的得票率进入州议会，基社盟的得票率为42%（在2013年的州议会选举中，基社盟得票率为47.7%，得以单独执政），基社盟很可能会失去独立执政的地位。基社盟在2017年9月的联邦议院大选中获得糟糕的结果（6.2%）之后，就曾提出过所谓的"10点计划"，要求联盟党（基民盟/基社盟）在纲领上向右转。由于面临州议会选举的压力，基社盟主席、联邦内政部长泽霍费尔上台伊始就有意再次挑起"伊斯兰是否属于德国"的讨论，通过表达在难民问题上的强硬立场来凸显自身形象，以期重新赢回流向德国另类选择党的选民，为10月的州议会选举造势。

总之，此番默克尔4.0版"大"联合政府的行动能力有所缩水，最大的挑战在于如何面对德国另类选择党在联邦议院内外发起的"攻击"。为此，联合执政的两党除了强调要加强政策上的协调，也特别要求加强议会中的辩论。这也可理解为，两大党希望通过加强与德国另类选择党在实质内容上的论争来对德国另类选择党进行"祛魅"处理。

二 内政重点议题：社会福利、安全与难民融入

近年来，德国的经济发展状况良好，这为新政府在内政上的作为提供了财政上的保障，这依然得益于德国的出口强势。五贤人委员会预计德国2018年的国内生产总值将增长2.3%，2019年预计为1.9%。当然，鉴于德国经济对出口的依赖，其良好的经济走势也有潜在风险，这主要是全球范围可能的贸易保护主义措施增加所带来的风险。具体而言，涉及英国脱欧谈判结果的不确定性，尤其是美国对进口钢铝征收惩罚性关税所带来的潜在影响。[①]

---

① "Neue Konjunkturprognose Kräftiges Wachstum-trotz Handelsstreits", tagesschau. de, 21. 03. 2018, http：//www. tagesschau. de/wirtschaft/wirtschaftsweise – 117. html.

新的《联合执政协议》共有 177 页，包含 13 个章节[①]。内政部分的主要内容是社会福利、国内安全与难民融入。本文以下简要解析新政府在内政领域达成的举措。

在谈判的最后关头，争议最大的是社民党对劳动力市场和卫生领域政策提出的要求。在劳动力市场领域，联盟党与社民党最后达成的妥协包括，对于有 45 名以上员工的企业，将引入从部分时间制工作返回全时制工作的权利，但是对于员工数为 45~200 名的企业，这一权利仅需给予 1/15 的员工，换言之，有 200 名以上员工的企业的员工才完全享有回归权。失业保险的保险费应降低 0.3 个百分点，而对于长期失业人员，联盟党与社民党则希望通过为一些工作提供公共补贴使他们再就业。联合执政谈判中一直持续到最后的一个争论点是劳动合同无实质原因的限期。在社民党的要求下，这种形式的限期由两年缩减为一年半，而且取决于公司规模，只有一定数量的有限期合同是被允许的，例如，有 75 名以上员工的企业未来只能对其员工总数的 2.5% 采取无实质原因的劳动合同限期，由此，连环有期限合同将被废除。在移民方面，联盟党和社民党都认为德国需要更多的专业人员的移入，为此，它们拟制定一部新的移民法，主要针对德国目前出现的各领域专业人才匮乏的情况。德国经济最显著的结构性挑战就是专业人才短缺，例如，2017年秋季的德国工商大会问卷调查中，被询问企业都将专业人才短缺列为最为重要的商业风险，而且这个问题的严重性呈现加剧态势；德国五贤人委员会的专家们也预计，劳动力的短缺会日益成为经济增长的阻碍。[②]

在卫生与护理方面，鉴于社民党要求废除德国在私人保险和法定保险投

---

① Katharina Schuler and Lisa Caspari, "Koalitionsvertrag: Keine Zeit für 177 Seiten? Worauf sich SPD und Union verständigt haben", Zeit Online, 07. 02. 2018, http://www.zeit.de/politik/deutschland/2018 – 02/grosse – koalition – koalitionsvertrag – union – spd; "GroKo – Gespräche: Was Union und SPD vereinbart haben", tagesschau. de, 07. 02. 2018, http://www.tagesschau.de/inland/union – spd – ergebnisse – 101. html; "Union und SPD: Das steht im Koalitionsvertrag", Spiegel Online, 07. 02. 2018, http://www.spiegel.de/politik/deutschland/groko – verhandlungen – das – steht – im – koalitionsvertrag – a – 1191414. html.

② "Neue Konjunkturprognose Kräftiges Wachstum – trotz Handelsstreits", tagesschau. de, 21. 03. 2018, http://www.tagesschau.de/wirtschaft/wirtschaftsweise – 117. html.

保人之间存在的所谓"二个等级医疗"，而联盟党却不愿让步，最后双方在《联合执政协议》中约定设立一个委员会来商定如何使医生在治疗法定保险和私人保险病人时的报酬能靠拢。按计划，这个委员会要在2019年年底前提出建议，到时再决定是否采取这些建议。另外，新政府将通过一份"紧急计划"来改善法定投保人的给付和获得保障的途径。在医疗保险费方面，法定医疗保险的保险费应重新由雇主与雇员各缴纳一半。目前固定的一般费率为14.6%，由雇主和雇员各缴纳一半，但是投保人还需独自承担一笔额外保费，这个保费的费率平均为1%。针对护理人员缺乏的状况，应"迅速且显著"改善养老院与诊所的劳动条件和收入状况。为此，应促进额外的岗位的设立，第一步是设立8000个新的专业人员岗位。在养老金方面，到2025年前，养老金水平即养老金与工资的比例不能低于48%，这是为了增强民众对法定养老保险长期稳定性的信心。与此同时，养老保险费率不能超过20%，对于2025年后的设计，将组建一个养老金委员会进行探讨。联合政府还准备引入一个基本养老金，其由养老保险机构支付，数额比社会基本保障水平高10%，其背后的逻辑是长期工作过的人应比不工作的人在老年时获得更多的收入。

新政府还从多方面为家庭减负。在子女补助金方面，每个孩子每月将提高25欧元，子女免税额也相应提高。此外，针对低收入群体的子女补助金也要提高。子女权利也将得到增强，会专门将其写入《基本法》。联盟党和社民党还决定引入所谓的"子女建房津贴"（Baukindergeld），每个家庭可就每个孩子获得1200欧元的津贴，期限为10年，使家庭建造或购买私有住宅更加容易。

联盟党与社民党还准备修改《基本法》，以便让联邦层面能更多地投资于地方上的全日制学校的扩建，目前联邦政府仅允许为财政状况薄弱的乡镇提供财政资助。另外，它们还计划为全日制学校的扩建和学生看护提供20亿欧元，还要引入获得全日制看护的请求权。联邦还准备与各州建立一个全国教育委员会，以便在德国教育联邦制的背景下使各州的中小学教育有更多可比性。

在税收与财政方面，联盟党与社民党在未来几年将继续保持2014年以来实现的"黑零"。尽管设定了这一目标，但新政府依然计划减税，具体是从2021年开始，要削减团结附加税。截至目前，所有的缴费者中将有90%的人不用再支付团结附加税，但是与原先的计划不同，《联合执政协议》未明确规定不用缴纳团结附加税的起始界限。

在难民管控和安全方面，新政府也着墨不少。首先，避难程序未来将在"中央的接纳、决定和遣返机构"中统一处理。那些享有辅助性保护的难民的核心家属成员的随迁，未来每月最多只能有1000人，对此保留现行的严苛规定。此外，未来难民的移入不能超过每年18万~22万人区间。在基社盟看来，这是它提出的设置难民上限的要求得到了贯彻，而社民党则认为，《基本法》规定的个体的避难权并未因此受到损害。为了加强国内安全，新政府计划在联邦和各州的安全机构分别增加7500个职位，司法部门也要增加6000个职位；为了管控恐怖主义分子，全德国范围内还将引入统一的标准。

综上所述，新政府的众多举措都旨在解决难民危机所带来的社会问题。2017年9月25日，即大选后一天，德国民调机构Infratest Dimap的民调显示，70%的被询问者担心德国社会日益两极分化，居第一位，其后是担心"犯罪行为未来会大幅增加"（62%）、"伊斯兰教在德国的影响会过于强大"（46%）以及"太多外来人来到德国"（38%）。至于对投票起决定性的议题，位于前列的分别是"中小学与教育政策"（64%）、"反恐"（59%）、"老年时的良好保障"（57%）以及"难民的移入"（27%）。默克尔在2018年3月21日其连任后的首次政府声明中也表示，德国社会因为难民危机而出现了分裂，尽管德国经济形势非常好，但德国人依然为自己的未来和社会团结忧虑，相关讨论极化了。默克尔认为本届联合政府的任务就在于"克服分裂并建立新团结"，德国的富裕必须让所有人有获得感[1]。为了实现贫困家庭、社会

---

[1] "Merkel：'Deutschland，das sind wir alle！'"，https：//www.bundesregierung.de/Content/DE/Artikel/2018/03/2018 - 03 - 21 - reg - erkl - kanzlerin. html.

弱者的减负，新政府还决定设立一个"生活状况等值性"委员会，目的是将各个部委的相关计划聚合起来，以便联邦与州和乡镇一起努力，满足德国民众对全国各地实现等值的生活水准的期待。

为了实现德国社会的团结，默克尔在政府声明中也明确表示，虽然德国的历史特征是基督教和犹太教，但是，同样正确的说法是，"450万生活在德国的穆斯林的宗教信仰即伊斯兰教如今也是德国的一部分"。此外，她还强调她是所有德国人的总理。这也是默克尔对联邦内政部长泽霍费尔所主张的"伊斯兰教不是德国的一部分，而在这里生活的穆斯林可能是"的言论的回应。这一讨论并不新，多年来都有相关讨论，"伊斯兰教（也）是德国的一部分"这句话被公认为是德国前总统克里斯蒂安·伍尔夫（Christian Wulff）首次提出的，蒂洛·扎拉青（Thilo Sarrazin）的《德国自取灭亡》一书引发广泛争论后，他在2010年10月3日的德国统一日讲话中做了这一表述①。

三　外交重点议题："欧洲命运自主论"

面对当前国际上存在的诸多不确定因素，德国新政府在外交上面临的挑战无疑是巨大的②。总体上，《联合执政协议》表明，德国新政府有意愿延续上届政府开启的积极有为外交。通过"增加投入"来落实"欧洲命运自主论"，可以说是协议传递出的主要信息③。

欧洲与跨大西洋关系一直是德国外交的两根支柱，需要并行不悖地维持

---

① Stephan Detjen, " Die Geschichte eines Satzes ' Der Islam gehört zu Deutschland ' ", *Deutschlandfunk Kultur*, 14. 01. 2015, http：//www. deutschlandfunkkultur. de/die - geschichte - eines - satzes - der - islam - gehoert - zu - deutschland. 1895. de. html? dram：article _ id = 308696.

② 对此的探讨与分析可参见 Christian Mölling and Daniel Schwarzer, eds. , *Außenpolitische Herausforderungen für die nächste Bundesregierung*, DGAPkompat Nr. 6/Sommer 2017。

③ 参见 Andreas Rinke, "Neue deutsche Verantwortlichkeit. Der Koalitionsvertrag zeugt von außen - und europapolitischem Aufbruchwillen", *Internationale Politik*, März/April 2018, pp. 78 - 82。

和推进。然而，鉴于特朗普治下的美国给跨大西洋关系带来的隔阂，德国把重心更多地放在欧盟身上。协议中也再次提到了这两个目标：一方面，欧洲必须在国际上更加独立、更有行动能力；另一方面，德国想要巩固与美国的联系。对此更为清晰的表述是："要更以欧洲为导向，但依然保持跨大西洋导向"。这种"疏美挺欧"的表述，也反映在对外关系内容的第一句话中："德国的外交政策致力于和平，牢固地扎根于联合国与欧盟。"虽然北约作为防务政策的支柱在后面部分也被提到，但其重要性有些不如从前。

与此相应，《联合执政协议》的第一个章节就是有关欧洲议题的内容，欧洲议题在《联合执政协议》中的突出地位是此前从未有过的，这固然是时任党主席、前欧洲议会议长舒尔茨领导下的社民党的核心要求，但是默克尔事实上也有意与法国总统马克龙重振德法轴心。默克尔在其连任后的首份政府声明中也特别强调欧洲，她要求欧盟各国有"更多的共同外交"，因为只有共同行动，欧盟才能捍卫其主权、利益、价值和保障富裕。对于法国总统马克龙而言，重要的是欧盟的经济政策尤其是欧元区改革。

法国总统马克龙在德国大选结束后两天即 9 月 26 日在巴黎索邦大学发表"重启欧洲"演讲，重申欧元区改革设想。具体内容包括设置一个欧元区财政部长新职位，拨出欧元区专属预算，并成立欧元区议会对预算进行监督[1]。由于联盟党与社民党的意见不统一，《联合执政协议》只是表示愿意拿出额外的预算资金，以便设立一个长期的欧元区投资性预算，此预算应为欧盟内部的经济稳固和社会趋同做贡献[2]。社民党方面认为这意味着结束了"紧缩至上"的政策，可以投入更多资金解决欧盟内的青少年失业等问题。

---

[1] 郑春荣：《欧元区改革方案为何难产》，上观新闻，2017 年 10 月 16 日，http：//www.jfdaily.com/news/detail？id＝68153。

[2] 2016 年，德国对欧盟预算的净缴费额近 130 亿欧元，为欧盟内最大净缴费国；其后是法国，其净缴费额为 82 亿欧元，英国位居第三，其净缴费额为 56 亿欧元。需要说明的是，英国 2015 年的净缴费额为 117 亿欧元。欧盟委员会测算，英国脱欧后的资金缺口为 100 亿~130 亿欧元。Hendrik Kafsack，"Deutschland zahlt mehr als doppelt so viel an die EU wie Großbritannien"，faz.net，26.11.2017，http：//www.faz.net/aktuell/wirtschaft/deutschland-bleibt-der-groesste-eu-nettozahler-15311451.html。

《联合执政协议》也表示致力于将欧洲稳定机制（ESM）转化为欧盟法框架里的"欧洲货币基金组织"。此外，联合政府在协议中主张要在欧盟层面实现对互联网巨头如谷歌、苹果、脸书和亚马逊等更为公正的征税。双方达成一致的还包括增强欧盟内的雇员权利以及订立一份"欧洲社会公约"。欧洲议会的地位要提高，并使欧盟公民能广泛参与有关欧盟改革的讨论。

不过，相较于欧元区改革，德国在欧洲议题上的首要关切是难民移民问题。为此《联合执政协议》提出要在难民政策上"团结地在欧盟内分担责任"，而且欧洲必须加强对外部边境的保护。事实上，2016 年，欧洲外部边境管理署（Frontex）改革为欧洲边境与海岸警卫队以来，情况已有较大改观，如今，根据联盟党与社民党的约定，默克尔要求增强警卫队的人员配置①，还要求引入入境与出境登记册。此外，默克尔希望在 2018 年 6 月的欧洲理事会会议上能就欧洲共同的避难体系达成一致。默克尔还要求加强与非洲国家的合作，以便清除逃难的根源。

与外部边境保护紧密相关的是，德国致力于推进欧洲在共同安全与防务领域的合作。在德法两国的联合推动下，2017 年 12 月，欧盟通过了由 25 个成员国签署的"永久结构性合作"防务合作协议（PESCO），未签署协议的国家是一向选择不参与欧洲防务决策的丹麦、马耳他和决定退出欧盟的英国，这是欧盟在安全与防务领域的"多速欧洲"实践。2018 年 3 月，欧盟公布了一份行动计划，旨在提高欧盟军事机动性，这个被称为"军事申根区"的行动计划，向建立欧洲防务联盟又迈出了一步②。在《联合执政协议》中，德国新政府表示要通过推动落实 PESCO 框架里提出的具体项目来赋予欧洲防务联盟活力，并且还表示要朝着建立"欧洲军"的方向采取进一步的步骤。

虽然《联合执政协议》未明确提及，但对于德国的欧洲政策而言，还

① "Merkel：Deutschland geht es nur gut, wenn es Europa gut geht", faz. net, 25. 02. 2018, http：//www. faz. net/aktuell/politik/inland/angela – merkel – europa – im – zentrum – der – grossen – koalition – 15462198/betont – die – bedeutung – europas – 15462213. html.

② 曾繁强：《欧盟离自主防务还有多远？》，《人民日报》（海外版）2018 年 4 月 7 日，第 6 版，http：//paper. people. com. cn/rmrbhwb/html/2018 – 04/07/content_ 1846374. htm。

包括如何处理英国脱欧的重要事宜。在欧英双方就欧盟公民在英国的权利以及英国在退出后的财政义务（即"分手费"）等争论点达成一致后，英国脱欧谈判终于在 2017 年 12 月进入第二轮，谈判的内容涉及未来英欧双边关系的框架条件以及英国 2019 年 3 月退欧后过渡期的设立问题。包括欧盟委员会主席容克和欧洲理事会主席图斯克在内的欧盟官员以及德国总理默克尔等都普遍认为第二阶段谈判要比第一阶段更艰难。截至目前，在金融服务、航空和货物贸易领域，双方意见分歧尤其巨大。欧盟在一年多前就曾暗示，欧盟希望与英国订立一份类似于和加拿大之间的 CETA 的自由贸易协定，而英国方面则希望保留比 CETA 更为深化的关系①，这也是考虑到 CETA 并未包含英国非常强大的金融业和保险业。2018 年 3 月，欧盟与英国的谈判代表宣布就脱欧协定的大部分内容以及脱欧后过渡期到 2020 年 12 月 31 日结束等达成了一致。欧洲理事会在 3 月 23 日的布鲁塞尔春季峰会上通过了英国"脱欧"第二阶段谈判纲领，强调致力于同英国建立"尽可能紧密"和涵盖经贸合作、安全防务及反恐等领域的伙伴关系，但欧盟也会考虑英国离开欧洲共同市场和欧盟关税同盟等诉求，对未来伙伴关系的深度有所限制。② 在此前的政府声明中，默克尔也表示欧盟和德国致力于与英国在未来建立一种友好而又紧密的关系。虽然英国表达了退出内部市场与关税同盟的意愿，但"核心是要根据事情的现状，通过谈判达成一份非常深入和详细的自由贸易协定"。除了贸易协定，欧盟还需与英国就脱欧后的以下三个领域达成约定：航空、司法合作以及外交、安全与防务问题。按计划，针对这些问题的要点，双方将会到 2018 年 10 月前在一份具体的政治声明中加以约定，届时，也会就贸易协定的要点进行约定。无论如何，硬脱欧对双方来说都将是两败俱伤。

---

① Raffaela Angstmann, "Die Brexit-Gespräche gehen in die zweite Runde", *Neue Zürcher Zeitung*, 15. 12. 2017, https：//www. nzz. ch/international/die－brexit－gespraeche－gehen－in－die－zweite－runde－ld. 1339727.

② 《欧盟峰会：致力于同英国建立"尽可能紧密"的伙伴关系》，新华网，2018 年 3 月 24 日，http：//www. xinhuanet. com/world/2018－03/24/c_ 1122585090. htm。

考虑到德国未来要承担的日益增加的国际责任，联盟党与社民党还达成一致，为防务与发展援助支出更多资金。这里特别值得关注的是，德国强调外交、安全、防务与发展政策手段的综合。为此，新政府决定从 2018 年至 2021 年利用预算上的余地，根据 1∶1 的比例，提高防务与发展援助支出。联盟党曾在竞选中要求把德国的国防支出从目前占国内生产总值的 1.2%，到 2024 年提高到北约所要求的 2%，但是由于社民党反对，《联合执政协议》中并未写入 2% 的目标。此外，军备出口应通过制定更为严苛的指令继续加以限制。为此，协议中规定，应停止向参与也门战争的国家输出武器，但是对于现有订单出于"信任保护"原因进行例外处理。在联邦国防军外派方面，驻阿富汗与马里的联邦国防军部队应增强，而与之相反，参与打击恐怖组织"伊斯兰国"的军事行动要加以限制。这主要是考虑到联邦国防军在伊拉克北部的培训行动已经取得了成效，德国有意将德国联邦国防军参与打击"伊斯兰国"的作战行动转变为当地的"能力建设"（capacity building）行动，也就是培训伊拉克的安全人员等，使他们有能力持久打击极端宗教主义。

在对美关系方面，特朗普上台以后的一些政策与举措已经损害了德国的战略利益。例如，美国国会通过的对俄罗斯的制裁损害了欧洲的经济利益，美国退出伊朗核协议增加了欧洲周边地区的战争危险，美国承认耶路撒冷为以色列首都也给中东和平进程带来了深远的负面影响。有鉴于此，时任看守政府外交部长加布里尔在科尔伯基金会主办的柏林外交政策论坛上的主旨演讲中指出，鉴于"特朗普治下的美国从打上西方烙印的多边主义可靠保证者的角色中后撤"，德国必须重新调整其对美政策。具体而言，必须在美国面前表现出更多独立性与自信；美国虽然仍然是德国最重要的全球伙伴，但是未来在德美伙伴之间德国必须力争实现"战略利益均衡"。在加布里尔看来，"只有当欧盟确定自身的利益并投射其实力，它才能存续"①。对于美国

① "Warum Europa eine neue Außenpolitik braucht – Rede von Außenminister Gabriel beim Forum Außenpolitik", 05. 12. 2017, https：//www. auswaertiges – amt. de/de/newsroom/berliner – forum – aussenpolitik/746464.

总统威胁并实际采取的对钢铝进口产品征收惩罚性关税，默克尔在政府声明中表示，征收此关税是违反国际法的，强调"封锁最后会伤及所有人"，并威胁要采取反制措施，但是，最后德国和欧盟满足于谋求例外地位。

在对俄罗斯政策方面，在"冷冻的冲突"（Frozen Conflicts）之外，德俄关系依然紧张，而英国南部小城索尔兹伯里（Salisbury）的间谍毒杀事件使得德俄、欧俄关系进一步疏远，包括德国在内的多个欧洲国家都驱逐了一定数量的俄罗斯外交官，而俄罗斯进行了相应的报复。在这件事上，德国相信英国做出的有很大嫌疑是俄罗斯所为的判断，并站在了英国一边，顿时形成了一个西方反俄阵线。[1] 事实上，德国并不想让欧洲与俄罗斯的对抗关系升级，而是依然致力于制裁与对话的双轨路径。正因为如此，对于2018年4月美、英、法三国以叙利亚阿萨德政府有使用化武的嫌疑而发动精准空中打击，默克尔总理明确表示不会参与军事行动，但在打击行动发生后，又表示美、英、法的行动是"适当且必要的"。德国"口头支持但并不愿实质参与"的立场固然与其一贯坚持的"克制文化"紧密相关，但是，不想因叙利亚行动而与俄罗斯的对抗进一步升级，应该也是其中的考量因素之一。

在与土耳其的关系上，虽然欧盟与土耳其之间签订的难民公约缓解了难民危机，但是，对于土耳其内政上的发展态势，在西方看来，较长时间以来，土耳其在民主、法治和人权上都背离了西方标准，尤其是近期土耳其军队攻占了叙利亚最大的库尔德城镇阿夫林（Afrin）地区，默克尔明确指出这是"无法接受的"。外交部长马斯（Heiko Maas）也呼吁土耳其在叙利亚北部的军事行动要遵守国际法，长期驻军则显然与国际法不符。[2] 另外，土耳其当局出于政治原因对德尼兹·尤谢尔（Deniz Yücel）等多名德国公民进行拘捕，也使两国关系变得更为紧张。默克尔总理在2017年9月4日与

---

① 《"反俄阵线"下的裂痕：欧盟领头羊抗压批准俄资天然气项目》，2018年3月30日，http://www.thepaper.cn/newsDetail_ forward_ 2051153。

② "Rede des Bundesministers des Auswärtigen, Heiko Maas, bei der Aussprache zur Regierungserklärung zu den Themen Außen, Europa und Menschenrechte vor dem Deutschen Bundestag am 21. März 2018 in Berlin", https://www.bundesregierung. de/Content/DE/Bulletin/2018/03/32 - 3 - bmaa - bt. html.

社民党总理候选人舒尔茨进行电视对决时就曾表示，将与欧盟其他国家讨论中止土耳其入盟谈判事宜。但是，鉴于欧盟各国在这个问题上存在意见分歧，《联合执政协议》仅仅表示不会完成任何章节的谈判，也不会开启新的章节的谈判。对于土耳其这个合作伙伴与欧洲邻国，德国显然也没有太多的应对手段。

在对华关系上，《联合执政协议》也有新的论调。一方面，协议强调，与日益强大的中国的合作对德国具有重要意义；另一方面，协议又指出，中国的"一带一路"倡议既有机遇也有挑战，在以往的文件中，德国一直表露的是对"一带一路"倡议更为欢迎的态度。在这里也能看到德国的"欧洲命运自主论"影子：协议中表示要形成欧洲的应对方案，以便维护德国的利益以及更好地配置与聚拢德国和欧洲的金融工具。

结语：德国"立足欧洲，放眼全球"

经过漫长的组阁过程，德国终于组建了一个稳定的政府，但也必须看到，虽然德国政治格局与其他欧盟国家相比依然算是稳定的，但较之自身以往情况，则稳定性中侵入了某种脆弱性。所有这一切都是由德国右翼民粹主义政党德国另类选择党成功崛起造成的。德国另类选择党进入联邦议院以及几乎所有州议会，使得德国政党格局更加碎片化，如果主流政党无法从另类选择党那里赢回流失的选民，那么，未来组阁的僵局还会重演。

有鉴于此，本次大选的两个输家基民盟/基社盟和社民党在组成联合政府后，把国内政策的重心放在了民生问题上，重点解决国内社会的分化问题，力求重塑德国社会的团结。虽然德国的经济实力给了新政府财政上的行动余地，但是新政府能否在未来的三年多时间里，在国际形势不确定的背景下，在保持德国经济增长的同时，使底层民众有更多获得感和安全感，是摆在新政府面前的现实挑战。

与此同时，德国政治精英比以往更加认识到德国在这个日益不可测和不确定的世界格局中的责任，但它也知道其能力极限所在，在美国变得不那么可靠的背景下，它把重心放在了重振欧盟上。正如英国历史学家蒂莫西·加顿艾什（Timothy Garton Ash）所写，德国需要有"全球思考、地区行动"（Think Global，Act Regional），这是指德国的全球角色只有通过欧洲才能发挥。① 为此，《联合执政协议》强调了"欧洲命运自主论"，并把欧盟的觉醒放在了最重要的位置。但是，欧盟依然面临着各种内外挑战，例如，在难民问题上的东西分歧，尤其是欧盟与波兰、匈牙利在法治等问题上的分歧②，以及在财政问题上的南北分歧。

目前，在德国再次组建大联合政府后，欧盟可以说迎来了改革的"窗口期"，但是留给德国与欧盟的时间并不多，因为夏季过后，欧盟就会进入2019年欧洲议会选举的竞选阶段。如果不能在英国脱欧、欧盟改革等议题上尽快取得突破，无异于又会给欧盟内的民粹主义势力提供新的竞选弹药。

---

① Timothy Carton Ash, "Think Global, Act Regional", *The Berlin Pulse. German Foreign Policy in Perspective*, Körber-Stiftung, 2017, pp. 12 – 14, http：//www. koerber – stiftung. de/fileadmin/user＿ upload/koerber – stiftung/redaktion/berliner – forum – aussenpolitik/pdf/2017/The – Berlin – Pulse. pdf.

② "Schwierige Agenda für die EU. Ein Jahr mit nur sechs Monaten", tagesschau. de, 31. 12. 2017, http：//www. tagesschau. de/ausland/europa – ausblick – 101. html.

政 治 篇

Politics

B.2

德国政党格局发展新动向*

〔德〕露西·金斯基　〔德〕托马斯·波贡特克　郑启南 译**

摘　要：　2017 年，德国政局跌宕起伏。在大选年里，德国不仅举行了联邦总统选举，而且还在萨尔州、石勒苏益格－荷尔斯泰因州、北莱茵－威斯特法伦州和下萨克森州举行了四个州议会选举。在地方层面，右翼民粹政党德国另类选择党也取得了选举成功。在联邦议院选举中，两大执政党均遭遇了选举失利，在经过漫长的组阁谈判后，不得不再次组建大联合政府。德国另类选择党作为第三大党进入了联邦议院。2017 年，联

---

* 如未另做说明，本文中的相关数据与事实来源于 2017 年的各类媒体报道。对于有争议的说法会标出完整出处。

** 〔德〕露西·金斯基（Lucy Kinski），德国杜塞尔多夫海因里希·海内大学德国与国际政党法与政治研究所研究人员；〔德〕托马斯·波贡特克（Thomas Poguntke），德国杜塞尔多夫海因里希·海内大学比较政治学教授，德国与国际政党法与政治研究所所长；译者郑启南，同济大学外国语学院 2016 级博士研究生。

邦议院选举的主导议题仍然是难民问题。联邦议院修改了《基本法》，对敌视宪法的政党取消国家财政资助和税收优惠。

关键词： 政党体制 德国政治 联邦议院选举 政府组阁 新政党

本文概述了2017年德国政党格局的发展动态，对2018年年初的政府组阁情况做了考察。为此，本文首先论述2017年最重要的议题，其次盘点德国各个政党在大选年的发展情况。不仅探讨了历次州议会选举和联邦总统选举，而且分析了联邦议院选举以及随后漫长的政府组阁过程。

一 德国总体政治发展情况

与前两年相比，2017年德国围绕难民问题的讨论虽总体上有所减弱，但这一议题仍对公众讨论尤其是对联邦议院选举产生影响。2016年，有68.4%的德国民众将"外国人、融入、难民"议题视为最重要的政治议题，然而这个比例在2017年下降到47.5%（见表1）。这与难民问题带来的压力持续减轻尤其相关。2017年，前往德国寻求避难的人数下降到186644人（2015年为89万人，2016年为28万人）。大多数难民来自叙利亚、伊拉克和阿富汗。① 在2016年年末柏林圣诞市场发生恐怖袭击事件之后，2017年1月，对"恐怖主义、战争、和平"和"内部安全、犯罪"议题的关注度骤然升高，而在2017年12月，仅有4%的德国民众还将其列为最重要的政治议题（全年平均占比为7.1%）。

---

① "Zahlen zu Asyl in Deutschland"，https：//www.bpb.de/politik/innenpolitik/flucht/218788/zahlen－zu－asyl－in－deutschland#Registrierungen.

表1　2017年德国民众眼中最重要的政治议题

单位：%

议题	1月（n＝2595）	12月（n＝1353）	全年平均值（n＝27545）
外国人、融入、难民	55.0	44.0	47.5
养老金	8.5	13.0	13.3
社会公正	9.0	12.0	13.1
教育	6.5	10.0	10.1
失业	6.5	5.0	7.5
恐怖主义、战争、和平	11.0	4.0	7.1
内部安全、犯罪	9.5	4.0	7.1
政治厌倦感	8.5	6.0	6.3
环境、能源转型	2.5	7.0	4.9
欧元、金融危机	3.5	2.0	3.7
经济形势	2.5	1.0	1.9

资料来源：笔者根据"政治晴雨表"数据计算而得，参见"Politik II"，http://www. forschungsgruppe. de/Umfragen/Politbarometer/Langzeitentwicklung_ – _ Themen_ im_ Ueberblick/Politik_ II/，最后访问日期：2018年3月16日。

与2016年相比，"养老金"和"社会公正"议题的重要性继续上升，分别占据德国民众眼中最重要政治议题的第二位和第三位（全年平均值分别达13.3%和13.1%）。德国社民党尤其试图在联邦议院竞选中主导这两个议题，然而取得的成果有限。

随着新一届联邦政府组阁尝试期的拖长，德国民众的不安情绪也与日俱增。在2017年9月24日大选刚结束时，7%的受访者将政府组阁视为最迫切的任务之一，而到了2017年12月初，这个比例攀升至33%。[①]

另一个重要议题是德土关系。这一关系在2017年发生诸多事件后明显趋于紧张。自2016年7月土耳其国内发动军事政变的企图失败后，数万人

① Forschungsgruppe Wahlen, *Politbarometer September IV 2017*, *Repräsentative Umfrage KW 39*, 2017, Mannheim；Forschungsgruppe Wahlen, *Politbarometer Dezember 2017*, *Repräsentative Umfrage KW 49*, 2017, Mannheim.

因涉嫌加入恐怖组织被拘捕。① 2017 年也发生了一系列德国公民被捕事件，其中最轰动的当属土耳其裔德国《世界报》记者德尼兹·尤谢尔（Deniz Yücel）被捕事件。2017 年 2 月以来他被拘留审查遭到了来自德国公众和政府方面的强烈抨击，最终他于 2018 年 2 月被释放。②

2017 年 4 月，土耳其为引入总统制举行了具有争议的修宪公投，在这期间，土耳其政客在德国为公投举行游说集会引发了争论。相关联邦州内政部取消了土耳其政客在联邦州举行的多个游说集会后，土耳其总统埃尔多安（Recep Tayyip Erdogan）指责德方的举动是"纳粹行径"。③ 根据 2017 年 3 月德国民调机构 Infratest Dimap 发布的一项具有代表性的调查，91% 的受访者反对土耳其政客在德国举行游说集会，77% 的受访者赞成德国制定政策予以禁止。④ 63% 在德国生活的土耳其人支持埃尔多安的改革，尽管这项改革在许多观察家看来是通往独裁国家的一步。⑤ 另外，土耳其伊斯兰宗教机构联盟（DITIB）监控在德国境内的"葛兰运动"人员，以及土耳其政府拒绝德国议员前往土耳其境内的因吉尔利克和科尼亚军事基地探视德国驻军，导致双边关系再度陷入紧张。

2017 年，德国发生了两个重要的政治事件。一是 7 月在汉堡召开的二十国集团（G20）领导人峰会。数万人参加了和平示威游行抗议峰会，但警方和左翼分子之间发生了激烈的暴力冲突。二是 11 月在波恩召开的第 23 届联合国气候大会（COP 23），由斐济担任主席国。大会就落实《巴黎气候协

---

① "Jahresüberblick 2017", http：//www. bpb. de/politik/hintergrund－aktuell/261923/rueckblick－2017.

② "Deniz Yücel ist frei", http：//www. zeit. de/politik/ausland/2018－02/deniz－yuecel－ist－frei.

③ "Erdogan wirft Deutschland 'Nazi-Praktiken' vor", http：//www. spiegel. de/politik/ausland/recep－tayyip－erdogan－wirft－deutschland－handlungen－wie－in－der－nazi－zeit－vor－a－1137389. html.

④ "ARD－DeutschlandTREND", März 2017, https：//www. infratest－dimap. de/umfragen－analysen/bundesweit/ard－deutschlandtrend/2017/maerz/.

⑤ "63 Prozent der Türken in Deutschland stimmten für Erdogans Reform", http：//www. spiegel. de/politik/ausland/tuerkei－referendum－wie－tuerken－in－deutschland－abstimmten－a－1143557. html.

定》的具体实施细则进行了谈判。

2017 年 11 月，默克尔总理与各地方市长在柏林举行了第二届"柴油车峰会"，探讨如何采取措施避免对市内行驶柴油车的禁令。因为德国许多大城市空气中的氮氧化物浓度超过欧盟限值，这一禁令可能是必要之举。①

2017 年 1 月，联邦宪法法院做出判决，驳回禁止极右翼政党德国国家民主党（NPD）的提案，但是同时也指出，应对敌视宪法的政党取消国家财政资助。同年 6 月，联邦议院以超过 2/3 的绝对多数票通过了修改《基本法》第 21 条的决议，取消对敌视宪法的政党的国家财政资助和税收优惠。

2017 年 8 月，德国柏林航空公司在进行商业运营 38 年后宣告破产②。汉莎航空公司收购了这家拥有约 8000 名员工的航空公司的绝大部分资产。

二 德国主要政党发展状况

2016 年，除了新崛起的右翼民粹政党德国另类选择党的成员数量新增约 1 万人（共计 26409 人）外，其他政党的成员数量都大幅减少或至少停滞不前。③ 2017 年，舒尔茨（Martin Schulz）当选社民党主席和总理候选人。这在最初鼓舞了社民党士气，使其成员数量增加了超过 1 万人（2016 年为 432706 人，2017 年年末为 443152 人）。④ 在加布里尔（Sigmar Gabriel）放弃党主席之位后，舒尔茨于 2017 年 1 月 29 日被社民党理事会提名为总理

① "Im Streit über dreckige Luft droht Deutschland Klage aus Brüssel", http：//www. spiegel. de/wissenschaft/mensch/luftverschmutzung – eu – setzt – deutschland – frist – bis – ende – kommender – woche – a – 1190558. html.

② "Niedergang vor laufender Kamera", http：//www. handelsblatt. com/unternehmen/handel – konsumgueter/insolvenz – von – air – berlin – niedergang – vor – laufender – kamera/20696436. html.

③ Oskar Niedermayer, "Parteimitglieder in Deutschland, Version 2017 NEU", http：//www. polsoz. fu – berlin. de/polwiss/forschung/systeme/empsoz/schriften/Arbeitshefte/P – PMIT17 – NEU. pdf.

④ "Volkspartei ohne Volk", http：//faktenfinder. tagesschau. de/inland/spd – volkspartei – 101. html.

候选人，并在 3 月 19 日举行的联邦党代会上全票当选党主席和总理候选人。[①]

（一）基民盟和基社盟

2016 年 11 月，默克尔宣布将再次作为联盟党总理候选人参加联邦议院选举。2017 年 1 月末，基社盟确认其为两党共同的总理候选人。"姐妹党"之间最大的分歧仍然是难民政策。[②] 因此，两党协定在 2017 年 9 月 24 日联邦大选前暂且不要求达成一致。除了基民盟和基社盟共同的竞选纲领之外，基社盟在竞选中还推出了所谓的"巴伐利亚州计划"。然而，该计划提出的三个重点要求并未被基民盟接受，因此并未写入共同的竞选纲领，这三个要求是每年接收难民人数的上限为 20 万人、引入联邦范围的全民公投以及扩大母亲养老金。[③] 鉴于 2018 年巴伐利亚州将举行州议会选举，基社盟主席泽霍费尔（Horst Seehofer）宣称，将设置接收难民人数上限作为该党在联邦大选结束后再次参与联合执政的条件。[④] 在联邦大选结束后，联盟党达成妥协，为试探性会谈和组阁谈判奠定基础。

基民盟和基社盟共同的竞选纲领以"为了一个我们愿意生活并且生活舒适的德国"为题[⑤]，其中，最重要的议题是融入与避难（包括效仿欧土协议签订其他协议，严格遣返不合格的避难申请者）、欧盟（构建欧洲防务联盟，打

[①] "Martin Schulz – die Stationen eines Scheiterns", https：//www. stern. de/politik/deutschland/martin – schulz – – stationen – des – scheiterns – – – eine – chronologie – 7857366. html.

[②] "Seehofer：Merkel wird gemeisame Kanzlerkandidatin der Union", http：//www. sueddeutsche. de/news/politik/parteien – seehofer – merkel – wird – gemeinsame – kanzlerkandidatin – der – union – dpa. urn – newsml – dpa – com – 20090101 – 170129 – 99 – 70913.

[③] "Der Bayernplan：Mit drei Punkten will sich Seehofer von Merkel abgrenzen", https：//www. focus. de/politik/deutschland/mia – san – mia – der – bayernplan – mit – diesen – drei – punkten – will – sich – seehofer – von – merkel – absetzen_ id_ 7388792. html.

[④] "CSU – Chef sichert Merkel Unterstützung für Kanzlerkandidatur zu", https：//www. welt. de/newsticker/news1/article161617276/CSU – Chef – sichert – Merkel – Unterstuetzung – fuer – Kanzlerkandidatur – zu. html.

[⑤] "Regierungsprogramm 2017", https：//www. cdu. de/system/tdf/media/dokumente/170703regierungsprogramm2017. pdf? file = 1&type = field_ collection_ item&id = 9932.

击非法移民，加强辅助性）、内部安全（增加 15000 个警察岗位，加强联系、合作）、预算与财政（以联邦预算保持平衡或盈余为目标的"黑零政策"，自 2020 年起逐步废除团结附加税，减轻税负）、医疗（保留法定和私人双轨医疗保险体系，拒绝引入公民保险），以及乡镇地区（享受同等价值的生存照护）。①

在联邦大选结束后，基社盟主席兼任巴伐利亚州州长的泽霍费尔与索德尔（Markus Söder）之间的权力斗争已从暗斗转向明争。此时泽霍费尔是柏林组阁谈判的核心人物。虽然 2016 年他曾多次暗示将于 2017 年让出主席职位，以便专注于其巴伐利亚州州长的职务，现在却警告称，关于候选人的讨论对全党产生了负面影响。根据民调显示，若举行州议会选举，该党的支持率将下滑到 37%，创下历史最低纪录。②

2017 年 12 月初，巴伐利亚州州议会党团推选索德尔为 2018 年州议会选举的州长候选人。这一决议获得全体一致通过，巴伐利亚州的内政部长赫尔曼（Joachim Herrmann）放弃角逐州长。2018 年第一季度，索德尔出任巴伐利亚州州长，而泽霍费尔继续担任党主席。③ 索德尔宣称，要将巴伐利亚州州长的任期限定为最多 10 年。④

2017 年 6 月 16 日，德国前总理科尔（Helmut Kohl）逝世，享年 87 岁。这位基民盟政治家从 1982 年至 1998 年担任德国总理 16 年，担任基民盟主席 25 年。他被看作欧洲一体化和欧元的推动者，同时也是德国的"统一总理"。20 世纪 90 年代末，他卷入政党献金丑闻，至今未能彻底澄清。同年逝世的基民盟政治家还有前联邦总统赫尔佐克（Roman Herzog），享年 82 岁，以及前基民盟秘书长盖斯勒（Heiner Geißler），享年 87 岁。

---

① "Das ist das CDU/CSU - Wahlprogramm im Überblick", https：//www.welt.de/politik/deutschland/article167574785/Das - ist - das - CDU - CSU - Wahlprogramm - im - Ueberblick.html.

② "Die Kunst des Putsches", http：//www.faz.net/aktuell/politik/inland/machtkampf - zwischen - soeder - und - seehofer - um - csu - eskaliert - 15286443.html.

③ "Söder kommt, Seehofer bleibt", http：//www.faz.net/aktuell/politik/inland/csu - horst - seehofer - geht - markus - soeder - soll - ministerpraesident - werden - 15323538.html.

④ "Söder will Amtszeit des Ministerpräsidenten begrenzen", http：//www.zeit.de/politik/deutschland/2018 - 01/bayern - markus - soeder - amtszeit - ministerpraesident.

（二）社民党

2016 年 11 月 24 日，欧洲议会前议长舒尔茨宣布将返回德国政坛。[1] 在加布里尔辞去党主席一职并放弃作为总理候选人参选之后，2017 年 1 月 29 日，舒尔茨被社民党理事会提名为党主席和总理候选人。在接下来的几周里，社民党在民调中的支持率起初飙升了多个百分点（截至 2 月中旬从 24% 增长到 30%，在"直接选举总理"问题上，舒尔茨的支持率在短时间内甚至领先于默克尔）。[2]

2017 年 3 月 19 日，舒尔茨在社民党的联邦党代会上全票当选党主席和总理候选人，当时社民党在民调中的支持率超过 30%，与基民盟不相上下。然而，"舒尔茨效应"只是一个假象。在 2017 年 3 月和 5 月举行的州议会选举中，社民党的得票率大幅下滑。在萨尔州，基民盟以 40.7% 的得票率遥遥领先，而社民党的得票率却跌至 29.6%。在石勒苏益格 - 荷尔斯泰因州和北莱茵 - 威斯特法伦州，社民党失去了执政地位。

2017 年 1 月，联盟党和社民党就已经表示并不希望继续组建大联合政府。同年 5 月，舒尔茨排除了与左翼党联合执政以及由此组建"红红绿联盟"的可能性。相反，他提出组建由社民党领导的大联合政府，尽管自 5 月起联盟党在民调中至少又领先于社民党 10 个百分点。[3] 尤其是社民党在北莱茵 - 威斯特法伦州的州议会选举中失利后，舒尔茨首次提及竞选中的失

---

① "Martin Schulz-die Stationen eines Scheiterns"，https：www. stern. de/politik/deutschland/ martin－schulz－－stationen－des－scheiterns－－－eine－chronologie－7857366. html.

② "Politik I"，http：//www. forschungsgruppe. de/Umfragen/Politbarometer/Langzeitentwicklung_ －－Themen_ im_ Ueberblick/Politik_ I/#Projektion；"Schulz deutlich vor Merket"，https：// www. tagesschau. de/inland/deutschlandtrend－723. html.

③ "SPD lehnt weitere große Koalition ab"，http：//www. zeit. de/politik/deutschland/2017－01/spd－ fraktionschef－thomas－oppermann－bundestagswahl－grosse－koalition；"CDU kritisiert Sturzgeburt, SPD gibt sich euphorisch"，http：//www. spiegel. de/politik/deutschland/martin－ schulz－reaktionen－von－spd－cdu－gruenen－und－linken－a－1131630. html；"Martin Schulz erklärt, welche Koalition er sich vorstellen könnte"，https：//www. welt. de/politik/ deutschland/article164604265/Martin－Schulz－erklaert－welche－Koalition－er－sich－ vorstellen－koennte. html.

误。舒尔茨在接受《时代周刊》①采访时承认，应提前在竞选中展示"具体内容"和鲜明立场。另外，他在北莱茵－威斯特法伦州竞选期间较少（在媒体面前）亮相，在事后从战略上来看这并非明智之举。由于社民党缺少令人信服的竞选纲领，将社会公正作为竞选核心议题的尝试又落空了。随着外界施加给舒尔茨的以具体要求定位的压力不断加大，社民党不得不在北莱茵－威斯特法伦州州议会选举之后，立即公布竞选纲领的核心内容。此前，社民党先是因内部存在一些分歧而取消了公布的日期。②

2017年6月25日，社民党在多特蒙德举行的党代会上发布了题为"更具公平性的时代"③竞选纲领，其中包括诸多传统的社会民主主义议题。比如，创造无固定期限的劳动岗位，取消无特殊理由的固定期限劳动合同，实行免费教育制度，改革联邦教育促进法助学金（BAföG），以及用公民保险代替法定医疗保险并由雇员和雇主平摊保费，私人医疗保险的投保人可以选择是否转成公民保险。④除此之外，竞选纲领的重点议题还包括融入与避难（加强欧洲范围内的难民分配，不设置接收难民人数上限，消除难民问题的根源，对于移民引入每年由联邦议院确定移民比例的积分制，实施双重国籍）、养老金（防止养老金水平进一步下滑，引入团结养老金以预防老年贫困，不延迟退休年龄）、税收与财政（为中低收入群体减税，提供家庭建房资金，全面加大投资），以及欧盟（建立共同的经济政府，扩大欧洲议会职权，制定欧盟宪法）。在12月举行的一次党代会上，舒尔茨甚至呼吁在

---

① "SPD – Kanzlerkandidat Schulz räumt Fehler im bisherigen Wahlkampf ein", http：//www. zeit. de/news/2017 – 05/17/deutschland – spd – kanzlerkandidat – schulz – raeumt – fehler – im – bisherigen – wahlkampf – ein – 17110606.

② "SPD will Kerninhalte des Wahlprogramms doch vorstellen", http：//www. zeit. de/politik/ deutschland/2017 – 05/bundestagswahl – spd – vorstellung – wahlprogramm – abgesagt – martin – schulz；"Die gehetzte Partei", http：//www. spiegel. de/politik/deutschland/spd – wahlprogramm – die – gehetzte – partei – a – 1148825. html.

③ "Zeit für mehr Gerechtigkeit", https：//www. spd. de/fileadmin/Dokumente/Regierungsprogramm/ SPD_ Regierungsprogramm_ BTW_ 2017_ A5_ RZ_ WEB. pdf.

④ "Das ist das SPD – Wahlprogramm im Überblick", https：//www. welt. de/politik/deutschland/ article167574916/Das – ist – das – SPD – Wahlprogramm – im – Ueberblick. html.

2025 年前成立一个拥有共同宪法的"欧洲合众国",不认同这一联邦宪法的欧盟成员国必须自动退出欧盟。[1]

尽管在民调中的支持率下滑,但是舒尔茨在接受德国 Phoenix 电视台采访时仍然表现出胜券在握的信心:"默克尔女士在过去十年里一直被视为不可战胜的,然而在 25 日联邦总理就会是马丁·舒尔茨了。"[2] 舒尔茨在大选前 14 天仍然斗志昂扬,他在新闻发布会上回答社民党的组阁条件时称:"我要争取成为联邦总理。如果默克尔女士愿意,可以作为副总理加入我的内阁。"[3]

(三)联盟90/绿党

绿党推选格林－埃卡特(Katrin Göring-Eckardt)和约茨德米尔(Cem Özdemir)为总理候选人参加 2017 年联邦大选。在绿党题为"勇气赢得未来"[4] 的长达 248 页的竞选纲领中,前 1/4 部分内容都集中在其核心议题环境与气候保护上(其中包括退出煤炭发电、电动车、可持续性的经济政策)。[5] 在劳动与社会保障领域,绿党呼吁引入最低养老金和公民保险。他们致力于开放社会的机会平等和现代的家庭愿景,并且支持所谓的"所有人的婚姻",即开放同性婚姻,并在联邦党代会上将此内容作为联合执政的

---

① "Schulz will Vereinigte Staaten von Europa bis 2025", http://www.zeit.de/politik/deutschland/2017-12/spd-martin-schulz-parteitag-rede-grosse-koalition.

② "Martin Schulz – die Stationen eines Scheiterns", https://www.stern.de/politik/deutschland/martin-schulz--stationen-des-scheiterns---eine-chronologie-7857366.html.

③ "Schulz schlägt Merkel vor, Vizekanzlerin zu werden", https://www.welt.de/politik/deutschland/article168521054/Schulz-schlaegt-Merkel-vor-Vizekanzlerin-zu-werden.html.

④ *Zukunft wird aus mut gemacht. Bundestagswahlprogramm 2017*, https://www.gruene.de/fileadmin/user_upload/Dokumente/BUENDNIS_90_DIE_GRUENEN_Bundestagswahlprogramm_2017.pdf.

⑤ "Das ist das Grünen-Wahlprogramm im Überblick", https://www.welt.de/politik/deutschland/article167574969/Das-ist-das-Gruenen-Wahlprogramm-im-Ueberblick.html.

条件。① 联邦总理默克尔在联邦大选前不久，提出就这一问题在联邦议院投票表决，并在投票时取消议会党团对议员的约束。绿党、社民党、左翼党和1/4 的联盟党议员投了赞成票，通过了同性婚姻合法化的法案，由此便扫除了组阁道路上可能出现的障碍。②

在避难、移民和融入领域，绿党提出了四个要点：消除难民问题的根源，制定合法的避难路线，采取更快、更公平的避难审批程序，特别是通过《融入法》和加大地方财政拨款促进融入。他们拒绝为接收难民人数设置上限。绿党也主张增加警力和加强网络，但反对预存个人信息和全面覆盖的视频监控。他们还反对民族主义，支持一个更加强大的欧洲。在 2017 德国大选年里，绿党在民调中的支持率始终保持在 8% ~ 9%。③

（四）左翼党

即使在 2017 年德国大选年里，左翼党在难民问题上的意见也不统一。联邦议院党团主席瓦根克奈希特（Sahra Wagenknecht）与党主席之间的权力斗争持续升级。瓦根克奈希特指责党主席里克辛格（Bernd Riexinger）和基平（Katja Kipping）蓄意将其推向"半个右翼"的阵营，以回避党内就难民问题的定位进行开诚布公的讨论。瓦根克奈希特在联邦议院选举后给其党团议员的信中写道：如果任何人持反对"从即刻起向所有人开放边界"的立场，就会遭到普遍质疑，那么对党内的战略定位展开就事论事的讨论是不可能的。④

① "Das große Glück am letzten Tag", http：//www. sueddeutsche. de/politik/ehe – fuer – alle – das – grosse – glueck – am – letzten – tag – 1. 3567241.

② "Mehrheit im Bundestag für die ' Ehe für alle '", https：//www. bundestag. de/dokumente/ textarchiv/2017/kw26 – de – ehe – fuer – alle/513682.

③ "Im grünen Loch", http：//www. faz. net/aktuell/politik/bundestagswahl/parteien – und – kandidaten/fuenf – thesen – zur – talfahrt – der – gruenen – 14969423. html.

④ "Wagenknecht spricht von Intrigen und Kleinkrieg", http：//www. zeit. de/politik/deutschland/ 2017 – 10/die – linke – sahra – wagenknecht – dietmar – bartsch – bundestagsfraktion.

左翼党在题为"为所有人争取社会公正与和平"的竞选纲领中①，同社民党一样也主打社会公正牌。② 对此，该党主要呼吁用最低保障取代哈茨四法案，提高最低工资、促进社会住房建设以及引入最低养老金以预防老年贫困。

在避难与融入议题上，该党竞选纲领的核心是搭建安全的避难路线，给予所有人居留权，以及立即停止对难民的遣返。在欧洲政策领域，该党呼吁建立一个具有更好社会保障、更加团结的欧盟，反对新自由主义市场政策。

（五）自民党

为争取重返联邦议院，自民党将希望寄托在其总理候选人林德纳（Christian Lindner）身上。在题为"转变思想，不再旁观"的竞选纲领中③，该党特别致力于教育和数字化议题。④ 他们呼吁加大教育投资和加强网络建设，同时支持减税，反对财政再分配（尤其在欧盟）。在避难与融入领域，自民党强调应对战争难民和移民加以区分，他们赞成对移民采取积分制，并根据专业技能对移民申请者评分。他们反对预存个人信息和全面覆盖的视频监控。

（六）德国另类选择党

德国另类选择党在 2017 年也未能充分地与"极右翼"划清界限。该党在 2017 年依然引起争议，尤其是图林根州主席霍克（Björn Höcke）以多次发表右翼民族主义和排外言论著称。他极具争议的言论是，在 2017 年 1 月

---

① "Wahlprogramm 2017", https：//www. die – linke. de/fileadmin/download/wahlen2017/ wahlprogramm2017/die_ linke_ wahlprogramm_ 2017. pdf.

② "Das ist das Linke-Wahlprogramm im Überblick", https：//www. welt. de/politik/deutschland/ article167575003/Das – ist – das – Linke – Wahlprogramm – im – Ueberblick. html.

③ "Wahlprogramm", https：//www. fdp. de/sites/default/files/uploads/2017/08/07/20170807 – wahlprogramm – wp – 2017 – v16. pdf.

④ "Das ist das FDP – Wahlprogramm im Überblick", https：//www. welt. de/politik/deutschland/ article167574986/Das – ist – das – FDP – Wahlprogramm – im – Ueberblick. html.

对学生发表的讲话中，他称德国人是全世界唯一会把耻辱纪念碑建在首都中心的民族。霍克提到的是柏林市中心的欧洲犹太人大屠杀纪念碑，他还批评学校课程集中对这部分德国历史的讲述。为此，德国另类选择党的联邦理事会启动了开除霍克党籍的程序。① 除此之外，党内其他领导人的挑衅性言论也从未停歇，其中总理候选人高兰特（Alexander Gauland）称，要将社民党副主席、联邦政府融入专员厄兹古茨（Aydan Özoğuz）"放逐"到土耳其安纳托利亚地区。② 与其他民粹主义政党类似，德国另类选择党在联邦大选年里采取了明确的竞选策略：通过带有目的性的挑衅言论和打破禁忌话题，挑起愤怒情绪，引起媒体关注，并且大多敷衍收场。

2016 年 11 月，该党的联邦理事会提名了一个由党主席佩特里（Frauke Petry）、副主席高兰特和霍克组成的"高层团队"。然而，在 2017 年 8 月于科隆召开的党代会上，佩特里却成为最大输家，高兰特和至今不为人熟知的威德尔（Alice Weidel）当选该党的总理候选人。③ 此前，佩特里在提交的一份"未来提案"中曾指责以高兰特为首的少数派遵循"彻底的反对党路线"。相反，她呼吁应将该党路线重新定位为"现实政治路线"，希望在未来也能够参与执政，否则该党还将忍受"极端的观点和立场"以及主流政党的"威胁"。然而，她的提议甚至都没有提上党代会的议程。该党仍然保持着鲜明的反对党路线。④

在联邦议院选举结束后，德国另类选择党轻松进入联邦议院，佩特里先

---

① "Schiedsgericht verhandelt Björn Höckes Parteiausschuss", http：//www. zeit. de/gesellschaft/zeitgeschehen/2018 - 01/afd - bjoern - hoecke - parteiausschluss - schiedsgericht.

② "Was Gaulands rassistische Entgleisung über die AfD verrät", https：//www. tagesspiegel. de/meinung/afd - spitzenkandidat - was - gaulands - rassistische - entgleisung - ueber - die - afd - verraet/20250346. html.

③ "AfD zieht mit ungleichem Duo in Wahlkampf - Petry erlebt Demütigung", https：//www. merkur. de/politik/afd - zieht - mit - ungleichem - duo - in - wahlkampf - petry - erlebt - demuetigung - zr - 8203085. html.

④ "Petry kämpft um ' realpolitischen' Kurs", https：//www. tagesschau. de/inland/afd - parteitag - 155. html；"Petry steht mit ihrer Neuausrichtung der AfD isoliert da", https：//www. welt. de/politik/deutschland/article163512681/Petry - steht - mit - ihrer - Neuausrichtung - der - AfD - isoliert - da. html.

是宣布退出该党的联邦议院党团，最终退出该党。① 现在佩特里与米鲁赫（Mario Mieruch，德国另类选择党前议员）作为非议会党团成员，共同创立了"蓝党"，并且希望其他另类选择党议员追随他们加入该党。然而，这种情况并没有发生。②

德国另类选择党的竞选纲领以"德国的纲领"为题，③ 主要推出该党的动员性议题：限制移民、限制伊斯兰以及实行直接民主。在其竞选纲领中仅有少数具体的融资建议，其余大多数融资建议都建立在削减移民的社会福利基础上。④

三 2017年联邦总统选举

第 11 任联邦总统高克（Joachim Gauck，76 岁）已于 2016 年 6 月初宣布，出于年龄原因将不谋求连任。⑤ 对此，联邦总理默克尔曾经希望高克能够连任。⑥ 根据《基本法》第 54 条，联邦总统由联邦大会选举产生。联邦大会由联邦议院议员和 16 个州议会选出的同等数量的代表组成，他们是州议员、地方政客以及公众人物。⑦

联盟党虽然在联邦大会中拥有最多席位并且遥遥领先（拥有总共 1260

---

① "Petry und Pretzell kündigen Austritt aus der AfD an", https：//www. welt. de/politik/deutschland/article169043954/Petry – und – Pretzell – kuendigen – Austritt – aus – der – AfD – an. html.

② "Bundeswahlleiter bestätigt Gründung einer Blauen Partei", http：//www. zeit. de/politik/deutschland/2017 – 10/frauke – petry – die – blaue – partei – afd – bundeswahlleiter.

③ *Programm Für Deutschland*, https：//www. afd. de/wp – content/uploads/sites/111/2017/06/2017 – 06 – 01_ AfD – Bundestagswahlprogramm_ Onlinefassung. pdf.

④ "Das ist das AfD – Wahlprogramm im Überblick", https：//www. welt. de/politik/deutschland/article167573608/Das – ist – das – AfD – Wahlprogramm – im – Ueberblick. html.

⑤ "Joachim Gauck verzichtet auf zweite Amtszeit", http：//www. zeit. de/politik/deutschland/2016 – 06/bundespraesident – joachim – gauck – verzichtet – auf – zweite – amtszeit.

⑥ "Merkel will Gespräche über die Union hinaus führen", http：//www. faz. net/aktuell/politik/nachfolge – gaucks – merkel – will – gespraeche – ueber – die – union – hinaus – fuehren – 14272099. html.

⑦ "Die Wahl des Bundespräsidenten", https：//www. bundestag. de/bundesversammlung.

个席位中的 539 个席位），但在前两轮投票中需要获得绝对多数票，而它们并不具备直接推选自己党派候选人的绝对多数票。① 在经过数月的讨论之后，联盟党和社民党于 2016 年 11 月中旬最终达成一致，推选时任外交部长施泰因迈尔（Frank-Walter Steinmeier，社民党）出任联邦总统。他本人曾表示，作为国家元首将会为防止社会分裂而奋斗。② 2017 年 2 月 12 日，施泰因迈尔在第一轮投票中以 74.3% 的得票率当选联邦总统（见表 2）。左翼党候选人布特尔维格（Christoph Butterwegge）以 10.2% 的得票率位居第二。接下来是德国另类选择党候选人格拉泽尔（Albrecht Glaser），获得 3.4% 的选票。③ 2017 年 3 月 22 日，新一任总统施泰因迈尔在联邦议院和联邦参议院共同召开的会议上宣誓就职。他在德国统一日（10 月 3 日）发表了关于家乡、难民和社会团结的讲话，引起了广泛关注。④ 加布里尔接替施泰因迈尔出任外交部长。齐普理斯（Brigitte Zypries，社民党）则接替加布里尔出任经济与能源部长。

表 2　2017 年联邦总统选举

投票结果统计

选举日	2017 年 2 月 12 日
代表总数	1260
总投票数	1253
参选率(%)	99.4
有效票数(绝对值)	1239
有效票数(%)	98.9

---

① "Facebook erzwingt Transparenz in Polit-Anzeigen", http：//www. spiegel. de/politik/deutschland/joachim – gauck – bundespraesident – verzichtet – auf – zweite – amtszeit – a – 1096074. html；"So wird der Bundespräsident gewählt", http：//www. spiegel. de/politik/deutschland/bundespraesi-dentenwahl – 2017 – wie – funktioniert – die – wahl – a – 1127816. html.

② "Der richtige Kandidat in dieser Zeit", http：//www. spiegel. de/politik/deutschland/frank – walter – steinmeier – der – richtige – kandidat – in – dieser – zeit – a – 1121547. html.

③ "Frank-Walter Steinmeier zum neuen Bundespräsidenten gewählt", https：//www. bundestag. de/dokumente/textarchiv/2017/kw06 – bundesversammlung/492496.

④ "Die, die unser Land zusammenhalten", http：//www. spiegel. de/politik/deutschland/tag – der – deutschen – einheit – frank – walter – steinmeiers – rede – im – wortlaut – a – 1171054. html.

候选人及支持率

候选人	支持者	票数	
		绝对值	支持率（%）
施泰因迈尔（1956，男性）	社民党、基民盟、基社盟（自民党、绿党、南石勒苏益格选民协会）	931	74.3
布特尔维格（1951，男性）	左翼党	128	10.2
格拉泽尔（1942，男性）	德国另类选择党	42	3.4
Alexander Hold（1962，男性）	自由选民	25	2.0
Engelbert Sonneborn（1938，男性）	海盗党、"PARTEI 党"	10	0.8
弃权		103	8.2

资料来源：Bundestag，"Frank-Walter Steinmeier zum neuen Bundespräsidenten gewählt"，https：// www. bundestag. de/dokumente/textarchiv/2017/kw06 – bundesversammlung/492496。

四 2017年州议会选举

在 2017 年德国"超级大选年"里总共举行了 4 个州的州议会选举，其中 3 个州在 9 月 24 日联邦议院选举前举行（3 月在萨尔州，5 月在石勒苏益格 – 荷尔斯泰因州和北莱茵 – 威斯特法伦州），还有 1 个州的州议会选举提前到 10 月举行（下萨克森州）（见表 3）。与 2016 年相同，在所有州议会选举中均可以看到选民参选率的提升。比如，在萨尔州，参选率提高了 8.1 个百分点（达到 69.7%）；在人口最多的北莱茵 – 威斯特法伦州提高了 5.6 个百分点（达到 65.2%），这是自 1990 年以来在该州达到的最高参选率；在石勒苏益格 – 荷尔斯泰因州和下萨克森州，参选率也分别提高了 4 个百分点和 3.7 个百分点（分别达到 64.2% 和 63.1%）。特别是德国另类选择党动员了许多此前未参加投票的选民。

2016 年尽管局部出现了较为明显的选民转移及新的联合执政格局，但是在 5 个联邦州内均没有发生州长或市长的更迭。而 2017 年仅在萨尔州仍由大联合政府执政，在其余三个联邦州均出现了新的执政联盟。与 2016 年相比，2017 年德国政党体制至少在联邦州层面履行了政府更迭的职能。除此之外，2017 年州议会选举结果显示，德国另类选择党取得相对低的、一

表3 2017年各次州议会选举

地区	萨尔州			石勒苏益格-荷尔斯泰因州			北莱茵-威斯特法伦州			下萨克森州		
选举日	2017年3月26日			2017年5月7日			2017年5月14日			2017年10月15日		
总议席数	51			73			199			137		
参选率(%)	69.7%(+8.1%)			64.2%(+4.0%)			65.2%(+5.6%)			63.1%(+3.7%)		
选民总数(人)	774951			2318022			13164887			6098379		
总投票数(人)	540290			1488354			8577221			3848865		
有效的第二票(%)	—			1474508(99.1%)			8487413(99.0%)			3827850(99.5%)		
有效的第一票(%)	533783(98.8%)[a]			1464606(98.4%)			8455190(98.6%)			3810972(99.0%)		
新任联合政府 (前任政府)	基民盟-社民党 (基民盟-社民党)			基民盟-自民党-绿党(社民党-绿党-南石勒苏益格选民协会)			基民盟-自民党 (社民党-绿党)			社民党-基民盟 (社民党-绿党)		
政党	得票率(%)	席位数	席位变动率(%)	得票率(%)	席位数	席位变动率(%)	得票率(%)	席位数	席位变动率(%)	得票率(%)	席位数	席位变动率(%)
社民党	29.6	17	-1.0	27.3	21	-3.1	31.2	69	-7.9	36.9	55	+4.3
基民盟	40.7	24	+5.5	32.0	25	+1.2	33.0	72	+6.6	33.6	50	-2.4
联盟90/绿党	4.0		-1.0	12.9	10	-0.3	6.4	14	-5.0	8.7	12	-5.0
左翼党	12.8	7	-3.3	3.8		+1.5	4.9		+2.4	4.6	11	+1.5
自民党	3.3		+2.1	11.5	9	+3.3	12.6	28	+4.0	7.5	11	-2.4
德国另类选择党	6.2	3	+6.2	5.9	5	+5.9	7.4	16	+7.4	6.2	9	+6.2
南石勒苏益格选民协会[b]				3.3	3	-1.3						
其他	3.4		-8.5	3.5		-7.2	4.6		-7.5	2.4		-2.2

注：a. 每个选民只有一票。b. 南石勒苏益格选民协会是在石勒苏益格-荷尔斯泰因州的丹麦少数民族政党，不受联邦议院5%门槛限制。

资料来源："Landtagswahlen 2017", Landeswahlleiterin Saarland, http://www.statistikextern.saarland.de/wahl/internet_saar/LT_SL; Statistisches Amt für Hamburg und Schleswig-Holstein, Landtagswahl in Schleswig-Holstein am 7. Mai 2017, https://www.statistik-nord.de/fileadmin/Dokumente/Wahlen/Schleswig-Holstein/2017/endg C3% BCltig/LTW_2017_Endgueltiger_Bericht_INTERNET.pdf; Landeswahlleiter Nordrhein-Westfalen, "Endgültiges Ergebnis für: Nordrhein-Westfalen", https://www.wahlergebnisse.nrw.de/landtagswahlen/2017/aktuell/a000lw1700.shtml; Niedersächsische Landeswahlleiterin (2017a), Endgültige Ergebnisse und Vergleichszahlen, https://www.aktuelle-wahlen-niedersachsen.de/LW2017/LW/000.pdf; "Sitzverteilung nach dem endgültigen Ergebnis", Niedersächsische Landeswahlleiterin, https://www.aktuelle-wahlen-niedersachsen.de/LW2017/reports/Sitzverteilung/007.pdf; "Endergebnis", Saarland, 2017, https://wahl.tagesschau.de/wahlen/2017-03-26-LT-DE-SL/index-content.shtml; "Landtagswahl 2017, Schleswig-Holstein", https://wahl.tagesschau.de/wahlen/2017-05-07-LT-DE-SH/index.shtml。

位数得票率的趋势（2017 年的州议会选举结果：石勒苏益格 – 荷尔斯泰因州为 5.9%、北莱茵 – 威斯特法伦州为 7.4%；2016 年州议会选举结果：莱茵兰 – 普法尔茨为 12.6%、萨克森 – 安哈尔特州为 24.3%）。

在萨尔州，基民盟以 40.7% 的得票率（上升 5.5 个百分点）第 10 次成为该州实力最强的政党。这也是该党 9 年多以来在联邦州层面的最好表现。萨尔州的基民盟动员了此前未参加投票的选民。而社民党凭借"舒尔茨效应"也仅获得 29.6% 的得票率（下降 1 个百分点）。绿党和自民党均未能跨过 5% 的议会门槛，德国另类选择党则以 6.2% 的得票率进入州议会。海盗党在上次州议会选举取得以抗议为基础的成功后，此番表现差强人意（下降 6.7 个百分点），不得不离开州议会。在长达四周的谈判后，基民盟和社民党确定再次组建大联合政府，由克兰普 – 卡伦鲍尔（Annegret Kramp-Karrenbauer）连任该州州长。[1]

在石勒苏益格 – 荷尔斯泰因州的州议会选举中，基民盟也以 32% 的得票率处于领先地位，并成功动员了 5 万名此前未参加投票的选民。社民党不得不接受选票流失的事实（下降 3.1 个百分点），取得在该州历次州议会选举以来倒数第二差的成绩。相反，绿党和自民党则取得在该州议会选举历史上第二好的成绩。左翼党被挡在 5% 门槛之外，德国另类选择党则勉强进入议会（5.9%）。根据民调机构 Forschungsgruppe Wahlen 分析，[2] 德国另类选择党表现平平的原因主要有：负面的政党形象，未能明确与"极右翼"划清界限，以及 80% 的受访者认为所在联邦州"可承受"难民这一事实。在自民党拒绝组建"红、黄、绿联盟"之后，从计算上看，除了社民党方面拒绝组建大联合政府以外，仅存在由基民盟、绿党和自民党组建"牙买加联盟"的可能性。6 月 27 日，这三个政党的党魁签署了组阁协议。[3] 6 月 28

---

[1] Forschungsgruppe Wahlen，Wahlberichte 167 – 171，Mannheim：Berichte der Forschungsgruppe Wahlen e. V.，2017.

[2] Forschungsgruppe Wahlen，Wahlberichte 167 – 171，Mannheim：Berichte der Forschungsgruppe Wahlen e. V.，2017.

[3] "Die lange Suche nach einer neuen Regierung"，http：//www. ndr. de/nachrichten/schleswig – holstein/landtagswahl_ 2017/Die – lange – Suche – nach – einer – neuen – Regierung –，regierungssuche100. html.

日，君特尔（Daniel Günther，基民盟）当选该州新一任州长。这是继萨尔州之后（2009~2012年）在联邦州层面第二次出现"牙买加联盟"。

在人口最多尤其是被视为联邦大选前重要风向标的北莱茵－威斯特法伦州的州议会选举中，社民党和绿党组建的执政联盟落选了。选举失利的主要原因在于，绿党推行的学校和教育政策引起许多不满，以及红绿政府总体政绩欠佳。社民党在克拉夫特（Hannelore Kraft）的领导下，跌幅创下历史纪录（下降7.9个百分点），这是该党迄今为止在北莱茵－威斯特法伦州取得的最差结果。绿党也损失了5个百分点。实力最强的当属得票率为33%的基民盟，提高了6.6个百分点。该党成功动员了43万名此前未参加投票的选民和31万名原社民党的选民，尽管如此，这仍是该党在北莱茵－威斯特法伦州取得的倒数第二差的成绩。左翼党离跨过5%门槛仅一步之遥。相反，自民党提高了4个百分点，以12.6%的得票率取得了在北莱茵－威斯特法伦州州议会选举中有史以来的最好成绩，轻松进入州议会。德国另类选择党以7.4%的得票率进入州议会。海盗党则在柏林、萨尔州和石勒苏益格－荷尔斯泰因州的州议会选举中连遭惨败后失去了最后阵地。① 克拉夫特主动对社民党的选举失利承担了责任。她在选举结束不久后便辞去了北莱茵－威斯特法伦州州长和社民党副主席的职务。林德纳作为自民党的总理候选人，早在竞选期间就已表示，将不作为部长进入任何一个州政府，以便争取该党在联邦层面重返联邦议院。自民党和绿党已经排除了合作的可能性，再加上社民党不愿意组建一个由基民盟领导的大联合政府，那么在北莱茵－威斯特法伦州的州议会仅存在基民盟和自民党联合执政的可能性。红绿政府在北莱茵－威斯特法伦州联合执政7年后，拉舍特（Armin Laschet，基民盟）于6月27日担任该州州长。基民盟和自民党组建的州政府在北莱茵－威斯特法伦州的州议会选举中仅拥有一票的多数。

在下萨克森州提前举行了州议会选举（原定在2018年1月举行），绿

---

① Forschungsgruppe Wahlen, Wahlberichte 167 – 171, Mannheim: Berichte der Forschungsgruppe Wahlen e. V. , 2017.

党议员推斯滕（Elke Twesten）于8月4日退出绿党，转向基民盟，使得红绿联盟失去了州议会选举的一票多数优势。8月21日，州议会投票通过了自行解散议会的决议。竞选开始时社民党在民调中的支持率还落后于基民盟约10个百分点，而在10月州议会选举前不久，两党的支持率不分上下。①社民党以36.9%的得票率拔得头筹，首次成为自1998年以来下萨克森州实力最强的政党（提高了4.3个百分点）。该州州长威尔（Stephan Weil）务实的专业能力、良好的执政业绩以及较高的威望都给社民党在选举中加分。相反，基民盟在下萨克森州的州议会选举中接连三次惨败后（下降了2.4个百分点），取得了自20世纪50年代以来的最差成绩（33.6%）。在这次明显受州政策议题影响的州议会选举中，绿党不得不接受得票率大幅下降的事实（下降了5个百分点）。自民党没能同2013年一样，从原本是基民盟的选民中获益（下降2.4个百分点）。左翼党则未能跨过5%门槛重返州议会。德国另类选择党仅以6.2%的得票率进入州议会。同样在下萨克森州，民调机构Forschungsgruppe Wahlen的77%受访者认为该州"可承受"难民。由此以来，德国另类选择党便缺少了动员性议题。② 在选举的前夕就已经排除了其余所有可能的组阁形式——尽管在竞选期间基民盟和社民党之间发生了一些激烈的争论——现在剩下的唯一选项是大联合政府。11月22日，威尔再次当选该州州长。

2017年7月4日，施维斯格（Manuela Schwesig，社民党），前任联邦家庭部长，以多数票当选红黑联盟执政的梅克伦堡－前波莫瑞州州长。作为该州首位女州长，她接替前任州长塞勒林（Erwin Sellering），后者出于健康原因宣布辞职。社民党秘书长巴利（Katarina Barley）接替施维斯格担任联邦家庭部长，海尔（Hubertus Heil）担任社民党秘书长，自2017年12月初起又由克林拜尔（Lars Klingbeil）继任。

---

① "Vorteil Weil", http：//www. zeit. de/politik/deutschland/2017 - 10/niedersachsen - wahl - tv - duell - stephan - weil - bernd - althusmann.

② Forschungsgruppe Wahlen, Wahlberichte 167 - 171, Mannheim：Berichte der Forschungsgruppe Wahlen e. V. , 2017.

五 2017年联邦议院选举

默克尔"内容空洞的阳光竞选"[1] 被视为精心策划的竞选策略。她将对重要问题的定位推迟到联邦大选以后。比如,在电视辩论上,她将难民家属团聚问题推迟到"明年年初"再定。[2] 另外,社民党未能在竞选议题上明确定位。尽管舒尔茨做出努力,但选民似乎到最后也无从得知这位社民党总理候选人在具体内容上的立场。[3] 自民党的竞选焦点在其受媒体关注度高、拥有较高人气的总理候选人林德纳身上。左翼党则尤其在难民政策的议题上争执不下,联邦议院党团主席瓦根克奈希特曾多次在公共场合与党主席发生冲突。[4]

在竞选开始时,绿党内部也发生了冲突。比如,巴登-符腾堡州州长克莱驰曼(Winfried Kretschmann)公开指责该党"过于遵循信念伦理、理想主义"的趋势。但总体来看,该党在整个竞选过程中相对较为团结一致。[5] 德国另类选择党专注于其核心议题——难民政策,且同2016年一样,由于党内纷争以及未能与极右翼排外立场划清界限而引发关注。

9月3日,德国两大政党的总理候选人进行了一场电视辩论。根据德国电视一台和德国电视二台的民调显示,默克尔赢得了胜利。该辩论被指责主要围绕"融入、避难和难民"议题展开,对社会议题一带而过,

---

① "Merkels inhaltsbefreiter Sonnenschein-Wahlkampf", http://www.sueddeutsche.de/politik/union – merkels – inhaltsbefreiter – sonnenschein – wahlkampf – 1. 3619921.

② "Die Methode Merkel", http://www.spiegel.de/politik/deutschland/angela – merkel – im – wahlkampf – das – grosse – ablenkungsmanoever – a – 1165113. html.

③ "Wofür steht SPD – Kanzlerkandidat Martin Schulz", https://www.merkur.de/politik/martin – schulz – kanzlerkandidat – spd – bei – bundestagswahl – 2017 – wofuer – steht – er – politisch – zr – 7323992. html.

④ "Riexinger widerspricht Wagenknecht bei Flüchtlingspolitik", https://www.stuttgarter – nachrichten. de/inhalt. machtkampf – in – der – linkspartei – riexinger – widerspricht – wagenknecht – bei – fluechtlingspolitik. b8dd32e0 – feea – 42b9 – b7d6 – 0467b0351031. html.

⑤ "Grüne Selbstzerfleichung", https://www.tagesschau.de/inland/gruene – gegen – gruene – 101. html.

对诸如教育与数字化议题几乎只字未提。尽管民众将这一议题视为最重要的问题，但是联盟伙伴试图在竞选中对其回避。在土耳其局势紧张的背景下，舒尔茨表示一旦当选联邦总理，将会争取中止土耳其加入欧盟的谈判。①

图 1 显示了民调结果随时间的变化趋势。在最初所谓的"舒尔茨效应"昙花一现后，可以明显看到，社民党领导下一届联邦政府的机会渺茫。2017年 9 月 24 日，德国举行第 19 届联邦议院选举（见表 4）。本次大选的参选率达到 76.2%，提高了 4.6 个百分点，并且在德国东部的涨幅大于德国西部。

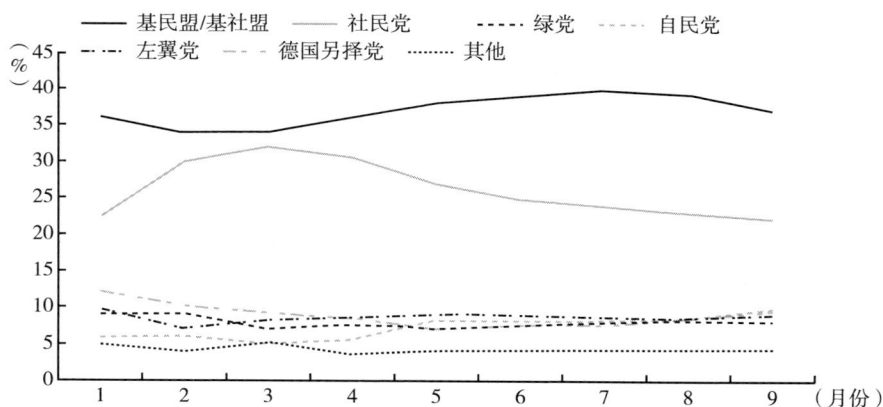

图 1　"周日问题"：2017 年德国人的选举意图

注：如果每月进行了多次民意调查，则分别计算其平均值。由于 2017 年 9 月 29 日发布的民意调查是在联邦议院选举后进行的，该调查结果不在统计范围内。

资料来源：笔者根据"政治晴雨表"数据计算而得，参见"Politik I"，http：// www. forschungsgruppe. de/Umfragen/Politbarometer/Langzeitentwicklung ＿ ＿ Themen ＿ im ＿ Ueberblick/Politik＿ I；Fragestellung，"Welche Partei würden Sie wählen, wenn am kommenden Sonntag Bundestagswahl wäre？"。

---

① "Wenn ich Kanzler bin, werde ich die EU－Beitrittsverhandlungen abbrechen"，http：//www. spiegel. de/politik/deutschland/martin－schulz－wuerde－eu－beitrittsverhandlungen－mit－der－tuerkei－abbrechen－a－1165933. html.

表4　2017年联邦议院选举

选举结果统计

选举日	2017年9月24日
总议席数	709
参选率(%)	76.2%(+4.6%)
选民总数(人)	61688485
总投票(人)	46976341
有效的第二票(%)	46515492(99%)
有效的第一票(%)	46389615(98.8%)

各主要政党及其支持率

政党	得票率(%)	席位数	席位变动率(%)
社民党	20.5	153	-5.2
基民盟	26.8	200	-7.4
基社盟	6.2	46	-1.2
联盟90/绿党	8.9	67	+0.5
左翼党	9.2	69	+0.6
自民党	10.7	80	+6.0
德国另类选择党	12.6	94[a]	+7.9
其他	5.1		-1.1

注：a. 92个德国另类选择党议员和2个非议会党团议员。

资料来源：Bundeswahlleiter, *Wahl zum 19. Deutschen Bundestag am 24. September 2017*, "Heft 3. Endgültige Ergebnisse nach Wahlkreisen", https://bundeswahlleiter. de/dam/jcr/3f3d42ab - faef - 4553 - bdf8 - ac089b7de86a/btw17_ heft3. pdf; Bundeswahlleiter, "Bundestagswahl 2017", https://bundeswahlleiter. de/bundestagswahlen/2017/ergebnisse. html。

本次选举结果的主要特点是，联盟党和社民党两大执政党的选票明显流失。联盟党虽然第16次赢得联邦议院选举（得票率33%），但得票率下跌8.6个百分点，跌幅创下历史纪录，取得自1949年以来的最差成绩。在萨克森州，基民盟的表现甚至不如德国另类选择党，后者在该州的得票率为27%。社民党的表现也不尽如人意，得票率下跌5.2个百分点，仅获得20.5%的选票，创下自二战以来最差纪录。左翼党（9.2%）和绿党（8.9%）均有小幅上涨，取得在联邦议院历次选举中第二好的成绩。自民党一反2013年的颓势成功逆袭回归，得票率上升6个百分点，获得10.7%

的选票。德国另类选择党成为继德意志党（直到 1961 年）之后①又一个进入联邦议院的极右翼政党。该党在 2013 年的联邦大选中，差点达到联邦议院的 5% 门槛，而如今攀升 7.9 个百分点（达到 12.6 个百分点），一举成为德国第三大党进入新一届联邦议院。②

由此可见，本次联邦大选的赢家不是议会内的政党，而是议会外的反对党，即德国另类选择党和自民党。在联邦德国的历史上，首次有 6 个议会党团进入联邦议院，德国政党体制呈现出自 20 世纪 50 年代以来前所未有的碎片化格局。另外，德国东部、西部的得票率差距也非常明显。联盟党：在西部为 34.1%，在东部为 27.6%；社民党：在西部为 21.9%，在东部为 13.9%；左翼党：在西部为 7.4%，在东部为 17.8%；德国另类选择党：在西部为 10.7%，在东部为 21.9%。③

基民盟/基社盟流失了大量选票，最终取得选举胜利要特别归功于 60 岁以上的选民群体。46% 的 60 岁以上女性选民将选票投给了联盟党。其主要原因在于该党良好的政党声望、执政能力和业绩。默克尔被公认在经济方面具有较强的治理能力。她领导下的德国在愈加变幻莫测的全球化世界里始终保持着较强的经济实力。值得注意的是，选民的选举行为也存在显著的性别差异。④ 37% 的女性选民将选票投给基民盟，而男性选民中这一比例仅达到 29%。德国另类选择党也成功动员了许多此前未参加投票的选民以及对联盟党失望的选民，其中男性选民的比例几乎是女性的两倍（16%：9%）。随

---

① 1949 年，右翼民族主义的德意志党（DP）进入第一届联邦议院，当时甚至与联邦总理阿登纳（基民盟）领导下的基民盟和自民党联合执政。在 1953 年和 1957 年，该党虽然没有达到联邦层面 5% 门槛的新规定，但是在基民盟的支持下获得超过 3 个直选议席，并且直至 1961 年在联邦议院都拥有议席。参见 "Stramm rechts – und im Parlament", http://www.sueddeutsche.de/politik/zeitgeschichte – wo – strauss – die – wand – waehnte – 1. 3677377。

② Bundeswahlleiter, *Wahl zum 19. Deutschen Bundestag am 24. September 2017*, "Heft 3. Endgültige Ergebnisse nach Wahlkreisen", https://bundeswahlleiter.de/dam/jcr/3f3d42ab – faef – 4553 – bdf8 – ac089b7de86a/btw17_ heft3. pdf.

③ Forschungsgruppe Wahlen, Wahlberichte 167 – 171, Mannheim：Berichte der Forschungsgruppe Wahlen e. V. , 2017.

④ Forschungsgruppe Wahlen, Politbarometer 24, September 2017, Repräsentative Umfrage Bundestagswahl, Mannheim, 2017.

着德国政党体制碎片化程度日益加剧，联邦议院里超额议席和平衡议席数量的大幅增加存在一定的隐患。在联邦议院选举前，关于改革《选举法》的倡议因在超额议席问题上存在争议而以失败告终。目前，联邦议院共有709名议员，人数创下历史纪录（见表5）。[①] 联邦议院中女性比例约从37.1%缩减到30.9%。绿党和左翼党中女议员比例超过50%，而在德国另类选择党中女议员比例则相当低，仅达到10.6%。

表5 2017年联邦议院按照政党和性别的组成

政党	2017年1月1日				2017年12月31日			
	总计		女性		总计		女性	
	席位数	占比	席位数	占比	席位数	占比	席位数	占比
基民盟/基社盟	310	49.2	80	25.8	246	34.7	49	19.9
社民党	193	30.6	85	44.0	153	21.6	64	41.8
左翼党	64	10.2	35	54.7	69	9.7	37	53.6
联盟90/绿党	63	10.0	34	54.0	67	9.4	39	58.2
自民党					80	11.3	19	23.8
德国另类选择党					92	13.0	10	10.6
非议会党团的议员					2	0.3	1	50.0
总计	630	100	234	37.1	709	100	219	30.9

资料来源：Bundestag, Abgeordnete in Zahlen, "Frauen und Männer（18. Wahlperiode）", 2017, https：//www. bundestag. de/abgeordnete/biografien18/mdb_ zahlen # url = L2FiZ2VvcmRuZXRlL2Jpb2dy YWZpZW4xOC9tZGJfemFhbGVuVL2ZyYXVlbl9tYWVubmVyL2I2MDEyOA = = &mod = mod454272；Bundestag, Abgeordnete in Zahlen, "Frauen und Männer（19. Wahlperiode）", 2017, http：//www. bundestag. de/ abgeordnete/biografien/mdb_ zahlen_ 19 # url = L2FiZ2VvcmRuZXRlL2Jpb2dydWYZpZW4vbWRiX3pha Gxlbl8xOS9mcmF1ZW5fbWFlbm5lci81Mjk1MDg = &mod = mod529494。

六 复杂的组阁过程

接下来，德国政府经历了相当艰难的组阁过程。德国《基本法》规定，在联邦议院选举联邦总理失败的情况下，应立即进行重新选举（《基本法》

---

① "Bundestagswahl 2017 Die Reform des Wahlrechts ist gescheitert", https：//www. berliner － zeitung. de/politik/bundestagswahl － 2017 － die － reform － des － wahlrechts － ist － gescheitert － 26205662.

第 63 条），对第一次选举联邦总理则没有规定期限。根据《基本法》规定，新一届联邦议院最迟不得超过选举后 30 日召集会议（《基本法》第 39 条第 2 款）。据此，10 月 24 日第 19 届联邦议院召开首次全体会议。① 原财政部长朔伊布勒（Wolfgang Schäuble，基民盟）接替拉默特（Norbert Lammert，基民盟）担任联邦议院议长，由联邦总理府部长阿尔特迈尔（Peter Altmaier）担任代理财政部长。

在新一届政府正式上任前，由上一届政府继续履行政府工作。按照主流的法律观点，临时政府原则上拥有与正式政府相同的权限。单从法律角度来看，临时政府的行动空间不局限在现有政府事务上，但是由于其临时、过渡性特征，在履行政府职能时通常带有政治保守性。从理论上讲，临时政府可以提出财政预算，联邦部长继续行使职权（《基本法》第 65 条）。② 尽管政府组阁尚未结束，部长职位悬而未决，但是联邦议院在 2018 年 1 月中旬一致通过，设立 23 个常设委员会，与上一届议院相同。③ 由此一来，联邦议院继续履行立法职能，但通常会考虑到当下的特殊情况。比如，联邦议院在 2 月初通过决议，对于仅获得辅助性保护的难民，将暂停两年办理家属团聚的期限延长至夏季。④ 2017 年 12 月，联邦议院还延长了联邦国防军在阿富汗、伊拉克、马里和地中海的七项军事行动。

社民党在选举失利后，总理候选人舒尔茨在选举当晚就排除了再次组建大联合政府的可能性，立刻宣布社民党成为反对党。⑤ 在接下来的一天，他

---

① "Wie geht es weiter mit der Regierungsbildung？", https：//www. bundesregierung. de/Content/ DE/Artikel/2017/10/2017 – 10 – 24 – faq – regierungsbildung. html.

② "Wie das Grundgesetz eine kanzlerlose Zeit verhindert", https：//www. bundestag. de/dokumente/ textarchiv/2013/47365706_ kw42_ geschaeftsfuehrende_ bundesregierung/213816.

③ 联邦议院委员会通常与联邦政府部门相对应。"Bundestag setzt einstimmig 23 ständige Ausschüsse ein", https：//www. bundestag. de/dokumente/textarchiv/2018/kw03 – de – einsetzung – ausschuesse/536968.

④ "Bundestag verlängert Aussetzung des Familiennachzugs", http：//www. faz. net/aktuell/politik/ inland/bundestag – verlaengert – aussetzung – des – familiennachzugs – 15427497. html.

⑤ "Schulz beendet die Große Koalition", https：//www. n – tv. de/politik/Schulz – beendet – die – Grosse – Koalition – article20050150. html.

再次强调将不会进入默克尔领导的内阁。[①] 除了组建少数派政府，从计算上看，唯一的选择只剩下所谓的由黑（基民盟/基社盟）、黄（自民党）、绿（绿党）组建的"牙买加联盟"。10 月 24 日，四个政党为组建这种执政联盟开启了试探性会谈。从正式进行组阁谈判到最终达成组阁协议充满了不确定性。在联邦议院选举之前，德国民众还不希望看到"牙买加联盟"，现在，也是出于别无选择，该组阁形式在民调中获得较高的支持率。9 月末，59% 的受访者表示支持这一组阁形式，而 22% 的受访者则持反对态度（见表 6）。41% 的德国民众认为，大联合政府是次于"牙买加联盟"的选择。[②] 值得注意的是，在民调机构 Forschungsgruppe Wahlen 的长期调查中，没有单独列出"牙买加联盟"的选项（见图 2）。

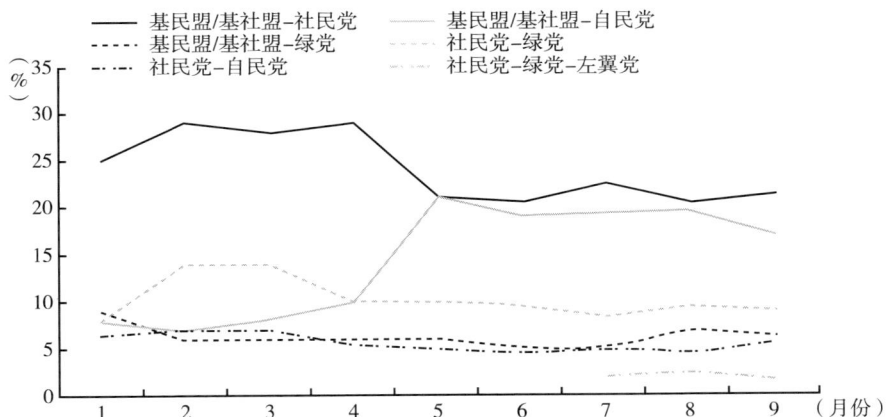

图 2 2017 年 1 月到 9 月德国民众希望看到的联合政府

注：如果每月进行了多次民意调查，则分别计算其平均值。由于 9 月 29 日发布的民意调查是在联邦议院选举后进行的，所以该调查结果不计在其中。问题是："如果在下一届联邦议院选举后没有政党可以单独执政，您将选哪个联合政府？"

资料来源：笔者根据"政治晴雨表"数据计算而得，参见"Politik-Archiv"，http：//www. forschungsgruppe. de/Umfragen/Politbarometer/Langzeitentwicklung _ – _ Themen _ im _ Ueberblick/ Politik _ – _Archiv/#GewKoal，最后访问日期：2018 年 3 月 16 日。

---

① "Frage zu Merkel bringt Schulz völlig aus dem Konzept"，https：//www. welt. de/politik/deutschland/ article169028979/Frage – zu – Merkel – bringt – Schulz – voelig – aus – dem – Konzept. html.

② Forschungsgruppe Wahlen，Politbarometer September IV 2017，Repräsentative Umfrage KW 39，Mannheim，2017.

表6 德国民众对联合执政选项的评价

单位：%

时间	基民盟/基社盟－自民党－绿党		基民盟/基社盟－社民党		重新选举		基民盟/基社盟领导的少数派政府	
	支持	反对	支持	反对	支持	反对	支持	反对
2017 年 9 月ᵃ	25	52	40	42				
2017 年 9 月ᵇ	59	22						
2017 年 10 月	57	25						
2017 年 11 月	50	31			68	29		
2017 年 12 月			47	36	29	56	30	56
2018 年 1 月			45	36				
2018 年 2 月			43	35				

注：a. 联邦议院选举前；b. 联邦议院选举后。

资料来源：笔者根据"政治晴雨表"数据计算而得，参见"Politbarometer 2017"，http：//www. forschungsgruppe. de/Umfragen/Politbarometer/Archiv/Politbarometer_ 2017/。

　　试探性会谈通过媒体的大量宣传引起了广泛关注。各党派代表每天在媒体前介绍谈判进展，亮出谈判底线，或以重新选举相威胁。曾经的帝国总统官邸现在位于联邦议院旁边的德国议会协会（DPG）所在地，参会人员在官邸阳台上挥手或吸烟成为谈判的象征。[①]

　　试探性会谈在内容上最大的争议点是移民和难民政策。[②] 10 月初，基民盟和基社盟才在设置接纳难民人数上限的议题上达成内部一致，将每年德国新增难民人数控制在 20 万人以内，保留遭受政治迫害的难民享有的政治避难权。另外，还将致力于推动制定新的《移民法》。[③] 人们担心符合条件的难民家属数量过于庞大，因此还将继续延长暂停办理战争难民家属团聚的期

① "Wie ein Balkon das Bild von der Politik prägt"，https：//www. stuttgarter - nachrichten. de/inhalt. sondierungen - in - berlin - wie - ein - balkon - das - bild - von - der - politik - praegt. ed8 e2 dfa - 1 d4 a - 4513 - 837 c - c52871c741a6. html.

② "Über diese Themen streitet die Jamaika-Runde"，http：//www. zeit. de/politik/deutschland/2017 - 10/sondierungsgespraeche - cdu - csu - fdp - die - gruenen - jamaika - koalition.

③ "CDU und CSU erzielen Kompromiss bei Flüchtlingspolitik"，http：//www. sueddeutsche. de/politik/umstrittene - obergrenze - cdu - und - csu - erzielen - kompromiss - bei - fluechtlingspolitik - 1. 3700416.

限。迄今为止，人们都没有对其实际数字做出统一的估计。相反，绿党呼吁为这一群体提供"非官僚主义的解决办法"，而自民党则提出按照经济和人道主义标准对其采取定额分配。①

在政策领域里存在的其他争议点包括税收与预算政策（逐步废除团结附加税、减税、对"超级富翁"征收财产税、平衡财政预算、欧盟债务共同体化），气候与环境政策（燃煤发电、内燃机、大规模养殖、禁用草甘膦），社会福利政策（公民保险、家庭补助、子女补贴、母亲养老金、最低工资、房租刹车），内政（视频监控、预存个人信息）与外交以及欧洲政策（土耳其加入欧盟、欧盟财政部长、军备出口、军事支出）。②

在持续约四周的深入会谈后，各方都做出了很多妥协，在外界看来，最后似乎达成了一致。然而，11 月 19 日临近午夜时，自民党主席林德纳宣布组阁谈判最终失败。"各方未能建立起共同的信任基础。与其错误地执政，不如不执政。"③ 自民党这一举动遭到了谈判伙伴的批评。他们指责自民党从一开始就策划好了组阁谈判的失败，并且利用媒体大加宣传。前不久，各方还达成了一致。自民党退出组阁谈判可能的原因是：自民党与绿党在内容上无法达成一致，后者出乎意料地表现出与联盟党妥协的意愿，而自民党则可能担心与基民盟和绿党之间过于趋同。④ 就在自民党的退出导致试探性会谈破裂之前，还有 50% 的受访者认为"牙买加联盟"好，68% 的受访者表示，在试探性会谈失败的情况下支持重新选举；而在试探性会谈真正结束后，仅有 29% 的受访者希望重新选举，另有 30% 的受访者支持由基民盟和基社盟领导的少数派政府，而大联合政府的支持率则达到 47%（选举前为

---

① "Über diese Themen streitet die Jamaika-Runde", http：//www. zeit. de/politik/deutschland/2017 – 10/sondierungsgespraeche – cdu – csu – fdp – die – gruenen – jamaika – koalition.

② "Über diese Themen streitet die Jamaika-Runde", http：//www. zeit. de/politik/deutschland/2017 – 10/sondierungsgespraeche – cdu – csu – fdp – die – gruenen – jamaika – koalition.

③ "FDP bricht Jamaika-Sondierungen ab", http：//www. sueddeutsche. de/politik/eil – fdp – bricht – jamaika – sondierungen – ab – 1. 3753203.

④ "Warum die FDP die Jamaika-Verhandlungen platzen ließ", http：//www. sueddeutsche. de/politik/ende – der – jamaika – verhandlungen – warum – die – fdp – die – jamaika – verhandlungen – platzen – liess – 1. 3757550.

40%）（见表 6）。

在试探性会谈失败后，舒尔茨和社民党理事会再次重申拒绝组建大联合政府。在社民党理事会的会议结束后，联邦总统施泰因迈尔立刻明确表示反对重新进行选举。社民党在经过短时间考虑后表示，可以接受由基民盟/基社盟领导的少数派政府，而这种组阁形式又被联盟党明确拒绝了。不久之后，施泰因迈尔与各党派领导人展开对话。此后，社民党领导人表示准备接受与基民盟/基社盟进行试探性会谈。2017 年 12 月 7 日，社民党在柏林举行的党代会上确定了这一决议，但要求在另一次党代会上对是否接受组阁谈判进行表决。① 然而，社民党再次参与组阁尤其遭到社民党青年团和许多党内人士的强烈批评。尽管在选举中失利，舒尔茨仍以 81.9% 的得票率再次当选党主席。

社民党这种"摇摆路线"在一些党内领导人和基层看来是有争议的。比如，莱茵兰-普法尔茨州州长德莱尔（Malu Dreyer）就曾表示支持基民盟/基社盟领导的少数派政府。② 尤其是自 11 月 24 日起担任社民党青年团主席的库纳特（Kevin Kühnert）发动了"拒绝大联盟"运动，公开反对社民党继续组建大联合政府。③

尽管承受着这些压力，联盟党和社民党党魁在 2018 年 1 月中旬经过持续数日的谈判后，同意开启组阁谈判。试探性对话的成果文件中④记录了各方达成的重要共识。联盟党主张进一步落实难民政策（每年接纳难民人数控制在 18 万至 22 万的范围内，严格限制获得辅助性保护的难民家属团聚，为避难申请者建立统一的决策中心），社民党则要求废除教育政策上的合作

① "SPD beschließt Gespräche mit Union – 81，9% für Schulz"，http：//www. rp – online. de/politik/deutschland/spd – parteitag – 2017 – in – berlin – spd – stimmt – fuer – ergebnisoffene – gespraeche – mit – union – aid – 1. 7252896.

② "Malu Dreyer hält Tolerierung einer CDU/CSU – Minderheitsregierung durch SPD für beste Lösung"，http：//www. allgemeine – zeitung. de/politik/rheinland – pfalz/dreyer – bundesregierung – spd – cdu – groko – minderheitsregierung_ 18377191. html.

③ "Kühnerts Showtime"，http：//www. faz. net/aktuell/politik/inland/no – groko – kampagne – kevin – kuehnerts – showtime – 15457648. html.

④ "Ergebnisse der Sondierungsgespräche von CDU，CSU und SPD Finale Fassung"，12. 01. 2018，https：//www. tagesschau. de/inland/ergebnis – sondierungen – 101. pdf.

禁令。合作禁令尤其禁止联邦通过财政资助的方式对各州教育政策施加影响。另外，各方都同意为欧盟预算提供更多资金。社民党未能贯彻公民保险诉求，法定医疗保险将再次由雇员和雇主平摊保费。①

2018 年 1 月 21 日，社民党在波恩召开党代会，对是否与联盟党开展组阁谈判进行了表决。此前，尽管大多数社民党的州理事会进行动员，但许多社民党的州党组织仍陷入了严重的分裂。柏林、图林根州和萨克森－安哈尔特州的党组织事先就已经表明反对再次组建大联合政府。最重要的北莱茵－威斯特法伦州的党组织对此没有做出表决。② 在社民党的党代会上，约56%的党代表同意与联盟党开启组阁谈判。舒尔茨也承诺将修订试探性对话的成果文件。基社盟主席团则强烈拒绝再次做出妥协。③

2018 年 1 月 26 日，联盟党与社民党正式开启组阁谈判，这次主要采取密谈的方式进行。2018 年 2 月 7 日，各方就组阁协议达成了一致。④ 基民盟首次在党代会上对组阁协议进行表决，基社盟则是通过理事会全体表决。而社民党同四年前一样，经过内部深入讨论后，进行党内公投表决。3 月 4日，社民党通过党内公投表决，宣布同意与联盟党联合执政。此次表决的参选率达到78.4%，66%的社民党党员投了赞成票。⑤ 3 月 14 日，默克尔第四次出任联邦总理。

社民党虽然没能达到一些政治目标，比如废除固定期限劳动合同以及引入公民保险，但是作为联合执政伙伴意外获得了 6 个部长职位：除了劳动

① "Erste Ergebnisse Darauf haben sich die GroKo-Sondierer verständigt", http：//www. spiegel. de/politik/deutschland/cdu－csu－spd－darauf－haben－sich－die－groko－sondierer－verstaendigt－a－1187445. html.

② "Was die SPD－Landesverbände zur großen Koalition stehen", http：//www. sueddeutsche. de/politik/groko－spd－sonderparteitag－landesverbaende－1. 3832477.

③ "CSU－Präsidium lehnt Nachbesserungen ab", https：//www. tagesspiegel. de/politik/spd－parteitag－zu－groko－verhandlungen－csu－praesidium－lehnt－nachbesserungen－ab/20870568. html.

④ "Koalitionsverhandlung. Einigung zwischen Union und SPD", http：//www. zeit. de/thema/koalitionsverhandlung.

⑤ "Wir haben gemeinsam entschieden", https：//www. spd. de/aktuelles/detail/news/mitgliedervotum－wir－haben－gemeinsam－entschieden/04/03/2018/.

部、家庭部、环境部和司法部以外，还有至关重要的财政部和外交部。① 联盟党失掉关键的财政部尤其遭到了联盟党政客的激烈批评。在联盟党内部还有个别人士对默克尔取得谈判成功表示不满，另外还有人呼吁在部长职位分配上进行人员变更。② 在基民盟秘书长陶伯（Peter Tauber）辞职后，默克尔提名萨尔州州长克兰普－卡伦鲍尔为新任基民盟秘书长。③

谈判结果宣布后，社民党内部纷争持续升级。党主席舒尔茨出尔反尔，有意在新一届政府内阁中担任外交部长。为避免党内人士的反对，他宣布辞去社民党主席职位，推选社民党联邦议院党团主席纳勒斯（Andrea Nahles）为他的接班人。这一举动引起了时任外交部长、前任社民党党主席加布里尔的强烈不满，他指责舒尔茨公然违背承诺。④ 尤其在党内迅速形成一股反对舒尔茨进入政府内阁的强烈抗议力量。不久之后，他迫于压力再次宣布放弃外交部长职位，以避免对党内公投造成负面影响。社民党在一次主席团会议上决定，在4月22日社民党特别党代会召开之前，先由汉堡市市长朔尔茨（Olaf Scholz）担任社民党代理主席。⑤

最后可以确定的是，2017年联邦议院选举之后，联邦政府不仅经历了耗时最长的组阁过程，其间还伴随着极其激烈的党内纷争，尤其发生在社民党内部。这表明，德国的政党体制至少在联邦层面未能实现选民决定的组阁形式。德国政党体制碎片化程度日益加剧，将极有可能导致在未来也发生复杂又漫长的组阁谈判。

---

① "Große Koalition-So teilen sich Union und SPD die Ministerien"，http：//www. handelsblatt. com/politik/deutschland/ressortaufteilung－grosse－koalition－so－teilen－sich－union－und－spd－die－ministerien/20935702. html.

② "Merkel：Verlust des Finanzministeriums akzeptabel"，http：//www. faz. net/aktuell/politik/inland/angela－merkel－bei－berlin－direkt－verlust－des－finanzministeriums－schmerlich－aber－akzeptabel－15443868. html.

③ "Merkel holt Kramp－Karrenbauer als Generalsekretärin nach Berlin"，http：//www. sueddeutsche. de/politik/kramp－karrenbauer－cdu－generalsekretaerin－1. 3873350？reduced＝true.

④ "Wie Freunde zu Gegnern wurden"，http：//www. zeit. de/news/2018－02/08/wie－freunde－zu－gegnern－wurden－180208－99－989873.

⑤ "Olaf Scholz soll die Partei kommissarisch führen"，http：//www. sueddeutsche. de/politik/spd－vorsitzende－nahles－muss－warten－1. 3865655－2.

B.3
政局多变的选举年与起死回生的大联盟

王广成*

摘　要：　"舒尔茨效应"快速衰减后，社民党在三场州级选举中接连
败北。舒尔茨力推聚焦社会公正的大选纲领，以凸显本党的
特点，但效果有限，与联盟党的差距继续拉大。大选中，基
民盟、基社盟和社民党的得票率均创 1949 年以来的最低值，
德国另类选择党则成为联邦议院的第三大政治力量。这不仅
改变了德国政党构成的光谱，也为未来政局的发展增添了不
确定性。黑黄绿三党结盟组阁的试探性磋商因自民党的退出
而破裂。经过联邦总统的斡旋，原先决定充当反对党的社民
党愿意与基民盟/基社盟举行试探性磋商。此后该党特别党代
会通过决议，同意进一步与联盟党就重组大联合政府举行正
式谈判。社民党在组阁中得利最多，基社盟次之，基民盟则
最少。《联合执政协议》由社民党党员票决认可并交三党领
袖签署后，黑、红大联盟终于起死回生。历经近半年组建的
第四届默克尔内阁在施政中仍将面临挑战与风险。

关键词：　州级选举　舒尔茨　联邦大选　组阁谈判　黑红大联盟

2017 年，对于迎来五场选战的德国政坛而言无疑是充满更多不确定性
的一年。除了 9 月 24 日的联邦议院大选之外，萨尔州、石勒苏益格 – 荷尔

＊　王广成，上海市现代管理研究中心资深翻译。

斯泰因州（以下简称"石荷州"）和北莱茵 – 威斯特法伦州（以下简称"北威州"）及下萨克森州分别于 3 月、5 月和 10 月举行州级议会选举。选举接连，结果难料，尤其是发端于岁末年初的所谓"舒尔茨效应"正以远超各界想象的烈度冲击着德国政坛，对默克尔的竞选连任形成挑战，也为德国政坛的走向增添了更大的不确定性。然而，最终"舒尔茨效应"昙花一现。

一 年初政局的几大变数

完成欧洲议会议长的 5 年任期后，马丁·舒尔茨（Martin Schulz）于 2016 年 11 月底宣布回国参政。此时基民盟在五个州的议会选举中连遭失败，正处于低迷状态。党主席默克尔虽已做出再次竞选连任的表态，但未能获得其所希望的广泛支持。社民党主席加布里尔（Sigmar Gabriel）虽然暂未正式宣布参选，实际已为自己的出马进行了全方位的铺垫，只是所有的预测无一例外地表明，即使面对已呈明显颓势的默克尔，此人也毫无胜算可言。同时，各种迹象还预示，社民党 20% 的民众低支持率很可能持续至 9 月的联邦议院选举。

然而，舒尔茨的出现却突然改变了这一格局。从 2016 年 12 月上旬起连续数周的各种民调均显示，唯有柏林政治圈中这一初来乍到者方能对默克尔构成真正的挑战。面对党内外的多重压力，四年前已错失机会的加布里尔不得不宣布由舒尔茨代表社民党竞逐联邦总理，并将选举其为党主席。后者瞬间成为"媒体的宠儿"和"社民党的救星"，其民众支持率骤升，一周之后竟以 50∶34 遥遥领先默克尔，一月之内又带动本党实现了对联盟党 10 年来的首次超越（32∶31）。[1] 在 2017 年 3 月 19 日的特别党代会上，众望所归的舒尔茨竟创造出以 100% 的得票率当选党主席的"奇迹"。这一切显然已使

---

① "Schulz deutlich vor Merkel", tagesschau. de, 02. 02. 2017, https：//www. tagesschau. de/inland/deutschlandtrend – 723. html；"SPD erstmal seit zehn Jahren vor Union", tagesschau. de, 24. 02. 2017, https：//www. tagesschau. de/inland/Deutschlandtrend – 731. html.

不少社民党人看到了赢得大选、牵头组阁的某种现实可能性。至此，"舒尔茨效应"对德国政坛乃至全社会的冲击力似乎已达到无以复加的程度，但是否属于可影响 9 月大选的持续效应则仍难下定论，故"舒尔茨效应"在 2017 年年初应被列为影响当年选战的最大变数。

以反对默克尔难民政策为口号的德国另类选择党（以下简称"另择党"）在 2016 年 5 个联邦州的议会选举中分流了大量传统大党的票源，成为事实上的最大赢家。虽然另择党在西部的支持率与东部的支持率差距甚大，但已拥有于 2017 年乘胜跻身西部 4 个州州议会的实力。鉴于其在联邦层级的高民调支持率，该党顺利进入联邦议院则应视为大概率事件。问题的不确定性在于，另择党能否赢得年初民调所示的高票。[1] 若该党确能以两位数的高票赢得大选，则这不仅意味着其他政党在本次大选中将遭受重创，而且还必然对德国政治生态产生严重的中长期影响。可见，另择党的影响也应视为本年度选战的重大变数。

曾经与联盟党共组黑黄联盟执掌联邦政府大权的自民党，在 2009 ~ 2013 年的四年中留下了一个从巅峰跌至低谷的运行轨迹。4.8% 的大选得票率使自民党 64 年来首次被联邦议院拒之门外，更遑论联邦层级的参政。然而，这一近乎毁灭性的打击并未使该党彻底边缘化。在林德纳（Christian Lindner）的领导下，自民党一方面继续耕耘在某些民意基础尚存的联邦州，另一方面也不失时机地针对诸如难民政策之类的全国性议题发声造势。主观上的努力辅以默克尔的民心渐失，让该党终于看到了跨越最低得票率门槛，重新跻身联邦议院的希望。鉴于自民党在意识形态上与基民盟较为接近，故该党深知大选取胜的关键在于成功地争取那些原先的基民盟选民。以难民问题为靶点瞄准默克尔的软肋必有所获应是毋庸置疑的，但两党博弈的具体得失一时尚难做出预估，因而成为 2017 年选战的又一变数。

---

① 另择党此时得票率高达 15% 。"ARD – DeutschlandTrend vom 05. Januar 2017, Sonntagsfrage", tagesschau. de, 05. 01. 2017, https：//www. tagesschau. de/inland/deutschlandtrend – 683. html.

凡此种种表明，无论从选举年的总体走向来看，抑或就具体选战的结果而言，均存在诸多的不确定性。

二 三场联邦州的议会选举及其影响

（一）萨尔州

仅有 100 万人口的萨尔州为德国最小的非城市州，此地政坛的变化对全联邦的影响历来较为有限。但因该州社民党试图通过 2017 年的选举，与迄今共组黑红大联盟的基民盟分手，由自己牵头另组红（社民党）、红（左翼党）或红、红、绿（绿党）联合政府。此计划虽与联邦层级的社民党遵循了同一"路线图"，但其成功与否主要取决于萨尔州选民的意愿。尽管如此，该州本次选举仍在某种程度上成为联邦大选试验场，并因此获得了各界的格外关注。2017 年 3 月 26 日的结果却出乎所有人的预料：虽有人气超高的舒尔茨助战，社民党非但未能挫败基民盟籍州长克兰普 - 卡伦鲍尔（Annegret Kramp-Karrenbauer）的连任计划，反而显著拉大了与对手的票差（29.6%：40.7%），选前被寄予厚望的所谓"舒尔茨效应"在这场全德国选举年揭幕战中的实际影响相当有限。[①] 基民盟在萨尔州的胜利不仅制止了 2016 年在州级选举中的连败势头，保住了本党在西部地区最后两个州的执政地位，而且提高了全党抵御以舒尔茨为新党首的社民党巨大冲击的底气与信心。克兰普 - 卡伦鲍尔的大胜实质上可解释为民众信任的一种厚积薄发，而传媒则将其总结为"AKK 效应"（安内格蕾特·克兰普 - 卡伦鲍尔姓名的三个首字母）战胜了"舒尔茨效应"。

（二）石荷州

代表石荷州社民党和基民盟出场竞选的分别是阿尔比希（Torsten Albig）

---

① "Ergebnisse der Landtagswahlen seit 1947", Der Landtag des Saarlandes, https：//www. landtag - saar. de/der - landtag/wahlen.

和金特（Daniel Günther）。前者为现任州长，5 年的执政可谓中规中矩，对自己"一州之父"形象的维护也算尽心；后者则是在 2016 年 11 月和 2017 年 2 月方被选为基民盟石荷州主席和首席竞选人，无论以何种标准衡量与前者均相差悬殊。例如，直至 2017 年 4 月下半月，民众对阿尔比希的履职满意度仍达 62%，而金特仅为 27%。① 然而，令人意想不到的是，阿尔比希在 5 月 7 日选举日前不久的一次访谈中，竟因不合时宜地谈及本人的婚姻状况而引发了某些选民群体的不满，并导致其支持率整体下降，最后竟输掉了原本胜券在握的选战。基民盟则以此意外胜利自 2005 年以来首次在全联邦范围内成功地从社民党手中夺得了一个州级政权。

阿尔比希为这场因个人因素造成的败选付出的代价是彻底退出政界，对于舒尔茨及其社民党而言，事情的后续发展却远非如此简单。4 月中旬的民调已显现"舒尔茨效应"有所减弱的倾向。例如，舒尔茨在与默克尔的对决中已处于 40%∶46% 的下风，社民党与联盟党则为 31%∶34%。而在石荷州的议会选举后，舒尔茨与默克尔对决的差距进一步拉开为 36%∶49%，两党支持率差距则为 27%∶37%。② 若无突变，这一不利局面势必影响社民党数日后在北威州的选情。

（三）北威州

北威州为德国第一人口大州，此地的议会选举往往被视为"联邦大选的缩小版"。5 月 14 日的议会选举又是联邦议院秋季选举前的最后一场州选，其重要性与象征意义显然是萨尔州和石荷州不能比拟的。

社民党和基民盟在该州的首席竞选人分别是克拉夫特（Hannelore Kraft）和拉舍特（Armin Laschet）。后者虽曾于 2005～2010 年出任州政府非关键部长，并自 2012 年起担任本州基民盟主席，但无论就政界影响力而言还是民

① "Warum die CDU so deutlich gewonnen hat", tagsschau. de, 07. 05. 2017, https：//www. tagesschau. de/inland/wahl – sh – analyse – 101. html.

② "Schulz – SPD sackt ab", tagsschau. de, 11. 05. 2017, https：//www. tagesschau. de/inland/deutschlandtrend – 775. html.

众号召力而言，均与连任 7 年州长的"一州之母"存在巨大落差，因而即使在本党内部也普遍不被看好。尽管以克拉夫特为首的红（社民党）、绿（绿党）联合政府的民众支持率已今非昔比，但基民盟在某些竞选议题的设置上则更能体现选民的诉求，再加上自身努力及在石荷州胜选等内外因素，使两党之间的差距渐趋缩小。然而，克拉夫特和社民党在这一重要选战中的惨败仍引起了各界的震惊。

较之上届选举，社民党的得票率下跌 7.9 个百分点，以 31.2% 的得票率创下该党在本州 70 年来的新低。基民盟的得票率则上升 6.7 个百分点，达 33.0%，[1] 成功从社民党手中夺得组阁权。平心而论，即使考虑社民党的整体颓势已有多年的大背景，克拉夫特的这次大败仍应首先从自身找原因。近年来，克拉夫特对施政往往自信满满，似乎对自己政策的正确性坚信不疑，从而习惯于以所谓的"不变"应对形势乃至应对民众需求的"万变"，对"民有所呼，我有所应"的重视度逐年下降，因此拉开了与百姓的距离，并成为最终被选民抛弃的主因。基民盟则较好地利用了民众对红绿联合政府的不满，有针对性地在教育、基础设施、打击刑事犯罪和保障内部安全等领域提出了若干反映百姓呼声的政策设想，赢回了不少准备放弃投票的原基民盟选民。同时，社民党的"舒尔茨效应"已现式微之势及本党在石荷州的意外胜选这两个选前的最新状况也从外部对基民盟有所助益，并造就了拉舍特这个"突如其来的赢家"。[2]

北威州历来被社民党视为自己的"大本营"和"心脏地带"，自 1966 年以来，该党除了一个 5 年的中断期外始终执掌该州政权，2017 年的第二次"大权旁落"对北威州社民党来说不啻一个难以接受的现实。从全党来看，两个月内的三场联邦州选战，一场挑战失利，两场痛失政权，尤其是北威州关键一役的败绩，致使全党上下力图借"舒尔茨效应"之势而上在三

---

① "Ergebnisse im Überblick", wahlergebnisse. nrw. de, https://www. wahlergebnisse. nrw. de/landtagswahl/2017/aktuell/a000lw1700. shtml.

② "Armin Laschet: Plötzlich ein Gewinner", WDR, 14. 05. 2017, http://www1. wdr. de/nachrichten/landespolitik/landtagswahl/armin - laschet - portraet - 100. html.

场州选中战胜默克尔及其基民盟的信心遭受沉重打击。基民盟则逆转了近年来在联邦州层级连选连败的被动局面，加大了其在联邦参议院的分量。更重要的是，该党曾于 2005 年 5 月 "拿下" 杜塞尔多夫（北威州首府）后进而于 9 月 "攻克" 柏林（德国首都），开启了在联邦层级连续执政至今的默克尔时代。如今则是三连胜，不禁令人产生 2017 年北威州的胜利应是当年成功的重现的联想。

三　两大政党选纲的出笼及其比较

三场州级选战结束后，社民党面临的形势更趋严峻，种种迹象表明该党已进入下行通道。时至 7 月上旬，在 Forsa 民调中社民党的支持率果然滑落至 22%[①]，且无法排除数周后继续跌至 20% 的可能性。在不到半年的时间内，舒尔茨挂帅的社民党的支持率从骤然上升到疾速下跌，走出了如同过山车般的轨迹，形成了以变化快速、猛烈为基本特征的 "舒尔茨现象"，堪称社民党乃至德国战后政党史上所仅见。更令舒尔茨及该党领导层不解的是，在此期间舒尔茨似乎并未犯下任何致命的错误，为何社民党作为一个整体毫无疑问地又重陷危机，况且默克尔和联盟党也未对其实施过击中要害的攻击。

应该说，联盟党对社民党支持率的异常上升与下跌基本上持被动旁观的态度，并将其简单总结为 "民众情绪和社会舆论叠加而成的难以掌控的剧变"。基社盟主席泽霍费尔（Horst Seehofer）针对联盟党阵营中将北威州胜选等同于选民对联邦大选预决的说法大泼冷水，并以社民党为例指出，此时距离大选与围绕舒尔茨的渲染炒作由热变冷的时间基本相当，而在这段时间内舆情如何变化同样存在着难以掌控的不确定性。[②] 故而告诫全党，夺得三

---

① "Schwarz-Gelb erobert Mehrheit, AfD bei 7 Prozent", WELT, 15. 07. 2017, https：//www. welt. de/politik/deutschland/article166784391/Schwarz – Gelb – erobert – Mehrheit – AfD – bei – 7 – Prozent. html.

② "Angezählt im Trümmerfeld", tagesschau. de, 14. 05. 2017, https：//www. tagesschau. de/inland/nrw – wahl – spd – schulz – 101. html.

场州选的胜利固然可喜，但并不意味着本党可以轻松拿下 9 月的大选。

社民党于 6 月下旬召开党代会，先于联盟党通过了"开创更多社会公正的时代"的竞选纲领。据说，这一涵盖全面政策阐述及多项选举承诺的文件从酝酿到出台，不断修改，长达两年。例如，该党在分析石荷州和北威州的选举结果后，便立即对难民和内部安全政策做出类似于联盟党的阐述。因此，该党将其视为"勃兰特（Willy Brandt）时代以来的最好竞选纲领"①，并相信此文件将在相当程度上改变传媒和民众原有的"舒尔茨空洞口号多，具体政策少"的不利印象，定能为 2017 年的选战加分不少。

基民盟/基社盟竞选纲领的出笼则颇为不顺。鉴于两党最高领导人默克尔和泽霍费尔在难民问题上的观点严重对立，双方迟迟未能就如何阐述该关键领域的政策达成一致。最终的"应急"解决方案是，在共同竞选纲领中采用双方均能接受的文字予以表述，基社盟坚持的关于难民数"上限"的要求则仅出现于本党另有的竞选纲领"巴伐利亚州计划"中。至此，基民盟/基社盟终于得以在 7 月上旬公布两党的共同竞选纲领。

对照两大党的竞选纲领，不难看出社民党在将选战总战略聚焦于社会公正上是下了功夫的，其具体做法明显有别于联盟党这一最大对手。例如，社民党主张针对中低收入者实施税收减负。其中包括自 2020 年起立即取消中低收入者的团结附加税，对年收入超 76000 欧元者征收 45% 的所得税，而对年收入超 250000 欧元者则专设 48% 的"富人税"。此外，该党还计划对生效不足一年的遗产税进行旨在减少例外和对大额遗产加重税负的改革。而联盟党同样赞成为中低收入者减轻税负，对于团结附加税则主张逐步取消。鉴于其在该领域与社民党的最大政策差异是承诺不增加税负，故对于高收入者的所得仍可维持 42% 的现行税率且同时提高起征点，而对富人专设税率显然不在其考虑之列。至于将出台不久的遗产税再次作为改革对象的做法，联盟党则明确表示反对。

---

① "Schulz lobt SPD – Geschlossenheit beim Wahlprogramm", *Süddeutsche Zeitung*, 23. 05. 2017, https：//www. sueddeutsche. de/news/politik/parteien – schulz – lobt – spd – geschlossenheit – beim – Wahlprogramm – dpa. urn – newsml – dpa – com – 20090101 – 170523 – 99 – 561684.

家庭政策在社民党的竞选纲领中同样占据重要地位。例如，该党主张建立家庭工作时间制度，以每人每月发放 150 欧元的形式帮助养育子女或护理家人者减少在外工作时间。逐步取消幼托费，并推进小学生全日照护制的立法。同时，对于有子女家庭的建（购）房给予政策扶持。此外，社民党还强调男女同工同酬以及私有企业和公共机构领导岗位的配备均应男女各半。

联盟党主张通过两个步骤将未成年者的免税额提高至成年人水平，同时每月增加子女费 25 欧元。建立家庭工作时间账户，以便家长有更多的时间养育子女。与此同时，主张促进小学生全日照护制的设立。对有子女家庭的建（购）房，其政策主张与社民党类似。联盟党也要求领导岗位的配备应男女各半，但仅针对公共机构。至于男女同工同酬的议题，则根本未被列入其施政计划。

社民党还承诺对医疗保险制度进行大刀阔斧的改革，即建立包括公务员和自由职业者在内的覆盖全体国民的保险体系，投保者的保险金则由本人和雇主各缴纳 50%，取消补充缴费。而联盟党明确拒绝新设所谓的国民保险体系，主张继续保留法定和私立两大不同的医保制度，法定医保的补充费用仍由雇员缴纳。

在退休养老领域，社民党同样策划了一场异乎寻常的深度改革。例如，主张以立法的形式保证现行 48% 的替代率至少维持至 2030 年不变，在此期间将养老金缴交率至少提高至 22%，同时加大国家财税对养老体系的支持力度。对于养老金过低者则发放高出最低社会保障标准 10% 的团结互助养老金（基础养老金），以从源头上解决老年贫困这一严重问题。而联盟党在这一全社会关注度极高的重点领域中竟未提出任何新建议，相关的竞选承诺无一例外是对现行政策的重复。

总之，人们通过对双方竞选纲领的比较很快便能得出的第一印象是，不仅在上述议题领域，而且在其他领域，两大政党对政策主张的阐述确有较大不同。若进一步观察，则又可看出两党在本次选战中表现出的某些深层次差异。社民党将自己定位于志在一搏的挑战者，为此力求其政策主张与对手有明显区别，从而能使选民留下清晰且深刻的印象。而目标在于继续执政的联盟党的心态则大为不同。该党尽管内心承认默克尔的作用已大不如前，但依然坚信"领袖的名字等于竞选纲领"的说法，加之此时选举结果已几无悬念，故出台的选纲给人以具体建议不多、文字阐述较粗略的感觉。更应指出的是，最终推出如此文本更为重要的是默克尔一切"继续照旧"（weiter so）的思想所致。"继续照旧"原为默克尔的口头禅，但可能因执政较久带来的惯性甚至惰性，"继续照旧"在联邦政府施政中的适用范围渐趋扩大，在其第三任期届满之际似乎一切工作均可"继续照旧"。但在不少民众心目中默克尔的这一口头禅早已从中性变为贬义，因为它在较大程度上意味着不思进取和抵制改革。德国恰逢经济、就业和财税诸领域顺利发展的大好时机，如何引导民众对社会焦点且决定国家未来的重大关切进行讨论，取得共识进而制定相关改革方案本是治国理政的题中之意，而利用大选的机会有针对性地宣示本党在各政策领域的具体方略也属顺理成章之举。然而，竞选纲领的比较却表明，联盟党至少在本次选战中不愿为此多下功夫。诚然，分析多次联邦大选的结果，似应得出的结论是，联盟党的输赢更多地取决于首席候选人，而非竞选纲领。就 2017 年的选战具体而言，对默克尔施政持总体满意评价者虽仍占多数，但因此产生默克尔的出马远胜于改革更新计划的讨论与制定，"继续照旧"可解决所有问题的想法仍是有害无益的，并将不可避免地招致选民的不满。

四 未能逆转胜负的最后冲刺

这次两大政党首席候选人的电视辩论安排在 9 月 4 日晚。然而，从辩论之前的数星期起，包括社民党人在内的绝大多数选民便已普遍对舒尔茨不抱希望，认为此人虽口才在默克尔以上，但届时很难对现任联邦总理构成真正的威胁。2013 年则有所不同，当时人们认为施泰因布吕克（Peer Steinbrück）在总体上虽已无望战胜默克尔，但在电视对决中仍可出现某种程度上的旗鼓相当局面。事后证明，尽管电视对决未能改变双方的胜负格局，但施泰因布吕克的表现确有可圈可点之处。而这次舒尔茨在推介本人政见时说服力不如默克尔，在具体政策领域的熟悉程度上更是难望其项背，其唯一的得分项是亲民度高于对手。不过，舒尔茨的实际表现仍在观众的低期望值之上，只是希冀以此提振本党低迷的士气并争取可观的选票无异于一种奢望。默克尔的表现虽不能算完胜，但这是其在十多年联邦总理任内唯一一场明显取胜的大选电视对决。事后舒尔茨终于发现了问题的症结所在：根据联邦总理府对辩论的设计，双方都被穿上了"紧身内衣"，其结果便是口才较差的默克尔不必多说，而口才较好的自己则不能多说。① 鉴于电视辩论远未产生社民党所希望的效果，舒尔茨即致信默克尔，以选民们关心的诸如数字化、教育、反恐以及养老与护理等问题在辩论中未曾或少有涉及为由，建议举行第二场电视对决，但遭默克尔明确拒绝。

此时，社民党的民众支持率已滑落至 20%，与联盟党的差距拉大至 17个百分点。② 几乎所有的民调又都强调 2017 年大选与以往各次大选的一大不同，即犹豫不决者的比例大为增加。例如，直至投票日前一周，仍有高达40% 的选民尚未确定本人的支持对象。在此背景下，最后数天内各党以所谓犹豫未决者为目标的争夺呈白热化状态。毋庸讳言，各党的竭力争夺无非是为了提高本方的得票数，但就具体目的而言，则各有盘算。例如，另择党进入联邦议院已成必然，其最新目标是力保一举成为议会的第三大政治力量，自民党的目标则已由重返联邦议院升级至赢得更多选票以提高组阁要价。相较之下，舒尔茨的处境最为尴尬。尽管每到一地，他仍无一例外地宣称其目标是联邦德国的总理大位，但面对支持率持续下跌的严峻现实，其真正的目标已由取代默克尔被迫降格为争取犹豫未决者以避免本人挂帅的社民党因得票数最低而记入党史。然而，投向未定的选票固然不在少数，但最终将社民党作为支持对象者毕竟不可能占据其中的较大比例，反之非传统政党在最后阶段却可能有不成比例吸引选票的机会。

---

① "Klare Kante", SPIEGEL – Gespräch mit Kanzlerkandidat Martin Schulz über das misslungene TV – Duell und seine Pläne für die deutsche Außenpolitik, *Der Spiegel*, Nr. 38/2017, p. 23.

② "Schulz rutscht ab auf 20 Prozent", tagesschau. de, 14. 09. 2017, https：//www. tagesschau. de/inland/deutschlandtrend – 921. html.

五　对联邦大选结果的分析

若将 9 月 24 日大选的投票结果归纳为情理之中、意料之外，应是较为客观的。所谓意料之外，首先指的是这次选举创下的多项纪录，无论是亲历的政界人物，还是相对中立的传媒或学界，在评论这些纪录时几乎都用上了"历史性"一词。

第一项历史纪录由另择党所创。这一右翼民粹主义小党派顺利进入联邦议院，并以 12.6% 的高得票率领先于自民党、左翼党和绿党，成为议会第三大政治力量。在东部地区该党的组织动员工作效率极高，所获选票仅次于基民盟，明显多于左翼党和社民党。在萨克森州，另择党的支持者竟超出了自统一以来连续执政的基民盟，一跃成为该州最大的政治力量。由此该党以这一无可置疑的成功历史性地改变了德国政党构成的光谱，并可能对政局的未来走向增添不确定性。对这一变化各界虽早有预感，但选举结果揭晓后，仍引起了德国社会乃至欧洲邻国的极大震动。

另择党的大胜反衬出的便是其他政党的惨败，而原有选民改投另择党最多者即为联盟党。这次大选中，后者的得票率之所以下降 8.6 个百分点至 32.9%，创 1949 年以来的历史最低值，其中一个重要原因便是约有 100 万名基民盟/基社盟选民出于对默克尔难民政策的不满而改投另择党。这一大规模的选票分流甚至使基社盟在巴伐利亚州的支持率以 10.5 个百分点的落差断崖式地下跌至 38.8%，这被其名誉主席施托伊贝尔（Edmund Stoiber）视为"与基社盟的 DNA 不符"[1]，同样创下 1949 年以来的历史最低值。另有约 140 万名的联盟党原有选民虽对默克尔的难民政策深感绝望，但又不愿与右翼民粹主义沾边，最终将选票投给了在难民问题上既抨击默克尔又谴责另择党的自民党。姐妹两党双双交出史上最差试卷的结果显然在联盟党尤其是基民盟的意料之外。选前包括默克尔在内的高层领导普遍认为，首先，难

---

[1]　"Ein epochales Ereignis", *Der Spiegel*, Nr. 40/2017, p. 37.

民问题已被大多数选民排除出可决定其选票投向的最关键因素之列；其次，州级选举本党连胜三场，联邦大选舒尔茨尚未与默克尔正式交手已败相毕露，数月前曾有的担心已属多余。更重要的是，给予默克尔施政满意评价者的占比始终维持在高位，他们中的绝大多数人认为自身从德国经济发展中受益并希望政局继续保持稳定，而真正能代表稳定者非竞选连任联邦总理的默克尔莫属。综合以上关键项，自然会得出结论，即多个民调机构做出的联盟党将赢得35%以上支持率的展望值应有相当可信度。然而，9月24日公布的32.9%结果颇令基民盟领导层意外。从投票站出口调查的数据来看，出于害怕难民问题造成社会进一步分裂，难民过多引发犯罪率上升，不愿看到德国语言文化乃至生活方式因伊斯兰影响的扩大而遭受损失或被迫改变等原因，对默克尔2015年打开国门接纳难民的决策至今仍耿耿于怀者高达55%。在这次转投他党的基民盟/基社盟的基本盘中，抱怨默克尔未能认真对待草根民众上述关切的比例则高达2/3。相反，这次选举的另一大赢家——自民党则借助于在难民问题上强硬的政策宣示换来了得票率大幅飙升（4.8%→10.7%）的完胜。可见难民入境虽已显著减少，但其产生的各种社会后果在普通选民决定其选票投向时依然被赋予了不可小觑的权重。

社民党这次步基民盟/基社盟的后尘，以20.5%的得票率成为又一个刷新1949年以来历史最低值的传统大党。至此，德国政坛上的三个所谓全民党均以本党史上最差的成绩结束了联邦议院的2017年选战。与基民盟/基社盟的不同之处在于，社民党党内外对上述得票率并不意外，因该党支持率在加布里尔掌权末期曾数次跌至20%左右，故而传媒报道中"史上最差"的提法已非鲜见。然而，回溯至半年前，尽管对"舒尔茨效应"的持久性给出谨慎预判的观察家不在少数，但未曾有人公开指出社民党支持率在选前便将跌回至最低原点的可能性。令舒尔茨及该党领导成员又一次不解的是，究竟何种因素酿成了这次惨败，甚至连选战白热化阶段的全力拼杀也丝毫未能改变这一史上最差的选情。在这些人眼里，本党在聚焦于社会公正的竞选纲领中对选民做出了广泛且具体的承诺，百姓受惠面应远大于其他各党的竞选纲领，而且首席候选人身上并不存在类似默氏难民政策的硬伤，况且舒尔茨在选战全过程中也未出现重大失误。然而，大选后的调查显示，社民党精心炮制的竞选纲领虽经主席舒尔茨的逐条过目乃至亲笔修改，但3/4选民的感觉是其中缺少类似2013年最低工资全覆盖或63岁领取全额养老金的足以振奋人心的亮点，因而其竞选纲领很难成为该党打赢选战的重要武器。[①] 至于舒尔茨个人，必须承认这位社民党首席候选人早已丧失了挑战依旧强大的对手所不可或缺的民意基础。稍加观察便不难发现，半年前曾急剧提高社民党上下信心的"舒尔茨效应"的形成首先得益于不少民众对默克尔的政治审美疲劳，同时不可否认也夹带着传媒的炒作，至于国人对长期任职于欧洲议会的舒尔茨的熟悉程度其时仍相当有限。在人们真正审视此人的3~5月，看到的却已是社民党在州级选举的三战皆败，听到的则是"舒尔茨参选空洞口号多，具体政策少"的评价。如此大环境对于随着选战深入急需树立个人成功形象的舒尔茨显然十分不利，同时也导致舆论的天平再次向执政者默克尔倾斜。为了改变这一不利局面，此人虽随即做出包括推出几乎涵盖所有领域且提出多项具体政策的竞选纲领在内的不少努力，但多数选民并未因此而认同舒尔茨即为比默克尔更适合担任联邦总理的候选人。

相比上述传统大党，同样得以在联邦议院占据议席的小党则赢得较为轻松。左翼党与绿党的选民历来有"纲领为主、候选人为辅，政治信仰导向"的传统，其基本盘因此能保持相当的稳定性，故得票比上届均稍有增长。自民党的大胜虽离其2009年的史上最高得票率尚有距离，但在某种程度上也可视为本次大选的又一个"意料之外"。除有少量原选民转投另择党外，该党与其他政党之间票源双向流动的统计均显示流入数远大于流出数，其中包括从联盟党和社民党净流入的136万人和45万人。究其原因，自民党党主席林德纳在本次选战中的个人"吸票作用"功不可没，尽管自民党在通常意义上首先应属于"选纲党"。

---

① "Warum die GroKo einbrach", tagesschau. de, 25. 09. 2017, https：//www.tagesschau.de/inland/btw17/btw17 – wer – waehlte – was – warum – 101. html.

六 基民盟/基社盟和社民党的选后动作

"选战甫毕，追责登场"似乎已成惯例，对写下历史性负纪录者尤应如此。但追责是否导致最高责任人下台，各党的组织处理则很可能因人或因时而异。社民党内部此时已有追责声，而首席候选人舒尔茨半年前正在书写以100%拥戴率当选党主席的历史性正纪录，如今已成被追责的头号对象。好在舒尔茨帅位尚稳，故追责声响应者寥寥，未能形成最高领袖必须请辞的舆论压力。在这一氛围下，身为首席候选人的他首先表示愿意承担主要责任，同时强调失败从反面警示全党若无法回答诸如数字化、社会公正、外来者涌入和内部安全等紧迫的社会重大问题，那么以后的选战仍将必输无疑，为此他决心在未来四年中为德国及欧洲社会民主主义的生存而继续奋斗。通过上述表态舒尔茨显然已意识到仅限于社会公正的议题仍无法动员和组织最广大的党员与基层民众，但同时拒绝引咎辞职。与此同时，他提议联邦劳动与社会部女部长纳勒斯（Andrea Nahles）担任联邦议院社民党议会党团主席，为本党的重新起航而合力共进。后者在总结选战失败教训时，竭力避免涉及敏感的人选因素，而是强调除社会公正这一社会民主主义的核心思想外，该党作为全民党还必须在其他议题上同样显示自己的存在。政党必须与时俱进，若依旧像过去那样辩论究竟是经济友好导向还是社会公正优先的话，那么民众支持率可能降至15%。[1]

作为联盟党的最高领袖，默克尔在总结选战时对外表述只是强调已达到既定目标，即得以继续保持联邦议院最大政治力量的地位和联邦政府的组阁权。即使面对基民盟近30%的议席损失等一系列败绩，默克尔仍表示："我看不出现在需做何种改变。"[2] 在联盟党内部总结时，默克尔只是承认选票

---

[1] "Die SPD braucht eine neue Sprache", SPIEGEL - Gespräch mit Fraktionschefin Andrea Nahles über alte Fehler und neue Ideen für die Sozialdemokratie, *Der Spiegel*, Nr. 40/2017, p. 44.

[2] "Es köchelt", tagesschau. de, 27. 09. 2017, https：//www. tagesschau. de/inland/merkel - union - wahlergebnis - 101. html.

大幅度流失皆因未能认真对待民众在养老、居住等问题上的关切，对至少具有同等相关度的由难民涌入导致的种种忧虑则闭口不谈。[①] 如此固执，仅为维护 2015 年个人决策的正确性，舆论的哗然和党内的无语尤其是基社盟的强烈反弹是难以避免的。然而，基民盟内部反对派的代表人物这次没有趁机全面质疑并公开挑战默克尔的动作，因而后者在选后数周内尚未面临实质性的困难局面。

与基民盟截然不同的是，其巴伐利亚姐妹党很快便转入了追责辩论和权力斗争阶段。从基社盟的州议会党团和不少地区组织中立即传出泽霍费尔必须为历史性惨败担责并引咎辞职的声音。从 2008 年起便身兼党主席与州长的泽霍费尔曾于 2016 年表示过将辞去州长一职，但选后数周内始终以"牙买加式"结盟的试探性谈判开始在即，本党人事问题概由日后的党代会解决为由拒绝谈及此事。早已被党内视为州长接班人的州政府财政部长索德尔（Markus Söder）羽翼已丰，因与泽霍费尔渐生嫌隙，被称为"不讨国王喜欢的王储"。这次聚集其身边的亲信们屡屡制造"2008 年州议会选举时前州长贝克施坦因（Günther Beckstein）得票率44%便须走人"之类的舆论，频频向泽霍费尔发难，甚至企图逼其辞去党政两职。[②] "裸退"绝对不可能在泽霍费尔的考虑范围之内，但他也意识到，为了粉碎"逼宫者"的图谋，挽回党内的支持，必须有所作为。其采取的策略是，在竭力抑制巴伐利亚内斗过快升级的同时，坚决打好"外线之仗"。于是，泽霍费尔将视线投向柏林，反复强调联盟党欲走出这次历史性惨败的唯一途径便是对其基本路线进行方向性、战略性的调整，即基社盟力主的"右转"，具体设想则见诸涵盖难民上限、主导文化和爱国主义等内容的所谓"十点计划"。[③] 明知这类调整只会被政治理念格格不入的默克尔断然拒绝，便提议先整合两党在各自竞

---

① "Sehnsucht nach Harmonie", *Der Spiegel*, Nr. 40/2017. p. 32.

② "High Noon", *Süddeutsche Zeitung*, 18. /19. November 2017, p. 13.

③ "CDU und CSU schließen Kompromiss bei Zuwanderung", Zeit Online, 08. 10. 2017, https：//www. zeit. de/politik/deutschland/2017 - 10/cdu - csu - spitzentreffen - klaerung - der - obergrenze - und - zehn - punkt - plan? print.

选纲领中对难民政策的不同表述，以便统一立场，投入组阁谈判。此举意味着默克尔必须从原有的立场上后退，但大选失败的现实及不同方面的压力终究迫使其做出了妥协。尽管"上限"一词并未出现在这次姗姗来迟的"共识"中，但终于将正常年景不应超过的难民接纳数设为20万人。仅此数额的确定对泽霍费尔而言是这场耗时两年的攻坚战的重大胜利，一个可为自己在党内斗争中显著增重的大砝码。而默克尔这一妥协的时间节点若是出现在大选投票前，另择党将无法占据联邦议院第三大多数议席应是大概率的。在随后的黑、黄、绿试探性磋商中，泽霍费尔的表现同样也是无可指摘的。他在两场"外线作战"结束后返回慕尼黑，与索德尔达成了自己留任党主席，后者于2018年第1季度接任州长的协议。由此结束了这场基社盟史上历时最长的权力斗争，也为泽霍费尔日后参与联邦政治解除了后顾之忧。

七　牙买加联盟试探性磋商的破裂与联邦总统的斡旋

对于选后的组阁意愿，联盟党和社民党在各自的竞选纲领中均未正式宣布。加布里尔的理想是牵头组建红（社民党）、红（左翼党）、绿（绿党）执政联盟。2016年，加布里尔不仅亲自撰文公开制造舆论，甚至还与左翼党和绿党领导人有过私下接触。这些举动显然因其本人乃至社民党上下对联盟党的不满日益增长所致。2013年，加布里尔曾力排众议，强调"参政将使我们强大"，说服了75.98%的党员对与联盟党联合执政投出了宝贵的支持票，从而也成就了自己政治生涯中的巅峰之作。但社民党很快发现事与愿违：首先，本党在大联合政府中的建树不少都被记在默克尔的功劳簿上；其次，本党施政中的各种贡献也几乎无助于提高自身在民众中的拥护度。这一痛苦且无奈的现实使该党决意在选后不再与联盟党继续合作，而联盟党的大多数领导成员同样不愿意维持大联合政府的模式。由此可见，对黑红结盟模式双方已做出了"死刑"判决。

作为历次大选中习惯做法的一种延续，在本次选战中，各政党间为了试探组阁的可能性，依旧进行过秘密洽商甚至幕后交易。只是囿于最终的投票结果，实际可供选择的仅为黑（联盟党）、黄（自民党）、绿（绿党）的牙买加式（该国国旗为黑黄绿三色）及黑（联盟党）、红（社民党）的大联盟式两种结盟组合。鉴于社民党党主席舒尔茨在选后第一时间便已公开宣布了从执政党转为议会最大反对党的计划，后又明确拒绝了联盟党有关探讨再次联合执政的提议，而自民党与绿党则均有与联盟党实行有条件合作的意愿，于是所谓的牙买加联盟成为"没有备选的"选择。[1] 10 月 24 日，黑、黄、绿三方终于在选后 1 个月就联邦层级首次联合执政的可能性拉开了试探性磋商的帷幕。

上述三党的牙买加式联合执政模式在地方层级并不罕见，但在联邦州层级仅有两例，即 2009 年 11 月至 2012 年 1 月由萨尔州黑、黄、绿三党组建的联合政府及 2017 年 6 月由石荷州黑、黄、绿三党组建的最新版州级联合政府。萨尔州的牙买加式结盟不到半个任期便告终结，其主因固然在自民党内部，但三党因竞相将落实各自的选举承诺置于优先地位而引发的矛盾和摩擦也着实伴随了合作的全过程。如今联邦层级牙买加式结盟的难度则无疑更大。首先，三党在联邦层级的施政理念更多源于各自的意识形态体系，这点与联邦州尤其是聚焦于有限范围内具体问题的地方层级存在明显差异。这些较为宏观的施政理念又往往是各自党派基本原则和立场的体现，因此，在结盟各方间必须形成共识推出统一政策时，妥协和协调必不可少且难度极高。其次，一般统称的"三党"在联邦层级便成为"四党"，参与其中的还有擅长凸显自身地方主义和民粹主义棱角的基社盟。除了在难民处置和内部安全保障领域，该党在联邦与州的关系、本土文化与外来文化的融合乃至欧洲一体化的走向等多个议题上也持程度不同的独特立场。再次，历来在此类场合扮演主持人与斡旋者角色的默克尔的权威虽已受损，其分量下降，但在关键节点上仍需默克尔扮演上述角色，发挥某种不可替代的作用，只是对其实际效果的期望值似不应过高。

---

[1] "Jamaika ist alternativlos", tagesschau. de, 25. 09. 2017, https：//www. tagesschau/inland/bundestagswahl – interview – 101. html.

参加试探性磋商的三方代表共有 52 名，被编入 12 个专业组。正如人们预料，各方在难民、气候、财税、预算、安全、交通和欧洲等领域的分歧较大，交锋激烈，其中在磋商初期又以基社盟与绿党间的观点最为对立。然而，经过长达三周的数轮磋商，在上述不少领域三方仍达成了相当广泛的妥协，对某些无法取得共识的领域，则同意采用搁置分歧，留待正式组阁谈判时继续协调的办法予以处理。在此期间，绿党的两位共同主席厄兹代米尔（Cem Özdemir）和彼得（Simone Peter）表现出了联盟党方面未曾预料的灵活性。例如，仅在难民政策领域，绿党便在安全来源国认定和仅获有限庇护身份者家庭团聚问题上调整了自己的一贯立场，以此向联盟党与自民党靠拢。因此，磋商的结束时间虽被迫推迟两次，但外界认为，各方取得基本共识以转入正式组阁谈判的希望并未破灭。然而，出乎意料的是，林德纳在 11 月 19 日午夜宣布自民党退出谈判。其理由是，在一个缺乏共同信任基础的牙买加联盟中无法实施该党创新、竞争和现代化的基本设想，因此"宁可不参与执政，也不能参与错误的执政"。①

鉴于舒尔茨此时再次重申社民党的任务只是充当反对党而绝不是参政，黑绿两党则无法构成必要的议会多数，林德纳退出黑、黄、绿试探性磋商的举动无异于将联邦德国推入一场前所未有的危机，一场虽已选举了新议会，却无法组建新政府的国家危机，从而为选后的政局发展增添了又一个不确定性。依据法律，走出新政府难产危机的路径无非成立由在野党给予容忍的少数派政府，或解散联邦议院，重新举行大选。在德国虽未曾出现过少数派联邦政府，不过可以想象的是在野党一旦不再容忍势必导致新的政局不稳和危机，2010~2012 年，北威州少数派政府的垮台便是前车之鉴。因此，包括默克尔本人在内的大多数政界人物均不愿做此尝试。相较之下，主张重新选举者明显占据多数。但若其结果与 9 月下旬相差不大的话，力量格局仍将回到原点，依旧无法解决组阁的难题。

德国《基本法》第 63 条授予联邦总统面对政府难产危机时的权限是二

---

① "Flucht aus der Karibik", *Der Spiegel*, Nr. 48/2017, p. 13.

者选一，做出决断。然而，此刻在施泰因迈尔（Frank-Walter Steinmeier）的眼中，上述两种路径均非最优选择，对国家难免都具有不利影响，属于不到万不得已不予考虑的下策。他采取积极行动，分别邀请联盟党、自民党和绿党的领袖私下交换意见，以试探是否存在恢复磋商的可能性。但这一行动很快便无果而终，黑、黄、绿牙买加联盟因自民党的顽固不化已无法死而复生。施泰因迈尔并未放弃，他转而将自己所属的社民党定为第二步的主要说服对象，以试探黑红重组大联盟的可能性。尽管相关谈话内容并未公开，但施泰因迈尔强调的观点是人尽皆知的，即选民的委托远大于党派的利益。①在此非常时期，选民们希望看到的便是政党领袖的国家责任。作为国家元首，施泰因迈尔发出如此警示显然是符合其身份、适时且有分量的。类似困局是其任何一位前任未曾遇到过的，联邦总统此时的首要功能已史无前例地转向危机管理与政治调解。

八 两次影响黑红大联盟重建的社民党党代会

社民党领导层的态度开始出现松动，并于2017年12月4日通过了同意与联盟党举行"不设定结果"谈判的理事会决议。高层虽已取得统一，但欲在全党上下转变绝不再同联盟党商谈合作的立场的难度更大，尽管已有一个州级黑红大联合政府于11月22日在下萨克森成功组建的实例。不仅地方组织和基层党员中"与默克尔合作非吃亏不可"几乎已成思维定式，中高层领导成员中认同利用四年在野的间歇期休养生息乃至改革更新准备下届再战的观点的人也占多数。能否带领全党实现这一艰难的转折，对舒尔茨与纳勒斯而言，不仅是这一双核心形成以来经历的最大考验，其成功与否甚至关乎两位最高领导人的政治生命。12月7日，柏林党代会召开前夕的一项民调显示，社民党选民中支持组建大联合政府的人仅占27.9%，支持容忍少

---

① "Die Stunde des Frank-Walter Steinmeier", *Süddeutsche Zeitung*, 20.11.2017, https://www.sueddeutsche.de/politik/nach－jamaika－aus－die－stunde－des－frank－walter－steinmeier－1,3757944?reduced＝true.

数派政府的人占比则高达 56.5%。① 会上，相较于针对大选失败的教训总结，围绕黑红重开谈判正确与否的辩论所获关注度更高。支持谈判者认为，社民党的核心要求若能得以实现，黑红再次结盟不失为一种选择。反对者则担心谈判将导致黑红大联合政府的死而复生，并危言耸听地指出，若重现四年前的两党结盟，本地区的退党者可达半数。最典型的便是社民党青年团关于先将重组大联合政府排除于谈判内容之外的提案。由于舒尔茨与纳勒斯对所谓"不设定结果"承诺的强调，作为主提案的理事会决议终于被大会通过，跨越了横亘于两大政党继续结盟之间的第一道障碍，也使社民党领导层转向变轨计划获得了必要的合法性和党内支持。与此同时，舒尔茨以81.9%的得票率再次当选为党主席。这一支持率与其 3 月所创下的 100% 历史纪录固然相距甚远，但毕竟避免了更大的难堪。

进入 12 月中旬，德国民众中赞同黑红继续结盟者的比例迅速上升。据 ARD – Deutschland Trend 的调查结果，61% 的受访者对大联合模式给出了很好或好的评价，仅在一周前给出同样评价者的占比仅为 45%，而 10 月初看好此模式的民众低至 33%。② 借助民意产生的对己有利的变化，默克尔越来越不加掩饰地表达了与社民党直接就大联盟的起死回生展开试探性磋商的意愿，"一个联盟党组建的少数派政府如今已毫无讨论价值"，为了使政府具备稳定性，必须先由参与其中的政党结成执政联盟，从而形成必要的议会多数。社民党以党代会与理事会的决议授权为由力主第一步先举行"不设定结果"的试探性磋商，至于第二步是否与联盟党结盟的事宜，将召开波恩特别党代会进行讨论并做出决定。假设此后的进展一切顺利，直至双方最终达成正式组阁协议，社民党将启动第三个程序，即由全体党员对该协议进行票决。不言而喻，第二步和第三步能否走好不仅是对社民党领袖的更大考

---

① "GroKo ja oder nein? Für welche Option in der Regierungsfrage sollte sich die SPD – Spitze entscheiden?", Spiegel Online, 07. 12. 2017, https：//www. spiegel. de/politik/deutschland/spd – vor – dem – parteitag – groko – gegner – fuerchten – um – ueberleben – der – partei – a – 1181944. html.

② "GroKo jetzt Favorit der Deutschen", tagesschau. de, 15. 12. 2017, https：//www. tagesschau. de/inland/deutschlandtrend – 1065. html.

验，而且也将决定整个德国能否组建稳定的联邦政府，从而最终走出这次国家危机。

根据三党领袖于 2017 年 12 月 20 日做出的决定，从 2018 年 1 月 7 日开始，基民盟/基社盟与社民党的谈判代表分成 15 个专题组正式拉开了试探性磋商的帷幕。鉴于双方事先达成应大幅度缩短时间的共识（黑、黄、绿无果而终的磋商长达 27 天），磋商按计划于 12 日结束并公布了结果，同时宣布三党以此为基础进行转入结盟组阁正式谈判的准备工作。尽管上述结果的产生必然经历一个有取有予的过程，舒尔茨的最终所得并不在默克尔和泽霍费尔之下，但社民党党内反对派除了对某些施政理念的阙如深表不满外，还猛烈抨击舒尔茨在磋商中实际上放弃了坚持"不设定结果"的承诺。为此有些州级组织专门通过了反对开展结盟组阁谈判的决议。与此同时，身为反对阵营急先锋的社民党青年组织以基层党员为主要对象的造势活动也急剧升级。

在此背景下，1 月 21 日的波恩特别党代会能否对社民党的第二步行动亮起绿灯引起了各方的格外关注。该党领导层尤其是舒尔茨/纳勒斯双核心在会前和会中的说服工作是否奏效，党代表中支持与联盟党进行正式组阁谈判的票数能否构成多数，直至最后一刻仍存在较大的不确定性，故成为社会各界甚至欧洲邻国观察德国政局走向的焦点。会上两种观点激烈交锋，互不相让，党主席舒尔茨的 50 分钟报告也未能改变势均力敌的僵局。使天平发生倾斜的是议会党团主席纳勒斯的报告。明显有别于舒尔茨，她的报告既充满激情与勇气，又结合当前的现实亮出了其两个颇为理性的思考：其一，根据试探性磋商的结果，既然社民党竞选纲领中的 80% 已能转换成大联合政府的施政计划，为何非要重新举行大选；其二，社民党是否必须先赢得议会绝对多数而后方可贯彻落实自己的政策。最终 56.4% 的赞成票虽仅形成微弱多数，但若无纳勒斯上述入情入理的演讲，代表们的表决很可能便是另一种结果，黑红大联盟的起死回生也将止步于社民党的第二个程序。对于纳勒斯挽救了党的转向变轨的新路线，同时也挽救了力主新路线的党主席的赞誉并不为过。反观舒尔茨，其勇气自信和动员能力的欠缺显露无遗，表现令人失望，其在党内的拥戴度继 6 周前的柏林党代会后再度明显下滑。难怪有人将本次党代会称为"舒尔茨的滑铁卢"。①

九　联盟党与社民党的结盟组阁正式谈判

2018 年 1 月 26 日，基民盟/基社盟与社民党的结盟组阁谈判终于正式开始。三方派出的 60 名谈判代表被编入 18 个专题小组。在此前的数次筹备会上，联盟党方面强调了应以试探性磋商达成的共识为框架的谈判原则，从而既可节约时间，也便于在既有框架的范围进行必要的深化。社民党则以有义务执行特别党代会决议为由，必须对涉及下列三个重要问题的磋商共识给予修改与补充：第一，仅获有限庇护身份难民的家属来德团聚；第二，无实质原因的有限期雇用合同的停止签订；第三，法定医保与私人医保投保人享有同等质量的医疗服务。

100 多万难民近年入境德国后，处置其中仅获有限庇护身份者的相关事项变得颇为棘手。按难民一揽子法 II 的有关规定，此类难民的家属来德团聚的审批自 2016 年 3 月起中止两年，后联邦议院又将该期限延长至 2018 年 7 月底。鉴于此事的社会敏感度高，且牵涉人数多，两年后应出台何种应对举措，屡屡引发不同政党间的激辩。通常联盟党与自民党希望从严掌握，社民党、绿党与左翼党则主张坚持人道原则，个别左翼基民盟政治家也持类似立场。曾长期担任联邦劳动部长的布吕姆（Norbert Blüm）便撰文公开提醒本党现任领导，禁止家庭成员团聚明显有悖于基督教社会学说的基本教义，必须严肃对待此议题。② 谈判中联盟党方面以同意在确立允许此类难民实现家庭团聚的基本原则上先做出让步，但坚持必须严格限制人数。双方最终达成了自 2018 年 8 月 1 日起恢复来德团聚的审批，每月额度为 1000 人的协议。与此同时，继续实施现行的特殊情况可按特例办理的制度。这一热点问

---

① "Schulz erlebt sein Waterloo", tagesschau. de, 21. 01. 2018, https：//www. tagesschau. de/inland/spd - kommentar - 101. html.

② "Es wird ernst, CDU!", *Frankfurter Allgemeine Sonntagszeitung*, 19. November 2017, p. 10.

题最终处理方案的确立，固然可视为社民党实现了某种突破，并以此落实了其对选民的相关承诺，但联盟党所做出的实质性让步终究还是相当有限的。

同样，社民党主张维护劳方利益，通过立法尽快解决签署无具体原因的有期限雇用合同的问题，而资方多年来则以各种理由不愿响应。面对这一矛盾，基民盟/基社盟的基本思路是首先明确有限期雇用的形式不得滥用，其次主张该问题主要应由劳资双方协商解决。鉴于三党所持立场客观上存在较大差异，这一问题成为谈判中争议最大的问题之一。本次《联合执政协议》中该问题的处置方案似乎更偏向于社民党的立场，但实际上也是双方妥协的产物。该方案中并未出现取消此类合同的表述，但通过相关具体举措体现出对其加以限制的立法精神。例如，规定每份合同的实施期限从 24 个月缩短至 18 个月。同时，根据企业的不同规模，规定可签署该类合同的最高比例等。

对于法定医保与私人医保投保人享有的医疗服务存在差异皆因两大系统的不同给付制度所致，社民党在选战中力主建立全民医保制度，一劳永逸地改变这一现象，退而求其次便是先推出统一的给付标准。该建议被联盟党拒绝后，双方妥协的结果便是组建旨在于 2019 年年底前提出改革给付制度具体建议的专家委员会。在此之前，则先实施所谓的"应急举措"，以实现近期即可提高法定医保投保人医疗服务质量的目标。

2 月 7 日，延迟两天的结盟组阁谈判终于结束，公布了《联合执政协议》和内阁各部的党派归属。鉴于前者的内容在试探性磋商和正式谈判中已先后有所披露，而围绕各部党派归属的博弈则有时间短且保密性好的特点，故轰动效应历来强于前者。这次的蛋糕分切又因其与三党实力格局明显不符，更是在第一时间便引发了外界异乎寻常的猜测与热议：为何在核心利益的博弈中基民盟变弱小了，而社民党和基社盟却变强大了。出现这次"默氏大甩卖"究竟源于何背景[1]，尤其是大赢家社民党，为何除继续执掌

---

① "Merkels Schlussverkauf", faz. net, 07. 02. 2018, https：//www. faz. net/aktuell/politik/inland/groko - verhandlungen - merkels - schlussverkauf - 15437326. html.

外交、劳动与社会、司法、环境、家庭各部的大权外，还得以通过让出经济与能源部换回权倾朝野的财政部。当默克尔于2005年组建其第一届内阁时，作为执政伙伴的社民党也曾分得财政、外交和劳动与社会三部，但其时两党的得票差仅有一个百分点（34.2%：35.2%）。对此舒尔茨自然不便作答，只是强调"谈判成果很大程度上出自社民党的手笔"。① 分得三部的基社盟也收获颇丰，将难民接纳数额（18万~22万）列入《联合执政协议》以及将权限显著扩大的内政部揽入手中是其中的两大亮点。唯独基民盟内部充满了对本党所得数量与社民党持平但重要性远不如人的强烈不满。默克尔拿出如此谈判结果固然令党内极度失望，但也应看到形成这一局面的某种程度的必然性。对于出现类似黑、黄、绿的谈判破裂，从而导致围绕继续执政、顺利组阁的所有努力在最后一刻付诸东流局面的特别担忧，决定了其首先成为三党博弈中的最弱者。为了避免谈判再次出现破裂，默克尔显然是对妥协有所准备的，因为她不可能没有意识到，舒尔茨是几乎不必顾忌谈判能否顺利结束的，同时他还会不时打出党员票决这张王牌逼自己让步。同属联盟党的泽霍费尔的角色地位和心理预期也与默克尔截然不同。于是，在争夺政府各部时，两人果真将各自的优势发挥至极致，连连对默克尔施展"勒索"之能事，得寸进尺，并力求本方成果的最大化。在二人先后扬言"社民党将中止谈判"和"本人要退出会场"时，默克尔不得不考虑三党谈判在最后一刻破裂的后果，因为此时的她除了被迫满足对手的不合理要求外，实际上难有其他选择。

然而，在协议公布之初，主要来自党内"为了保住总理权位，不惜出让部长份额，致使基民盟受损"的抨击仍将其置于较之联邦议院选举惨败更大的压力之下。对于党内不满最甚的财政部出让的决定，默克尔事后解释成"为了诞生一届稳定的政府所付出的代价"，因而"是可承受的"。对于党内由此引发的围绕人事更新的强烈要求，默克尔则做出了正面回应，承诺

---

① "Merkels Schlussverkauf", faz. net, 07.02.2018, https：//www. faz. net/aktuell/politik/inland/groko‐verhandlungen‐merkels‐schlussverkauf‐15437326. html.

在特别党代会召开之前提出符合更新原则且年轻化的联邦部长人选。① 两周后其公布的部长名单确有新人多、女性占比高和平均年龄明显下降的特征。其中尤为引人注目的是拟任卫生部长的未满 38 岁的施潘（Jens Spahn），此人近年来因充当主席路线与政策的批评者而名扬党内外。默克尔此举显然出于顺应改革更新的主流舆论和平抑党内反对派批评的考量，其效果倒也颇为明显。2 月 26 日的基民盟柏林特别党代会除顺利通过《联合执政协议》外，默克尔推出的克兰普 - 卡伦鲍尔还以 98.9% 的高票率当选基民盟秘书长。此人从 2011 年起任萨尔州州长州，行政经验丰富，人们对其的评价以审慎、淡定和执行力强为多。默克尔将她调至柏林总管本党党务，似有培养其日后全面接班的意图。

十 舒尔茨和加布里尔的内斗及社民党的党员票决

舒尔茨与加布里尔曾是人所皆知的社民党核心领导成员中的一对多年好友。加布里尔于 2017 年年初宣布由舒尔茨代表本党竞逐联邦总理并担任党主席，本人则改任外长后，民众对其施政满意度从原先的中游偏下迅速提升至全德政治家的前三名，有时甚至位居第一。得意之下，此人还热衷于以任职 7 年有余的前主席身份对本党乃至舒尔茨本人的决策与做法进行公开"点评"，或提出自己截然不同的主张以尽"指导"之责。这种发自本党内部的"横炮"，令舒尔茨与最高领导层疲于应付，相当被动。伴随加布里尔上述举止的便是好友之间渐生嫌隙、渐行渐远。2 月 7 日晚，舒尔茨在介绍组阁谈判成果并涉及其本人的计划时提出，辞去党主席职务由纳勒斯接任，担任外交部长，但不兼任联邦政府副总理。对在新政府中留任外长仍满怀希望的加布里尔通过传媒得知该安排后愤怒异常，公开抱怨本党高层中对相互尊重和言而有信的漠视，并借其女儿之口对舒尔茨进行攻击。前后两任主席

---

① "Unionspolitiker reagieren enttäuscht auf Merkels Versprechen", WELT, 12. 02. 2018, https：// www. welt. de/173450182.

围绕权力和地位的内斗彻底公开化，并以一种近乎极端的方式化友为敌，舆论哗然，也致使社民党领导层中此前轻松喜悦的氛围瞬时消失，并引发了联邦州和地区组织对本党最高层动向的极大关注乃至担忧。与此同时，党的核心领导成员们毫无征兆地改变支持舒尔茨入阁的态度，竟以最后通牒的方式要求其尽快放弃出任外长的计划，以免因个人失信而对全党就《联合执政协议》的票决结果产生不良影响。仅过数小时，后者被迫公布了放弃入阁的书面声明。短短两天前，舒尔茨还是取得傲人谈判成果的最大功臣，还是党主席，如今突然仅剩联邦议院直选议员一职，而此时距离其被提名为本党联邦总理候选人仅一年零十天。然而，稍作深究便不难发现，舒尔茨对柏林政治圈始终存在格格不入之感，甚至连本党高层也有无法真正融入的某种无奈，而波恩特别党代会又进一步强化了他的这种感觉。于是，舒尔茨在取得对默克尔的唯一胜利后，便主动辞去了党主席的职务，放弃了出任联邦副总理的选择，有意仅任外长，并将工作重心置于欧盟。由此他希冀重拾在欧盟工作23年的丰富经验，从而可以通过国际场合再次赢得人们的尊重。然而，严酷的现实使这一切皆成梦想。一年时间内，舒尔茨既享受了迅速上升的短暂辉煌，也经历了疾速下滑的失败，并终因其非典型思维与做派而遭到同事们的排斥，变化之大之快为德国战后政界所仅有，令人唏嘘。事后，其本人回顾这段经历时强调，他宣布绝不进入默克尔内阁是在社民党做出充当反对党的决定之际。时过境迁后，其他人均可入阁黑红大联合政府，唯独党主席出任部长要被安上背弃承诺的罪名，可见"我曾是一个不幸的政党领袖"①。

尽管直至看守政府结束阶段加布里尔仍拥有相当高的民众满意度及一部分党内支持者，但因其性格使然，同样为议会党团主席纳勒斯与代理党主席朔尔茨构成的新双核心所不容，故未能进入社民党的内阁成员名单，从而只得步舒尔茨后尘也仅保留联邦议院直选议员一职。

3月4日，国内外高度关注的社民党就《联合执政协议》举行的党员票

---

① "Vom Ende einer Geschichte", *Der Spiegel*, Nr. 13/2018, p. 38.

决结果揭晓。在 46.37 万名党员中参加投票者为 37.84 万名，参选率达 78.39%。其中赞成该协议者的占比为 66.02%，虽与 2013 年对同样内容进行票决的 75.98% 的赞成率相差近 10 个百分点，但比 1 月下旬波恩特别党代会的 56.4% 结果也高出近 10 个百分点。支持黑红继续结盟组建大联合政府的观点得以在短时间内明显占据上风的主要原因有三个。首先，选后近半年未能组阁的严峻现实使民意开始生变，尽快组建新联邦政府，消除德国政局的不确定性已成多数人的愿望。其次，面对本党在结盟组阁谈判中取得的颇具说服力的成果，仍坚信"与默克尔合作非吃亏不可"者的比例相应减少。最后，有不少人认识到，甘心在野拒绝执政并非最优选。执政反倒可能给社民党注入正能量，有助于其改革更新，塑造一个具有国家责任意识的政党新形象，重获选民的信任与支持。由此，社民党为黑红双方继续结盟组阁而设置的三大程序最终全部完成，影响大联合政府起死回生的所有障碍均已排除。

结　语

2018 年 3 月 12 日，三党领袖正式签署《联合执政协议》。3 月 14 日，在联邦总理的选举、任命和宣誓仪式及联邦部长的任命和宣誓仪式全部结束后，新一届联邦政府正式宣告成立。从 2017 年 9 月 24 日第 19 届联邦议院的选举至第四届默克尔内阁的诞生共历经 170 多天，大幅刷新了 2013 年组建第三届默克尔内阁耗时 86 天的"共和国史上之最"。而自萨尔州的选举开始直至新联邦政府的诞生，历时整整一年。这是被选举及其后续发展贯穿始终的一年时间，撇开年份不同的因素，又可视为一个各种不确定性远高于过往的选举年。对于个中挑战与风险，身为最大利益攸关者的默克尔感受尤深。告别选举年的她能否就此转入一片坦途，答案显然是否定的，默克尔仍须面对各种挑战与风险。所谓的"总理多数"，即选举总理及进行立法表决时必不可少的执政联盟多数票便是一例。在上届联邦议院中，联盟党与社民党占据议席高达 67.2%，如今却仅有 53.4%。这一先天不足意味着万一在相关秘密投票中无视党纪的议员稍多，执政联盟在议会中的"总理多数"便难以保证。

为了避免在本次总理选举中也发生此类"意外事故"，联盟党与社民党两大议会党团事先均向本党的议员们重申了党内纪律。但此举效果有限，默克尔在黑红联盟399名议员中只获得364张支持票，比当选必需的355票仅多出9票，而来自本阵营的反对票至少应有33张。纳勒斯坦言，反对票之多令其"深感意外"。① 另有信息显示，反对默克尔当选的议员大多数可能并非来自执政伙伴的社民党而是联盟党自身。

其实本党中默克尔的反对者已呈增多之势也非全然在意料之外。前文提及的最年轻的内阁成员、卫生部长施潘便是敢于对党主席的多项政策公开进行抨击的党内反对派先锋人物。默克尔这次将其从国务秘书提拔至一部之长，显然有"招安"之意，但也不失为一步险棋。在难民问题上与默克尔存在分歧的基社盟主席泽霍费尔出任本届政府的内政部长，同样可能增添联邦政府运作中的不确定性。此人除了可以利用职权继续在与难民相关的遣返、家庭团聚和边境管理等问题上提出有悖于总理的政策主张外，还可能从其地方主义的理念出发，重现数年前的场景，围绕德国与欧盟关系等重大议题向默克尔发起新一轮的挑战。与此同时，还应警惕泽霍费尔或施潘与社民党之间因分歧而升级至冲突的可能性，对黑红联盟中此类程度与频度不同的冲突及其后果保持相当的心理预期是必不可少的。

诚然，对默克尔而言，在黑红联盟中如何协调三个政党的不同立场，通过相互妥协求得共识，从而维持联合执政的正常进行，已有相当丰富的经验，驾轻就熟应在情理之中。但在主客观因素已经变化的第四届内阁期间，若仍以"继续照旧"的习惯模式应对三党合作中出现的矛盾与冲突，成功概率的下降可能难以避免。所谓主客观因素的变化，首先指的是默克尔出任其末届政府首脑时本人的心理变化及他人对其权威与权势的认知发生的变

---

① "Durchregieren geht nicht mehr", Zeit Online, 14. 03. 2018, https：//www. zeit. de/politik/deutschland/2018 – 03/kanzlerinnenwahl – bundestag – angela – merkel – Bundeskanzlerin.

化。这次默克尔尽管连任成功，但人们依然担心其因任职末期的心理作祟，固化甚至泛化自己那令人诟病的"继续照旧"。无视本人权威性与号召力乃至对本国政局发展的引领能力已今不如昔的现状，试图简单"顺延"之前的习惯思维和工作方法，这对默克尔实现顺利履职最后四年的个人计划显然也是毫无助益的。德国上下之所以提出改革更新的要求，更重要的是希望以默克尔为首的新政府能与时俱进，敢于直面国内外既有矛盾难以化解和新变化接踵而至的诸多重大挑战，善于制定政策，严于实施落地，从而给德国带来民众期盼的新变化，进而提高德国人民走向未来的勇气与信心。治国理政本非易事，默克尔挂帅的第三次黑红大联合政府尤其需要新思维与新举措，唯有如此，方能取得各方要求的新成果。

经 济 篇

Economy

B.4
德国经济与公共财政状况述评

冯晓　朱彦元*

摘　要：　本文从三个方面对德国经济形势展开讨论。其一是对2017年德国经济形势的述评，包括国内生产、就业、收入与收入分配、流动性、利率与物价以及需求结构等方面；其二是对德国公共财政以及财政政策的论述，包括财政收支与公共债务、联邦政府的财政政策等方面；其三是对德国未来经济政策重点的简要归纳和对2018年德国经济增长率的推测。归纳起来，笔者认为目前德国经济处于一个有力的回升期，未来的经济政策体现了德国政府应对人口老龄化、数字化、全球化和气候变化挑战的考虑。预计2018年德国国内生产总值将增

---

*　冯晓，博士，教授，同济大学中德工程学院、职业技术教育学院院长，同济大学德国研究中心兼职研究员；朱彦元，博士，同济大学中德工程学院讲师、德国慕尼黑联邦国防军大学博士后。

长 2.7%，经济将持续四年以来的回升势头。

关键词： 德国经济 公共财政 经济政策

2017 年，德国经济表现出色，国内生产总值增长 2.2%，失业率降至 5.7%。但从供应侧看，制造业回升仍显疲软，增长率为 1.8%；从需求侧看，私人需求和固定资产投资回升明显，增长率分别为 2.2% 和 3.3%，前者与国内生产总值增长率持平，后者明显超过国内生产总值增长率。2017 年，德国公共财政连续四年实现盈余，为实施积极的财政政策赢得了空间。面对来自国内外多方面的挑战，德国政府提出了加强公共设施和工业基础建设、促进教育与科研、健全竞争秩序、完善社会保障、反对贸易保护主义、开展国际合作等一系列政策，以期对提高经济增长潜力、保证社会公平、维护欧盟团结和稳定国际秩序发挥积极影响。2018 年，德国经济表现将主要取决于需求侧，预计国内生产总值增长率为 2.7%。

以下，本文就德国经济、公共财政在 2017 年的总体表现以及未来经济政策动向做概要述评，并根据对需求侧的分析预测 2018 年德国的经济增长率。

一 2017年德国经济形势

（一）国内生产

2017 年德国经济保持了连续四年的稳定回升，且回升势头有所增强，国内生产总值为 32672.6 亿欧元，同比增长 2.23%。其中，第一产业增长 21.89%，第二产业增长 2.41%，第三产业增长 1.99%（见图 1）。虽然第一产业增长强劲，但该产业在国民经济中的占比甚小，对整体经济运行的影响甚微，因此经济回升的动力主要来自第二产业和第三产业中的若干部门。

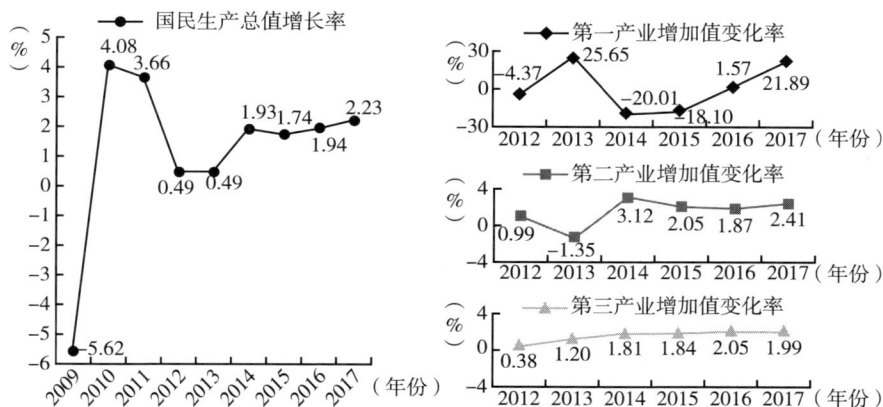

图 1　国民经济和产业经济增长率

资料来源：来自德国联邦统计局统计数据以及笔者根据相关数据的计算。

观察第二、第三产业内各部门的表现（见图 2），可以发现：第一，第二产业的增长动力依然来自建筑业，2017 年，其增长率达到 5.87%，远高于国民经济其他部门；第二，制造业显露回升迹象，其 1.77% 的增长率虽然低于国民经济各部门的平均增速，但扭转了 2016 年增长率下滑的走势；第三，第三产业的增长动力主要来自公共服务、教育与卫生业以及贸易、交通与餐饮旅馆业，这两个部门的增加值在 2017 年分别上升了 2.74% 和 2.82%；第四，第三产业其他部门的增长率均低于国民经济各部门的平均增长率。

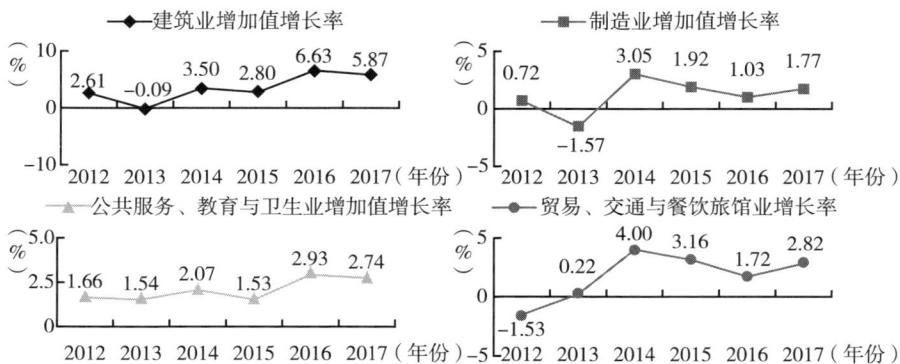

图 2　第二、第三产业主要部门增长率

资料来源：来自德国联邦统计局统计数据以及笔者根据相关数据的计算。

从各产业及部门的增加值构成看，2017 年，第一产业在国民经济中的占比为 0.73%，第二产业占比为 30.54%，第三产业占比为 68.72%，产业格局没有发生明显变化（见表 1）。值得关注的仍然是第二产业和第三产业内部行业结构的演变。

表 1　产业和行业增加值构成

	产业、行业	2015 年	2016 年	2017 年
第一产业	农林渔业	0.62	0.61	0.73
第二产业	制造业	25.97	25.73	25.61
	建筑业	4.56	4.76	4.93
第三产业	贸易、交通与餐饮旅馆业	16.08	16.03	16.12
	信息与通信业	4.71	4.74	4.71
	金融、保险服务业	4.10	3.94	3.77
	房地产业	10.93	10.81	10.81
	企业商务服务业	11.00	11.04	11.01
	公共服务、教育与卫生业	18.00	18.17	18.26
	其他服务业	4.07	4.07	4.04

资料来源：来自德国联邦统计局统计数据。

首先，占经济总量约 1/4、被视为德国核心竞争力所在的制造业自 2015 年以来连续三年落后于国民经济的总体增长（见图 1、图 2），其增加值在国内生产总值中的占比累计下降了近 0.4%。尽管 2017 年制造业增长率有所回升，但推进"工业 4.0"和数字化对制造业应产生的规模效果尚未充分显现，有待继续观察。

其次，建筑业增加值在国内生产总值中的占比三年来持续上升，累计升幅达到近 0.4%。随着欧洲经济复苏，欧洲央行逐步告别量化宽松政策以及货币资本的利率回升，家庭部门对其货币和实物财产的结构也会进行相应调整，住房需求持续升温的现象可能出现转折，建筑业的增速预计也将有所回落。

再次，公共服务、教育与卫生业的增加值在国内生产总值中的占比继续走高，这除了和德国政府强调面向未来、增加教育投入以及旨在实现包容性增长和加强社会团结的社会政策有关外①，持续改善的公共财政收支状况②也为进一步增加公共支出做了铺垫。根据联邦政府的中期财政计划③，可以推测，若新组成的大联合政府不对既定政策做大幅调整，则公共服务、教育与卫生业今后仍将高于国民经济各部门的平均增长水平。

最后，贸易、交通与餐饮旅馆业在 2017 年表现不俗，其增加值升幅不仅超过国内生产总值增幅 0.6 个百分点，而且在国民经济中的占比也上升了近 0.1%。该部门的良好表现与德国、欧洲乃至全球经济的回暖不无关系，尤其有利的因素是德国国内需求表现出出乎意料的回暖势头。

综上所述：第一，2017 年，德国经济的持续回升主要得益于建筑业，公共服务、教育与卫生业以及贸易、交通与餐饮旅馆业的超比例增长；第二，德国推进"工业 4.0"和数字化进程的生产效果尚未完全显现，有待观察；第三，建筑业持续扩张的势头和量化宽松政策有关，在未来势头将有所减缓；第四，公共服务、教育与卫生业的扩张反映了德国政府的政策取向，预计在今后若干年内仍能保持高于国民经济各部门平均水平的增长；从贸易、交通与餐饮旅馆业的扩张中可以看出德国经济以及公众对经济信心的恢复，由此可望产生进一步的经济增长活力。

（二）就业

得益于国民经济的稳定回升，德国就业状况持续改善（见图 3）。2017年，从业总人数为 4587 万人，同比增加 55 万人；失业人数为 253 万人，同比减少 16 万人，失业率为 5.7%。目前，德国的失业人数和失业率两项指标均为德国统一 25 年以来的最低值。

---

① BMWi, Bundesminiserium für Wirtschaft und Energie, *Jahreswirtschaftsbericht 2018*, Berlin, 2018.

② "Öffentliche Finanzen. Wirtschafts-und Finanzdaten", http：//www. bundesfinanzministerium. de/ Web/DE/Themen/Oeffentliche _ Finanzen/Wirtschafts _ und _ Finanzdaten/wirtschafts _ finanzdaten. html.

③ "Haushaltsentwurf 2017 und Finanzplan bis 2020 – die richtigen Schwerpunkte ohne neue Schulden", http：//www. bundesfinanzministerium. de/Content/DE/Pressemitteilungen/Finanzpolitik/ 2016/07/2016 – 07 – 06 – PM. html.

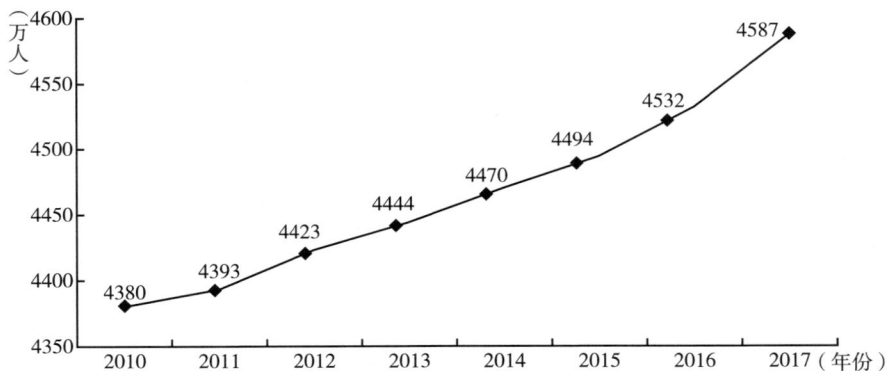

（1）从业人数

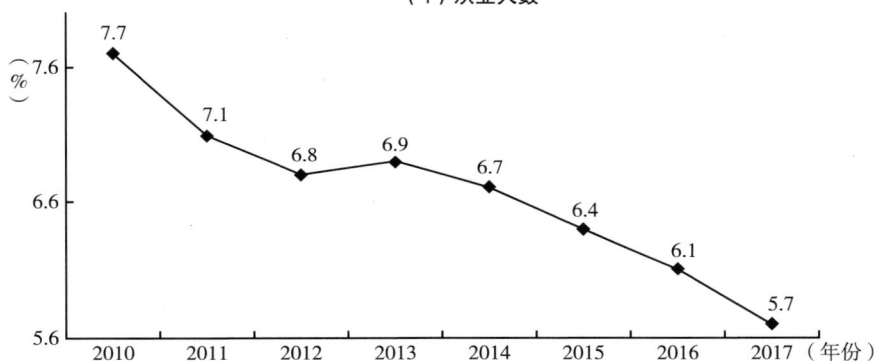

（2）失业率

图3　从业人数与失业率

资料来源：来自德国联邦统计局统计数据。

对比国内生产总值和从业总人数走向（见图4）可知，两者自2013年以来大致呈等比变化，这表明在德国的宏观经济层面上未出现劳动力被资本成规模替代的现象。相反，对比国内生产总值和从业人数的增量可知，自2015年以来德国从业人数增量随着国内生产总值增长路径出现上行拐点，前者呈现加速上行趋势。

图4中，从业人数相对于国内生产总值加速上行的现象与近年来劳动报酬的持续上升正相关，后者又与当前德国劳动力市场接近充分就业的状态不无关系。由于劳动力供应后劲不足，近5年来德国平均工资成本年均增长

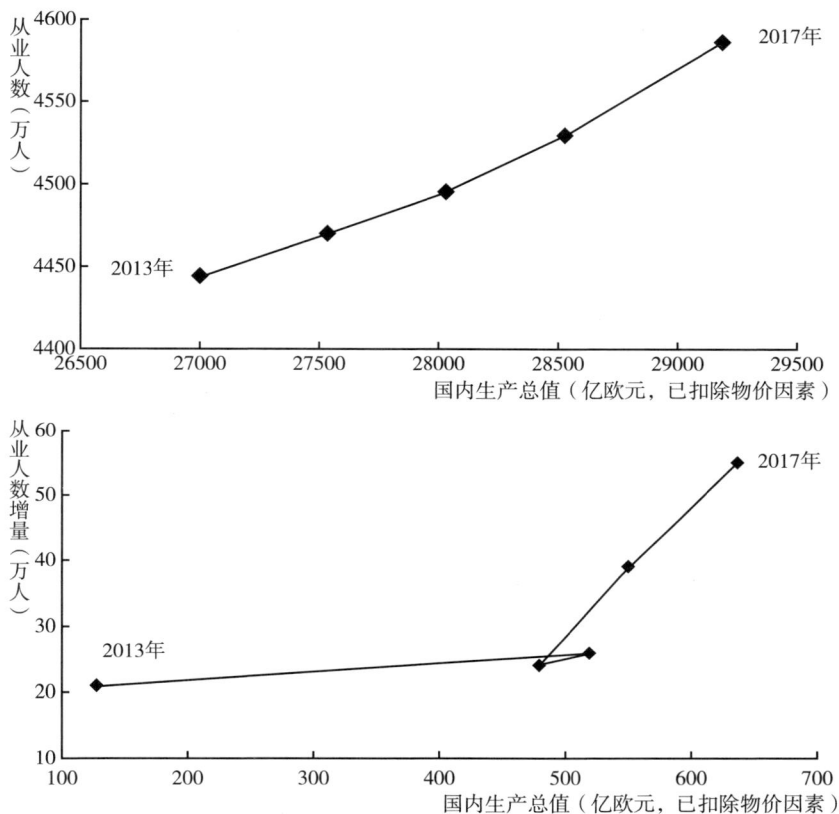

图 4　国内生产总值和从业人数

资料来源：来自德国联邦统计局统计数据以及笔者根据相关数据的计算。

1.55%，明显快于劳动生产率年均0.95%的增长（见图5）。工资上升吸引了储备工资更高的人群进入劳动力市场。

从生产者的角度看，工资成本上升快于劳动生产率上升且两者的走势之间差异渐大，显然不利于扩大生产。目前，德国经济的恢复使得现有生产能力的利用率得到了显著提高，但还没有完全作用于固定资产投资。因此，推进"工业4.0"和数字化进程，以提高要素生产率、降低生产成本，激励要素投入，进而形成规模效应，对德国经济2018年及以后的走向至关重要，而且也会影响德国经济的持续增长潜力。

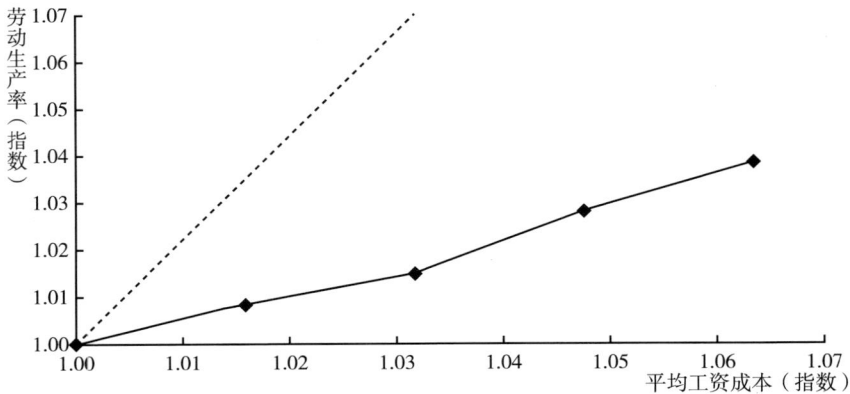

图 5　劳动生产率和平均工资成本

资料来源：来自德国联邦统计局统计数据以及笔者根据相关数据的计算。

（三）收入与收入分配

2017 年，德国国民收入为 24348.5 亿欧元，可支配收入为 27102.4 亿欧元，人均国民收入为 29453 欧元[①]，扣除物价因素后三者较上年分别增长 2.58%、2.32%以及 3.73%（见图 6），均超过国内生产总值的年增长率。国民收入增长率高于国内生产总值增长率的原因显然是要素的海外收入增长较快，而国民收入以及可支配收入的超比例增长对拉动 2018 年德国经济的增长会产生积极影响。

从收入分配的角度看，2017 年，德国劳动收入占国民收入的份额较上年有 0.1 个百分点的微弱上升（见图 7）。若从较长的时间段来观察国民收入中劳动收入以及企业盈余与财产收入份额，则劳动收入占比升幅更为明显。例如，2010～2017 年，德国劳动收入占比升幅达到 1.4%，而且有进一步上升的趋势。

劳动收入占比上升显然与德国就业状况的持续改善以及工资成本上升有

---

① "Volkswirtschaftliche Gesamtrechnungen, Inlandsprodukt", https://www.destatis.de/DE/ZahlenFakten/GesamtwirtschaftUmwelt/VGR/VolkswirtschaftlicheGesamtrechnungen.html.

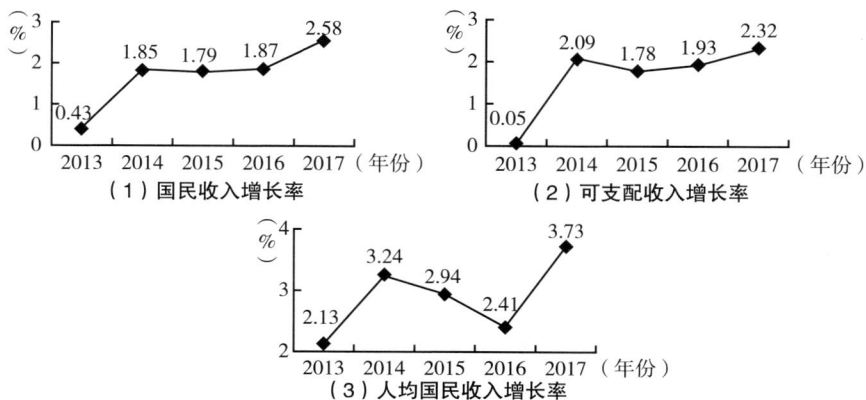

图6 国民收入、可支配收入和人均国民收入增长率

资料来源：德国联邦统计局数据以及笔者根据相关数据的计算。

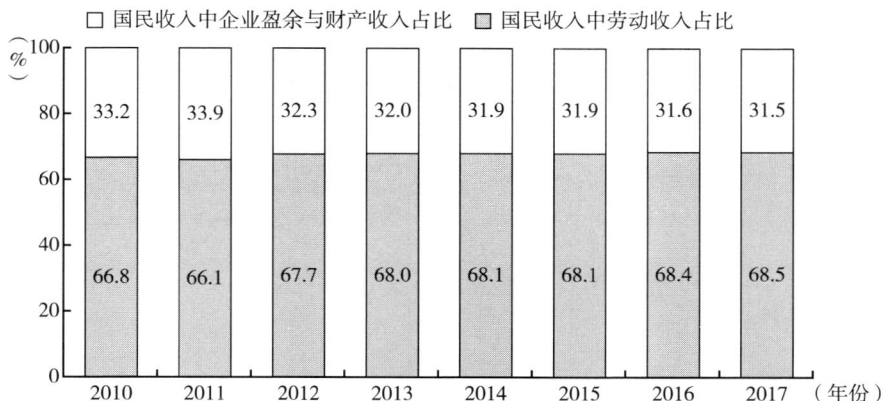

图7 国民收入在生产要素之间的分配

资料来源：来自德国联邦统计局统计数据以及笔者根据相关数据的计算。

直接关系（见图5）。对比劳动生产率和单位时间劳动报酬（见图8）可知，自2011年起单位时间劳动报酬的增速始终领先于劳动生产率的增速。以2010年为基准，2017年单位劳动时间报酬和劳动生产率分别是基准年的1.20倍和1.07倍。

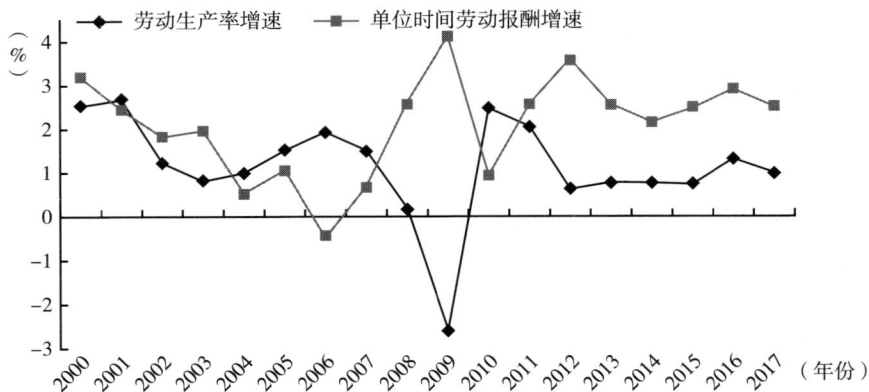

图 8 劳动生产率增速和单位时间劳动报酬增速

资料来源：来自德国联邦统计局统计数据以及笔者根据相关数据的计算。

（四）流动性、利率与物价

2017 年，欧洲中央银行继续保持其量化宽松政策，广义货币 M3 同比增长率全年在 4.9% ~ 5.0% 的水平上波动（见图 9）。由于货币供应极为扩

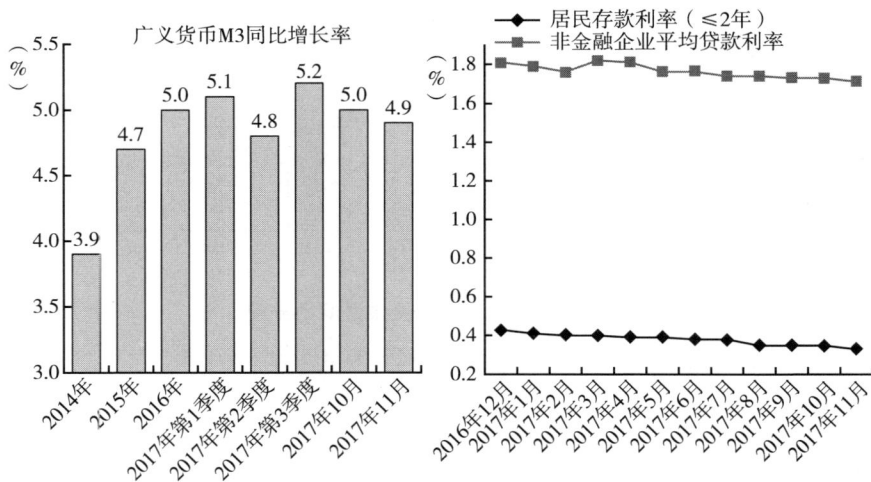

图 9 欧元区 M3 同比增长率与存贷款利率

资料来源：来自欧洲中央银行和德国联邦银行统计数据。

张，居民存款利率和非金融企业平均贷款利率分别游走于 0.3% ~ 0.4% 以及 1.7% ~ 1.8% 的低位之间，而且呈现下行趋势（见图9）。

2017 年，德国的消费者价格指数呈上行趋势（见图 10），全年平均涨幅为 1.74%[①]；工业制成品价格指数走势则一反上年的下挫，出现并整体保持了较明显的上扬，全年平均涨幅达到了 2.72%[②]。而且，这两个物价指数的年涨幅均超过 2017 年德国的通货膨胀率[③]。这意味着德国国内需求回升比较有力，经济复苏势头有所增强。与消费者价格指数以及工业制成品价格指数的变化类似，2017 年德国的物价总水平也表现出较上年略高的上扬（见图 11），年涨幅为 1.53%。

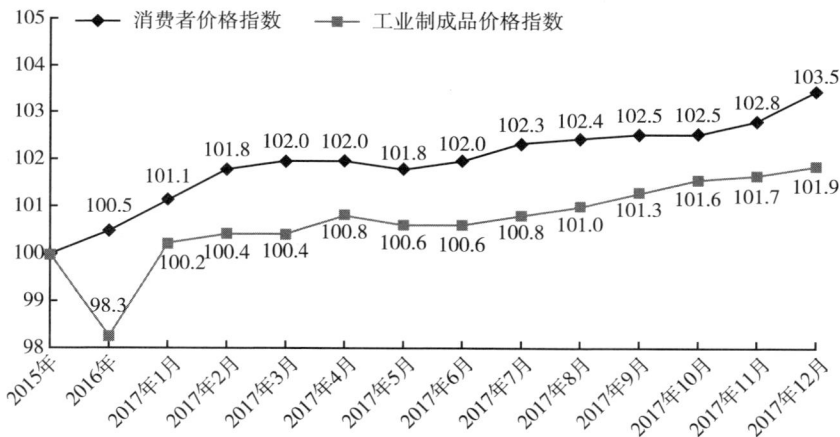

图 10 消费者价格指数与工业制成品价格指数

资料来源：来自德国联邦统计局统计数据和笔者根据相关统计的计算。

2017 年，德国住房价格的上涨仍然领先于其他商品价格，且明显高于物价总水平的上涨（见图 11），其根本原因仍然是欧洲中央银行的扩张性货

---

① "Preise"，https：//www. destatis. de/DE/ZahlenFakten/GesamtwirtschaftUmwelt/Preise/Erzeuger preisindexGewerblicherProdukte/Tabellen_ /kpre550. html.

② "Preise"，https：//www. destatis. de/DE/ZahlenFakten/GesamtwirtschaftUmwelt/Preise/Erzeuger preisindexGewerblicherProdukte/Tabellen_ /kpre550. html.

③ " Volkswirtschaftliche Gesamtrechnungen， Inlandsprodukt"，https：//www. destatis. de/DE/ZahlenFakten/GesamtwirtschaftUmwelt/VGR/VolkswirtschaftlicheGesamtrechnungen. html.

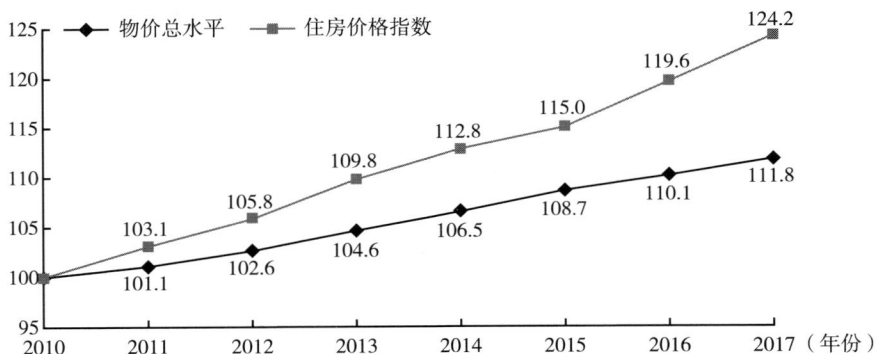

图11　物价总水平与住房价格指数

资料来源：来自德国联邦统计局统计数据和笔者根据相关数据的计算。

币供应。美联储已于2017年告别量化宽松政策，开始提息，而欧元区经济回暖的迹象也日趋明显，因此欧洲中央银行告别量化宽松政策也应当为时不远。如果欧洲中央银行从2018年起逐步收紧银根，则这一政策转向对德国建筑业能否继续保持较高速度增长将是一个考验。

（五）需求结构

2017年，值得注意的需求结构变化是德国国内需求占总需求的份额较上年上升了0.3个百分点（见图12）。其中，私人消费和政府消费在内需中所占份额较上年各下降0.1个百分点，而固定资产投资所占份额则继2016年后再次上升0.2个百分点（见图12）。固定资产投资份额连续两年上升说明企业部门的经济活动变得更为活跃，为德国经济的持续回升做了铺垫。此外，德国经济本轮次的回升并未过分地依赖政府消费的拉动。

需求结构的变化对经济增长有明显的影响。2016年，德国净出口占总需求的份额与上年持平，净出口额增长率为1.7%，对国民经济增长的贡献份额为6.3%（见图12）；2017年，德国净出口占总需求的份额由7.9%下降至7.6%，增长率为-2.5%，对国民经济增长的贡献份额也由正变负，

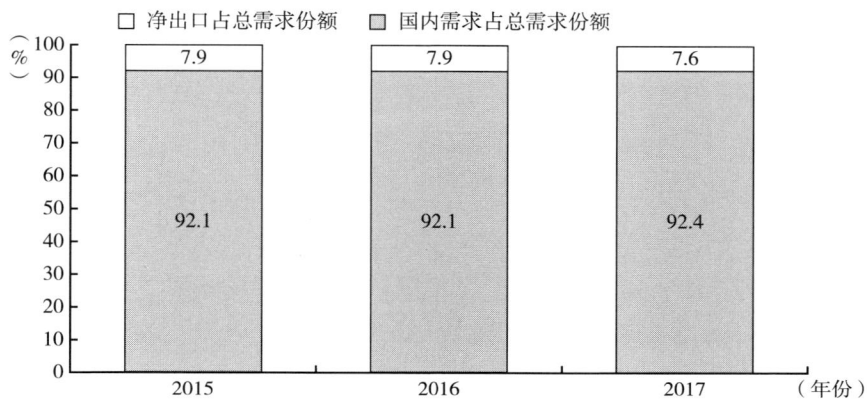

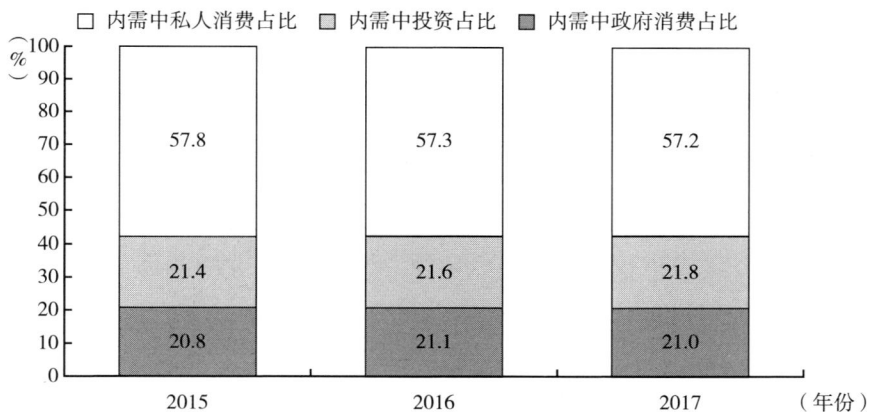

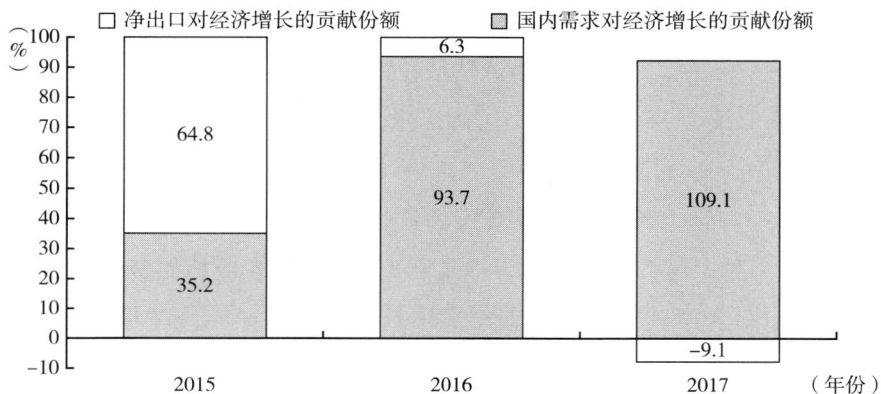

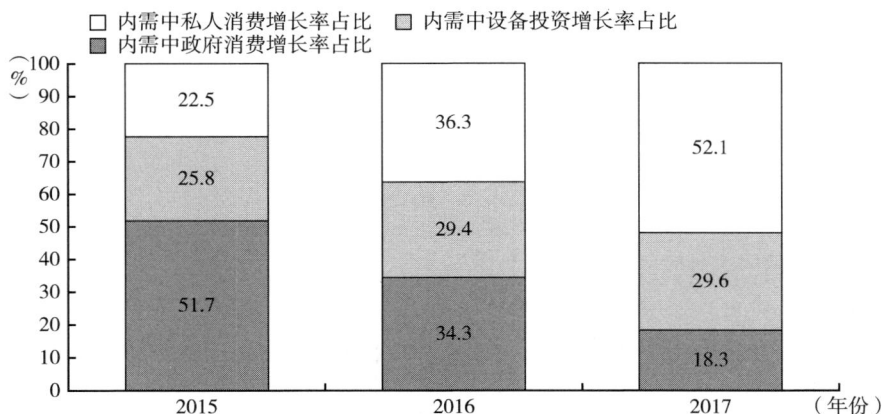

图 12　需求结构与各类需求对经济增长的贡献份额

资料来源：来自德国联邦统计局统计数据以及笔者根据相关数据的计算。

为 -9.1%。显然，出口对德国经济增长的拉动举足轻重，但出口增长率的变化对经济增长率的影响有乘数作用，既可能放大正效应，也可能放大负效应。

2016 年，德国国内需求增长 2.1%，对国民经济增长的贡献份额为 93.7%（见图 12）；2017 年，德国国内需求增长 2.4%（对应于净出口负增长 -2.5%），对国民经济增长的贡献份额达到 109.1%（对应于净出口贡献 -9.1%）。在国内需求中，投资需求增长最快，增幅达到 3.3%，对国民经济增长的贡献份额为 29.6%；私人需求增长次之，为 2.2%，对国民经济增长的贡献份额为 52.1%；政府消费增长相对最低，为 2.1%，对国民经济增长的贡献份额为 18.3%。三类国内需求中：第一，政府消费增长的长期趋势应与经济增长同步，不宜用来长期拉动经济增长；第二，投资需求增速较上年提高 0.4%，其拉动经济增长的贡献份额增加 0.2 个百分点（见图 12）；第三，私人消费增速较上年提高 0.9%，对经济增长的贡献份额增加 15.8 个百分点。由此可见，私人消费增长对拉动国民经济增长至关重要。2017 年，德国企业部门投资需求和家庭部门消费需求的明显上升预示着德国经济开始进入一个比较稳定的增长通道。

二 德国公共财政状况

（一）2016年公共财政收支和债务

得益于经济持续回升、就业状况改善以及低利率，德国公共财政继2014年、2015年和2016年之后连续第四年实现收支盈余。根据联邦财政部的测算[1]以及联邦经济和能源部的年度经济报告[2]：第一，2017年，公共财政实现盈余约384亿欧元，相当于当年国内生产总值的1.2%；第二，公共部门负债为当年国内生产总值的64.75%[3]，并可望在今后进一步下降，从2019年起即可达到欧盟《稳定与增长公约》对欧元区各国公共负债上限为本国国内生产总值60%的要求（见图13）。

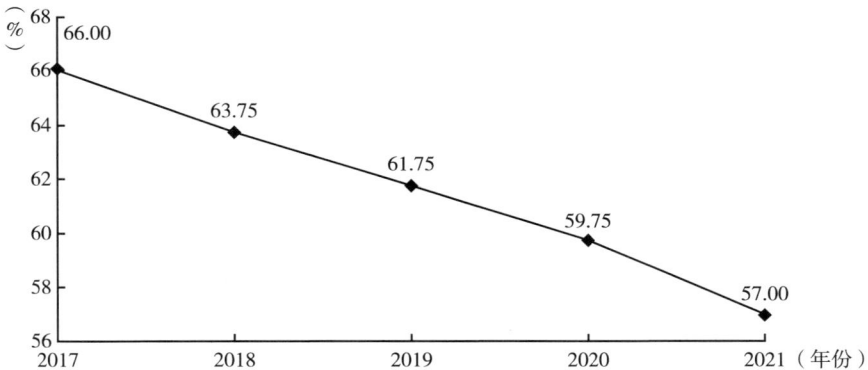

图13　公共部门债务占国内生产总值比重走势

资料来源：来自德国联邦财政部相关统计资料。

---

[1]　"Regierungsentwurf des Bundeshaushalts 2018 und des Finanzplans bis 2021，BMF 28. Juni 2017"，http：//www. bundesfinanzministerium. de/Content/DE/Downloads/Abt_ 2/2017 – 06 – 28 – PM – zahlen – und – fakten. pdf？ _ _ blob = publicationFile&v = 2.

[2]　BMWi，Bundesminiserium für Wirtschaft und Energie，*Jahreswirtschaftsbericht 2018*，Berlin，2018.

[3]　联邦财政部于2017年年中推算的数据为66%（见图13）。

从公共部门的财政状况来看，联邦、州、地方（Gemeinden 和 Gemein-deverbände）和社会保险均能达到收支平衡或实现盈余（见表2）。值得一提的是，继联邦对州和地方财政在公共设施建设和维护、地区结构政策框架内的转移支付以及接纳难民等方面采取减负措施，地方财政收支状况出现改善以后，州和地方层面的财政收支情况在 2017 年又得到了进一步改善。根据联邦经济部的初步测算，联邦政府在 2017 年可取得 31 亿欧元的收支盈余，而州和地方则可以取得 353 亿欧元的收支盈余。从联邦、州和地方三个政府层面看，德国公共财政状况均较为良好。这为新组建的联邦政府和各级地方政府实施积极的政策措施，主动应对德国人口结构变迁、数字化、全球化和气候转向所带来的挑战提供了较充足的财政预算空间。

表 2　公共财政收支与收支差额

单位：亿欧元

项目	2016 年			2017 年第一至第三季度		
	收入	支出	收支差额	收入	支出	收支差额
联邦	3676. 45	3626. 51	50. 17	2990. 50	2797. 79	31
州	3796. 92	3707. 57	89. 91	2907. 84	2776. 52	353
地方	2470. 64	2416. 87	53. 77	1811. 97	1786. 53	
社会保险	6038. 43	5974. 39	64. 12	4641. 29	4664. 25	—

注："收支差额"数据为联邦经济部测算的全年收支盈余。

资料来源：来自德国联邦统计局以及联邦财政部相关统计数据；BMWi, Bundesminiserium für Wirtschaft und Energie, *Jahreswirtschaftsbericht 2018*, Berlin, 2018。

（二）联邦财政的未来动态

根据联邦财政部于 2017 年发布的简报[①]，德国政府计划以零赤字为前提继续逐年增加财政支出：2018 年，联邦财政计划支出总计 3375 亿欧元；以后逐年年均递增 1.87%，至 2021 年联邦财政计划支出将达到 3568 亿欧元

---

① "Bundeshaushalt 2018", http：//www. bundesfinanzministerium. de/Content/DE/Pressemitteilungen/Finanzpolitik/2017/06/2017 - 06 - 28 - PM20 - bundeshaushalt - 2018. html.

（见表3）。上述财政支出计划与联邦财政部2016年发布的方案相比更具可操作性。在收入方面，联邦财政部估计2018年可实现3088亿欧元的税收收入，占全部财政收入的91.5%；以后各年年均递增3.42%，至2021年联邦财政计划税收收入将达到3416亿欧元，占全部财政收入的95.7%。上述财政收入计划与联邦财政部2016年发布的方案相比同样更具可操作性，但对税收收入的估计仍然显得过于乐观。

表3　联邦财政收支动态

年份	2018	2019	2020	2021
计划支出（亿欧元）	3375	3482	3494	3568
计划支出增速（%）	2.6	3.2	0.3	2.1
计划收入（亿欧元）	3375	3482	3494	3568
计划税收收入（亿欧元）	3088	3218	3271	3416
计划税收收入增速（%）	2.6	4.2	1.6	4.4

资料来源：来自德国联邦财政部统计数据以及笔者的计算。

在联邦政府建议的2018年财政支出计划中，交通领域的投资支出为142亿欧元，比2017年增加14亿欧元。以后联邦政府在该领域的投资还将逐年增加。教育和科学研究是联邦政府财政支出的重点之一，2018年，联邦教科部的预算为176亿欧元，较上年增加3.4亿欧元；2019年，联邦教科部的预算将进一步提高到179亿欧元。在国内治安方面，2018年，联邦内务部的预算为92亿欧元，比2017年增加约5亿欧元。国防预算支出在2018年也将有较明显的提高，达385亿欧元，增幅约为15亿欧元。在对外经济合作领域，联邦政府2018年的支出预算为87亿欧元，达到历史最高水平，以后各年的支出计划不变。2018年，联邦外交部的预算为50亿欧元，比2017年略低，2019年的预算与2018年基本持平，以后各年微降。社会保障支出占联邦财政总支出的一半以上，2018年，联邦政府计划的此项支出为1738亿欧元，比上年增加33亿欧元。此外，联邦政府用于难民方面以及与此相关的支出在2018年继续上升，大致为210亿欧元。

出于促进产业发展、改善经济结构的考虑，联邦政府对投资性支出予以足够重视。在推进能源转向方面，联邦政府计划对能源与气候基金进一步投入约 10 亿欧元。为了推进数字化进程，提高德国的创新能力和国际竞争力，联邦政府在微电子领域的预算支出为 17 亿欧元。另一项重要的投资性支出是宽带网建设，对此联邦政府在今后四年中预计共投资 44 亿欧元，主要用于支持农村和边远地区的宽带网扩建工程。

尽管德国属于发达国家，但仍然存在地区发展不平衡问题。比较普遍的地区差异表现为东西部经济水平落差。此外，个别老工业区因为产业结构调整也会面临"掉队"问题。德国地区政策的未来动态体现在联邦、州和地方之间财政均衡制度的调整上。2016 年 10 月，联邦和州就 2020 年以后的财政均衡规则达成协议以后，2017 年联邦议院就此通过了一些法案，构成了德国财政均衡体系新的法律框架和规则①。与原来的财政均衡体系相比，新体系中对如何在联邦和州之间分配消费税收入做了重大调整，其均衡机制体现在既考虑各州居民人口分布，又考虑各州财力均衡两个方面，是一种典型的横向均衡。除了各州之间的横向均衡外，联邦还将对相对不发达州拨付额外的财政补贴，以补充横向均衡机制。从 2020 年新财政均衡体系生效起，联邦将为各州每年减负 97 亿欧元②。此外，联邦还将对地方投资促进基金追加 35 亿欧元的投入，使基金总量达到 70 亿欧元。总体而言，在新的财政均衡体系内联邦将能更直接地参与对各州的财政支持，尤其是对改善相对不发达州的财政状况将会产生积极影响。

三 未来德国经济政策导向和经济增长趋势

（一）经济政策的导向

未来德国经济的发展面临以下几个方面的挑战：一是人口老龄化和人口

---

① BMWi, Bundesminiserium für Wirtschaft und Energie, *Jahreswirtschaftsbericht 2018*, Berlin, 2018; "Neuregelung des bundesstaatlichen Finanzausgleichs", http：//www. bundesfinanzministerium. de/Content/DE/Video/2017/2017 – 02 – 16 – bundestag – bund – laender – finanzausgleich/2017 – 02 – 16 – bundestag – bund – laender – finanzausgleich. html.
② 以 2020 年的推测数据为基础估算。

结构变化，二是实现"工业4.0"所要求的数字化进程，三是经济全球化、国际经济分工变化及其对德经济结构的影响，四是气候变化。

为了应对上述挑战，上届联邦政府就2018年及以后的经济政策提出如下基本原则①。

第一，激励投资和创新，做强工业。相应的政策导向包括加大公共财政对各类公共设施，包括交通设施、宽带网以及教育和研究的投资；推进数字化进程；加强工业基础建设；改善原材料供应和提高资源利用效率；提高与节能、环保和安全性要求相符及可持续的要素和产品的流动性；鼓励研究和创新。

第二，为私人投资和市场竞争创造良好的框架条件。相应的政策导向包括改善"工业4.0"和数字化进程中创新创业的条件；与时俱进地健全竞争法、改革招投标法；减少官僚主义障碍。

第三，构建公平和现代的就业机制和社会保障。相应的政策导向包括提高从业参与率；完善对专业人员的培养、培训体系，吸引技术移民，构建公平的就业机制；面向未来，改进养老保障、医疗保障和卫生护理制度；保证能够满足社会需求的住房供应和城市发展。

第四，制定先进、符合竞争原则和环保要求的能源政策，有效地保护气候。相应的政策导向包括在可替代能源领域引入竞争机制；保障能源供应，建设相应的基础设施；鼓励开发提高能源使用效率的新技术、新工艺；加强气候保护。

第五，树立对一个强大欧洲及其内部稳健的金融市场的信心。相应的政策导向包括通过合作，欧盟成员国共同建设一个面向未来和具有竞争力的欧洲；推进欧洲内部市场的发展和投资，提高欧洲的增长潜力；加快欧洲银行联盟建设，提高欧洲金融体系的稳定性和抗干扰能力。

第六，反对贸易保护主义，支持建立现代的贸易秩序和可持续发展。相应的政策导向包括密切与世界其他地区和国家的联系，制定共赢的贸易政

---

① BMWi，Bundesminiserium für Wirtschaft und Energie，*Jahreswirtschaftsbericht 2018*，Berlin，2018.

策；鼓励企业走出国门，进入国外市场；提高武器装备出口的透明度，加强监管；改善欧洲内部相互关联的投资审批；加强与发展中国家和新兴国家的合作，在全球范围内推进可持续发展。

预计本届联邦政府对上述政策原则不会做根本性的调整和修改，原因有以下三点。首先，上届联邦政府和本届联邦政府一样，都是由基督教民主联盟、基督教社会联盟和社会民主党联合组阁，因此上届政府的重大决策将会在本届政府执政期间得以延续；其次，联盟党党首代表了保守党阵营的中间偏左势力，而社会民主党目前的主流力量代表了党内的中间偏右力量，大联合政府内左右两个政党阵营的经济政策理念有趋同倾向；最后，上届大联合政府兼顾促进经济增长和保障社会公平的政策导向在实施中取得了良好效果，德国经济持续恢复、社会稳定体现了政策的有效性，本届联邦政府没有理由改变既定的政策原则。

（二）经济增长趋势

德国经济目前处于一个有力的回升期（见图14）。从供应侧看，第二产业对经济回升的推动力尚不明显，第三产业的增长推动力主要来自贸易、交通与餐饮旅馆业以及公共服务、教育与卫生业，两者在国民经济中的占比虽然接近35%，但据此很难推测德国经济的整体增长趋势。因此，以下着重从需求侧来推测德国2018年的经济增长率。

2000~2017年，私人消费增量数据大致具备一阶单整的特点（见图15），低于国内生产总值增量的单整阶数。由于2013年以来经济恢复、就业状况改善，私人消费增量连续4年攀升，预计2018年仍能保持微增势头。

与公共财政支出相对应，政府消费增量数据的长期趋势大致具备二阶单整的特点（见图15）。预计2018年政府消费增量将延续其长期平均增幅走势。

固定资产投资增量数据的单整阶数介于一阶和二阶之间（见图15）。由于近两年德国国民经济生产能力已基本满负荷运行，预计2018年固定资产

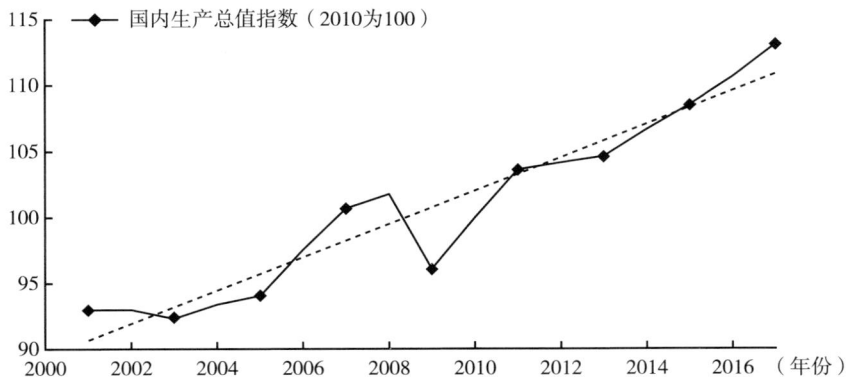

（1）国内生产总值走势

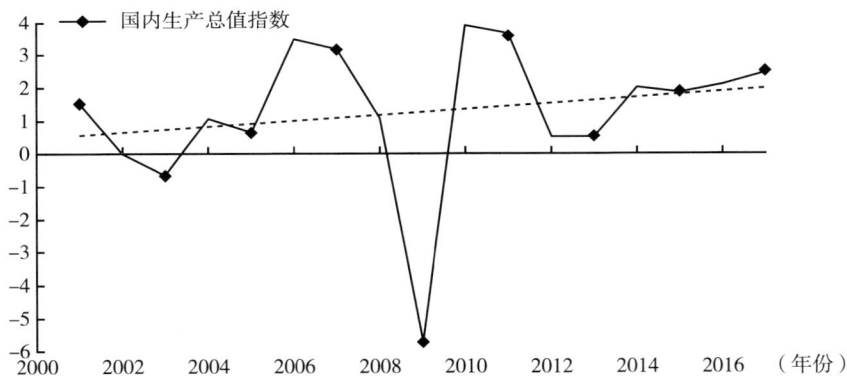

（2）国内生产总值增量走势

图 14 国内生产总值及其增量

资料来源：来自联邦统计局相关统计数据。

投资增量将大于 2017 年，可能略高于固定资产投资增量时间序列的长期趋势线。

净出口增量数据的单整阶数介于零阶和一阶之间（见图 15），未来走向一方面受到欧盟内各国经济状况的影响，另一方面受到中国、美国等欧盟外主要贸易伙伴的经济状况影响。德国半数以上的对外贸易在欧盟内开展，而欧盟内各国经济基本处于回升期，这有利于德国的出口。德国第二大贸易伙伴美国的贸易保护主义倾向可能对德国出口产生有限的负面影响，但德国最大贸易伙伴中国经济的稳定表现以及"中国制造 2025"的推进显然会给德

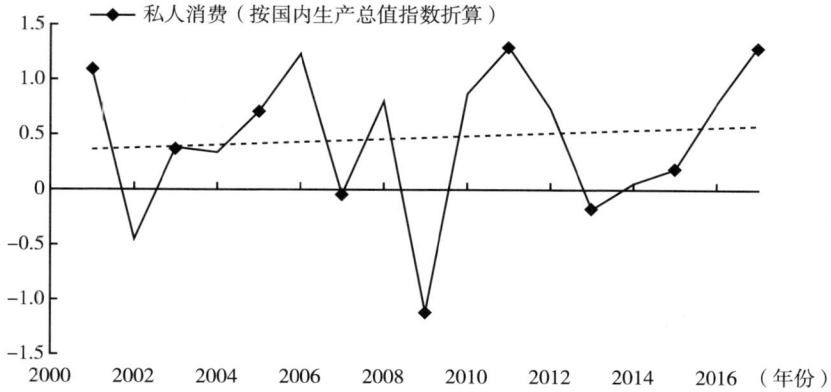

私人消费（按国内生产总值指数折算）

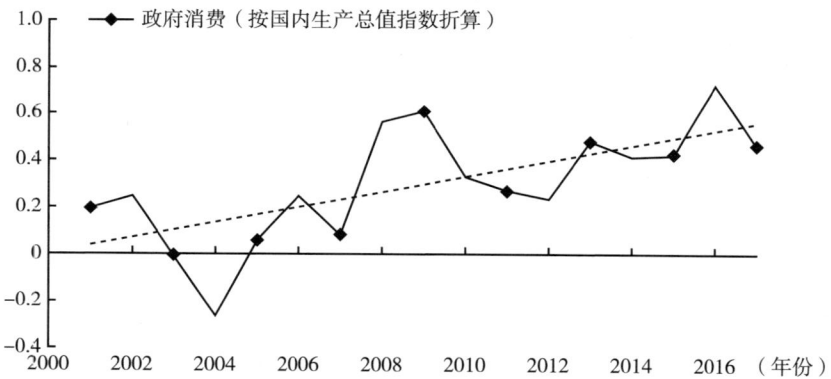

政府消费（按国内生产总值指数折算）

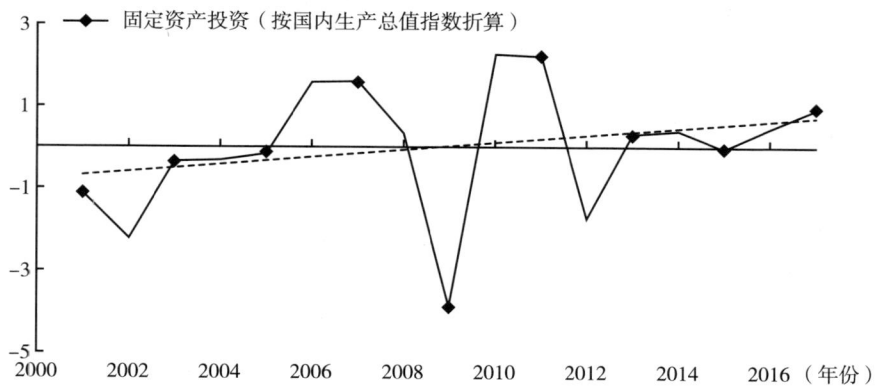

固定资产投资（按国内生产总值指数折算）

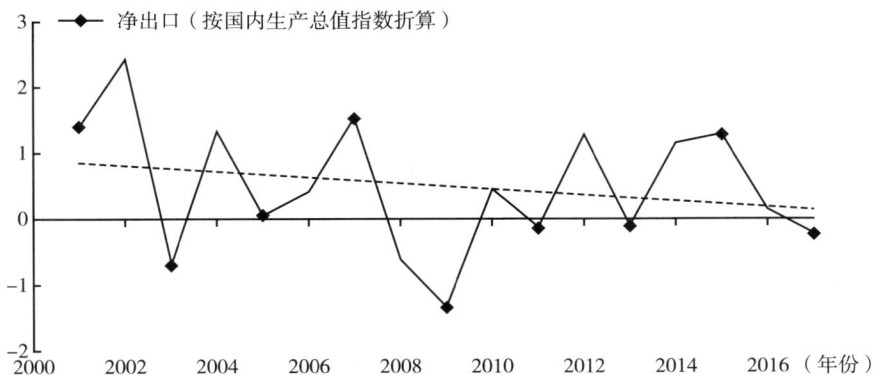

图 15　总需求中各分量的增量走势

资料来源：联邦统计局相关统计数据。

国出口增长带来机会。因此，预计 2018 年德国净出口将大致符合其迄今以来的长期走势。

　　根据以上分析，笔者推算 2018 年德国私人消费增长率为 2.3%，政府消费增长率为 2.7%，固定资产投资增长率为 4.5%，净出口增长率为 0.6%，总需求增长率为 2.7%，即德国 2018 年的国内生产总值增长率预计为 2.7%，高于联邦政府 2.4% 的预测①。2018 年以后，德国经济仍将延续 2014 年以来的持续回升趋势；预计在 2018~2020 年，德国经济能够保持 2.8%~3.0% 增长率，其中拉动经济增长的主要力量将是固定资产投资。

结　　语

　　2017 年，德国经济表现良好，公共财政状况亦然。对于德国经济未来的表现，从短期来看，要考虑国内外两方面的因素：国内因素是推进"工业 4.0"和数字化进程能否在制造业中产生规模效应？国外因素是美国的贸

---

①　BMWi, Bundesminiserium für Wirtschaft und Energie, *Jahreswirtschaftsbericht 2018*, Berlin, 2018.

易保护主义倾向会不会对德国的出口产生负面影响？从中长期来看，德国经济还将经受人口老龄化和气候转变的考验。针对上述考验，德国政府在其未来经济政策中做了相应考虑和应对设计。2018年，德国经济主要取决于需求侧表现，预计国内生产总值将增长2.7%，近年来的德国经济回升势头会延续到2018年以后。

B.5
德国"工业4.0"战略的进展与挑战

史世伟 寇 蔻*

摘 要: 一段时间以来,德国一方面保持在优势行业的领先地位,另一方面面临发展缓慢的"能力陷阱":传统行业吸引大量创新资源,而新兴行业却缺少资金和人才的支持。德国政府希望通过"工业4.0"战略促进前沿产业的进步,摆脱路径依赖负面效应的影响。本文将分析德国"工业4.0"战略在过去两年中的实际进展,以及德国政府在该领域的新举措。此外,"工业4.0"在推进的同时也面临信息安全和社会组织结构带来的挑战。随着"中国制造2025"的推进,中国与德国在这个领域的合作也更加深入,本文还将对两国在这方面的合作进行比较分析。

关键词: 工业4.0 创新政策 中国制造2025

在2011年的汉诺威博览会上,"工业4.0"的概念被第一次提出,两年后德国政府将其纳入"高科技战略"的框架之下,并制定了一系列相关措施。彼时"工业4.0"刚刚兴起,德国也仍处于探索的初期,各项配套措施都还亟待完善。如今几年过去了,"第四次工业革命"的观念已经影响到世

---

* 史世伟,经济与社会科学博士,对外经济贸易大学外语学院教授,区域国别研究所欧洲研究中心主任,柏林自由大学汉学系客座教授;寇蔻,德国哈勒-维滕贝格大学法学与经济学院博士。

界主要国家的决策层，中国政府也在 2015 年提出了"中国制造 2025"，以应对新一轮的科技革命和产业变革。此外，包括美国、法国、日本在内的其他主要制造业大国也纷纷制定了自己的新产业发展战略，力图占据新产业变革的制高点。德国作为最早提出"工业 4.0"的国家，在此期间也采取了一系列措施，进一步推进"工业 4.0"的实施，目标是到 2025 年，在"工业 4.0"方面成为世界上领先的技术供应方。本文将首先回顾 2016 年年底到 2017 年期间德国创新政策的变化，重点分析"工业 4.0"的进展情况，其次分析其给德国经济、社会带来的影响和存在的风险，最后对"工业 4.0"和"中国制造 2025"的实施进行比较。

一 德国加强实施"工业 4.0"战略的紧迫性

创新对德国的经济增长和社会发展至关重要，德国经济的国际竞争力和成就主要归功于创新驱动，德国在汽车、机械制造、化工以及电气技术方面依旧保持世界领先的地位。但随着互联网经济的迅猛发展，德国企业在尖端技术以及数字化方面的劣势开始显现出来。根据德国研究与创新专家委员会（EFI）的报告，德国陷入了一个"能力陷阱"（competence trap），即在已有的优势产业不断吸引研发投资和优秀的科研人员的时候，新出现的产业并没有获得充分的发展，有的时候还会失去优秀的人才，形成了路径依赖的"锁定效应"[1]。图 1 是德国大型企业与国际平台级的高科技公司在最近五年的业绩情况比较，可以看出，不管是营业收入、盈利情况，还是雇员数量和市值，德国经济界的领头羊都远远落后于新兴的以数字技术和互联网技术为基础的国际企业。

自从 2011 年"工业 4.0"的概念被德国首次提出，到今天已经有多个国家跟进，制定了自己的新型工业化战略，德国的"工业 4.0"战略早已不

---

① 寇蔻、史世伟：《德国创新体系对区域创新绩效的影响》，《欧洲研究》2017 年第 4 期，第 115 ~ 135 页。

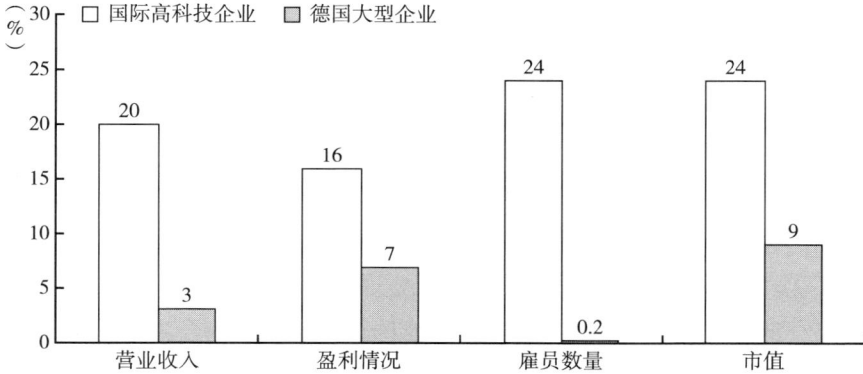

图1 德国大型企业与国际高科技企业的营业情况比较
（2012～2016 年年均增长率）

注：国际高科技企业包括谷歌［Alphabet（Google）］、亚马逊（Amazon）、苹果（Apple）、脸书（Facebook）、腾讯，德国企业包括巴斯夫（BASF）、拜耳（Bayern）、戴姆勒（Daimler）、汉高（Henkel）、西门子（Siemens）。

资料来源：BMWi，"Digitale Plattformen und deutsche Industrieunternehmen im Fünf-Jahres-Vergleich"，http：//www. bmwi. de/Redaktion/DE/Infografiken/Digitale – Welt/weissbuch –02. html。

是独一无二的，各国都在发力抢占下一次工业变革的制高点。表1 展示了主要工业国家的智能制造和生产网络化的新工业战略（平台）。

表1 主要工业国家的新产业战略

国家		战略（平台）
美国		工业互联网联盟、智能制造领袖联盟
中国		"中国制造 2025"、互联网＋
日本		机器人革命行动、物联网推进联盟
韩国		智能工厂行动、韩国智能工厂基金会
欧盟	英国	高价值制造
	法国	未来工业战略
	捷克	"工业4.0"

资料来源：Acatech，"Industrie 4.0 – Voraussetzungen und Herausforderungen für Unternehmen（Fokus Deutschland/China）"，https：//www. plattform – i40. de/I40/Redaktion/DE/Downloads/Publikation – gesamt/Deutsch – chinesisches% 20Symposium/acatech – i40 – voraussetzungen – und – herausforderungen. pdf？＿ ＿ blob = publicationFile&v = 1。

这也反映出实施"工业4.0"战略的必要性和紧迫性：对内德国需要尽快实现产业升级，促进数字技术等新兴行业的发展，尽快摆脱"路径依赖"的负面效应；对外德国又要同时面对美国等发达国家和以中国为代表的新兴国家在国际市场上的竞争。

二 "工业4.0"战略的新发展

在经济结构亟待革新的背景下，德国政府近两年在"工业4.0"战略的实施方面又有了新的进展，本文将这些新变化分为五个部分进行分析。

（一）重塑组织框架、增加投入

高科技战略是塑造德国创新体系和提高创新能力的重要措施，也是影响创新发展的核心，"工业4.0"作为德国高科技战略的重要组成部分，是德国引领新的产业变革的关键政策。2013年成立的"工业4.0平台"（Plattform Industrie 4.0），已经成为世界上最大的也是最成功的推进制造业企业数字化转型的平台之一，成为联结德国政府决策层、商界、学界、工会等行为者的桥梁，同时促进了德国"工业4.0"方面的国际合作。

在制定和推进高科技战略特别是"工业4.0"战略方面，德国政府重新整合了专业资源，确立了以高科技平台（Hightech Forum）、创新对话机制（Innovations Dialog）和德国研究与创新专家委员会为基础的三大专家咨询机构。其中，德国研究与创新专家委员会和创新对话机制成立时间较早，分别成立于2006年和2008年，而高科技平台则是德国政府最新成立的专家机构。创新对话机制依托于德国国家科学与工程院（Acatech），是一个联邦政府（联邦总理、经济部长、教育和研究部长）与商界和学界的对话平台。德国研究与创新专家委员会则由六位在科研和创新政策方面顶尖的德国学者组成，侧重于创新政策的分析和评估。

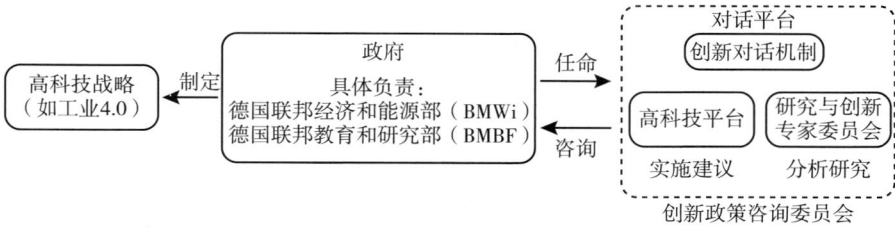

图2　创新政策与咨询委员会的关系

资料来源："Gemeinsam besser. Das Hightech-Forum und seine Empfehlungen auf einen Blick"，http：//www. hightech － forum. de/fileadmin/PDF/hightech － forum ＿ ergebnisse. pdf；http：// innovationsdialog. acatech. de/uploads/pics/Innovationsdialog＿ Beratung＿ 1. png。笔者有所修改。

2015 年，德国联邦教育和研究部宣布为高科技战略设立专家委员会（高科技平台），为德国联邦政府的创新和科技政策提供咨询以及具体的实施建议。该委员会每年举行三次会议，并撰写与高科技政策相关的研究报告①。2016 年 9 月，高科技平台就中小企业的创新提升提出了建议。该平台指出，近些年来德国中小企业的创新动力出现了下降，主要有四个方面原因：第一，创业率下降，知识密集型行业的初创企业正在减少；第二，专业人员紧缺；第三，战略性的创新能力较弱，比如数字化水平；第四，融资难。资金是困扰中小企业的一个普遍问题，一方面，中小企业资金较少；另一方面，创新的成本高②。高科技平台建议，政府应采取措施鼓励企业家精神，促进初创企业的发展；针对工业变革给社会以及劳动力市场带来的冲击，建议加强员工的培训和深造；创造更加有利于创新的框架条件，包括更加灵活的资助项目、合作与转移以及加强中小企业创新；重视跨机构、跨领域的创新政策。③

与之类似，德国研究与创新专家委员会在评估报告中也指出，德国

---

① "Gemeinsam für Innovation"，http：//www. hightech － forum. de/.

② "Mehr Innovationen im Mittelstand"，http：//www. hightech － forum. de/fileadmin/PDF/hightech － forum＿ mittelstand. pdf.

③ "Hightech-Forum übergibt Abschlussbericht an die Bundesregierung"，http：//www. hightech － forum. de/aktuelles/2017 － 05 － 16/.

在数字化、风险投资发展和中小企业创新方面仍然存在不足①。该委员会建议，加大投入，提高德国大学在国际上的竞争力；促进风险投资的成长；重视数字化基础设施的建设，在数字化转型过程中占据世界领先位置②。

专家委员会与政府和商界的良好互动，使得科研成果和企业在运营中遇到的实际问题能够很快地传递给政府，政府可以通过新的创新政策不断进行调整和优化。

另外一个关于创新促进十分重要的指标是研发投入占国内生产总值的比重。德国高科技战略之前提出的3%目标在2015年已经实现。随后，德国研究与创新专家委员会和高科技平台均提出建议，到2025年这一比例应达到3.5%。这一建议很快受到了政府的重视，德国联邦教育和研究部部长万卡在2017年3月表示，政府将努力在2025年达到3.5%的目标。此外，在2017年的联邦议院大选中，联盟党已经将3.5%的目标写入了竞选纲领，同时承诺将在未来提供20亿欧元的税收优惠，以支持中小企业的科研和创新③。在2018年的德国政府财政预算中，对教育和科研的支出也将达到175亿欧元，比2010年高出75%④。

（二）实际生产应用

虽然德国政府提出"工业4.0"已经有六年时间，但"工业4.0"如今还未在生产中大范围推广，更多的仍旧像是一个"科研议程"（Forschungs -

---

① "Die Einführung einer steuerlichen Förderung von Forschung und Entwicklung wird in der neuen Legislaturperiode geprüft", https：//www. stifterverband. org/pressemitteilungen/2017_ 04_ 04_ efi_ forschungsausgaben.

② EFI, "Gutachten 2017", http：//www. e – fi. de/fileadmin/Gutachten_ 2017/EFI_ Gutachten_ 2017. pdf.

③ CDU/CSU, "Für ein Deutschland, in dem wir gut und gerne leben: Regierungsprogramm 2017 – 2021", p. 22, https：//www. cdu. de/system/tdf/media/dokumente/170703regierungsprogramm2017. pdf? file =1&type = field_ collection_ item&id = 9932.

④ BMF, "Bundeskabinett beschließt Eckwerte für Haushalt 2018 und Finanzplan bis 2021", http：// www. bundesfinanzministerium. de/Content/DE/Pressemitteilungen/Finanzpolitik/2017/03/2017 – 03 – 15 – pm – eckwertebeschluss. html.

agenda)①，真正具备"工业 4.0"特征的产品和具体实施方法仍然数量有限。作为"工业 4.0"核心的信息 – 物理融合系统（Cyber-Physical System, CPS）的应用情况效果不一，主要的挑战在于如何将 CPS 技术融合到现在的生产体系当中，以及员工如何适应新的生产形式。"工业 4.0"在关键问题上的研究成果需要在实际的工业生产中实现落地，这种科研与生产相分离的问题急需解决。此外，在实施过程中暴露出来的另一个问题是相关标准的缺失。虽然已经有了政府指导的行业领域，但具体哪些技术才会在未来具有竞争力还是未知数，特别是对于中小企业来说，这样的风险是巨大的。所以德国联邦教育和研究部在 2017 年发布了一份报告②，在展示了一些成功资助的"工业 4.0"实际案例的同时，也希望能够帮助企业特别是中小企业在实际生产运用中，能够从众多 CPS 技术当中找到合适的技术，应用到企业的生产系统中，以解决实际问题。

2015 年，德国联邦教育和研究部发起了"'工业 4.0'：从科研到企业落地"计划③，旨在帮助中小企业实现"工业 4.0"在实际生产中的应用问题。截至 2016 年年底，该计划已经资助了 12 个应用导向的研究项目，联邦教育和研究部总共投入配套资金超过 3000 万欧元，在每个项目中的出资比例都超过 50%。这些项目均由多家企业或高校与研究机构共同组成，全都集中在 CPS、通信和信息技术等领域。

除了"企业落地"计划，联邦教育和研究部还通过其他计划对这类科研项目进行资助，仅 2017 年上半年，就已经资助了 18 个项目，其中涉及的领域包括技术融合、3D 打印、自动化等。如今，联邦教育和研究部资助的正在进行的"工业 4.0"科研项目已经达到 325 个，涉及领域包括嵌入式系统、CPS、物联网、虚拟现实和增强现实技术、智能制造等，分布在全德国，

①　BMBF,"Industrie 4.0", https：//www.bmbf.de/de/zukunftsprojekt – industrie – 4 – 0 – 848.html.

②　BMBF,"Industrie 4.0：Innovationen für die Produktion von morgen", https：//www.bmbf.de/pub/Industrie_4.0.pdf.

③　BMBF,"Industrie 4.0 kommt auf den Hallenboden", https：//www.bmbf.de/de/industrie – 4 – 0 – kommt – auf – den – hallenboden – 1016.html.

主要集中在慕尼黑周边、斯图加特周边、鲁尔区以及柏林-波茨坦地区。

截至 2017 年年底，投入实际应用的"工业 4.0"案例已经达到 317 个[1]，大部分都是生产领域的解决方案。如表 2 所示，从区域来看，"工业 4.0"案例出现了明显的分布不均，巴登-符腾堡州和北莱茵-威斯特法伦州的案例数量远远领先其他地区；而新联邦州，比如梅克伦堡-前波莫瑞州、石勒苏益格-荷尔斯泰因州以及萨克森-安哈尔特州则比较落后，这也与各地区的经济发展水平差距相对应。如表 3 所示，从企业规模来看，250人以下的中小企业的"工业 4.0"应用案例达到 129 个，虽然绝对数量上要多于其他规模的企业，但考虑到中小企业巨大的总量，可以认为，中小企业对"工业 4.0"的接受和吸收程度仍然不高。

表 2　"工业 4.0"应用案例的地区分布

联邦州	项目数量（个）
巴登-符腾堡州	104
北莱茵-威斯特法伦州	71
巴伐利亚州	48
黑森州	18
下萨克森州	18
柏林	12
萨克森州	8
勃兰登堡州	7
萨尔兰州	7
莱茵兰-普法尔茨州	6
汉堡	5
图林根州	5
萨克森-安哈尔特州	3
石勒苏益格-荷尔斯泰因州	3
不来梅	1
梅克伦堡-前波莫瑞州	1

资料来源：数据来自德国联邦教育和研究部，参见"Plattform Industrie 4.0"，http：//www. plattform-i40. de/I40/Navigation/Karte/SiteGlobals/Forms/Formulare/karte-anwendungsbeispiele-formular. html？oneOfTheseWords = Suchbegriff + eingeben。

---

[1]　"Plattform Industrie 4.0"，http：//www. plattform-i40. de/I40/Navigation/Karte/SiteGlobals/Forms/Formulare/karte-anwendungsbeispiele-formular. html？oneOfTheseWords = Suchbegriff + eingeben.

表3 "工业4.0"应用案例的企业规模分布

员工数量(人)	项目数量(个)
1~250	129
250~5000	67
5000~15000	60
15000	66

资料来源：数据来自德国联邦教育和研究部，参见"Plattform Industrie 4.0"，http：//www. plattform - i40. de/I40/Navigation/Karte/SiteGlobals/Forms/Formulare/karte - anwendungsbeispiele - formular. html？oneOfTheseWords = Suchbegriff + eingeben。

（三）数字化

"工业4.0"是数字议程的核心之一，数字化是实现"工业4.0"的基础条件，只有数字化进程得到推进，未来生产网络才能建立，所以数字化可以看作为"工业4.0""铺设管道"。

如今已经有超过200亿件机器设备通过网络连接起来，预计到2030年这一数字将达到5000亿，因此数字化和网络化将是经济增长的关键推动力。数字经济不仅是一个重要的经济领域和技术领域，还意味着商业模式以及整个社会的变革；不仅是企业需要实现数字化，劳动力市场、消费者的购物方式和生活方式也要实现数字化。

早在2014年，德国政府就提出了"数字议程2014~2017"（Digitale Agenda 2014－2017）①，这是德国数字化政策具有里程碑意义的一项措施，可以算是数字化进程中的纲领性文件。三年过后，"数字议程2014~2017"制定的目标基本全都实现，包括以下三个方面。

1. 增长与就业

根据德国联邦经济和能源部的数据，到2016年，27%的德国工商业企

---

① Bundesregierung，"Legislaturbericht Digitale Agenda 2014－2017"，https：//www. bmwi. de/ Redaktion/DE/Publikationen/Digitale - Welt/digitale - agenda - legislaturbericht. pdf？＿＿blob = publicationFile&v = 20.

业已经实现高度数字化①。在德国联邦经济和能源部提出的一系列数字化战略中，中小企业的数字化占据重要位置。对于德国经济整体而言，中小企业对于经济增长、就业以及整个国家的国际竞争力都起到了重要作用；而对于中小企业自身来说，数字化能力又是其进一步提高竞争力的保障。中小企业由于资源的局限，在数字化进程上可能会面临一些障碍，所以在这方面就更需要政府的促进和服务。

截至2017年，德国已建立了22个"中小企业4.0能力中心"（Mittelstand 4.0 - Kompetenzzentren），为中小企业提供数字化、生产流程网络以及"工业4.0"应用方面的支持。② 2017年，这样的网络化中介组织在德国其他地方继续推广。

2. 数字化入口建设

在网络建设方面，网络联盟（Netzallianz）的工作实现了大幅推进。网络联盟是2014年成立的一个由联邦交通与数字基础设施部发起，旨在扩大宽带网络建设的投资和创新平台，由包括德国电信、沃达丰等多家德国通信公司组成。2015年和2016年，网络联盟每年在扩大高速网络建设上投入80亿欧元，而联邦交通与数字基础设施部也投入了40亿欧元。通过企业平台与政府的合作，德国实现了网络使用环境的优化，无线网络覆盖范围比之前大为扩大，宽带的铺设范围大大增加，如今50 Mbit/s以上网速的网络已经覆盖了75%的德国家庭，这一比例比2013年提高了26%以上。③ 到2018年，这样的网络要实现德国家庭100%的全覆盖。网络联盟计划到2023年总共投入1000亿欧元建设网络④，联邦政府每年也将相应投入30亿欧元的

---

① BMWi，"Den digitalen Wandel gestalten"，http：//www. bmwi. de/Redaktion/DE/Dossier/ digitalisierung. html.

② BMWi，"Mittelstand 4.0 - Kompetenzzentren"，http：//www. mittelstand - digital. de/DE/ Foerderinitiativen/Mittelstand - 4 - 0/kompetenzzentren. html.

③ BMVi，"Netzallianz beschließt Zukunftsoffensive Gigabit-Deutschland"，https：//www. bmvi. de/ SharedDocs/DE/Pressemitteilungen/2017/029 - dobrindt - netzallianz. html.

④ "Gigabit - Deutschland：100 Milliarden für den Breitbandausbau"，07.03.2017，https：// www. heise. de/newsticker/meldung/Gigabit - Deutschland - 100 - Milliarden - fuer - den - Breitbandausbau - 3646466. html.

配套资金，以实现联邦政府提出的"千兆比特社会"（Gigabit-Gesellschaft）计划①。

3. 信任和安全

数字化会带来经济结构上的变革，与此相应的法律框架结构也需要适时变化。2015年德国的IT安全法（IT – Sicherheitsgesetz）② 就已经生效。2017年6月，德国《反对限制竞争法》第九次修正案正式生效，此次修正案的主要目的是在数字化程度越来越深的今天，让竞争法规更好地适用于现在的市场。通常法律条款的更新总是滞后于技术的进步，数字化给产业形态以及企业的经营模式都带来了巨大变革，竞争与垄断也出现了新的形式，这对于监管机构提出了新的挑战。作为保障德国市场竞争秩序的重要法律，《反对限制竞争法》也适时地进行了调整和修正。比如，在互联网领域比较常见、以广告为主要收入的搜索引擎或产品服务比较网站，卡特尔局会更多地关注其产业特有的指标要素，以及一些通过用户网络和规模效应实现的市场集中，在这些领域卡特尔局未来也会加强监管③。对于企业间并购的控制，法律的适用范围也扩大到那些营业收入不高，但是收购价很高的企业。

在欧盟层面，2016年，欧盟颁布了数据保护基础规定，并将于2018年5月在所有成员国实行，这也是欧盟第一个统一的数据保护标准，各成员国的现行规定都必须与之相适应。

2016年的汉诺威消费电子、信息及通信博览会（CeBIT）大会上，德国联邦经济和能源部提出了"数字战略2025"，以推进德国的数字化转型。一年之后的CeBIT大会上，德国联邦经济和能源部进一步发布了《数字平台

---

① 德国政府提出的建设高速网络社会的计划，参见 BMVI，"Netzallianz-Digitales Deutschland"，https：//www. bmvi. de/SharedDocs/DE/Publikationen/DG/netzallianz – digitales – deutschland. pdf? _ _ blob = publicationFile。

② 全称是《提高信息技术系统安全法》（Gesetz zur Erhöhung der Sicherheit informationstechnischer Systeme）。

③ BMWi，"9. GWB – Novelle – ein modernes Wettbewerbsrecht im Zeitalter der Digitalisierung"，https：//www. bmwi. de/Redaktion/DE/Artikel/Wirtschaft/gwb – novelle. html。

白皮书》（Weißbuch Digitale Plattformen），提出制定"数字化的秩序政策"，为数字化世界建立公平的竞争环境，保障个人基本权利和数据主权。

（四）中小企业

在高科技战略实施中，德国政府采取措施改善中小企业创新促进的原因主要有以下三个方面。首先，中小企业是德国创新体系的重要支柱之一，在德国经济中的地位举足轻重。中小企业占到德国企业数量的99.6%，其创造的就业岗位占总就业量的58.5%，其销售额占总销售额的35.3%[①]。其次，近年来创新研究理论的发展促进政策观念上的变革。创新是企业家对生产要素的新组合，产生于网络化的合作活动，其中异质性群体之间的学习、知识交流和转移起到核心作用，以往德国的创新促进并未给予创新合作和创新成果转化足够的重视。最后，以往的创新促进往往分散在不同的促进项目中，这虽然保证了德国在广泛的制造业具有领先优势，但重点不突出、目的不明确，在一定程度上导致了前沿研究领域的创新不足。[②]

德国企业整体而言对待"工业4.0"的态度是比较积极和乐观的，特别是不少大企业将其看作一次巨大的机遇，在"工业4.0"推出的过程中，也能够看到西门子这样的大型跨国企业的积极推动。与之相比，中小企业对于"工业4.0"的认知则出现了较大的不同。根据德国国家科学与工程院的报告，如图3所示，78.8%的大型企业认为数字化和"工业4.0"是一次机遇，而持同样观点的中小企业不到60%；将近38%的中小企业认为数字化和"工业4.0"机遇与风险各占一半，而有这样观点的大企业只有20%；认为数字化和"工业4.0"纯属风险的中小企业比重也高于大企业。

中小企业的问题，一方面是因为在当前的生产中，数字化技术和价值链流程的应用还比较少，中小企业在"工业4.0"应用方面的意识还不强；另

---

① BMWi，"Erfolgsmodell Mittelstand"，http：//www.bmwi.de/Redaktion/DE/Dossier/politik – fuer – den – mittelstand. html.

② 史世伟、向渝：《高科技战略下的德国中小企业创新促进政策研究》，《德国研究》2015年第4期，第98~108页。

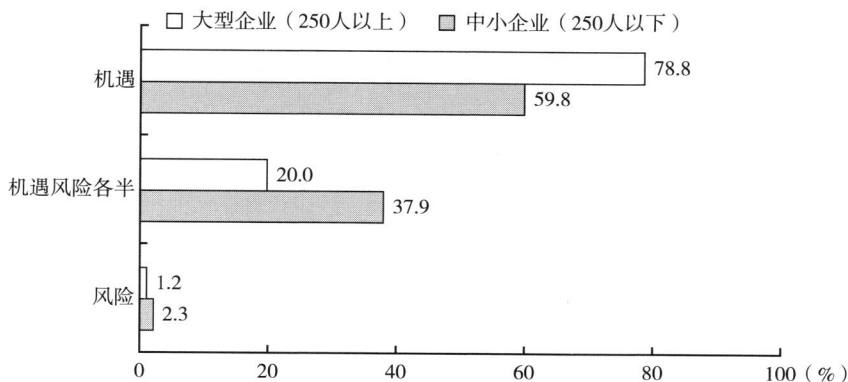

图3 德国企业对数字化和"工业4.0"的评价

资料来源：Acatech，"Kompetenz für Industrie 4.0"，http://www.acatech.de/fileadmin/user_upload/Baumstruktur_nach_Website/Acatech/root/de/Publikationen/Stellungnahmen/161202_POS_Kompetenz_Industrie40_Web.pdf。

一方面，中小企业缺少实施"工业4.0"战略的资源①，包括软硬件设备的不足以及专业人员的缺失。此外，在"工业4.0"实施方面，中小企业遇到的一个较大问题是缺少测试环境（test environment），即没有足够的条件对新的软硬件的运行进行测试和模拟。不同的测试环境都较为"去中心化"，中小企业缺少足够的信息了解具体的运用问题适合什么样的测试环境，也没有足够的资源搭建相应的研发网络和培养相关专业人员。因此，政府需要在提高参与"工业4.0"的意识、改善"工业4.0"解决方案的测试条件方面向中小企业提供帮助。

针对这一问题，德国联邦教育和研究部于2016年开始开展了一个针对中小企业与研究机构合作、进一步提高研发能力的项目②。德国的研发机构

① Acatech，"Kompetenz für Industrie 4.0"，http://www.acatech.de/fileadmin/user_upload/Baumstruktur_nach_Website/Acatech/root/de/Publikationen/Stellungnahmen/161202_POS_Kompetenz_Industrie40_Web.pdf.

② BMBF，"Richtlinie zur Förderung von KMU'Industrie 4.0 – Testumgebungen – Mobilisierung von KMU für Industrie 4.0'. Bundesanzeiger vom 26.04.2016"，https://www.bmbf.de/foerderungen/bekanntmachung – 1181.html.

基本上都具有不同测试环境的条件，中小企业不仅可以得到软硬件的支持和技术帮助，还能进行员工的相关专业培训。企业最多可以从政府获得 10 万欧元的资助（12 个月）[①]，该项目将一直持续到 2018 年。2017 年开始的第一轮资助中，有 4 个项目脱颖而出，研究的方向包括生产自动化、传感器等智能工厂领域，主要负责研发的合作伙伴是斯图加特大学，4 个项目共获得超过 39 万欧元的资助，资助将持续到 2018 年 3 月底。

（五）国际合作

"工业 4.0"并不是一个封闭的、只针对某个国家的概念，而是一个需要跨地区、跨国界协同合作的战略。只有在不同国家之间建立起一个长效合作网络，才能保证企业在"工业 4.0"生态体系中找到最合适的合作伙伴，而知识以及专业性资源的跨地区流动，可以激发创新的灵感，进一步推进各方的发展。

第四次工业革命的概念自提出以来，已经在世界上多个制造业大国引起了巨大反响。在后金融危机时代，一方面，人们重新意识到制造业的重要性和不可替代的地位；另一方面，以互联网和 IT 为代表的新技术发展，使得原有工业制造业必须进行彻底的革新，不少制造业大国纷纷提出自己的工业计划。

近年来，欧盟各国在创新政策上独立、分割的时代已经成为历史，欧盟层面的创新政策日益重要，国家之间在政策方面的合作越来越密切。对于这一点，德国早已有了足够的认识，继续加强与不断发展其科研创新政策的欧洲维度，这也符合德国的利益。[②]

2016 年，德国"工业 4.0 平台"和法国未来工业联盟（Alliance Industrie

---

① BMBF, "Richtlinie zur Förderung von KMU 'Industrie 4.0 – Testumgebungen – Mobilisierung von KMU für Industrie 4.0'. Bundesanzeiger vom 26.04.2016", https：//www.bmbf.de/foerderungen/bekanntmachung – 1181.html.

② 俞宙明：《德国科研创新政策的欧洲维度》，《德国研究》2016 年第 2 期，第 57～69 页。也可参见 Expertenkommission Forschung und Innovation, *Gutachten zu Forschung, Innovation und Technologischer Leistungsfähigkeit Deutschlands 2011*, Berlin, 2011。

du Futur）就数字化工业生产发布了行动方案，将在新工业形式下的生产应用、技术和测试设施、标准化以及职业培训方面展开合作。双方于 2017 年 12 月在柏林举行峰会，交流双方在工业生产应用方面的案例和经验。2017 年 1 月，德国联邦经济和能源部与意大利经济发展部正式在"工业 4.0"方面展开合作，具体合作内容包括三大主题：标准化、中小企业支持以及员工培训。

除了与法国和意大利的双边合作，2017 年，德法意三国又将"工业 4.0"的合作推向了一个新的阶段。2017 年 6 月，德国"工业 4.0 平台"、法国未来工业联盟和意大利国家"工业 4.0"计划（Piano Nazionale Industria 4.0）三家机构代表三个国家就生产数字化的三方合作达成一致，并发表行动方案，合作的核心领域包括①：标准化，领导国是德国；中小企业促进与实验台（Testbed），领导国是意大利；欧洲层面的政策支持，领导国是法国；技能发展和职业资质，领导国是德、法、意三国。

2017 年 10 月，三个国家的代表在德国最终敲定了"标准化"部分的路线图。三个国家的合作成果将与欧盟委员会以及其他欧盟国家共同分享。

在欧盟层面，至今已经有超过 30 个与"工业 4.0"相关的国家级行动计划，欧盟希望能将欧洲不同国家的"工业 4.0"计划建成网络，并对具体的行动进行资助和促进，形成欧盟框架内的"工业 4.0"合作。

在欧盟之外，日本也是德国在"工业 4.0"方面合作的重点国家。2016 年起，德国联邦经济和能源部与日本经济产业省（Ministry of Economy, Trade and Industry, METI）以及日本总务省（Ministry of Internal Affairs and Communications, MIC）合作，在德国"工业 4.0"应用平台与日本的"机器人革命行动"（Robot Revolution Initiative）的基础之上，在工业数字化转型方面开展合作，旨在提供新的技术和数字化解决方案、跨国境的工业合作以及促进教育体系和职业培训体系发展，以适应数字化带来的劳动力市场变化。

---

① Plattform Industrie 4.0, "Shared Action Plan, Roadmap for trilateral cooperation on Digitizing the Manufacturing Industry", http：//www. plattform – i40. de/I40/Redaktion/DE/Downloads/Publikation/shared – actionplan – fr – de – it. pdf？_ _ blob = publicationFile&v = 5.

三 "工业4.0"面临的挑战

（一）安全问题

安全问题在数字化时代显得越发重要，上文提到的新趋势、新发展，无一不是与网络安全和数据保护相交融。德国联邦经济和能源部的数据显示，51%的德国企业都曾经遭受过网络犯罪的袭击[①]，在数据保护和网络安全上不断增加的投入被企业视为"工业4.0"最大的风险[②]。

过去两年，1/3德国企业的信息系统遭受过恶意攻击，仅德国电信一家企业每天遭受的网络攻击就达到100万次[③]。2017年5月，一种名为"WannaCry"的计算机病毒肆虐全球，多个国家的大型企业、政府、高校的计算机网络瘫痪，其中包括德国铁路公司这样的公共用品提供商，它导致部分火车站的电子信息牌中断显示，给火车的营运带来了巨大的负面影响。这次全球性的电脑病毒攻击再次说明，在生产和生活严重依赖网络的今天，网络安全对于包括中小企业、大企业以及政府和科研机构在内的所有参与者来说，都是一个巨大的挑战。

在"工业4.0"的环境下，网络攻击的目标不仅是个人计算机系统，还将波及网络化的机械设备和控制设备。安全稳定的网络是"工业4.0"能够实现的前提。除了安全本身，网络安全还代表着信任，未来价值链上的生产设备通过网络连接在一起，数据实现实时传输，市场上的伙伴之间的信息交流也会比以往更加密切，消费者的数据也会被不断地上传给商家，这一切如

---

① BMWi，"Den digitalen Wandel gestalten"，http：//www.bmwi.de/Redaktion/DE/Dossier/digitalisierung.html.

② Acatech，"Kompetenz für Industrie 4.0"，http：//www.acatech.de/fileadmin/user_upload/Baumstruktur_nach_Website/Acatech/root/de/Publikationen/Stellungnahmen/161202_POS_Kompetenz_Industrie40_Web.pdf.

③ BMBF，"Sicher in der digitalen Welt"，https：//www.bmbf.de/de/sicher-in-der-digitalen-welt-849.html.

果没有网络安全和数据安全的保障，信息流将会轻而易举地被黑客截获，网络犯罪所造成的后果也将比以往更加严重。

网络安全并非政府或企业一方能够独立面对的问题，需要各方面的通力协作。为应对未来网络安全的挑战，德国政府在 2015 年就开始了一项针对 IT 安全的跨部门研究计划，包含四个重点领域：IT 安全方面的新技术、安全可靠的信息通信技术系统、IT 安全的应用领域、隐私和数据保护。德国教育和研究部计划到 2020 年共投入 1.8 亿欧元向 IT 安全研究提供支持[1]。其中的一个重点项目名为"IUNO"[2]，它集合了包括大型企业、中小企业、应用企业、IT 安全公司和科研机构的来自业界和学界的 21 个合作伙伴，为网络和数据安全提供解决方案。[3]

（二）社会结构的冲击

"工业 4.0"不仅是技术上和经济上的一场革命，而且是对整个社会体系的一场变革。"工业 4.0"对社会结构的影响可以用图 4 的"社会技术体系"（Soziotechnisches System）来表示。技术给社会带来的影响并非单一的，自动化程度的提高改变了传统的分工方式，越来越多的工种被机器取代，需要重新审视人与机器的关系和互动，而人与人之间的合作方式也将发生变化。

具体说来有两点较为紧迫的挑战：一是生产流程的网络化和智能化程度不断提高，工业生产变得更加复杂，同时也更加灵活；二是企业的结构和组织形式也发生巨大变化。

从第一点来讲，每次技术的进步在带来经济腾飞机遇的同时，也总是带来新的不平衡，"工业 4.0"可能带来的一个潜在隐患便是高技能员工和低

---

① BMBF，"Sicher in der digitalen Welt"，https：//www. bmbf. de/de/sicher – in – der – digitalen – welt – 849. html.

② 详见"IT – Sicherheit in der Industrie 4. 0"，https：//www. iuno – projekt. de。

③ BMBF，"Selbstbestimmt und sicher in der digitalen Welt 2015 – 2020"，https：//www. bmbf. de/pub/Forschungsrahmenprogramm＿ IT＿ Sicherheit. pdf.

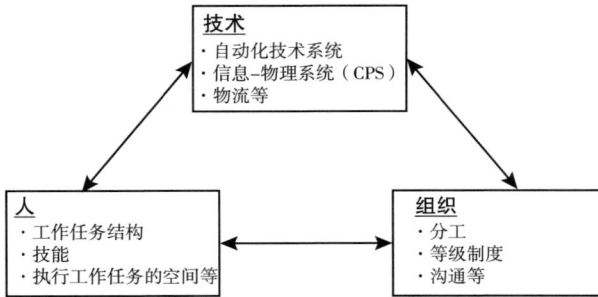

图4　"工业4.0"环境下的社会技术体系

资料来源：Acatech，"Kompetenz für Industrie 4.0：Qualifizierungsbedarfe und Lösungsansätze"，http：//www.acatech.de/de/publikationen/stellungnahmen/acatech/detail/artikel/kompetenzen－fuer－industrie－40－qualifizierungsbedarfe－und－loesungsansaetze－1.html。

技能员工之间的"数字鸿沟"。这一方面要求劳动者不断更新自己的劳动技能，比如跨领域、跨学科的知识、管理技能、思考方式、客户关系管理和IT技能；另一方面则需要企业和社会提供更多的培训和进修机会。员工不断增加的深造需求以及培训和深造内容的快速更新，对于大企业来说是很大的挑战①，而对于中小企业来说更是一个较大的成本支出。从整个社会的培训体系来看，以往的双元制培训体制以及企业内部的进修已经难以满足"工业4.0"对员工技能的要求。因此，相关的技能培养应该从高校甚至中学阶段就开始，并且要对企业阶段的传统培训和进修方式做出相应调整，增加新技能和新思维的培养②。

　　关于第二点，则需要企业在战略层面及时调整，对产品和生产流程进行更新，同时也要关注商业模式和组织结构的变革。"工业4.0"的高度融合、

---

① Acatech，"Kompetenz für Industrie 4.0"，http：//www.acatech.de/fileadmin/user_upload/Baumstruktur_nach_Website/Acatech/root/de/Publikationen/Stellungnahmen/161202_POS_Kompetenz_Industrie40_Web.pdf.

② Acatech，"Kompetenz für Industrie 4.0"，http：//www.acatech.de/fileadmin/user_upload/Baumstruktur_nach_Website/Acatech/root/de/Publikationen/Stellungnahmen/161202_POS_Kompetenz_Industrie40_Web.pdf.

快速反应的模式对传统德国的工业形态提出了挑战。一方面，专注、精细、"慢工出细活"这样的德国制造业优良传统，虽然需要继续保持，但从另一方面讲，也需要向更加灵活、实时生产、快速实施这样的数字化和智能化生产模式转型。这不仅是生产流程上的变化，也需要企业家经营战略的革新。

四 "工业4.0"与"中国制造2025"的合作

与德国相比，中国的制造业企业呈现出更加分化的特征。一方面，中国拥有不少具有国际竞争力的大型企业，这些企业的生产制造已经实现了高度的自动化；另一方面，为数众多的中小企业在自动化和数字化上仍然十分落后。中德之间的合作，对于中国来说，除了把德国看作学习的对象，长期来看更是努力追赶甚至超越的对手。对于德国来说，短期来看，对产业升级的巨大需求使得中国依旧是中高端制造业产品和技术的巨大市场，同时也是推进"工业4.0"解决方案和扩大生产准则与标准化的合作对象，这些对于德国来说都是机遇；但长期来看，德国也会警惕中国作为竞争者在国际市场上给其带来的压力①。

德国与中国在"工业4.0"方面的接触从2015年就已经开始，当时德国联邦经济和能源部与中国工业和信息化部签署了相关备忘录。2016年11月，第一次中德"工业4.0"研讨会在柏林举行，约300名来自两个国家的专家就"工业4.0"下的智能制造以及生产过程网络化所带来的机遇与挑战进行了讨论，而这正是未来中国和德国在"工业4.0"方面的合作重点。此外，"工业4.0"的标准化同样也是两国未来重要的合作领域。在企业层面，中国和德国在"工业4.0"合作方面已经有了诸多实质性进展。2016年，中德双方展示了18个中德合作示范性项目，以智能制造、智能工厂为主，例如华为与SAP的智能制造解决方案、宝钢与西门子的"联合探索'工业

---

① Acatech，"Industrie 4.0 im globalen Kontext"，http：//www. acatech. de/fileadmin/user _ upload/Baumstruktur_ nach_ Website/Acatech/root/de/Publikationen/Projektberichte/acatech_ de_ STUDIE_ Industrie40_ global_ Web. pdf.

4.0'"、天津中德合作应用技术大学智能制造培训基地①。

在对比德国与欧盟国家以及德国与中国在"工业4.0"方面的合作之后，可以发现德国在欧盟内的合作除了生产领域，还侧重中小企业促进、员工技能培训以及标准化，而与中国的合作在现阶段则更多的是智能生产的合作。从"工业4.0"和"中国制造2025"的总体规划来看，德国强调技术驱动的生产优化，以保证本国在生产和工程领域的领先地位，而中国则强调工业的现代化。

德国联邦经济和能源部资助的项目"全球语境下的'工业4.0'"，在2015~2016年对包括德国和中国在内的主要工业国家的相关专业人士进行了采访与调查，图5展示了中国和德国受访者对"工业4.0"的观点和认知。在"工业4.0"会带来什么样的机遇方面，两国在"改善客户服务"、"扩大产品和服务种类"以及"优化生产"方面的观点差异较大。前两个要素对于中国来说更加被视为机会，而德国更加侧重生产流程的优化。在"工业4.0"的国际合作还需要拓展的领域方面，两国认知的差异较大，除了"商业模式"方面，中方在其他方面对合作的需求都远大于德方。中方

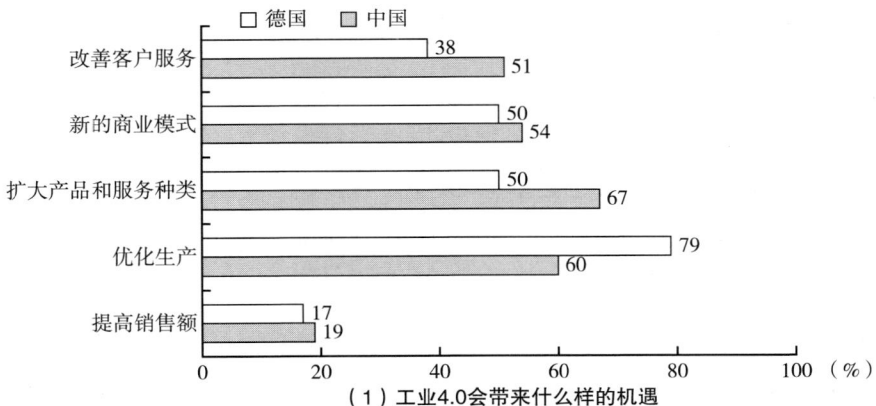

（1）工业4.0会带来什么样的机遇

---

① GIZ, "Deutsch-Chinesische Zusammenarbeit bei Industrie 4.0", http：//www. plattform – i40. de/ I40/Redaktion/DE/Downloads/Publikation – gesamt/dt – chn – kooperationsprojekte. pdf; jsessionid = C5C78AFFADC2146E72EBCF36790D7A86？ ＿ ＿ blob = publicationFile&v = 1.

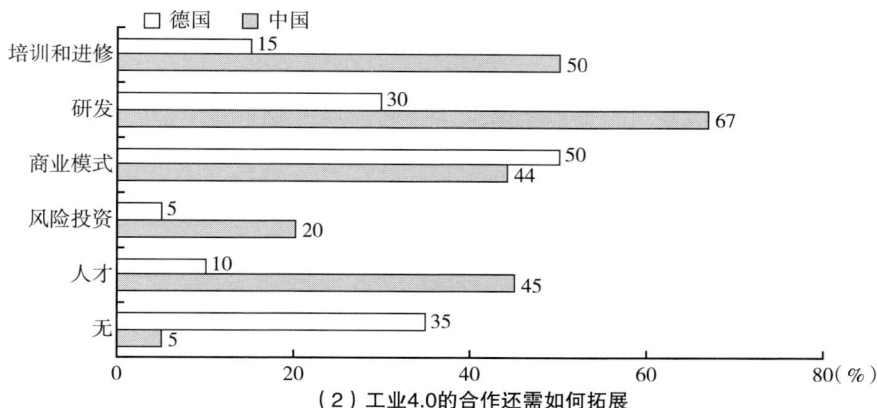

（2）工业4.0的合作还需如何拓展

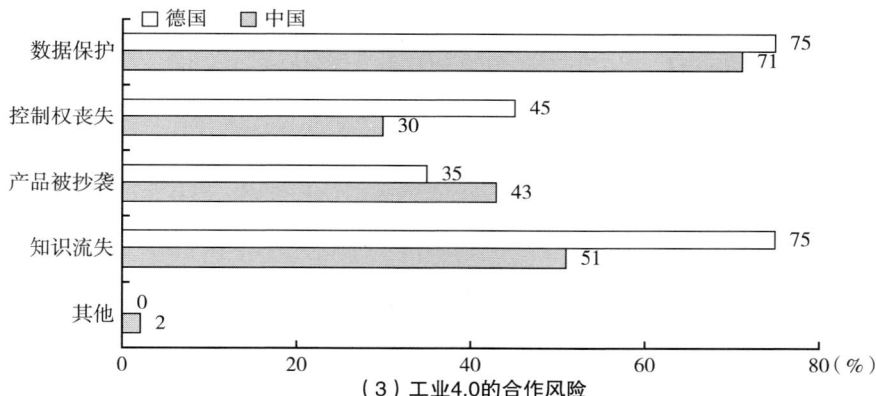

（3）工业4.0的合作风险

图5 中德两国对待"工业4.0"的看法

资料来源：Acatech，"Industrie 4.0 im globalen Kontext"，http：//www.acatech.de/fileadmin/user_upload/Baumstruktur_ nach_ Website/Acatech/root/de/Publikationen/Projektberichte/acatech_ de_ STUDIE_ Industrie40_ global_ Web.pdf。

的需求包括人员培训、研发、风险投资和人才吸引等诸多方面。在双方对"工业4.0"合作可能带来的风险的认知上，两国对于数据保护都表示担忧，同时，德国受访者更加担心企业在合作过程中失去控制权以及知识产权和技能的流失。

德国与中国同为制造业大国，都面临产业更新的挑战，德国正在从"工业3.0"向"工业4.0"升级，而中国则希望能够借助新技术的发展，实现从现阶段的"工业 2.0"和"工业 3.0"到"工业 4.0"的跨越。过去两年，两国在创新合作方面已经取得了一定进展，但是德国与中国在发展阶段、制造业水平以及对新产业革命的认知和诉求方面有着诸多的不同，再加上两国企业在国际市场上竞争的增多，使得德国"工业 4.0"和"中国制造 2025"的合作进展依旧有限。未来两国经济界和商界之间仍需要增加互信，可以在一些有共同利益的领域或者新兴的行业寻找合作的突破点，比如电动汽车标准化①。同时，中国也需要在未来的合作中扮演更加主动的角色。随着中国自主创新水平的提高，中国与外国的经济合作已经不再是中国吸收外国技术这样的单向流动，中国的创新成果也在不断地走出国门。例如，在信息通信技术和互联网技术领域，德国企业的发展态势已经落后于中国。资金、人员、知识和技术在两国之间更加均衡的双向流动，也将成为未来中德两国创新合作的新趋势。

结　语

一段时间以来，在决定未来竞争力的新兴技术产业和知识密集型服务业方面，德国的创新力度出现了不足，企业推出的需求导向产品与大学和科研机构的研究活动存在脱节现象，在传统的优势产业越发壮大的同时，信息技术和生物工程等前沿科技领域与世界顶尖国家的差距有所加大，存在"能力陷阱"问题。以"工业 4.0"为代表的高科技战略正是德国希望革新产业结构、促进新兴和尖端产业发展的重要举措。

过去这两年的时间里，"工业 4.0"的实际应用案例已经出现在德国许多地区，不过这些应用呈现出较为明显的地区差别，它们多集中在鲁尔区、斯图加特、慕尼黑和柏林及其周边地区。作为"工业 4.0"的重要议题，数字化也呈现出蓬勃发展之势，从企业生产的数字化，到宽带网络扩建以及相

---

① 史世伟、寇蔻：《德国国家创新体系的特征、发展和启示——兼论中德创新合作》，载郑春荣主编《德国发展报告（2017）》，社会科学文献出版社，2017，第 110~132 页。

关的法律制定，都有了实质性的推进。从企业层面来看，大型企业的"工业4.0"实施速度和规模都要优于中小企业，中小企业在数字化和智能化改造方面出现了滞后，德国政府在中小企业迫切需求的领域，比如研发资金和实验环境，都给予了新的支持。但在一系列措施推进的同时，网络保护和数据安全成了各方都必须面对的问题，而且这个问题在网络化的生产环境下变得越发紧迫。同时，"工业4.0"在改变生产方式的同时，也对社会结构造成了冲击，人与机器如何相处、未来员工在生产流程上的位置和所需技能，都是企业、社会和政府所面临的挑战。

新的产业变革给中国追赶发达工业国家提供了良好机遇，利用世界上的先进技术和资源，加强与包括德国在内的先发国家在"工业4.0"方面的合作，也成为中国政府新一轮创新合作的重中之重。"中国制造2025"计划既强调自主创新，也强调通过国际合作来提高中国制造业的能力。在未来，中国和德国在合作的同时，会越来越多地成为国际市场上的竞争对手，如何处理合作与竞争的关系以及如何更加有效率地利用国际创新合作实现产业的现代化，都是对中国创新政策的考验。

B.6

德国新政府的能源与气候政策：
背景、内容与挑战[*]

朱苗苗^{**}

摘　要： 本文描述德国能源与气候政策在 2017 年的现状，分析现状与目标间出现缺口的原因，梳理新政府执政协议中的相关内容，并对新政府的能源与气候政策进行简要分析。2017 年，德国能源转向与气候政策的实施效果和预期目标存在较大缺口。除了可再生能源扩建目标超出预期，其他主导领域的能源和气候指标都与目标存在偏差。由于德国新政府组阁的延迟和复杂变幻的国际国内政治环境，德国新政府明显降低了能源与气候政策在工作中的优先级别。文章认为，新政府执政协议中的能源与气候政策没有做好与《巴黎气候协定》目标的协调一致，德国如果以执政协议为指南，那么将意味着实质上放弃了国际气候保护先行者的地位。德国如果不采取紧急、充分的措施，不仅无法实现 2020 年的能源与气候目标，而且会影响到 2030 年目标的实现。

关键词： 德国　大联合政府　联合执政协议　能源与气候政策　能源转向

＊ 本文为国家社会科学基金青年项目"德国绿党与'绿色资本主义'的相关性研究"（编号：13CGJ004）的相关成果。
＊＊ 朱苗苗，博士，同济大学德国问题研究所/欧盟研究所副教授。

一　2017年德国能源与气候领域的现状、存在的问题及其原因

（一）发展现状

1. 一次能源消费数据①

根据能源清单工作小组的临时统计，2017 年，德国能源消费总量为 13550 皮焦（即 4.623 亿吨无烟煤当量），与 2016 年相比增加明显，增幅为 0.9%。其中，国民经济的增长、制造业消费的显著增长和人口增长是能源消费总量增加的主要原因。2017 年，天气因素对能源的影响可忽略不计。从图 1 可看出，德国一次能源消费从 2015 年起持续增加，并且增加幅度较大，与德国的能源政策目标背道而驰。

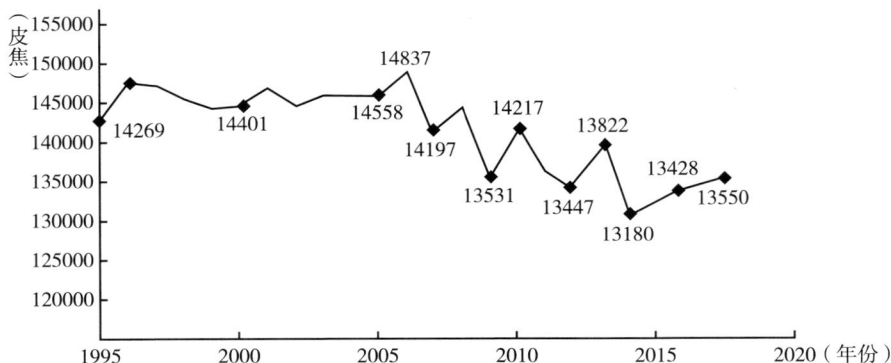

图 1　1995～2020 年德国一次能源消费走势

资料来源：*Arbeitsgemeinschaft Energiebilanzen legt Energiebericht 2017 vor*，p. 5，https：//ag – energiebilanzen. de/22 – 0 – Pressedienst. html。

原油消费和天然气消费有所增加，分别增加 2.7%（总消费量为 3231 皮焦）和 6%（总消费量为 3231 皮焦）。无烟煤消费减少 11%，总消费量为

---

① 本小节的所有数据都来自 *Arbeitsgemeinschaft Energiebilanzen legt Energiebericht 2017 vor*，p. 130，https：//ag – energiebilanzen. de/22 – 0 – Pressedienst. html。

1474 皮焦，原因是可再生能源发电入网收购价较高以及天然气发电比例提高对无烟煤发电产生排挤效应，不过钢铁产业的无烟煤消费量由于经济景气而有所增加。褐煤消费量比上一年略有下降，总量为 1510 皮焦，同时褐煤发电减少 1%，达 147.5 太瓦时。核能消费明显减少，比上一年减少 10.4%。可再生能源在一次能源消费中的比例继续明显增长，涨幅达 6%，总共为 1780 皮焦。

图 2 数据显示，2017 年，德国能源结构在 2016 年的基础上继续偏移，即可再生能源、天然气和原油消费比例增加；核能和无烟煤消费明显减少。德国的能源来源总体而言具有多样性特点：近 60% 的国内能源消费依赖石油和天然气；燃煤满足 20% 以上的消费需求；可再生能源占总体能源消费的比例为 13.1%。德国本国能源生产比例比 2016 年提高 1.6%，达 30%（4037 皮焦），其中可再生能源的贡献继续增加，而其他所有一次能源对国内能源生产的贡献均呈下降趋势。80% 的国内能源生产来自可再生能源和褐

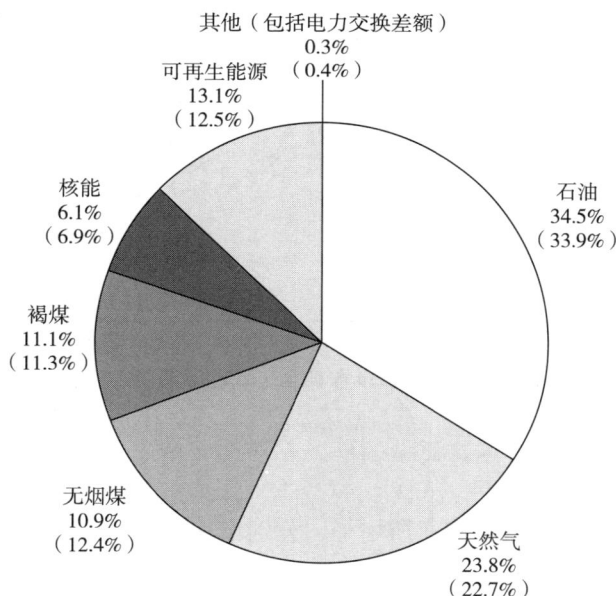

图 2　2017 年德国一次能源消费结构

资料来源：*Arbeitsgemeinschaft Energiebilanzen legt Energiebericht 2017 vor*, p. 4, https：//ag‑energiebilanzen. de/22‑0‑Pressedienst. html。

煤。由此可以看出，德国能源的进口依赖度依然很高，其解决路径也明显放在大力发展可再生能源上面，但污染严重的褐煤仍然占很大比重。

2. 可再生能源①

2016 年，德国可再生能源发电在总能耗中的占比停滞不前（31.6%），相比之下，2017 年，德国可再生能源发电强劲增长，占全国总发电量的 36.2%，也是迄今涨幅最高的一年。原因包括：风能发展速度快，陆地风能发电增长创下新的历史纪录，总容量达 5484 兆瓦（MW）；海上风电也不逊色，增长幅度为 30%。这一年的自然风力较为有利也是风力发电增长的因素之一，风能比例也因此首次在德国能源结构中超过无烟煤和核电，后两者降到了 1990 年来的历史最低水平。

虽然由于经济发展，热能消费增加，但是可再生能源供热比例下降，在终端能源消费中的占比下降了 0.3 个百分点，由 2016 年的 13.2% 至 2017 年的 12.9%。可再生能源供热在终端能源消费中的占比已经连续几年徘徊不前。由于天然气和燃油价格相对较低，家庭木柴供热消费量回落明显，燃烧木块和木屑的中央供暖设备装机容量和销量均向下行。生物质能（包括固体废弃物的可利用生物能源）在可再生能源供热中的占比很大，达 80%。尽管如此，2017 年的生物质能发电量为 1406 亿千瓦时，比上一年减少 2%。热泵的使用在 2017 年的市场上呈现明显的增长趋势，总共销售 78000 套新热泵供热系统，增长幅度为 17%。在新装系统中，有 71% 为空气热泵，29% 为空气 - 地热一体系统。地热能和天然热能利用增加 8%，而太阳能集热板的建造连续几年呈下降趋势。

交通行业的可再生能源终端消费维持在 5.2%，已经连续几年在这一水平徘徊。生物燃料销售仅增加 1%，达 320 万吨。生物燃料的结构出现偏移，即生物柴油销量上升了 2.7%，而生物乙醇销量下降了，生物甲烷销量维持不变。随着可再生能源发电份额的迅速增长，尽管化石燃料消费仍然显

① 除特别说明外，本小节所有数据均来源 AGEE – Stat，*Erneuerbare Energie in Deutschland 2017. Datenzur Entwicklung im Jahr 2017*，März 2018，https://www.umweltbundesamt.de/publikationen/erneuerbare – energien – in – deutschland – 2017。

著增加，但可再生能源在交通领域的消费份额没有出现回落，这是从积极角度看到的影响。从消极角度看，恰恰是可再生能源发展在供热和交通领域的停滞，造成 2020 年可再生能源在总能源消费中的占比目标只能在一个前提下实现，即发电行业可再生能源的发展在未来几年保持目前的高增长态势。

可再生能源已经连续几年成为德国经济的重要组成部分之一。随着陆地风能装机量的提高，对可再生能源使用设备的投资增加到 162 亿欧元，涨幅为 7%。可再生能源设备运营带来的经济刺激效应也有明显加大，与投资额相当。

2017 年，可再生能源的使用避免了 1.79 亿吨二氧化碳当量的温室气体排放。因此它成为德国实现气候保护目标的重要手段之一。

总体说来，可再生能源目前的重要性主要体现在减排方面，它对保障能源供应安全的作用还很小。因此，德国政府的观点是，在未来，德国仍然要发展成本低、满负荷需求低的传统发电厂，特别是燃气发电厂。

3. 电力行业[1]

2017 年，德国电力消费与一次能源消费一样再次增长，增长幅度为 0.8%。由此可见，能效提高在目前所取得的进展不足以平衡经济和人口增长带来的能耗增加。目前看来，联邦政府 2010 年通过的《能源方案》中确定的 2020 年能效目标（与 2008 年相比一次能源消费减少 20%，电力消费减少 10%）几乎无法实现。就目前一次能源消费和电力消费发展趋势看，还不能说德国的经济发展与电力消费脱钩，至多只能说是"半脱钩"[2]。

2017 年，电力交易市场的电价由于燃料价格较高而有所提高，因此家庭用电首次突破每度电 30 欧分的价格。与此相反，2017 年，风电和光伏发电的补贴价格降到每度电 5 欧分以下，其中海上风电为 3.82 欧分/度，陆上风电为

---

[1] 本小节的数据均来自 Agora Energiewende, *Die Energiewende im Stromsektor：Stand der Dinge 2017*, Januar 2018, p. 24, https：//www. agora – energiewende. de/fileadmin2/Projekte/2018/Jahresauswertung_ 2017/Agora_ Jahresauswertung – 2017. pdf。

[2] Agora Energiewende, *Die Energiewende im Stromsektor：Stand der Dinge 2017*, Januar 2018, p. 24, https：//www. agora – energiewende. de/fileadmin2/Projekte/2018/Jahresauswertung_ 2017/Agora_ Jahresauswertung – 2017. pdf.

1.94 欧分/度，光伏发电为 4.91 欧分/度。这是德国政府近几年来尝试通过招标形式引导风电和光伏走向市场化的结果。2017 年 1 月 1 日起，可再生能源法修正案正式生效，根据新法，取消可再生能源的固定上网收购价，从而过渡到保证最低收购价阶段，最终均转变成招标。2017 年，根据可再生能源法而产生的用于扶持可再生能源发展的总成本几乎已经达到峰值，比上一年增加 16 亿欧元，总计 292 亿欧元。预计总成本要到 2030 年才开始下行，因为目前仍有很多产生于能源转向初期、补贴非常高的设备在运营中。

传统发电厂发电量呈下降趋势，特别是无烟煤发电，污染严重的褐煤发电略降，比例变化不大，原因是其发电边际成本低于无烟煤发电、经济发展景气。如果德国燃煤发电按照目前的下行趋势继续发展，那么到 2038 年，德国的燃煤发电将终结。

4. 建筑

虽然新建筑因为建筑标准的提高保证了能源消耗减少，但是房屋节能改造方面并没有进展。截至目前，房屋节能改造的促进手段是提供优惠贷款，但是由于近几年德国利率总体就很低，这项措施并没有发挥全部作用。相比挪威或者法国，德国房屋节能改造的速度缓慢得多[1]，一直在一个明显低的水平徘徊。

5. 气候目标

自 2009 年，德国碳排放稳定在每年大约 9 亿吨二氧化碳当量。2017 年比 1990 年的水平只降低了 28%。与目标（2020 年目标为相比 1990 年减排 40%）存在高达 9000 万吨甚至上亿吨的缺口。虽然在发电行业由于无烟煤发电量略微下降，可再生能源比例不断提高，但是在交通、建筑和工业领域，由于石油和天然气的高消耗量，这些行业的排放量明显增加。例如，公路货运的碳排放相比 1990 年增加了 40%。按照目前这个趋势，如果不采取紧急措施，德国肯定无法实现 2020 年的气候目标。德国政府也正式承认了这个事实。[2]

---

① "Equivalent major renovation rate", http：//www. zebra – monitoring. enerdata. eu/overall – building – activities/equivalent – major – renovation – rate. html.

② "Deutschland wird Klimaziele wohl verfehlen", Zeit Online, http：//www. zeit. de/politik/ deutschland/2017 – 10/bundesumweltministerium – klimaziele – deutschland – verfehlungen.

6.接受度

根据德国联邦高等可持续发展研究中心（IASS）在 2017 年进行的一项问卷调查，89% 的民众认为能源转向是正确的，其中 14% 的人表示不愿直接参与其中，75% 的人认为自己有责任参与这个过程，他们认为能源转向是全社会的任务，每个人都有义务贡献自己的力量；5% 的人认为只要有充足和便宜的能源，其他事情不重要；3% 的受访人认为能源转向是错误的，不愿参与其中。

关于能源转向造成的价格影响，大部分人认为低收入群体承担了大部分成本，而收入良好的阶层和企业从中获利。仅有 13% 的人认为在成本分摊上不存在不公平问题。仅有 16% 的人对德国政府能源转向政策的实施表示满意，表示非常不满意（12%）和不满意（37%）的比例较高。

（二）主要问题及其原因

当前联邦政府在能源与气候议题方面面临的主要问题是，能源转向和气候保护很难实现预期目标，目前所采取的诸多措施效果有限。能源转向专家委员会的最新监测显示（见表 1），能源转向的两大主导目标中，实现减排目标的可能性很小；退出核能的目标应该可以实现。另外四大主导指标中，除了可再生能源占能源消费总量比例的目标实现具有可能性外，实现减少一次能源消费的目标可能性很小，输电网扩建和电力终端用户支出占国内生产总值（GDP）的比重降低这两项目标的实现无法保证。

表 1　能源转向专家委员会对能源转向主导目标的评判

维度	主导指标	评估
能源转向的主导目标	减少温室气体排放 退出核电	不可能 可能
可再生能源	提高在终端能源总消费的比重	可能
能效	减少一次能源消费	不可能
供应安全	扩建输电网	无法保证
价格	电力终端用户支出占 GDP 的比重降低	无法保证

资料来源：Andreas Löschel, Georg Erdmann, Frithjof Staißand Hans-Joachim Ziesing, "Stand der Energiewende und wichtige Handlungsfelder", *Energiewirtschaftliche Tagesfragen* 67. Jg. (2017), Heft 12, p. 35。

再进一步考察五大类共 19 项指标的进展情况（见表 2），仅有 7 项目标的实现具有可能性，有 4 项目标几乎不可能实现，8 项目标的实现无法得到保证。

表 2　能源转向专家委员会对能源转向目标实现的指标评估

维度	指标	评估
能源转向的主导目标	减少温室气体排放（主导指标）	不可能
	退出核电（主导指标）	可能
可再生能源	提高可再生能源在终端能源总消费的比重（主导指标）	可能
	提高可再生能源在电力消费中的比重	可能
	提高可再生能源在热能消费中的比重	无法保证
	提高可再生能源在交通领域的比重	无法保证
能效	减少一次能源消费（主导指标）	不可能
	终端能源生产率	不可能
	减少建筑行业中的热能需求	无法保证
	减少交通领域中的终端能源消费	不可能
供应安全	扩建输电网（主导指标）	无法保证
	再调度措施	无法保证
	电力系统平均中断时间指数下降	可能
	燃气系统平均中断时间指数下降	可能
价格	电力终端用户支出占 GDP 的比重降低（主导指标）	无法保证
	供热终端用户支出	可能
	道路交通的终端用户支出	可能
	工业领域电力单位成本在国际上的比较	无法保证
	家用能源成本负担减轻	无法保证

资料来源：Andreas Löschel, Georg Erdmann, Frithjof Staiß and Hans-Joachim Ziesing, "Stand der Energiewende und wichtige Handlungsfelder", *Energiewirtschaftliche Tagesfragen* 67. Jg.（2017），Heft 12, p. 35。

目前，联邦政府还缺少具有针对性的能源转向各项目标偏移的原因分析，这也是新政府必须立刻着手解决的问题。目标偏离可以分为内部原因和外部原因。外部原因是德国政府无法直接影响但对能源转向又发挥作用的因素。例如，国际能源价格，包括无烟煤、天然气和原油价格；欧洲碳交易体系中二氧化碳价格过低；当前以及过去几年强劲增长的德国电力进口总量；

等等。这些外部因素造成的后果必须通过量化进行细致研究。另外，还必须考虑若要成功实施 2015 年《巴黎气候协定》，国际能源市场在中长期必将面临强大的价格压力。能源转向专家委员会认为，德国能源转向目标的实现会因为外部因素而难度增加，但是不能因此错误地断定德国自身所定目标过高，在实现这些目标的时候不必竭尽全力。[①]

关于目标偏移的内部因素更加需要分门别类、细致深入的分析。尤其要回答的问题是，为什么能源转向在获得广泛社会共识的基础上还是没有取得显著进展？回答这个问题之前需要在以下几个方面进行分析。其一，在退出核电的同时缺少用来抑制温室气体排放的额外工具。其二，大力扶持可再生能源发电之外的工具还不够充足，首先体现在提高能效的措施没有与目标匹配。其三，迄今为止采取的措施越来越碎片化、分散化；明显缺乏目标导向政策的执行力。其四，尽管社会对能源转向政策具有非常广泛的共识，但是具体涉及某个群体利益时，政策推行的阻力相当大，例如，输电网的建设在不同联邦州遇到的阻力。

再以 2017 年交通领域存在的问题为例。交通领域的高能耗是连续几年掣肘德国能源转向进程的老大难问题。由于缺少必要措施，2010~2016 年，交通领域排放量增加了 8%，仍然占全部排放量的 18%。虽然欧盟制定了针对新车的高排放标准，但是刚刚结束的一届政府在欧盟内部谈判时想争取更宽松的标准。现有措施甚至走向了错误的方向，例如，德国的公务车继续享受税收优惠，以至于一半以上的新车都是公务车，并且其中有很高比例的大排放 SUV。[②] 载重货车相比于铁路因为较低的过路费和巨型超长卡车的使用仍然保持优势。大众公司的柴油门丑闻没有得到较好的处理。有些城市甚至被禁止使用柴油车，目的是达到欧盟规定的空气污染要求，以此平衡联邦政

① Andreas Löschel, Georg Erdmann, Frithjof Staißand Hans-Joachim Ziesing, "Stand der Energiewende und wichtige Handlungsfelder", *Energiewirtschaftliche Tagesfragen* 67. Jg. (2017), Heft 12, pp. 34–39, Here p. 36.

② Umwelt Bundesamt, *Umweltschädliche Subventionen in Deutschland 2010*, https://www. umwelt bundesamt. de/sites/default/files/medien/479/publikationen/uba_ fachbroschuere_ umweltschaedliche – subventionen_ bf. pdf.

府行动不利带来的后果。在货物运输方面问题尤为突出，相比公路运输，对环境友好的交通工具如内陆水运和铁路的发展停滞不前或者失去市场份额①。

二　新的能源与气候政策

2018 年 2 月 7 日，联盟党和社民党公布了《联合执政协议》②。该协议长达 177 页，其中关于能源和气候保护的内容与 2013 年的联盟党/社民党《联合执政协议》相比，所占比例大大减少。可见，能源与气候政策在新一届政府未来几年工作中的优先级别有所降低。

（一）职权调整

新一届联邦内阁在能源与气候相关的人员和权职分配上有所调整，主管能源的部门依然是联邦经济和能源部，但它从社民党手中转到基民盟手中，新任部长为彼得·阿尔特迈尔（Peter Altmaier，基民盟），他被视为"全能手"、默克尔多年来"最重要、影响力最大的亲信"和"忠诚的保镖"，长期在幕后坚定不移地辅佐默克尔。2012 年，他才逐渐走上前台。2012 年，阿尔特迈尔被任命为联邦环境部长，背景是默克尔力推的能源转向政策遭遇较大挫折，反对和质疑的声音过大，默克尔认为时任环保部长吕特根（Norbert Röttgen，基民盟）无法胜任，遂临时换将，委以阿尔特迈尔重任。阿尔特迈尔上任后着手进行可再生能源法改革，控制可再生能源的补贴力度，抑制电价过快上涨，缓解了包括民众在内的各方对能源转向的质疑。因此，阿尔特迈尔作为新任经济和能源部长在能源与气候领域并非新手。不过，他作为默克尔的多年亲信、善于平衡各方利益、善于在枢纽部门进行调

---

① "Güterbeförderung der Binnenschifffahrt 2017 um 0,6 % gestiegen"，https：//www. destatis. de/DE/ZahlenFakten/Wirtschaftsbereiche/TransportVerkehr/Gueterverkehr/Gueterverkehr. html.

② *Ein neuer Aufbruch für Europa. Eine neue Dynamik für Deutschland. Ein neuer Zusammenhalt für unser Land. Koalitionsvertrag zwischen CDU，CSU und SPD*，07. Februar 2018.

节和掌控全局的低调政治人物，不太可能大刀阔斧地对能源转向和气候保护进行超出默克尔政府既有政策的改革。

人员调整中有一点值得注意，被视为"德国能源转向思想先锋"和"能源转向建筑师"的专家莱纳·巴克（Rainer Baake）不再担任联邦经济和能源部国务秘书一职，他出于对德国政府能源转向和气候保护政策的失望也不愿在新一届政府中任职。巴克作为资深绿党成员和能源专家在上届政府中的能源转向领域曾发挥特殊作用。他认为，德国政府严重忽视了能源转向和气候保护议题，德国错失了对国民经济进行全方位现代化的时机，在从化石发电、化石供热和燃油汽车转向提高能效与使用可再生能源的过程中太过迟疑。①

（二）《联合执政协议》中的相关内容

在新的《联合执政协议》中，能源转向和气候保护的总体目标没有改变，"让德国成为世界上能效最高的经济体"，"更加有目的性"地、让"人、地方和企业"更加协调地构建能源转向，保持气候保护先行者地位。②

在国际上，德国新政府认为，欧盟必须在气候保护领域充当国际领头羊的角色，必须雄心勃勃地贯彻《巴黎气候协定》。

1. 气候议题

第一，德国将支持本国、欧洲和《巴黎气候协定》框架下协商达成的2020年、2030年和2050年在所有领域的气候目标；要为实现《巴黎气候协定》规定的目标努力；将致力于实施2020年和2050年气候保护行动方案，辅之以各部门协商的一系列措施和目标，并不断进行补充，以尽可能缩小与

---

① "Der Energiewende-Architekt gibt auf", http：//www. faz. net/aktuell/wirtschaft/energiewende－erfinder－rainer－baake－gibt－wegen－groko－auf－15479001. html；"Energieexperte will als Wirtschafts-Staatssekretär aufhören", https：//www. focus. de/politik/deutschland/rainer－baake－energieexperte－will－als－wirtschafts－staatssekretaer－aufhoeren_ id_ 8562894. html.

② *Ein neuer Aufbruch für Europa. Eine neue Dynamik für Deutschland. Ein neuer Zusammenhalt für unser Land. Koalitionsvertrag zwischen CDU, CSU und SPD*, 07. Februar 2018, pp. 5 and 14.

2020 年气候目标之间的差距。无论如何要实现 2030 年的减排目标，其措施是在充分考虑目标三角（供给安全、清洁和经济性）且避免结构断裂的情况下，通过显著增加可再生能源规模和提高能效来实现。将会继续支持基于科学、技术开放且高效的气候政策。

第二，计划设立"增长、结构转变、活动"委员会，由来自政治界、经济界、环境协会、工会以及相关国家和地区的不同行为体参与。基于 2020 年和 2050 年气候保护行动方案，"增长、结构转变、活动"委员会要在 2018 年年末前拟定一个行动计划。行动计划需要包含以下要素：尽可能缩小与 2020 年 40% 减排目标间差距的措施；确保实现能源行业 2030 年目标的措施，包括全面的后果评估；逐步减少和终止燃煤发电的计划，包括终止日期和必要的法律、经济、社会、结构政策的配套措施；为相关地区必要的结构转变提供财政保证，建立一个由联邦出资、用于结构转型的基金。

第三，要在建筑和交通部门采取措施，为 2030 年各部门目标的实现打下基础。在此基础上，准备在 2019 年通过《气候保护法》，确保实现 2030 年气候保护目标。

第四，联邦将与相关地区就 2022 年后褐煤矿区改造的进一步整顿进行商定。继续推行国家气候保护倡议。

第五，继续强化欧盟碳排放交易作为主导工具的作用，并试图建立一个面向全球的二氧化碳定价机制，这个机制至少要包含二十国集团（G20）国家。2018 年 1 月 22 日，时值《爱丽舍条约》签订 55 周年，法国国民议会和德国联邦议院达成新的共同决议，德法两国应该借助这一推力，在友好关系的框架下，在贯彻 2015 年《巴黎气候协定》和履行 2017 年"同一个地球峰会"承诺方面继续进行紧密合作。

第六，确保能源密集型行业的国际竞争力，以此保证德国整体的价值链，并针对碳泄露采取全面的保护措施。

第七，承担起德国在国际气候保护中的责任，在政府援助资金增长的背景下，继续为国际气候保护提供资金支持。

2. 能源议题

第一，能源政策的核心导向仍是能源供应安全、可靠的可支付性和环境可承受性。制定框架条件，以便在不危害德国工业区位的国际竞争力的情况下，使能源转向成为电力、供暖、农业和交通部门的能效、现代化、创新与数字化的驱动力。必要的供应安全也必须通过德国能源市场的适当框架条件得到可靠保证。把能源转向嵌入欧洲背景中，为降低成本和利用协同效应提供机会。希望德国获得额外的增长和就业机会，并为德国公司在国际市场争取更多的出口机会。

第二，扩大国际能源合作，充分利用德国在能源转向中的国际先锋作用，并支持德国企业提高竞争力。为了连接德国的全球经济网，将更多地利用国际组织（例如 G7、G20）和国际能源机构（如 IEA、IRENA）。将进一步发展双边能源伙伴关系，目的是促进德国工业的市场准入和推进全球能源转向。

第三，可再生能源的进一步扩张是能源转向和气候保护政策获得成功的先决条件，并且扩张必须目标明确、高效、与电网同步以及日益市场化。在此先决条件下，德国的目标是到 2030 年将可再生能源的比例提高到 65% 左右，同时对其他目标做相应调整。为了满足交通、建筑和工业领域实现气候保护目标的额外电力需求，也必须大规模推进可再生能源的发展。

第四，将进行特别招标，其中 800 万～1000 万吨二氧化碳减排量将为实现 2020 年的气候保护目标做出贡献。将增建陆上风电、光伏发电以及海上风电各 4000 兆瓦，其中一半要在 2019 年和 2020 年实现。前提条件是增建相应的具有接受能力的电网。

第五，德国目前面临的挑战是需要更好地同步可再生能源和电网容量。坚持建设德国统一供电区的目标。将改善可再生能源发展的区域控制，并为南部网络瓶颈的投标设定针对所有发电类型的最低份额。要确保未来行为体的多样性，但仅限于允许符合联邦限排法的工程参与招标。

第六，希望通过强化可再生能源的市场导向来促进对存储技术和智能营销概念的投资。其目的是继续确保德国各地的供应安全，并将可再生能源分摊费和系统成本保持在尽可能低的水平上。

第七，海上风能对德国工业具有政策意义，也可以帮助降低成本。因此，德国致力于国家海上试验场建设，以此来探索能源转向中的海上潜力。

第八，努力扩大能源网络并对其进行现代化。为此，将制订一个雄心勃勃的实施计划以优化现有网络和加快电网扩张。这项计划包括采用新技术和更加强大的数字化技术，同时与网络运营商进行更好的合作来让现有电网达到更高负荷。还将修订和简化网络加速扩建法。网络优化的经济激励是必要的，还要提高电网扩建的接受度，只要技术可行便可通过铺设更多的地下电缆来促进电网的扩建，特别是在交流电领域，尤其是在其要害点，最终达到加快电网扩建的目的。各党派主席签订的政治协议（2015 年 7 月 1 日，《成功实施能源转向的要点》）仍然有效。立即制定"旨在贯彻已通过的全国统一传输电网收费决议的规定"。通过改革电网收费，按照产生费用的源头合理分摊成本，同时适当考虑电网效用，并在保持电力消费者竞争力的前提下提高灵活性。在认可配电系统运营商逐步增加的责任的前提下进一步发展规制框架，使投资更侧重于智能解决方案（数字化），特别是在配电网领域。在法律监督的框架内定期评估能源的可支付性和供应安全。此外，每年都会检查供应网络瓶颈如何发展，并且从 2019 年开始推出必要的行动需求（压力测试）；在进一步扩大陆地风能时确保可再生能源行业与自然保护和当地居民意愿之间更好的利益平衡。

第九，在继续扩建可再生能源方面，通过全国统一的规定，让电厂驻地的行政单位更加积极地参与可再生能源设备的价值创造，并提高公民参与项目的可能性，但要保证可再生能源发展的整体成本不再增加。

第十，结合存储技术促进热力、交通和电力部门的能源集合。为此，必须调整框架间的联结。市政公共事业和配电网运营商靠近能源供应商、消费者以及公共短途客运，因此在部门整合中占据关键地位。政府愿意对储能器提供相应的研究和扶持资金。德国将为再次成为燃料电池生产的区位努力，为此计划成立一个弗劳恩霍夫储能器技术研究所，整合现有能力；提高氢气技术水平；检验未来在多大程度上可以不再为大型蓄热电厂而利用所需的电厂区位。将检验储能的不同负载，并将其统一起来。给予储能器更多可能性，使其能同时提供多种服务，例如控制能源和租户电力。将支持安装储热器特别是能为临时住房和住宅小区解决供热问题的储热器。

第十一，进一步发展电热联产，并对其进行全面的现代化，使其在能源转向的框架内具有未来前景。希望电热联产排放更低、更为灵活。扩建电热联产设备、集中供热的基础设施，并使其效率更高。能源基础设施的规划和融资，包括用于部门整合的现有天然气和供热基础设施，以便各种不同的基础设施相互协调，更加适合能源转向，更具有成本效益。使德国成为液化天然气基础设施的区位。

第十二，在广泛参与的情况下，制定雄心勃勃的跨行业联邦能效战略，并在其中落实"效率优先"的指导原则，力争到2050年将能源消耗降低50%。将基于《能源绿皮书》的结果，进一步发展《国家能源效率行动计划》（NAPE），并尽快实施。希望评估现有的能源效率促进项目，并根据需要进行用户友好型优化。稳定目前的资金水平。

第十三，把能源研究更多地集中在能源转向方面。与经济和科学界共同完成新的供能网络模式，帮助保持价值创造，将最聪明的人才留在德国。为此计划在能源研究的框架下，为开发低碳工业过程技术及二氧化碳循环经济提供有针对性的公共资金；支持从研究到示范和市场引入的过渡，并将"真正的实验室"（例如电力转化为气体/电力转向液体）作为能源研究的进一步支柱；简化创业者获得研究资助经费的渠道。

3. 交通与环境议题

第一，建立由不同行为体组成的委员会，行为体来自政治界、经济界、环境协会、工会以及相关国家和地区，该委员会将在2019年年初制定一个"负担得起且可持续的未来交通"战略，并制定可靠的时间表。交通面临着巨大的挑战，气候保护、空气污染控制、新的交通方式和商业模式以及世界市场严重分化是其中重要挑战。交通政策受到《巴黎气候协定》和联邦政府"气候保护2050计划"的制约，若想实现《巴黎气候协定》的目标，同时兼顾社会诉求、保证工业的竞争力和保障能够支付得起的交通，需要一整套措施，例如，促进电动交通、公共短途客运和铁路运输发展，更高效、清洁的内燃机技术的研发，包括在国家柴油机论坛框架内改造和稳定内燃机技术。

第二，希望与各州、地方一起大力加强改善空气质量的工作，尤其是在污染严重的市中心。支持乡镇采取各种手段使废气排放值符合空气污染控制计划框架的规定，但避免采取驾驶禁令。

第三，计划从源头上减少交通污染物排放。包括在技术上可行和经济上合理的前提下改进现有车辆的技术。

第四，为了监测市场上现有车辆，将建立全面的现场监测和有效的制裁系统来处理不遵守排放规定的制造商。将推动德国消费与排放测量研究所（DIVEM）的成立。

第五，将致力于联邦、州、镇、企业和工会的联合行动。在特别受影响的城市，打算利用"城市可持续交通"基金的资金推进为减少有害物质制订的交通计划以及与此相关的措施。希望续写"2017～2020年清洁的空气"紧急计划。联邦和州的计划应该叠加。

第六，希望通过升级补贴计划，促进政府机构、出租车公司、手工作坊和公共短途客运持有的车辆转换为低排放或使用无排放动力技术的车辆。希望促进通勤交通向铁路（包括停车＋骑行）的转移。此外，希望改变秩序框架，以便国家、城市和地方当局能够针对商业客运汽车如巴士、出租车、租车和共享车辆以及信差、快递和包裹车辆颁布具有约束力的规格和排放限制。希望在现有财政框架内通过提高电动车购买津贴，促进出租车和轻型商务车转向低排放的动力技术车辆，同时通过其他手段推动其他工艺技术的发展。

第七，希望继续进行国家创新计划中的氢和燃料电池技术。以更开放的技术方式制定交通和燃料战略（MBS），并增加实施资金。推动能源一体化并改变规制框架，以便"绿色氢气"和工业过程中产生的氢气可用作燃料或生产常规燃料（如天然气）。

第八，在公务车征税方面，将引入电动车（电动和混合动力车）降低0.5%国内标价的税率。希望电动交通（电池动力车，氢气和燃料电池车）

在德国取得明显进展，在必要的地方，增加和补充直到 2020 年以后的扶持资金。投资建设全覆盖的充电和加油基础设施。目标是到 2020 年为电动汽车提供至少 100000 个充电点，其中至少 1/3 应该是快速充电站（DC），还要推动私人充电桩的建设。将公交车转型为电力驱动车辆，除了车辆之外还需要合适的充电基础设施和运营管理系统。将合法地协助租户和公寓业主安装电动车充电站。此外，将改善用户友好型支付系统的法律条件。对于商用电动车，将引入五年期 50% 的特别折旧补贴。提高针对改造和购买电动出租车、电动巴士、电动多用途车和共享汽车的资助资金。

第九，希望将现有的"国家电动交通平台"转变为一个"未来交通"平台，使其致力于汽车工业持续发展。电池制造产业的建立对于德国和欧洲来说是一个重要的经济与工业政策领域。[①] 希望支持该产业发展，让电动车的整体价值链在德国和欧洲保持前列。

第十，对于铁路，推出全面的发展规划，涵盖路线的电气化以及购买车辆和充电/储罐基础设施。希望通过对燃料电池混合动力车的投资补贴支持铁路客运，包括设备/加油站的改造以及加氢站的建设和运营。为了提高电动公交车的经济性，打算按照轨道交通的标准免除其可再生能源分摊费。

三　分析与展望

从新政府的执政协议中，可以看出德国的能源和气候政策有几点明显的变化。

第一，继续加强可再生能源建设的同时，将能源转向的重点之一逐渐放在大力推进所谓的"一体化能源转向"，将所有行业整合到一个"智能、可持续的能源体系"。最终目标是形成一个欧洲能源内部市场。最初阶段的目标是通过跨行业对话制定转型路径，这个阶段的行业有能源生产、能源分

---

① 《欧盟决议自组电池生产联盟，对抗特斯拉及日韩》，http：//www.eet-china.com/news/article/201710091056；《欧盟欲组建电池行业联盟　特斯拉和亚洲电池厂商你们怎么看？》，http：//auto.people.com.cn/n1/2017/1010/c1005-29579229.html。

配、建筑、工业和交通。

第二，新政府对数字化的重视也反映在能源与气候政策中。协议中多处强调将数字化与能源及气候保护相结合，并希望推广能源领域基于大数据的新商业模式。新任经济和能源部长阿尔特迈尔本人就极为看重德国未来的数字化发展，并认为数字化应该是"大头儿的事"。尽管新政府将数字化作为中心议题之一，但是让业内人士失望的是，新政府并未在总理府设立此前呼声很高、能发挥中心调节作用的"数字总办公室"，没有专门的国务秘书负责这项议题。因此，虽然新政府强调在能源与气候保护领域适应数字化的发展，但实质性措施还有待进一步发展，体现了德国人在数字化领域较为保守的态度。

第三，难民问题在能源与气候政策中有所体现，并得到回应。比如，支持安装为临时住房解决供热问题的储热器。

第四，相比上一届大联合政府的执政协议，这次协议中特别强调要保证能源与气候政策领域的经济性和德国企业的国际竞争力。这是因为，在国内，德国能源转向从启动以来成本过高问题一直都是它遭到质疑和进程缓慢的因素；同时德国在全球市场感受到越来越大的竞争压力。德国政府决心进一步将对可再生能源的扶持从补贴形式转变成市场导向，旨在减少总体成本。针对能源密集型企业的能源优惠政策尽管遭到公众和左翼政治人物批评，但是新任政府依然要坚定地继续下去。

第五，强调公民和地方政府与企业的参与，保障能源转向的行为体多样性，兼顾公民合理的利益。

第六，计划成立多个委员会来分担能源转向和气候保护的工作。新政府最被赋予众望的是负责退出煤电的"增长、结构转变、活动"委员会。

第七，计划 2019 年出台《气候保护法》，该法将全方位的气候保护以具有约束性的法律的形式确定下来，设定法律框架。

第八，提出与法国密切合作。德法决定于 2018 年在《爱丽舍条约》中添加新的内容，新内容包括进一步深化两国在能源与气候政策上的合作。这个与德法重新携手共同致力于推进欧盟一体化，法国总统马克龙在上任不久即高调支持气候保护，欲做出与美国形成鲜明对比的表态密切相关。两国未来可能在跨国智慧电网方面采取措施。

关于对新政府执政协议中的能源与气候政策的总体评价，不论是媒体、专家还是政府官员，批评的声音远远大于肯定的声音。有媒体认为新的执政协议在能源与气候领域体现了"向前迈三步，又向后退四步"[①] 的特点。一些能源与气候保护的相关行为体负责人批评道，如果未来四年以协议中的计划为行动指南，那么气候目标不可能实现。协议中虽然有不错的想法，但是整体缺乏红线贯穿其中。波茨坦气候研究所所长艾登霍夫（Ottmar Edenhofer）认为，新政府的能源与气候政策"让人失望"且"软弱无力"[②]。

协议中值得肯定的是，新政府仍然致力于大力发展可再生能源，特别是对风能的扶持力度加大；上调了 2030 年能源转向目标中可再生能源电力在能源结构中的比例，从 50% 提高到 65%，这一目标从全球范围来看处于领先地位。气候政策值得肯定的是，新政府有意愿专门制定一部《气候保护法》，让气候保护在德国获得有约束性的框架。虽然过去多年，德国制定了诸多气候保护措施和目标，但是均没有写入法律，因此容易被换届的政府撤销和修改。

协议中更多令人不满意的地方，简要分析如下。

第一，气候目标实现不了也没有实现的坚定决心。执政协议中"尽可能"填补目标缺口的表述实际是已经放弃了 2020 年的气候目标，这给围绕《巴黎气候协定》进行的国际气候保护进程带来的影响将很快显现。《巴黎气候协定》是基于国家间的互信，自愿承诺实现目标。2020 年的气候目标曾经让德国获得了在国际气候外交中的突出地位，如果像德国这样的国家不能遵守承诺实现曾经制定的气候目标，它如何在将来说服其他国家遵守气候

---

① "Klimapolitik im Koalitionsvertrag: Drei Schritte vor-vier zurück", https://newclimate.org/2018/03/05/klimapolitik–im–koalitionsvertrag–drei–schritte–vor–vier–zuruck/.

② "Klimapolitik: Potsdamer Forscher kritischeren Groko-Pläne", http://www.pnn.de/campus/1266520/.

保护目标的承诺，哪怕是严肃对待这些目标存在问题的态度？德国如何带动欧盟的气候保护工作？原本欧盟也在《巴黎气候协定》的框架下制定了雄心勃勃的新目标。让人担心的是，欧洲其他国家最终也可能效仿"气候先行者"德国而放弃自己承诺的减排目标。这样产生的后果将会比新政府愿意承认的后果严重得多。

1990～2020年减排40%的目标源自2002年红绿联合政府的执政协议，之后继续被黑黄联合政府、大联合政府确认。德国为这个气候目标准备了16年。除了电力行业的可再生能源的促进措施和通过德国复兴信贷银行对节能建筑的促进措施，其他所有行业都耽误了很长时间。其结果是德国碳排放在过去十年不再减少，而是停滞在一个仍然较高的水平。甚至在可再生能源领域，过去几年也安于已取得的成绩，并没有为遏制排放最严重的燃煤采取任何措施。

第二，在交通领域没有提出此前要求的"交通转型"。虽然执政协议中有一系列促进电动汽车推广的措施。但是缺少关键的一点：没有规定停止使用传统燃油发动机的时间节点，不像印度（2030年）、法国（2040年）、荷兰（2025年）、挪威（2025年）等国。而公路货运的排放量不断增加的事实如何改变，从执政协议中完全没有看到解决方案。其他所谓的"绿色燃料"也必须发挥出作用，目前尚未看到转变。协议认为，可持续的交通应该向"技术开放"方向迈进，政策不应该对使用某个技术做出具体规定。这其实是在试图推广电动汽车的同时，仍然为化石燃料发动机留一扇后门，因为新政府仍然打算促进"低排放、清洁的内燃机"的发展。

另外，气候和环保机构认为对使用传统化石燃料公务车的税收优惠是一种倒退，这种倒退政策在将来会危及工作岗位，可能让汽车工业错过转型期的机遇。正确的做法应当是减少或改革对环境不友好的公务车的优惠政策，提高载重汽车的过路费。

第三，没有制定退出煤电的具体日程表。根据能源转向智库Agora的一项研究，德国完全有能力在短期内关闭20座最老的褐煤发电厂，而不影响电力供应安全。如果关闭这20座发电厂，可以让2020年气候目标的缺口减少一半。但是新政府并没有明确立刻关闭煤电的日程表。①

另外，在接下来的 12 年里，德国面临现有电厂的大规模改造工作，如何在改造的同时保证供电及供热安全，这个问题没有在新的执政协议中得到答案。事实上，德国政府必须大大减少煤电使用，转而使用天然气。在推行煤改气的同时，需要解决的另一个问题是如何处理好相关地区涉及煤改气的结构转型。

第四，没有提出工业领域减排的新想法。德国工业领域的排放从 2010 年起开始保持稳定，占总排放的 20%。原本能减少排放的主要政策工具是欧盟碳排放体系，但是由于排放证书的价格太低，这个工具没有发挥作用。能源消耗密集的企业仍然享受税收优惠，这导致家庭能源成本和非能源密集型企业能源成本的相对提高。能源转向从一开始就存在成本分摊不公的矛盾，新一届政府依然没有新的措施来解决这种分配冲突，长期看会继续影响能源转向在企业和社会的接受度。

新执政协议表明了要增强欧盟碳排放体系作为主导减排工具作用的意愿，但没有说明如何实施具体措施。

跨行业统一碳定价被德国总体经济发展专家委员会要求作为未来气候保护政策的核心工具②，甚至不积极支持气候保护的行为体，如能源巨头之一的 E. on 董事会主席也支持这条道路，其理由是这样可以让德国工业提前为应对未来挑战做好准备并提高自身竞争力。但是按照新一届政府的执政协议，德国政府并没有将这条道路作为在 G20 中推进的目标而是条件。协议提出建立有效的跨行业统一碳定价系统的前提条件是该系统要面向全球，无论如何要包括 G20 国家。新政府应该很清楚，这个条件显然不可能满足，因为 G20 国家中的沙特阿拉伯或者俄罗斯都不可能认同这样的气候

---

① Agora Energiewende, *Kohleausstieg, Stromimporte und-exporte sowie Versorgungssicherheit. Kurz-Analyse*, 10. November 2017, p. 5, https://www. agora – energiewende. de/fileadmin2/Projekte/2015/Kohlekonsens/Agora_ Kurzanalyse – Kohleausstieg – und – Versorgungssicherheit_ 10112017. pdf.

② "Für Eine Zukunftsorientierte Wirtschaftspolitik", https://www. sachverstaendigenrat – wirtschaft. de/presse – jahresgutachten – 2017 – 18. html? &L = 0.

政策。

事实上，德国必须立刻为实现欧盟碳交易的宏伟目标采取直接的措施，比如像英国那样引入二氧化碳证书的最低价机制，只有这样才能让欧洲碳交易体系发挥作用。这需要德国有意愿和执行力，联合欧洲其他国家，如法国、意大利、荷兰和欧洲北部几个国家共同着手。鉴于目前欧洲一体化进程面临重重障碍，德国在这个领域的引领作用和意愿不容乐观。

第五，没有针对建筑节能领域提出方案。虽然执政联盟建议对房屋节能改造给予新的税收优惠，但是规模和效果都不清晰。只有将建筑节能改造份额提高到至少50%，并且立刻开始行动，才能对减少能源消费量、减少排放有实质性贡献。需要做出房屋购买、出售或者节能改造决策的私人用户一直在等待政府新的扶持措施出台，虽然协议中有所提及，但是消费者需要一个有保障的规划，实际上还是缺少具有针对性的具体计划。

2017年3月，联盟党和社民党关于制定《建筑能源法》的计划没有达成一致。该法律旨在规定，从2019年起，公共建筑必须按照一个最低能耗标准改造或者新建。这项法律制定的失败，原因是联盟党的强烈反对，联盟党认为社民党对能耗标准的要求过高，并且其气候保护效果与建筑成本不匹配。在新的执政协议中，不再看到有关制定这项法规的计划。联邦能源署负责人库曼认为，这项立法的失败从多方面来看都是对能源转向在建筑领域的巨大打击。这不仅不符合欧盟建筑准则，而且释放了很坏的信号，因为连公共建筑都可以不承诺节约能源，不以气候保护为目标。为了让现行的《节省能源法》、《节省能源条例》和《可再生能源供热法》更充分地发挥作用，《建筑能源法》本该配合现有法律而制定更具体的法规，它的失败和在新执政协议中的缺失说明，决策者依然没有充分理解建筑领域对能源转向具有关键作用。[1]

---

① "Gebäudeenergiegesetz gescheitert", 31. 03. 2017, https：//www. stromauskunft. de/service/energienachrichten/14780434. gebaeudeenergiegesetz – gescheitert/.

结　语

　　2017 年，德国政府的工作重点都围绕着联邦议院大选和与大选最为相关的议题进行，比如教育、养老、难民、民粹主义和欧洲一体化等。相比之下，能源与气候领域工作的优先性相比上一年更为弱化。专家、气候保护利益团体、媒体和公众最为关注和不满的问题是，德国承认无法实现 2020 年气候保护目标。这个现实的背后又隐藏着一系列关于德国能源转向和气候保护的问题，甚至是结构性原因。例如，褐煤发电在能源结构中所占比重居高不下、电动汽车发展缓慢、交通能耗增加、电网建设落后、法律配套跟不上等。从目前经济发展和人口发展趋势看，2018 年，德国的能源和电力消费总量依然会呈上升态势，从客观上给予新政府能源和气候政策持续的压力。

　　目前，在联邦议院中极力呼吁采取严格措施应对能源与环境问题的政党是绿党和左翼党。2018 年 2 月 21 日，绿党向联邦议院环境、自然保护、建筑与核安全委员会提交的关于立刻退出煤电和将 2020 年气候目标置于最高优先级的两项动议均没有获得该委员会的多数票同意，其中投赞成票的仅有绿党和左翼党议会党团的代表。① 另一个不容忽视的制约因素是德国另类选择党（以下简称"另择党"）力量的崛起，作为最大的反对派，另择党对待能源和气候的态度与所有建制党派"从根本上不同"。另择党认为德国当前的气候政策与"自然科学根据相去甚远"，人类给气候变化带来的负面影响程度并没有定论；要去掉气候政策中的"意识形态的上层建筑"。② 另择党进入联邦议院之后，其反对气候保护议题的声音还会继续增强。

　　2018 年 3 月，默克尔第四任新政府延迟近半年才刚刚成立，原本计划

---

　　① 关于绿党这两次动议的背景和经过，参见 "Grüne scheitern mit Klima-Anträgen——Umwelt, Naturschutz, Bau und Reaktorsicherheit/Ausschuss – 21. 02. 2018（hib 86/2018）"，http：//www. bundestag. de/presse/hib/2018_ 02/ – /544180。

　　② "Grüne scheitern mit Klima-Anträgen——Umwelt, Naturschutz, Bau und Reaktorsicherheit/Ausschuss – 21. 02. 2018（hib 86/2018）"，http：//www. bundestag. de/presse/hib/2018_ 02/ – /544180.

2017 年 12 月公布的两年一次的《能源转向进展报告》和每年公布一次的《监测报告》在当时均没有出台。接下来，政府要对几个相关的新委员会进行组建和成员任命，各部委新负责人适应工作尚需时日。这些将继续延缓一些能源与气候领域的紧急措施的实施和分工具体化的进行。另外，默克尔政府这次艰难组阁，她和联邦各部官员在内政、外交方面都有他们认为比能源与气候政策更为急迫的议题亟须处理，其精力和注意力必然有所限制。2018年，能源转向和气候保护的工作难度随着时间的紧迫性将继续增加。

从国际上来看，接下来几年，也是气候与能源政策领域哪些标准和规则会影响国际秩序决定性的几年。在保护主义抬头的国际环境下，气候与能源外交政策的重要性也会有所提高。因此，德国政府不得不考虑增强基于规则的多边机制，比如国际能源署。德国还需要刺激对新兴国家和发展中国家气候保护项目的投资。

有一点可以肯定，2018 年对于能源转向能否突破此前进展缓慢的状态将是关键性的一年，甚至会影响到 2030 年德国政府的能源和气候目标。

社会文化篇

Society and Culture

B.7

欧洲的现实感知能力与可能感知能力

——论长篇小说《首都》中的欧洲时代精神

胡春春*

摘　要： 在欧洲社会进入大衰退的背景下，奥地利作家罗伯特·梅纳斯以欧洲精英为观照对象的长篇小说《首都》获得2017年德国图书奖可谓某种隐喻。小说的情节分为三个层次：首先，欧盟委员会文化总司在筹划"周年大庆项目"，为此设计了把奥斯维辛作为欧洲历史经验和教训的象征物置于纪念中心的方案；其次，一名维也纳的经济学教授在布鲁塞尔的智库建议，可以通过建设一个新的欧洲首都来催生"欧洲公民的欧洲"意识，这个首都应该建在奥斯维辛；最后是一个犯罪

---

* 胡春春，同济大学德国问题研究所/欧盟研究所副教授，同济大学德国研究中心、中德人文交流研究中心副主任。

或者说侦探小说，即北约与梵蒂冈联手秘密对付宗教极端主义。三个层次环环相扣，整体营造出欧洲当下"前夜小说"的氛围。小说情节与欧洲人的生活密切相关，为欧洲社会急需回答的问题——尤其是面向未来的欧洲认同问题——提供了可能的答案，并为不可避免的时代变迁提供了文化解释。

关键词： 欧洲　梅纳斯　奥斯维辛　前夜小说

代引言：大衰退或德国例外论的终结

敏感而鲜活的德语语言无疑可以对德国社会文化变迁起到"立此存照"之功效。2017 年 1 月 10 日，位于达姆施塔特（Darmstadt）的"年度非词"（Unwort des Jahres）评选委员会宣布"民族叛徒"（Volksverräter）为上一年度的"非词"①；2017 年 12 月 8 日，位于威斯巴登（Wiesbaden）的德意志语言协会宣布"牙买加终结"（Jamaika-Aus）为 2017 年"年度词语"（Wort des Jahres）。② 在这两件分别处于年头、年尾而又相互独立的语言事件之间，或显性或隐性地存在着某种逻辑关联：从承接 2016 年"欧洲爱国者反对西方伊斯兰化"（Pegida）运动、德国另择党等右翼民粹势力借德国的移民和难民问题攻击主流政治家的用语开始，到德国第 19 届联邦议院选举呈现出全民党衰败、政党光谱碎片化、德国另择党崛起为第三大政治力量的前所未见之格局，联盟党、绿党和自民党联合执政的"牙买加"尝试胎死腹中，转而重续大联合政府的意图一波三折，令人不得不承认，德国社会

---

① Sprachkritische Aktion, Unwort des Jahres, "Pressemitteilung：Wahl des 26. 'Unworts des Jahres'. Unwort des Jahres 2016：'Volksverräter'", 10. 01. 2017, http：//www. unwortdesjahres. net/fileadmin/unwort/download/pressemitteilung_ unwort2016. pdf.

② Gesellschaft für deutsche Sprache e. V., "GfdS wählt 'Jamaika-Aus' zum Wort des Jahres 2017", 8. Dezember 2017, https：//gfds. de/wort－des－jahres－2017.

至少是部分民众情绪表达出的已突破战后政治正确性共识的德国社会，已经悄然发生了质的变化。也许，一个寻找新共识、新认同的德国正在酝酿之中。[①]

在德国社会学家和政治学家、法兰克福学派传人克劳斯·奥佛（Claus Offe）看来，这一局面表明"德国例外论"（German exceptionalism）宣告终结。[②] 在战后相当长的一段时间内，德国表现出罕见的政治和经济稳定性，而且由于历史原因，德国培养出对民粹、威权等反民主诱惑的免疫力，因而成为政治和经济危机重重的西方国家的某种异数。2017 年，德国另择党和社民党的此长彼消打破了德国社会的稳定幻象，给德国主流民众心理造成了巨大冲击。然而，纵观世界，此前身为例外的德国才是令人讶然的。当下德国的变化只不过是英国、美国、荷兰、法国等西方国家右翼民粹现象高歌猛进的最新一例。在这个不乏反讽的意义上，德国只不过在 2017 年从例外的身份蜕变为一个"正常"的西方国家，[③] 成为当下深陷晚期新自由主义危机的欧洲的一分子。[④]

"蜕变"或者"大衰退"（die große Regression）可以被视作这一欧美社会政治发展和"时代精神"的关键词，也迅速上升为政治语汇的固定成分。[⑤] 德国社会科学领域领先的出版社苏尔坎普（Suhrkamp）在 2017 年推

[①] 胡春春：《一个新德国诞生了，但不知道是好消息还是坏消息》，澎湃新闻，2017 年 10 月 11 日，http://www.thepaper.cn/newsDetail_forward_1819373。

[②] Claus Offe, "Germany: What happens next?", 03.10.2017, https://www.socialeurope.eu/germany-happens-next. 原文基础是作者于 2017 年 9 月 28 日在柏林赫尔蒂管理学院（Hertie School of Governance）"德国、英国和法国：从令人不安的欧洲选举年得出的教训"报告会上发表的主旨演讲。

[③] Gideon Rachman, "The end of German exceptionalism", *Financial Times*, 25.09.2017, https://www.ft.com/content/49adb73e-9fb7-11e7-9a86-4d5a475ba4c5.

[④] Donatella della Porta, "Progressive und regressive Politik im späten Neoliberalismus", in Heinrich Geiselberger, ed., *Die große Regression. Eine internationale Debatte über die geistige Situation der Zeit*, Berlin: Suhrkamp Verlag, 2017, pp. 57-76.

[⑤] Wolfgang Streeck, "Die Wiederkehr der Verdrängten als Anfang vom Ende des neoliberalen Kapitalismus", in Heinrich Geiselberger, ed., *Die große Regression. Eine internationale Debatte über die geistige Situation der Zeit*, Berlin: Suhrkamp Verlag, 2017, pp. 253-273, here p. 271, Anmerkung 1.

动的一场国际性的讨论即以"大衰退"为题：① "在所有——概念中也许已然蕴含的——单纯的进步迷信之外，这一概念应该能体现以下两点：不同领域的制动机制失效，以及我们成为退行到一种原本被认为不可退行的'文明性'（Zivilisiertheit）之后的见证者。"② 参与讨论的欧洲各国学者中，德国社会学学者奥利佛·纳赫特威（Oliver Nachtwey）从历史 – 社会学的角度，对代表至少自 20 世纪 80 年代以来西方主要国家政治经济发展路线的新自由主义资本主义——或者在不同领域近似使用的全球化、自由主义国际主义、世界主义等③——导致的文明性退行或大衰退的机制进行了分析。

何谓"文明性"？纳赫特威梳理了一条自弗洛伊德至伊利亚斯和阿多诺、霍克海姆的线索。弗洛伊德提出文化的发展意味着抑制原欲，个体把来自外部的约束转化为自我约束。由此派生出伊利亚斯的文明观，即文明意味着社会结构和个性结构的全面转变，结果表现为个体的自我调节、新的情绪控制的心理惯习（Habitus）、思想空间的扩展、不寻求满足直接需求，以及思维的长时性。而阿多诺与霍克海姆也依据弗洛伊德思想，认为现代理性化的世界意味着对于个体的社会宰制。现代社会发展的悖论在于，现代的个体在抛弃传统社会关系的同时，实际对于现代社会更具依赖性，而能够化解社会性压力的传统集体和社群组织形式已然解体。在纯粹的工具理性即新自由主义的市场膜拜下，现代个体的自主性与其市场行为能力密切相关。"赢家获得分红即自主性，输家被规训和示众"④，现代的个体从组织完善、具有群体互助机制的公共群体的公民蜕变

---

① Heinrich Geiselberger, ed., *Die große Regression. Eine internationale Debatte über die geistige Situation der Zeit*, Berlin：Suhrkamp Verlag, 2017. 该书同时发行了英文版：Heinrich Geiselberger, ed., *The Great Regression*, Oxford：Polity Press, 2017。

② Heinrich Geiselberger, "Vorwort", in Heinrich Geiselberger, ed., *Die große Regression. Eine internationale Debatte über die geistige Situation der Zeit*, Berlin：Suhrkamp Verlag, 2017, pp. 7 – 15, here p. 9.

③ Wolfgang Streeck, "Die Wiederkehr der Verdrängten als Anfang vom Ende des neoliberalen Kapitalismus", in Heinrich Geiselberger, ed., *Die große Regression. Eine internationale Debatte über die geistige Situation der Zeit*, Berlin：Suhrkamp Verlag, 2017.

④ Oliver Nachtwey, "Entzivilisierung. Über regressive Tendenzen in westlichen Gesellschaften", in Heinrich Geiselberger, ed., *Die große Regression. Eine internationale Debatte über die geistige Situation der Zeit*, Berlin：Suhrkamp Verlag, 2017, pp. 215 – 231, here p. 222.

为市场公民和"有权利的顾客"①。这种变化在西方社会整体发展进入停滞而无法维持所有人受益的承诺之后表现为对社会地位下降的恐惧——除了自我控制，"维持惯习的生活标准"② 也是 20 世纪文明行为规范进步的前提。既得利益者和边缘人展开博弈，首先是掌权者为了维持权力而不惜采用与其所捍卫的文明价值相悖的手段，文明性的退行或去文明性（Entzivilisierung）由此进入不断下沉的自身逻辑。德国社会进入这一发展阶段，只是一个时间的问题。

经济意义上的欧盟晚近的发展，可谓新自由主义逻辑的典范。在新自由主义秩序安排引发的文明性退行中，一个属于既得利益者的特殊群体走到了聚光灯下，这就是世界主义、去身份认同、高流动性的精英。无论是在现有的民族国家层面，还是在欧盟层面，精英尤其是构建和捍卫欧盟的精英在文明性退行过程中成为众矢之的和诸恶之首，散发出强烈的符号意旨。那么，"精英"这一符号究竟有没有一个清晰的面目？

一 精英际会的欧洲"首都"，或无疾 而终的"平行行动"

恐怕没有另一个地方能比精英云集的布鲁塞尔更能够作为欧洲的缩影了——欧盟委员会和欧洲议会在这里大概有 22000 名雇员。为了体会这个精英的欧洲，生于 1954 年的维也纳作家罗伯特·梅纳斯（Robert Menasse③）

---

① Oliver Nachtwey, "Entzivilisierung. Über regressive Tendenzen in westlichen Gesellschaften", in Heinrich Geiselberger, ed., *Die große Regression. Eine internationale Debatte über die geistige Situation der Zeit*, Berlin: Suhrkamp Verlag, 2017, pp. 215 – 231, here p. 223.

② 此处系纳赫特威引用伊利亚斯的观点。Oliver Nachtwey, "Entzivilisierung. Über regressive Tendenzen in westlichen Gesellschaften", in Heinrich Geiselberger, ed., *Die große Regression. Eine internationale Debatte über die geistige Situation der Zeit*, Berlin: Suhrkamp Verlag, 2017, pp. 215 – 231, here p. 224.

③ 本文"Menasse"的译名不采用《圣经》中的异写"玛拿西"（Manasse）的译法，虽然玛拿西的故事对罗伯特·梅纳斯的成长产生过一定影响。中学时期，梅纳斯因为犹太裔身份不需要上宗教课，天主教宗教老师愤怒地称他为"杀死基督的玛拿西"，因为判处基督死刑的一名祭司叫玛拿西。Volker Weidermann, "Wir sind Feuilleton-Juden", Spiegel-Gespräch mit Eva und Robert Menasse, *Der Spiegel*, 2/2018, pp. 110 – 114, here p. 114.

特地前往比利时首都，租了一套小公寓，花了四年时间近距离观察欧洲心脏的规律性和不规律性跳动，① 在奠定今日欧盟根基的《罗马条约》（1957年）签订一甲子之际推出了新作《首都》（Die Hauptstadt）②，获得了 2017年德国图书奖（Der Deutsche Buchpreis），即最佳德语长篇小说奖。③ 无论是从获奖的角度，还是从作家本人写作意图的角度，《首都》都堪称一部非同寻常的作品。因为迄今为止还不曾有任何一位知名作家尝试过以欧洲的官僚机器为素材进行文学创作。④《明镜》文学副刊在书评中也不禁替小说捏了一把汗：把众人熟知的布鲁塞尔当作小说场景，再加上干巴巴的欧盟主题，这样能行吗？⑤

在这部"世界第一部欧盟小说"⑥ 中，首先是在欧盟"首都"工作的千万欧盟委员会雇员鲜活了起来。这是整部作品与读者期待视野落差最大也最令人惊喜的地方。读者原以为会读到"堑壕战、阴谋和交易"⑦，唯个人升迁为重的利己主义者、薪水和眼光都脱离实际的官僚，但在梅纳斯笔下发现了聪明而有趣的人物，"他们追求的不是或不仅仅是丰厚的薪酬，也在追求让欧洲前进"。⑧ 故事于是围绕着欧盟委员会的数名雇员展开，他们同时与所生活的这座城市发生这样或那样最后却又相互关联的关系。情节设计环

---

① 梅纳斯的创作过程参见采访："Die Briten kommen wieder", Interview mit Robert Menasse, geführt von Alem Grabovac, 13.10.2017, https：//www.taz.de/Buchpreistraeger – Robert – Menasse/! 5452725/.

② Robert Menasse, *Die Hauptstadt*, Berlin：Suhrkamp Verlag, 2017, 2. Auflage.

③ O. N. , " Robert Menasse erhält den Deutschen Buchpreis ", 09.10.2017, http：//www. deutschlandfunkkultur. de/fuer – roman – die – hauptstadt – robert – menasse – erhaelt – den. 1895. de. html? dram：article_id = 397801.

④ Casten Otte, "Mehr als Gurkenkrümmungsgrade", 18.09.2017, https：//www.taz.de/! 5445063/.

⑤ Peter Müller, "Selbstversuch in Brüssel", *Literatur Spiegel*, 9/2017, http：//www. spiegel. de/ spiegel/literaturspiegel/d – 152775959. html.

⑥ Katharina Teutsch, "Ein Europa-Bild als Hologramm", 08.10.2017, http：//www. deutschlandfunk. de/robert – menasse – die – hauptstadt – ein – europa – bild – als – hologramm. 700. de. html? dram：article_ id = 397712.

⑦ Robert Menasse, *Die Hauptstadt*, Berlin：Suhrkamp Verlag, 2017, 2. Auflage, p. 29.

⑧ Peter Müller, "Selbstversuch in Brüssel", *Literatur Spiegel*, 9/2017, http：//www. spiegel. de/ spiegel/literaturspiegel/d – 152775959. html.

环相扣，在不同层面推进，除了犯罪小说的线索设计未能令人完全信服之外，最后都能巧妙地融入欧洲生活，也是欧洲历史的复调大合唱。

故事的中心线索发生在欧盟委员会文化总司交流处。新任女处长费妮亚（Fenia Xenopoulou）①需要做一件大事以增强自己的"显现度"②，从而有利于调回更有存在感的贸易总司。她从新闻局认领到一项任务，即"周年大庆项目"（Big Jubilee Project），目的是借庆祝欧盟委员会成立五十周年，把委员会的"任务和成就置于公众注意力的中心"，从而摆脱委员会工作的被动和颓态，积极扭转形象。③费妮亚把起草项目策划书的任务交给了处里的奥地利雇员马丁（Martin Susman），后者从代表委员会参加奥斯维辛集中营解放纪念的体验中想到了一个主意，即把奥斯维辛作为欧洲历史经验和教训的象征物置于"周年大庆项目"的中心，设想邀请集中营的幸存者出席纪念仪式，让欧洲的公众认识到，欧盟委员会不仅是"各种欧盟协定的守护者"，而且是如奥斯维辛般欧洲文明的断裂不可重演的庄严誓言的守护者，欧盟委员会也由此成为道德的高标。④然而，这个设想从一开始就陷入了欧盟委员会官僚机器的齿轮以及成员国国家利益小算盘的泥淖，最终成为布鲁塞尔众多出师未捷身先死的"殉道者文件"（Märtyrerpapier）⑤中的一员。

"周年大庆项目"的情节设计无疑暗指奥地利文学名著也是世界文学名著的《没有个性的人》，这是一出当代的"平行行动"（Parallelaktion）。在穆奇尔笔下，奥地利人为1918年约瑟夫一世登基七十周年筹划庆祝活动，与此同时，德意志帝国也将庆祝德皇威廉二世执政三十周年，"由于它'要充分显示一个既多福又多患的七十周年纪念日比一个仅仅是三十年的具有更

---

① 本文人名所用的或名或姓的简称遵从小说原文。
② Robert Menasse, *Die Hauptstadt*, Berlin：Suhrkamp Verlag, 2017, 2. Auflage, p. 47.
③ Robert Menasse, *Die Hauptstadt*, Berlin：Suhrkamp Verlag, 2017, 2. Auflage, p. 62.
④ Robert Menasse, *Die Hauptstadt*, Berlin：Suhrkamp Verlag, 2017, 2. Auflage, pp. 265 – 267.
⑤ Alem Grabovac, "Die Briten kommen wieder", Interview mit Robert Menasse, 13. 10. 2017, https：//www. taz. de/Buchpreistraeger – Robert – Menasse/! 5452725/.

重的分量',这个行动也就叫平行行动"①。于是,一个人员构成多种多样的委员会在如下的时代背景下开始漫长而没有交集的讨论:"我们朝前看……一道不透明的墙!我们向左看和向右看:过多的重大事件,没有可辨识的方向!"②

故事的另一条线索围绕着来自维也纳的经济学退休教授埃尔哈特(Alois Erhart)展开,他被邀请来到布鲁塞尔参加名为"欧洲新合约"(New Pact for Europe)的智库工作。智库成员来自欧洲各地的不同领域,每年聚会六次,讨论如何解决以希腊为代表的欧洲危机以及深化联盟,意见汇总直接提交给欧盟委员会主席。埃尔哈特教授开始对参加智库工作寄予很大希望,但是他在与智库成员的交往中发现,自己踏入了一个由纯粹的虚荣者、纯粹的理想主义者和游说者组成的精英圈子,③包括来自希腊的教授在内的各国成员居然一致认为,之所以出现危机,是因为迄今为止所采用的策略实施得不够彻底,而解决危机的方法就是贯彻这些策略!也就是说,"继续做,越多越好!"(More of the same!)④作为一名经历过战后的艰难岁月,并且接受了鲁汶大学莫恩斯(Armand Moens)教授后民族经济学影响的理想主义学者,埃尔哈特已经完全不能忍受这种伪话语。他决心做那个看穿皇帝新衣的小孩,在最终陈述中——他决定在第二次会议发言后就退出智库——以人生遗言般的勇气和真诚,⑤警醒自欺欺人的欧洲人。他的出发点取自莫恩斯教授当年给他学术生涯第一篇论文的回信:

① Robert Musil, *Der Mann ohne Eigenschaften*, Erstes Buch, Erstausgabe, Berlin: Rowohlt, 1930, Zweiter Teil, 21, "Die wahre Erfindung der Parallelaktion durch Graf Leinsdorf", p. 133. 罗伯特·穆奇尔:《没有个性的人》(上卷),张荣昌译,上海译文出版社,2015,第78~79页。本文基本援引此译本,略有改动。

② Robert Musil, *Der Mann ohne Eigenschaften*, Erstes Buch, Erstausgabe, Berlin: Rowohlt, 1930, Zweiter Teil, 42, "Die große Sitzung", p. 272. 罗伯特·穆奇尔:《没有个性的人》(上卷),张荣昌译,上海译文出版社,2015,第158~159页。

③ Robert Menasse, *Die Hauptstadt*, Berlin: Suhrkamp Verlag, 2017, 2. Auflage, pp. 295-299.

④ Robert Menasse, *Die Hauptstadt*, Berlin: Suhrkamp Verlag, 2017, 2. Auflage, p. 258.

⑤ Robert Menasse, *Die Hauptstadt*, Berlin: Suhrkamp Verlag, 2017, 2. Auflage, p. 388.

20 世纪本应该是 19 世纪民族经济向 21 世纪人类经济的转型。但是转型以无比残暴和罪恶的方式受到了阻碍，因而此后对转型的向往得以重生，而且更为猛烈。但是这只发生在一小群政治精英中，后来者很快就忘记了两点：民族主义的罪恶能量以及由民族主义经验产生的影响。[1]

埃尔哈特认为，一个产生于历史经验的后民族国家的联盟不应该由相互竞争的民族国家组成，而应该走上社会联盟、财政联盟的道路，以促生"欧洲公民的欧洲"意识。那么如何能够最具体、最直观、"既有政治蕴含又有心理的象征力"[2]地促进这种后民族国家时代的意识呢？埃尔哈特提出建设一个全新的欧盟首都，欧洲应该由此获得联系历史和未来的全新起点，如凤凰涅槃般浴火重生。这个首都应该建在奥斯维辛。[3]

故事的第三条线索不乏争议。[4]也许是为了可读性，梅纳斯从头至尾设计了一个犯罪或侦探小说的层次。布鲁塞尔的一桩谋杀案引出波兰波兹南教区豢养的一个神秘天主教暗杀组织，再引出后冷战时代北约与梵蒂冈联手，秘密对付宗教极端主义的地下世界。探长布伦佛（Émile Brunfaut）受命侦办谋杀案，案件却在"上头"的介入下凭空消失，他凭借朋友的帮助发现了这个秘密。布伦佛与小说的另一位主要人物——退休教师、犹太人大卫·德福林德（David de Vriend）——产生了联系。布伦佛的祖父是二战期间比利时的著名抵抗运动领袖，当年就是为了建立一个自由的欧洲而不仅仅为了比利时的解放反抗纳粹。德福林德在逃离开往奥斯维辛的死亡列车之后加入了布伦佛祖父的抵抗运动，后来遭到出卖被关进奥斯维辛，直到集中营解放。如今生活在养老院的德福林德就是费妮亚的同事为了设计"周年大庆项目"千方百计寻找的最理想代表。

故事最终，"周年大庆项目"在各个成员国"既赞成又反对"的表态中

---

① Robert Menasse, *Die Hauptstadt*, Berlin: Suhrkamp Verlag, 2017, 2. Auflage, pp. 385 – 386.

② Robert Menasse, *Die Hauptstadt*, Berlin: Suhrkamp Verlag, 2017, 2. Auflage, p. 393.

③ Robert Menasse, *Die Hauptstadt*, Berlin: Suhrkamp Verlag, 2017, 2. Auflage, pp. 394 – 395.

④ Adreas Isenschmid, "Herrliche Drittmittelgedanken", *Die Zeit*, Nr. 37/2017, 06. 09. 2017.

不了了之。费妮亚准备另辟蹊径，走上令她认同分裂的职业升迁之路；马丁仍没有放弃重新设计"周年大庆项目"希望，在照料因车祸卧床的哥哥告一段落之后从维也纳赶回布鲁塞尔；埃尔哈特教授不再参加智库的会议，在布鲁塞尔街头徜徉后前往机场；德福林德在回忆中——当年自己跳车逃生却未能拯救父母和弟弟——迷失在布鲁塞尔街头。他们都在马尔比克（Maelbeek）站上了同一班地铁。

然后恐怖分子引爆了炸弹。

二 不知所措的费妮亚，或欧洲的身份认同

欧盟委员会文化总司交流处处长费妮亚是小说的核心人物。40 岁的她不仅到了生理上必须严格控制热量摄取的年龄，而且处于职业生涯的焦虑期。她需要有显示度地证明自己。

费妮亚最初就职于竞争总司，后转入贸易总司，努力工作，晋升为文化总司的处长，[①] 但是她把这种晋升体会为挫折。欧盟委员会的每个总司都由一个成员国负责，而希腊刚刚获得了文化总司，新任委员于是在系统内部四处寻找自己的国人充实队伍。[②] 费妮亚恰恰是希腊人，不，准确地说，她是出生和成长于塞浦路斯的希腊族人。她少年时代经历了塞浦路斯的动荡和家庭的贫困，但是作为希腊族人，她获得了去希腊上大学的机会。在家人的全力支持下——家人的支持对她意味着期待将来更多的物质回报，她完成了从贫瘠的塞浦路斯乡村向大都市雅典的跳跃。大学期间，她嫁给了雅典当地的一名律师，并以后者为跳板进入了当地的上流社会。[③] 同时，她通过自己的努力，再度完成了人生的重要跳跃：获得奖学金前往伦敦经济学院，在斯坦福结束研究生学业，通过了欧盟职员选拔考试，[④] 正式成为布鲁塞尔精英中

---

① Robert Menasse, *Die Hauptstadt*, Berlin：Suhrkamp Verlag, 2017, 2. Auflage, pp. 32 – 33.
② Robert Menasse, *Die Hauptstadt*, Berlin：Suhrkamp Verlag, 2017, 2. Auflage, pp. 46 – 47.
③ Robert Menasse, *Die Hauptstadt*, Berlin：Suhrkamp Verlag, 2017, 2. Auflage, pp. 143 – 149.
④ Robert Menasse, *Die Hauptstadt*, Berlin：Suhrkamp Verlag, 2017, 2. Auflage, p. 33.

的一员，而后离婚，彻底为自己的出身和旧世界画上了句号。① 然而，作为努力的回报，她却从拥有实权的贸易总司调任文化总司的处长。

在欧盟委员会内部，文化可以说是一块鸡肋般的领域，没有单独的预算、没有分量、没有影响、没有权力。② "如果贸易委员或能源委员甚至是捕鱼业委员在委员会召开会议期间不得不上洗手间的话，与会者会暂停讨论，等待离席的委员回来。但是如果不得不离开的是文化委员，那么讨论会毫不受影响地继续进行，甚至没有人会注意到文化委员究竟是在场还是在洗手间。"③ 费妮亚从贸易总司到文化总司的心理落差与抗拒也就可以预料："很明显，她鄙视这里不得不做的工作，同时，她又向部属施加令人难以忍受的压力，要把工作更为显著地展示出来。"④

与此同时，她通过情人贸易总司总管、德国人福里格（Kai-Uwe Frigge）企图走上层路线实现工作调动，为此硬着头皮研究欧盟委员会主席最喜爱的小说。然而，此前按计划实现目标的自我奋斗经验，让费妮亚把情感因素从个人生活中彻底排除——文化难道不是意味着情感的投入吗？以至于作者在写到费妮亚研读主席最热爱的小说的时候，就已经暗示了计划中的拜会注定要以失败告终。文学或者说主席喜欢的这部从女性角度叙述的长篇小说，让费妮亚"不知所措"⑤。这里面的核心信息究竟是什么呢？为什么有如此多的冗余信息？男主人公究竟是真实人物还是虚构人物？女主人公呢？为什么这部小说情节与政治无关，反而与爱情相关？无论情节是否涉及阴谋、戏谑或政坛争斗，终极的信息居然都是爱情至上，或者政治权力在爱情面前微不足道。⑥ 这怎么可能呢？"小说都是疯狂的"，⑦ 无论是在真实的生活中还是

---

① Robert Menasse, *Die Hauptstadt*, Berlin：Suhrkamp Verlag, 2017, 2. Auflage, p. 148.
② Robert Menasse, *Die Hauptstadt*, Berlin：Suhrkamp Verlag, 2017, 2. Auflage, p. 33.
③ Robert Menasse, *Die Hauptstadt*, Berlin：Suhrkamp Verlag, 2017, 2. Auflage, p. 33.
④ Robert Menasse, *Die Hauptstadt*, Berlin：Suhrkamp Verlag, 2017, 2. Auflage, p. 48.
⑤ Robert Menasse, *Die Hauptstadt*, Berlin：Suhrkamp Verlag, 2017, 2. Auflage, p. 53.
⑥ Robert Menasse, *Die Hauptstadt*, Berlin：Suhrkamp Verlag, 2017, 2. Auflage, pp. 53 – 54.
⑦ Robert Menasse, *Die Hauptstadt*, Berlin：Suhrkamp Verlag, 2017, 2. Auflage, p. 54.

在无法理解的小说中，"爱情都是虚构"①，因为在费妮亚的家族中，从来没有人有过爱情。②

撇开个人经历的欧洲历史尺度，费妮亚这个人物可以说是纯粹的实用主义者、冷峻的技术性精英的代表。文中把更为极端的人取名"蝾螈"③，他们是更为年轻的职业至上主义者，视欧洲非为信仰而为业主，衣着和举止永远正确而圆滑，精力和套话绵绵不绝。④ 费妮亚这代人却很难放下欧洲过去二三十年变幻的印记，他们更是欧洲人。这也是梅纳斯自己的布鲁塞尔经验⑤和小说得以征服读者的地方：梅纳斯成功地赋予欧盟"人性的面孔"⑥，欧盟的精英原来不仅远非大家想象中的技术官僚，⑦ 而且是有血有肉的"令人感伤的人种，他们的工作内容超出了文学、电影和媒体的容量"⑧。梅纳斯使用现实主义、可信而又可亲的笔法，展示了"人是有深渊的"，"人可以高飞，也可以坠落，可以雄心万丈而自私自利，也可以大公无私而为了一个伟大的共同计划而努力"。⑨ 这令读者对欧盟雇员不由心生好感，乃至肃然起敬。⑩

---

① Robert Menasse, *Die Hauptstadt*, Berlin：Suhrkamp Verlag, 2017, 2. Auflage, pp. 143, 148.

② Robert Menasse, *Die Hauptstadt*, Berlin：Suhrkamp Verlag, 2017, 2. Auflage, pp. 143.

③ Robert Menasse, *Die Hauptstadt*, Berlin：Suhrkamp Verlag, 2017, 2. Auflage, pp. 149.

④ Robert Menasse, *Die Hauptstadt*, Berlin：Suhrkamp Verlag, 2017, 2. Auflage, pp. 149 – 152.

⑤ Robert Menasse, *Der Europäische Landbote. Die Wut der Bürger und der Friede Europas*, Wien：Paul Zsolnay Verlag, 2012, 10. Auflage 2017, pp. 21 – 27.

⑥ Harald Jähner, "Diese glückliche Langeweile des Friedens", 13. 09. 2017, http：//www. fr. de/kultur/literatur/eu – roman – diese – glueckliche – langeweile – des – friedens – a – 1349526, 0# artpager – 1349526 – 0.

⑦ Paul Ingendaay, "Selbstzweifel und Selbstversicherung", *Frankfurter Allgemeine Zeitung*, 05. 08. 2017.

⑧ Harald Jähner, "Diese glückliche Langeweile des Friedens", 13. 09. 2017, http：//www. fr. de/kultur/literatur/eu – roman – diese – glueckliche – langeweile – des – friedens – a – 1349526, 0# artpager – 1349526 – 0.

⑨ "Brüssel ist faszinierender, als es selbst weiß", Robert Menasse im Gespräch mit Eckhard Roelcke, 09. 10. 2017, http：//www. deutschlandfunkkultur. de/deutscher – buchpreis – fuer – robert – menasse – bruessel – ist. 1013. de. html? dram：article_ id = 397825.

⑩ Harald Jähner, "Diese glückliche Langeweile des Friedens", 13. 09. 2017, http：//www. fr. de/kultur/literatur/eu – roman – diese – glueckliche – langeweile – des – friedens – a – 1349526, 0# artpager – 1349526 – 0.

有文评甚至使用了欧盟雇员的"文学纪念碑"的提法。①

　　费妮亚的情感竟在意想不到之处爆发。在情人福里格帮助她调动工作进展不畅、她负责的"周年大庆项目"又已经无疾而终的情况下，突然宣布她马上就有可能调往贸易总司或者移民总司，其窍门在于利用欧盟成员国在欧盟事务发言权上的平等原则：塞浦路斯已经成为欧盟成员国，有资格按比例向欧盟机构派遣雇员，但是塞浦路斯缺乏相关的人才。而英国人马上就要退欧，贸易总司和移民总司将各有一名处长的职位空缺。福里格建议费妮亚把自己的希腊护照换回塞浦路斯护照，凭借她的资历，应该马上就可以通过塞浦路斯应当获得的雇员比例实现自己工作调动的梦想。②

　　然而，一心一意为了调职的费妮亚却突然陷入了前所未有的困惑，她该如何看待福里格的建议？费妮亚从来没有想过，自己孤身奋斗，一步步从贫困和狭隘的故乡乡村走向了欧洲的大舞台，既是为了个人价值的实现，同时也是为了现实的欧洲梦而努力，如今却要她投机重拾故乡的身份，以获得自己职业生涯的跳跃发展。③ 这种令人啼笑皆非的局面既是对费妮亚个人努力的嘲讽，也与她为之奋斗的欧洲目的背道而驰。迄今为止，费妮亚从来没有对自己的护照即身份认同产生过丝毫怀疑，她把希腊护照始终看成"她的欧洲护照，而不是她的国籍或者族裔身份证明。这份护照是她通往欧洲自由王国、自由迁徙和自由定居王国的通行证，保证她在欧洲走自己的路"④。她虽然从小唱着希腊的也是塞浦路斯的国歌长大，但是"自由颂"对她而言从来就不意味着国籍身份认同，而是对于自由的认同。⑤ 现在让她从一个拿着希腊护照的塞浦路斯希腊族人突然变成隐含着民族主义意味的纯粹的塞浦路斯人，把"自由颂"唱成民族国

---

①　Carsten Otte, "Die richtige Wahl", 10. 10. 2017, https：//www. taz. de/! 5452033/.

②　Robert Menasse, *Die Hauptstadt*, Berlin：Suhrkamp Verlag, 2017, 2. Auflage, pp. 418 – 420.

③　Robert Menasse, *Die Hauptstadt*, Berlin：Suhrkamp Verlag, 2017, 2. Auflage, p. 427.

④　Robert Menasse, *Die Hauptstadt*, Berlin：Suhrkamp Verlag, 2017, 2. Auflage, p. 425.

⑤　Robert Menasse, *Die Hauptstadt*, Berlin：Suhrkamp Verlag, 2017, 2. Auflage, p. 426.

家的颂歌，① "塞浦路斯高于一切"②，这在费妮亚的思想世界里属于完全陌生的念头。自己究竟是谁？欧洲人？希腊人？塞浦路斯人？来自塞浦路斯希腊族的希腊人？来自塞浦路斯希腊族的欧洲人？从来自塞浦路斯希腊族的希腊人变回来自塞浦路斯希腊族的塞浦路斯人？费妮亚突然发现，原来自己自始至终都在为摆脱身份标签的禁锢而奋斗，但是眼前的捷径——也是她肯定会理智地选择的捷径——将把她迄今为止的人生道路彻底颠覆。

也许，费妮亚可以从交流处的部属、乐天派的捷克人博胡米尔（Bohumil Szmekal）身上获得某种启示和慰藉。博胡米尔的家庭史也是一段欧洲史。他虽然是捷克人，却拥有奥地利国籍，因为他的祖父母在"布拉格之春"之后携子流亡维也纳，他的父亲成为捷克流亡知识分子中的活跃人士。博胡米尔在维也纳出生，冷战结束后，十岁时才随父母回到捷克。能成为欧盟雇员，博胡米尔也借了奥地利国籍的光，因为当年捷克还不是欧盟的成员国，而他作为在奥地利出生、在捷克成长的奥地利护照拥有人，既没有失去对捷克和奥地利的健康自嘲，也从来没有因为身份认同矛盾而苦恼，因为他把护照视为一种欧洲身份。但是博胡米尔目前面临着家庭内部的身份认同冲突：他的妹妹嫁给了一个布拉格的右翼分子、民族主义者、彻底的欧盟反对者，这个政治流氓因为博胡米尔在欧洲不捍卫捷克的民族利益而公开羞辱他。③ 所以问题是，在布拉格的家庭和欧洲主义者的身份之间，博胡米尔应该如何选择？

三 无所不在的奥斯维辛，或欧洲观念的起源和未来

对于欧洲人来说，奥斯维辛代表了一种不言而喻的绝对律令，对犹太裔

---

① Robert Menasse, *Die Hauptstadt*, Berlin: Suhrkamp Verlag, 2017, 2. Auflage, p. 427.
② Robert Menasse, *Die Hauptstadt*, Berlin: Suhrkamp Verlag, 2017, 2. Auflage, p. 425.
③ Robert Menasse, *Die Hauptstadt*, Berlin: Suhrkamp Verlag, 2017, 2. Auflage, pp. 235 – 237.

的梅纳斯更是如此。① 如果阿多诺"奥斯维辛之后作诗是野蛮的"② 断言仍然有效，那么梅纳斯如何能让奥斯维辛不以沉重的面目进入小说，甚至某些章节还能引人哑然失笑？③

小说的主要情节"周年大庆项目"以类似情景喜剧的方式展开，欧盟委员会不同部门和欧盟成员国以不同的动机参与对"奥斯维辛方案"的讨论、对于奥斯维辛集中营幸存者姓名的艰难找寻——纳粹对于奥斯维辛等集中营有着详细的人员记录，而战后居然没有一个地方完整记录奥斯维辛幸存者的姓名④——本身就是一种黑色幽默。有如穆奇尔《没有个性的人》的情节设计，在这个一方面装腔作势，另一方面又严肃认真的"平行行动"中，个人、社会和时代声音的复杂性暗示了失败似乎就是众多可能性中的唯一确定性。

梅纳斯借小说中埃尔哈特之口提出在奥斯维辛建都，乍一听仿佛是故作耸人听闻之举的恶作剧，小说中的智库其他成员显然也是如此看法，却反映了坚定的欧洲主义者梅纳斯的见解。这部小说虽然成书于 2017 年，但是仍旧以 2008 年以来的希腊债务危机为主要时代背景，因为梅纳斯认为任何经济危机的分析都不能与观念史割裂，而当代的欧洲观念，恰恰在于对曾经把欧洲文明推向崩溃边缘的"嗜血的意识形态"的反动。也就是说，当代欧洲观念在诞生之初更是一个具体的乌托邦，一个文化、意识形态和上层建筑

---

① Philipp Peyman Engel, "Große Ideen machen verklemmt", Der Schriftsteller Robert Menasse über Humor, Sex und verlorene 68er – Illusionen, *Jüdische Allgemeine*, 12. 05. 2010; Benjamin Breitegger u. Marcus Gatzke, "Ich als Jude will nie wieder wo abgeholt werden", Interview mit Robert Menasse, 02. 12. 2016, http：//www. zeit. de/politik/ausland/2016－12/robert－menasse－bundespraesidentenwahl－oesterreich－rechte－eu/komplettansicht.

② Theodor W. Adorno, "Kulturkritik und Gesellschaft", *Gesammelte Schriften*, Band 10. 1：*Kulturkritik und Gesellschaft I*, *Prismen. Ohne Leitbild*, Suhrkamp, Frankfurt am Main, 1977, p. 30.

③ Adreas Isenschmid, "Herrliche Drittmittelgedanken", *Die Zeit*, Nr. 37/2017, 06. 09. 2017; Katharina Teutsch, "Ein Europa-Bild als Hologramm", 08. 10. 2017, http：//www. deutschlandfunk. de/robert－menasse－die－hauptstadt－ein－europa－bild－als－hologramm. 700. de. html? dram：article_ id＝397712.

④ Robert Menasse, *Der Europäische Landbote. Die Wut der Bürger und der Friede Europas*, Wien：Paul Zsolnay Verlag, 2012, 10. Auflage 2017, p. 75.

的现象，而非资本逻辑的必然产物。① 这些思考出自散文集《欧洲信使》（*Der Europäische Landbote*, 2012），梅纳斯为写作《首都》这部小说收集资料的时候，决定把自己关于政治和社会的观点先行成文结集，也可以说是为《首都》的思想蕴含进行了预演。②

埃尔哈特——或者说梅纳斯——认为欧洲的唯一出路在于欧盟，而欧盟的未来在于建立一种后民族国家的民主体制。③ 但是欧洲意识的养成需要动一些脑筋，比如通过一个象征，一个能展现后民族国家文化成就的东西。④ 能否设想建设一个理想的欧洲"首都"？但是何处能象征欧洲呢？欧洲的每一寸土地都写满了历史，所以未来的"首都"所在地必须有一段欧洲未敢忘却但又要超越的历史。"这个地方必须是历史触手可及之地，哪怕这段历史的最后一名亲历者或者幸存者也已经逝去。这个地方应该是欧洲未来政治的永恒标志。"⑤ 奥斯维辛既是欧洲文明在坠入黑暗后重生的起点，又是对于共同未来的承诺。所以，欧洲的首都必须建在奥斯维辛——这不可不谓小说的高潮。梅纳斯也在埃尔哈特这个人物身上倾注了深厚的感情，小说中埃尔哈特的父亲的经历——二战前曾经是维也纳的职业足球运动员——显然具有梅纳斯家庭的自传色彩。⑥

同样貌似疯狂的建议出自考古学博士马丁笔下。在出差前往奥斯维辛参加集中营解放纪念仪式之前，马丁需要添置保暖的内衣以应对波兰的严寒，而"德国的内衣对于奥斯维辛来说是最好的"⑦。在奥斯维辛，他的证件正面印着"奥斯维辛荣誉客人"⑧，背面的文字更像一个劣质的笑话："证件请

---

① Robert Menasse, *Die Hauptstadt*, Berlin：Suhrkamp Verlag, 2017, 2. Auflage, p. 241.
② Nils Minkmar, "Alles bestens in der Zentrale", *Frankfurter Allgemeine Zeitung*, 03. 10. 2012；Peter Müller, "Selbstversuch in Brüssel", *Literatur Spiegel*, 9/2017, http：//www. spiegel. de/spiegel/literaturspiegel/d – 152775959. html.
③ Robert Menasse, *Die Hauptstadt*, Berlin：Suhrkamp Verlag, 2017, 2. Auflage, p. 389.
④ Robert Menasse, *Die Hauptstadt*, Berlin：Suhrkamp Verlag, 2017, 2. Auflage, pp. 391 – 393.
⑤ Robert Menasse, *Die Hauptstadt*, Berlin：Suhrkamp Verlag, 2017, 2. Auflage, p. 394.
⑥ Robert Menasse, *Die Hauptstadt*, Berlin：Suhrkamp Verlag, 2017, 2. Auflage, pp. 164 – 165.
⑦ Robert Menasse, *Die Hauptstadt*, Berlin：Suhrkamp Verlag, 2017, 2. Auflage, p. 102.
⑧ Robert Menasse, *Die Hauptstadt*, Berlin：Suhrkamp Verlag, 2017, 2. Auflage, p. 170.

勿丢失。丢失证件即丧失营地停留资格。"① 当他在焚尸间外面抽烟的时候，保安人员警告他"No smoking in Auschwitz"（奥斯维辛禁止烟火）。② 马丁并不是过度敏感的人物，但是他受到了无处不在的奥斯维辛常态化的震惊。既然目的是在公众面前传达一个积极的欧盟委员会形象，那么为什么不从道德的高地出发，让公众返回起点、回忆欧洲的根基呢？让·莫奈（Jean Monnet）曾经说过："我们一切努力都是源于我们历史经验的教训：民族主义导致种族主义和战争，而极端的后果就是奥斯维辛。"③ 首任欧盟委员会主席、德国人瓦尔特·哈尔施泰因（Walter Hallstein）特地选择奥斯维辛发表就职演说，这一历史认识和传统被后几位主席所继承。从奥斯维辛出发，超越民族国家和民族情感，"奥斯维辛永不重演！"既是面向未来的誓言，也是一个统一的欧洲设想的起点。马丁设想，把愈来愈凋零的奥斯维辛幸存者请到纪念现场，就是对于现代欧洲诞生的最好见证和纪念。

奥斯维辛究竟是不是欧洲过往、当下和未来的维系点，是不是欧洲人共同经验和共同设想的最大公约数？在这里，小说的情节安排让位于道德哲学的思考。

梅纳斯在小说的情节和语言中安排了一个"奥斯维辛或纳粹历史"的同位层。也就是说，奥斯维辛是全小说潜在的也是隐喻意义上欧洲的"中心"，即"联系不一定真正存在，但是没有联系一切都将坍塌"。④ 除了犹太人大卫·德福林德一家人的命运、探长布伦佛的祖父是抵抗战士和马丁在奥斯维辛集中营的种种经历之外，我们发现故事中多个国家、多个人物和多种用语都与这段黑暗的历史相关。埃尔哈特教授的父亲在纳粹德国吞并奥地利之前就加入了纳粹党，经营的商店为希特勒少年团等组织提供装备，1942

① Robert Menasse, *Die Hauptstadt*, Berlin：Suhrkamp Verlag, 2017, 2. Auflage, p. 170.

② Robert Menasse, *Die Hauptstadt*, Berlin：Suhrkamp Verlag, 2017, 2. Auflage, p. 171.

③ Robert Menasse, *Die Hauptstadt*, Berlin：Suhrkamp Verlag, 2017, 2. Auflage, p. 266.

④ Robert Menasse, *Die Hauptstadt*, Berlin：Suhrkamp Verlag, 2017, 2. Auflage, p. 15. 同时参考 Klaus Zeyringer, "Brüsseler Mosaik", 03. 09. 2017, https：//derstandard. at/2000063486433/ Die－Hauptstadt－von－Robert－Menasse－Bruesseler－Mosaik。

年被派往波兰波兹南担任"治安警察",任务是处决犹太人,母亲对此沉默了一生。① 在战争后期的大轰炸中失去住房后,埃尔哈特的父母躲入商店的仓库,埃尔哈特就出生在仓库里,母亲称他是"仓库小孩"(Lager-Kind),埃尔哈特在上大学后才意识到这个称呼也可以理解为"集中营小孩",而母亲的语言充满了纳粹时代的印记。② 费妮亚当年称她的前夫为"Chatz",但是这个称呼究竟是前夫姓名"Chatzopoulos"的简称,还是来源于德语"宝贝儿"(Schatz)?后者因为纳粹德国占领希腊而进入了希腊语,指代那些纳粹的红人,而前夫一家靠律师事务所发迹恰恰是因为事务所的所有犹太人被送进了集中营。③ 马丁在维也纳照顾遭遇车祸的哥哥,有时会在拐角的"胜利"(Zum Sieg)饭馆进餐,目睹了德国游客面对饭馆名称"胜利"的紧张和敏感:这不会是纳粹分子的饭馆吧?④ 波兰天主教组织的杀手最终死于列车事故,而事故的起因是当年波兰少年犹太集中营的最后一位幸存者卧轨自尽。⑤

推倒周年大庆项目"奥斯维辛方案"最后一块多米诺骨牌的,居然就是奥斯维辛本身。就在欧洲理事会工作组讨论欧盟委员会"周年大庆项目"的当天,比利时甚至德国和法国的一些报纸都在报道一项丑闻:布鲁塞尔皇家美术馆新的艺术展"停车轨道上的艺术——被遗忘的现代艺术"。展览本身平淡无奇,缘起是博物馆囿于经费而突发妙想,用自家馆藏中的不知名作品策划了一个展览。批评者指责的不是展出的艺术品,而是艺术品的展现方式:展厅里安置了轨道和终点站的防撞器,意指展出的作品处于终点站的停车轨道,因为它们已经被市场和观众遗忘。观众在观展时走轨道左侧,艺术品被放置在轨道右侧。《晨报》艺术批评如下:"这场令人深思的展览缺少了一个重要的细节,即展览的入口上方少了一行字'艺术使人自由'。"⑥ 谁

① Robert Menasse, *Die Hauptstadt*, Berlin: Suhrkamp Verlag, 2017, 2. Auflage, pp. 396 – 397.
② Robert Menasse, *Die Hauptstadt*, Berlin: Suhrkamp Verlag, 2017, 2. Auflage, pp. 165 – 166.
③ Robert Menasse, *Die Hauptstadt*, Berlin: Suhrkamp Verlag, 2017, 2. Auflage, p. 146.
④ Robert Menasse, *Die Hauptstadt*, Berlin: Suhrkamp Verlag, 2017, 2. Auflage, p. 433.
⑤ Robert Menasse, *Die Hauptstadt*, Berlin: Suhrkamp Verlag, 2017, 2. Auflage, p. 399.
⑥ Robert Menasse, *Die Hauptstadt*, Berlin: Suhrkamp Verlag, 2017, 2. Auflage, p. 405.

都知道，奥斯维辛集中营大门上方写着"劳动使人自由"。批评继续质问：策展人究竟是出于什么考虑，认为可以用奥斯维辛的方式决定艺术品的生命，即成功者或生者走左侧、失败者或向死之人走右侧？"把差劲的艺术品当作犹太人，或者把艺术市场的判断看作门格勒医生①。无论属于何种情况，这个展览都是一个丑闻。"② 滥用奥斯维辛，足以宣告一部作品、一个展览、一名公众人物的终结。

梅纳斯在欧洲观念处于前所未有的危机之际告诉我们，世界就是历史③，奥斯维辛仍旧如无所不在的幽灵般时刻触动着欧洲文明的敏感神经。然而，当下的欧洲人是否有埃尔哈特呼吁建都奥斯维辛的勇气超越奥斯维辛？在梅纳斯的笔下，这个问题只留下未知而晦暗的答案。

结语：社会小说、"前夜小说"，或天作之合

梅纳斯笔下的欧洲，恰如布鲁塞尔欧盟委员会雇员每日上班的方式和工作的特点：同样都是骑自行车上班，德国籍雇员脚踏赛车，参加竞赛般身穿功能运动服，一到办公地点就先冲进地下室淋浴间；荷兰人骑着他们的弯梁自行车悠闲自得；罗曼语系国家的雇员甚至可以西装革履一路骑下来而滴汗不出。④ 英国人呢？农业委员会的乔治·莫兰德（George Morland）把自己的身份定义为担任欧盟公务员职务的英国人，他最大的兴趣在于阻止联盟的统一政策取得任何进展。⑤ 一部聚焦欧洲人公共和私人生活的社会小说由此在全景与特写、层峦叠嶂的矛盾和跌跌撞撞的合作中徐徐

---

① 门格勒（Josef Mengele，1911～1979），党卫军成员，1943～1945年任奥斯维辛集中营医生，负责挑选关押人员以送进毒气室杀害，以及进行人体试验。

② Robert Menasse, *Die Hauptstadt*, Berlin: Suhrkamp Verlag, 2017, 2. Auflage, pp. 405–406.

③ Martin Meyer, "Utopie als Freiheit als Kritik", Laudatio auf Robert Menasse anlässlich der Übergabe des Max-Frisch-Preises im Zürcher Schauspielhaus vom 11. Mai 2014, https：//www. nzz. ch/feuilleton/utopie－als－freiheit－als－kritik－1. 18300308.

④ Robert Menasse, *Die Hauptstadt*, Berlin: Suhrkamp Verlag, 2017, 2. Auflage, p. 50.

⑤ Robert Menasse, *Die Hauptstadt*, Berlin: Suhrkamp Verlag, 2017, 2. Auflage, pp. 127–135.

铺陈开来。①

　　2017 年，德国图书奖评选委员会破例把当代德语文学最重要的奖项颁给一部现实政治题材作品，无疑需要相当的魄力。严肃文学始终排斥现实政治，无论原因在于文人的姿态、题材受限还是在于主客体缺乏距离感。现当代德语文学中，除了沃尔夫冈·柯朋（Wolfgang Koeppen）白描德意志联邦共和国早期政坛的《暖房》（*Das Treibhaus*，1953）② 等屈指可数的作品之外，也的确鲜有佳作。③ 然而，给评委留下深刻印象的，恰恰是《首都》这部作品足以流传后世的文笔和题材的现实性。"同时代的人能够在作品中认出自己，后来的人可以更好地理解这个时代"；作者谋篇布局独具匠心，"轻松地挖掘至我们称之为我们的世界的深层"。不仅如此，作者在小说中传达的信息不容误解："单单靠经济无法保证我们有一个和平的未来。那些架空'欧洲'这个和平工程的人就坐在我们中间，'别人'经常就是我们自己。"④ 毋庸置疑，《首都》获奖，乃至刚刚面世四个多月就在苏黎世被搬上舞台⑤，首先是因为其内容与欧洲当下生活密切相关，回答了欧洲社会当下急需回答的问题，这是一部"在正确的时间有关正确的

① 关于"社会小说"，参考见胡春春《文学镜像中的德国万花筒——社会小说《人中村》和以自我放逐、融入及其不可能为中心的德国故事》，载郑春荣主编《德国发展报告（2017）：大选背景下的德国》，社会文献科学出版社，2017，第 204～225 页。Klaus Zeyringer，"Brüsseler Mosaik"，03.09.2017，https：//derstandard.at/2000063486433/Die - Hauptstadt - von - Robert - Menasse - Bruesseler - Mosaik.

② Wolfgang Koeppen，*Das Treibhaus*，in Wolfgang Koeppen，ed.，*Tauben im Gras*，*Das Treibhaus*，*Der Tod in Rom. Drei Romane*，Frankfurt am Main：Suhrkamp Verlag，1986，pp. 239 –422.

③ 近年来，有两部政治题材小说获得了一定的成功，即 Michael Kumpfmüller，*Nachricht an alle*，Köln：Kiepenheuer & Witsch，2008；Dirk Kurbjuweit，*Nicht die ganze Wahrheit*，Zürich：Nagel & Kimche，2008。评论参见 Gerrit Bartels，"Die K. - und K. - Republik"，25.02.2008，https：//www.tagesspiegel.de/kultur/literatur/kumpfmueller - roman - nachricht - an - alle - die - k - und - k - republik/1174036.html。

④ O. N.，"Robert Menasse erhält den Deutschen Buchpreis 2017"，09.10.2017，https：//www.deutscher - buchpreis.de/news/eintrag/robert - menasse - erhaelt - den - deutschen - buchpreis - 2017/.

⑤ Martin Halter，"Wie man eine Sau durch Brüssel treibt"，*Frankfurter Allgemeine Zeitung*，29.01.2018.

地点"① 的作品，用梅纳斯的话来说就是"必须叙述现实"②。无论是英国退欧，还是难民危机、欧元危机尤其是在东欧聒噪的右翼民粹主义，以及全球化的冲击、恐怖主义等话题，都巧妙地穿插在《首都》的叙述结构中。③《首都》也以此呼应了德语文学创作近年的趋势：德语当代文学在1968年之后再次以"介入文学"（littérature engagée）④ 的姿态回归。⑤

然而，我们并不能把梅纳斯笔下的欧洲简单地等同于"浮世绘"。他的写作意图在于穿透纷繁芜杂而直抵时代变迁的文化解释，这也是对他影响最深的文学作品的共同点，比如奥地利作家都德勒（Heimito von Doderer）的《魔鬼》（Die Dämonen）、陀思妥耶夫斯基的《群魔》、托马斯·曼的《魔山》、穆奇尔的《没有个性的人》等。⑥ 梅纳斯称这种小说为"前夜小说"（Vorabend - Roman）⑦，其中人物陷入种种焦虑、希望、欲望、矛盾，却无力摆脱，惯常的秩序已然日薄西山，新的世界仍旧悬置。其中，《首都》与《没有个性的人》的互文显而易见。小说中多处明确提及《没有个性的人》，

---

① Tomasz Kurianowicz，"Ein Hoch auf die europäische Fortwurschtelei"，10. 10. 2017，http：// www. zeit. de/kultur/literatur/2017 - 10/deutscher - buchpreis - robert - menasse - die - hauptstadt - preistraeger/komplettansicht.

② Volker Weidermann，"Wir sind Feuilleton-Juden"，Spiegel-Gespräch mit Eva und Robert Menasse，*Der Spiegel*，2/2018，pp. 110 - 114，here p. 112.

③ Christian Dinger，"Zwischen Brüssel und Auschwitz"，13. 09. 2017，http：//literaturkritik. de/ menasse - die - hauptstadt - zwischen - bruessel - und - auschwitz，23704. html.

④ Jean-Paul Sartre，*Was ist Literatur*?，herausgegeben，neu übersetzt und mit einem Nachwort von Traugott König，Reinbek bei Hamburg：Rowohlt，1981（Jean-Paul Sartre，*Gesammelte Werke in Einzelausgaben*，*Schriften zur Literatur*，Bd. 3）. 汉译本参见让 - 保罗·萨特：《萨特文学论文集》，施康强等译，安徽文艺出版社，1998，第69~291页，"什么是文学？"。

⑤ Volker Weidermann，"Wir sind Feuilleton-Juden"，Spiegel-Gespräch mit Eva und Robert Menasse，*Der Spiegel*，2/2018，pp. 110 - 114，here p. 111.

⑥ Robert Menasse，*Der Europäische Landbote. Die Wut der Bürger und der Friede Europas*，Wien：Paul Zsolnay Verlag，2012，10. Auflage 2017，pp. 107 - 108. 梅纳斯列举的其他例子还有奥地利作家约瑟夫·罗特（Josef Roth）的《拉德斯基进行曲》（*Radetzkymarsch*）、冯塔纳的《施特希林》（*Der Stechlin*）、古巴作家吉列尔莫·卡布雷拉·因方特（Guillermo Cabrera Infante）的《三只悲伤的老虎》等。

⑦ Robert Menasse，*Der Europäische Landbote. Die Wut der Bürger und der Friede Europas*，Wien：Paul Zsolnay Verlag，2012，10. Auflage 2017，pp. 107 - 108.

比如费妮亚为了接近欧盟委员会主席而在研读后者最喜爱的小说，大家纷纷揣测小说是不是《没有个性的人》；[①] 奥地利外交部长反对把奥斯维辛的经验即欧盟意味着超越民族国家作为纪念活动的主题，在采取相应的措施后，他与自己的新闻发言人就回答一份妇女杂志问卷中"最喜爱的书"的问题展开了轻松的对话，新闻发言人推荐：按照奥地利的传统，政治家都称自己喜爱《没有个性的人》。[②] 这种互文性、强制性指向《没有个性的人》的基本观点，即现代人如何把握适度的现实感知能力（Wirklichkeitssinn）与可能感知能力（Möglichkeitssinn），或者无法把握。[③] 个人的前途如何把握？具体的项目成败如何把握？欧洲的未来如何把握？众人围绕着"周年大庆项目"的种种言行，使得哪怕最为荒谬大胆的设想也获得了逻辑的自洽，一如希腊人费妮亚和德国人福里格——偏偏是自希腊危机以来龃龉不断的希腊和德国！——之间的交往：

费妮亚在约会时请求福里格为自己争取调回贸易总司，福里格脱口答应后有些不太确定，但是又打消了这种念头，他告诉自己"生活能够正常运行"。[④] 福里格进了洗手间，从钱包里拿出一片始终随身携带的伟哥，嚼碎咽了下去。他知道他和费妮亚的时间不多，后者还需要早起。"他们必须正常运行。"[⑤] 两人叫车去了福里格的公寓，"他装作对她充满渴望，她装作来了高潮。水乳交融。"[⑥]

时下静水流深的欧洲，岂不宛若这呈现完美高潮的天作之合？

---

① Robert Menasse, *Die Hauptstadt*, Berlin：Suhrkamp Verlag, 2017, 2. Auflage, pp. 52 – 53. 不少文评据此称小说中的欧盟委员会主席最喜爱的小说就是《没有个性的人》，以此展开评论，但是小说中介绍的欧盟委员会主席最喜爱的小说两段情节却不是出自《没有个性的人》，而且作者是女性，参见 Robert Menasse, *Die Hauptstadt*, Berlin：Suhrkamp Verlag, 2017, 2. Auflage, pp. 53 – 54, 269 – 270。

② Robert Menasse, *Die Hauptstadt*, Berlin：Suhrkamp Verlag, 2017, 2. Auflage, pp. 333 – 334.

③ Robert Musil, *Der Mann ohne Eigenschaften*, Erstes Buch, Erstausgabe, Berlin：Rowohlt, 1930, Erster Teil, 4, "Wenn es Wirklichkeitssinn gibt, muß es auch Möglichkeitssinn geben", p. 20.

④ Robert Menasse, *Die Hauptstadt*, Berlin：Suhrkamp Verlag, 2017, 2. Auflage, p. 35.

⑤ Robert Menasse, *Die Hauptstadt*, Berlin：Suhrkamp Verlag, 2017, 2. Auflage, p. 35.

⑥ Robert Menasse, *Die Hauptstadt*, Berlin：Suhrkamp Verlag, 2017, 2. Auflage, p. 35.

B.8

"面对过去"：德国面临的新挑战

〔德〕芮悟峰　倪晓姗 译*

摘　要： 在处理历史上所犯错误方面，德国经常被视为榜样。然而，2017 年，德国面临新的挑战：波兰和希腊要求德国为二战期间犯下的罪行做出赔偿，纳米比亚少数民族团体要求德国为一个多世纪前对他们祖先进行的种族灭绝行为做出赔偿。在柏林举行的洪堡论坛上，人们就将要展出的来自非洲和亚洲的展品是否属于"普鲁士"文化遗产展开激烈讨论。大众汽车公司不得不为自己在巴西军事独裁期间的行为进行辩护。一位右翼民粹主义政治家甚至要求扭转德国的纪念文化。

关键词： 德国　战争赔偿　波兰　文物回归　纪念文化

谈到在道德和司法层面正确对待过去犯下的错误，德国常被视为榜样。尤其在中国，人们常把德国和日本相比：德国为自己在国家社会主义时期犯下的罪行道歉，并通过大量经济赔偿进行弥补；而日本始终拒绝为自己在二战时犯下的罪行道歉。①

---

* 〔德〕芮悟峰（Wolfgang Röhr），博士，同济大学德国研究中心特聘研究员，德国前驻沪总领事。译者倪晓姗，同济大学外国语学院博士研究生。

① Wu Hailong, "Germany and Japan: Different Attitudes towards History", *China Daily*, 2014 – 01 – 02, http://www.chinadaily.com.cn/china/2014 –01/02/content_ 17212526.htm.

但是，如果将欧洲和解经历作为东亚国家潜在的交往模式①，有可能在中国引起强烈批评：二战时期，中国遭受的苦难不应与法国等国家遭受的有限损失相比。因此，德法和解并非中日关系的蓝图②。

2017 年，德国在妥善处理历史上犯下的错误方面遇到新的挑战③。最重要的可能是来自波兰的赔偿要求。希腊也曾提出这类赔偿要求并引起争论。纳米比亚的赫雷罗和那马少数民族代表在美国起诉德意志帝国军队在 1904～1908 年犯下的罪行。在柏林举行的洪堡论坛上，人们就待展文物发起激烈争论。2017 年年底，第一本专门讨论战后秩序中独裁统治下的德国企业行为的出版物问世。另外，还有一位右翼德国另类选择党的政治家提出改变德国纪念文化的要求，但遭到广泛拒绝。

一　波兰的赔偿要求

2004 年，波兰议会认为，对于在二战期间遭受的损失，波兰并没有得到合理的经济赔偿，并呼吁政府采取相应措施。然而，2005 年，波兰外交部的一个法律委员会得出结论，由于 1953 年波兰宣布放弃索偿，波兰无法向德国提出进一步的赔偿要求。最后，波兰政府放弃该要求。

因此，当 2017 年波兰总理贝娅塔·希德沃（Beata Szydło）宣称波兰有权提出赔偿要求并已做好索偿准备时④，柏林方面感到惊讶。波兰外长维托

---

① 黎想（Jean-Maurice Ripert）、柯慕贤（Michael Clauss）：《和解塑造了今日的欧洲》，Financial Times 中文网，2017 年 12 月 13 日，http：//www. ftchinese. com/story/001075462。

② 吕凡：《德国大使在南京大屠杀纪念日还干过这么恶心人的事》，《环球时报》2017 年 12 月 29 日，https：//m. ifeng. com/shareNews? forward = 1&aid = cmpp_ 034470054617408&aman = 1aJ626td8aoa8bl75546aeA9549f17M875J762Z40a&from = timeline&isappinstalled = 0#backhead# backhead。

③ Michael Thumann, "Alles schon bezahlt?", Zeit Online, 24. Januar 2018, http://www. zeit. de/2018/05/reparationen - nazi - deutschland - holocaust - opfer - entschaedigung.

④ "Polen hat das Recht auf Reparationen", FAZ, 07. 09. 2017, http://www. faz. net/aktuell/politik/ausland/polen - szydlo - will - bald - forderungen - zu - reparationen - vorlegen - 15188706. html.

尔德·瓦什奇科夫斯基（Witold Waszczykowski）称索赔金额为 1 万亿欧元①。一些波兰媒体则报道这一数字高达 5 万亿欧元，相当于 2017 年德国国内生产总值的 1.5 倍。波兰驻柏林大使称，波兰考虑在美国法院对德国提起诉讼②。

德国政府发言人表示，德国愿意为自己二战期间犯下的"令人难以置信的罪行"负责，为此德国已向波兰提供赔偿。此外，德国还将继续为过去国家社会主义导致的后果买单。但是，德国联邦政府没有理由对波兰在 1953 年提出的具有国际法效力的放弃索赔权提出质疑③。

在此背景下，我们有必要了解波兰议会报告④和德国联邦议院报告⑤中双方所使用的论据。

波兰议会报告称，按照人口来衡量，波兰在二战期间遭受的损失是所有欧洲国家中最高的，但是波兰只收到德国支付的所有赔款和补偿的 1%。因此，波兰正式考虑根据公平原则要求德国进一步向波兰支付赔偿。德国联邦议院报告并不否认波兰遭受的重大损失，但同时认为，必须审查该索偿行为是否符合法律程序，并最终给出否定答案。

---

① Meret Baumann，"Polen pocht auf den Anspruch auf deutsche Reparationen-und spricht von mindestens einer Billion Dollar"，NZZ，14. 09. 2017，https：//www. nzz. ch/international/laut - experten - schuldet - deutschland - polen - reparationen - ld. 1315769.

② "Ich würde eine Nachbesserung nicht ausschließen"，Deutschlandfunk，14. 01. 2018，http：//www. deutschlandfunk. de/polnischer - botschafter - zu - justizreform - ich - wuerde - eine. 868. de. html？dram：article_ id = 408229.

③ "Bundesregierung weist Forderung nach Reparationen zurück"，FAZ，08. 09. 2017，http：//www. faz. net/aktuell/politik/ausland/polens - kriegsreparationen - forderung - bundesregierung - erteilt - absage - 15189315. html.

④ "Ein Rechtsgutachten zu den Möglichkeiten einer Geltendmachung von Entschädigungsansprüchen Polens gegenüber Deutschland für die durch den Zweiten Weltkrieg verursachten Schäden vor dem Hintergrund völkerrechtlicher Verträge"，Sejm，Rzeczypospolitej Polskiej，Biuro Analiz Sejmowych，Kancelarii Sejmu，06. 09. 2017，http：//www. sejm. gov. pl/media8. nsf/files/KKOI - AR4BP5/% 24File/1455%20 - %2017%20DE. pdf.

⑤ "Völkerrechtliche Grundlagen und Grenzen kriegsbedingter Reparationen unter besonderer Berücksichtigung der deutsch-polnischen Situation"，Deutscher Bundestag，Wissenschaftliche Dienste，Sachstand，28. 08. 2017，https：//www. bundestag. de/blob/525616/211fd144be8368672e 98ecd6a834fe25/wd - 2 - 071 - 17 - pdf - data. pdf.

波兰议会报告认为违背条约和一般国际法规定的行为可以成为索偿的理由。但是，德国联邦议院报告中明确指出，无论如何，直到 20 世纪中叶，赔偿要求的合法性取决于相关国际法规的具体实现，例如一战后缔结的《凡尔赛条约》。

双方报告均指出，1945 年的《波茨坦协定》涵盖了苏联对德国提出的赔偿要求，而这理应满足波兰的赔偿要求。德国联邦议院报告认为，《波茨坦协定》不足以作为德国履行赔偿义务的理由，因为该协定是在没有德国参与的情况下缔结的①；同样因为纳粹德国国防军无条件投降，该赔偿要求也不成立。波兰议会报告强调，《波茨坦协定》没有规定波兰无权进一步从德国获得赔偿。但是，这种否定规定的空缺不能确保索赔要求成立。

波兰议会报告提到，1947 年，在一场于伦敦举行的会议上，波兰政府保留了提出进一步赔偿的权利。但是波兰在接下来的时间里并未采取行动。

1953 年 8 月 23 日，波兰政府宣布："考虑到德国已经在很大程度上履行了支付赔偿的义务，并且德国经济形势的改善有利于其和平发展，所以波兰人民共和国政府决定从 1954 年 1 月 1 日起放弃赔偿。"

波兰议会报告声称，该放弃赔偿行为是由于来自苏联的压力，波兰的内部决定仅针对德意志民主共和国，而非整个德国；此外，放弃的是补偿，而非战争赔款。波兰政府试图以此论证该放弃赔偿行为的无效性。但是德国联邦议院报告明确指出，上述内部原因在国际法中不起作用；此外，对于波兰称已经放弃的赔偿和准备进一步索取的赔偿，二者的区别是人为设定的，并不具说服力。

德国联邦议院报告补充强调，波兰副外长约瑟夫·维尼维兹（Józef Winiewicz）在 1970 年关于《华沙条约》的谈判中确认放弃对德国提出赔偿。而波兰议会报告并未提到这点。

波兰议会报告明确指出，波兰并非 1990 年《最终解决德国问题条约》

---

① Anders Frank Elbe, "Vergiftung der Versöhnung", *Cicero*, 18. 09. 2017, https：//www.cicero.de/aussenpolitik/polnische – reparationsforderungen – vergiftung – der – versoehnung. 根据 1907 年的《海牙陆战法规》，战胜国有权决定德国的赔偿义务。

（《2 + 4 条约》）的缔约方，正是该条约促成德国统一。因此，该条约不能给波兰带来任何法律后果①。

但报告没有提到，同样于 1990 年缔结的《新欧洲巴黎宪章》②的签订者们曾对《2 + 4 条约》做出声明："我们非常满意看到最终解决德国问题的条约，我们诚挚地希望看到德国人民团结在一个国家中。"

波兰签署了该宪章。如果说当时波兰有权获得赔偿，那么根据国际法一般原则，最迟在签署该宪章时，波兰已经表达了放弃赔偿要求。值得注意的是，德国联邦议院报告认为在这一点上做出另一种解读也是可以的。

联邦议院最终认为，波兰无权对德国提出赔偿要求，因为缺乏对德国具有约束力的法律基础。此外，1953 年波兰宣布放弃进一步索赔的行为无论在法律上还是在政治上都是有效的。

但是不排除波兰政府为此提出起诉。然而，向海牙国际法院起诉似乎毫无希望。2008 年，德国在承认海牙国际法院强制管辖权时，发表了限制声明：该管辖权仅适用于本声明提交日期后出现的争议，并仅适用于声明提交日期后发生的情况和事实。因此，不能预期德国会自愿接受海牙国际法院的受理。

如果像波兰驻柏林大使所说，波兰将向美国法院提起诉讼，那么该行为违反国际法原则：根据国家豁免原则，一国的主权行为不能由另一国的法院进行审理。国际法院于 2012 年证实了这一点③。

但是美国法院曾有一个类似、部分有违上述国际法原则的案例，因此美国法院有可能接受波兰对德国的诉讼。这与 1789 年的《外国人侵权行为

---

① Anders Frank Elbe, "Vergiftung der Versöhnung", *Cicero*, 18. 09. 2017, https：// www. cicero. de/ aussenpolitik/ polnische – reparationsforderungen – vergiftung – der – versoehnung. 战胜国宣布结束《波茨坦协定》，意味着德国的所有战争对立方放弃对其提出赔偿。

② Sven Felix Kellerhoff, "Was ist das ' Rechtsgutachten' wert?", *Die Welt*, 14. 09. 2017, https：// www. welt. de/ print/ die _ welt/ politik/ article168631412/Was – ist – das – Rechtsgutachten – wert. html.

③ Internationaler Gerichtshof, Urteil vom 03. 02. 2012, http：// www. icj – cij. org/ docket/files/143/ 16883. pdf.

法》和 1976 年的《外国主权豁免法》中复杂的法律情况相关。但是，美国法院不应将其管辖范围扩大到与美国很少或根本没有关系的案件中。无论如何，如果美国法院接受该诉讼，德国联邦政府有可能拒绝做出回应。

二　希腊的赔偿要求

2017 年年中，希腊发生一场争论：德国大使在二战期间德国军队屠杀希腊平民的地方敬献花圈时，受到了一名希腊女政客的阻挠。她要求德国政府向受害者支付赔偿金，仪式不得不因此推迟①。2017 年 8 月，希腊总统巴夫洛普洛斯（Prokopis Pavlopoulos）在访问一个德国军队曾进行平民大屠杀的村庄时说，希腊有权获得赔偿并可能提起诉讼②。

该事件将希腊赔偿要求的问题重新拉回公众视线。早在 1990 年，希腊总理康斯坦丁·米佐塔基斯（Konstantinos Mitsotakis）就表示将要求赔偿。2015 年和 2016 年，希腊总理阿莱克斯·齐普拉斯（Alexis Tsipras）再次要求德国赔偿战争损失，并称如果有必要希腊将起诉德国。不同政府提出的索赔金额最高达 3300 亿欧元。

1942 年，纳粹德国国防军从希腊国家银行获得一笔高达 4.76 亿德国马克的无息强制公债用于驻军。根据德国联邦议院学术服务部门计算，2011 年这笔公债的经济附加值估计为 2011 年税收的 3%，约 82.5 亿美元③。而其他来源基于更高的利率，估算出的金额为 950 亿~2600 亿欧元④。

---

① "Eklat bei Gedenkveranstaltung für griechische NS – Opfer", Zeit Online, 11. 06. 2017, http：//www. zeit. de/2018/05/reparationen – nazi – deutschland – holocaust – opfer – entschaedigung.

② "Greek President renews call for German war reparations", ekathimerini. com, 16. 08. 2017, http：//www. ekathimerini. com/220908/article/ekathimerini/news/greek – president – renews – call – for – german – war – reparations.

③ Antwort der Bundesregierung, auf die Kleine Anfrage der Abgeordneten Ulla Jelpke u. a. , BT – Drucksache 18/451, 06. 02. 2014, https：//dip21. bundestag. de/dip21/btd/18/004/1800451. pdf.

④ Spero Simeon Z. Paravantis, "To Pay or not to Pay", p. 95, http：//orbilu. uni. lu/bitstream/10993/31446/1/Paravantis_ To _ Pay _ or _ not _ to _ pay _ WWII _ Reparations _ March _ PPP. pdf.

2015 年，德国政府拒绝了希腊的要求①。

在现有原则中，仅有部分适用于回答希腊是否有权要求德国赔偿这个问题，如波兰的情况②。但无论是波兰还是希腊，都需要相关和约基础作为赔偿要求的理据，但目前正缺乏这样的基础。

与波兰不同，希腊是 1953 年《伦敦德国外债协定》的缔约方，该协定内容包含："二战期间本国领土被德国占领的国家提出审查要求，包括德国占领的费用，将推迟在赔偿问题最终方案中解决。"

与波兰一样，希腊也在 1990 年签署了《新欧洲巴黎宪章》，因此"非常满意看到最终解决德国问题的条约"。和波兰一样，签署宪章时希腊有权提出赔偿的最后期限。然而，希腊在当时并没有提出要求。因此，希腊也承认该最终规定，因为关于赔偿问题的进一步"最后"规定不能也不会出现在本协议中。

也有人认为，用作驻军费用的强制公债不应受赔偿原则限制，必须连同利息一起返还③。但这一论点没有考虑到的是，收回用作驻军费用的强制公债显然也是一种赔偿要求。

所以，希腊的赔偿要求不成立，希腊试图从一个所谓的"西德权力精英"与美国的冲突中获得赔偿要求的尝试失败了④。关于法院适用问题，前面对波兰情况的分析也适用于希腊。

---

① Jan Dams，"Die große Fehlkalkulation des Alexis Tsipras"，*Die Welt*，11.03.2015，https：// www.welt.de/wirtschaft/article138296219/Die - grosse - Fehlkalkulation - des - Alexis - Tsipras.html.

② "Zu den völkerrechtlichen Grundlagen und Grenzen kriegsbedingter Reparationen unter besonderer Berücksichtigung des griechisch-deutschen Verhältnisses"，Deutscher Bundestag，Wissenschaftliche Dienste，Ausarbeitung，26.06.2013，https：//www.bundestag.de/blob/415628/b9c2381f1dd0065 ac01ccba2ce1f3261/wd - 2 - 041 - 13 - pdf - data.pdf.

③ Nicholas G. Carambelas，"A legal view of Germany's wartime occupation loan"，ekathimerini.com，06.06.2015，http：//www.ekathimerini.com/197664/article/ekathimerini/comment/a - legal - view - of - germanys - wartime - occupation - loan.

④ Karlheinz Roth and Hartmut Rübner，*Reparationsschuld*，*Hypotheken der deutschen Besatzungsherrschaft in Griechenland und Europa*，Berlin，2017.

三　赫雷罗和那马后裔的赔偿要求

2017 年年初，纽约地区法院向德国提起集体诉讼①，该诉讼由纳米比亚的赫雷罗和那马少数民族代表提出，要求德国为 1904～1908 年德意志帝国军队对其祖先进行的种族灭绝行为进行赔偿。那时，大约有 6 万名赫雷罗族人和 1 万名那马族人遇害，分别相当于赫雷罗族人数的 3/4 和那马族人数的一半。当时的帝国军队由罗塔·冯·特罗塔（Lothar von Trotha）将军指挥，他早先也曾参与镇压中国的义和团起义。

德国在是否将该行为定义为种族灭绝的问题上表现犹豫。2004 年，时任经济合作部部长的维乔雷克 – 措伊尔（Heidemarie Wieczorek – Zeul）在个人声明中承认，当时的暴行在今天应被称为种族灭绝。然而，直到 2015 年，德国外交部才正式宣布："1904～1908 年在纳米比亚展开歼灭战是违反战争法的罪行，是一种种族灭绝行为。"② 德国态度的这种转变得益于 2015 年德国联邦议院中关于是否应该将 1915 年和 1916 年土耳其针对亚美尼亚人的行动定义为种族灭绝的讨论。2016 年年中的一份联邦议院声明中肯定了这种观点。

纳米比亚政府此前曾提出 300 亿欧元的赔偿要求。在最新提出的诉讼中，起诉人将索赔金额定为 600 亿欧元，并要求参与纳米比亚和德国政府之间的对话。

然而，迄今为止，赫雷罗和那马族的赔偿要求均未成功。长期以来，索赔的支持者一直要求德国将帝国军队的行为定义为种族灭绝。但在 2015 年德国政府做出承认后，赔偿要求仍缺乏依据③，因为 1948 年签订的《防止

---

① Heike Buchter，"Nicht länger ohne uns！"，Zeit Online，10. 01. 2018，http：//www. zeit. de/2018/03/namibia – deutschland – kolonialverbrechen – ovaherero – nama – klage.

② Henning Melber，"Genocide Matters-Negotiating a Namibian-German Past in the Present"，*Stichproben*，No. 33，2017，https：//stichproben. univie. ac. at/fileadmin/user ＿ upload/p ＿ stichproben/Artikel/Nummer33/01＿ Article＿ Melber＿ Genocide＿ Namibia＿ draft＿ FINAL. pdf.

③ Reinhard Kössler，Henning Melber，*Völkermord-und was dann*？，Frankfurt/Main 2017；"Genocide as a Subject to Negotiation？"，*The Namibian*，23. 01. 2018，https：//www. namibian. com. na/63585/read/Genocide – as – a – Subject – to – Negotiation.

及惩治灭绝种族罪公约》1955 年才在德国生效，而该公约无法追溯应用①，这意味着当时的事件不能依照当今已经有进一步发展的国际人道主义法规则。

最后，还没有一家法院能够成功受理该索赔诉讼。之前，向海牙国际法院提交的诉讼已经失败，因为该诉讼不能由私人提出。而另一个在美国法院提起的诉讼也已失败。他们已宣称要向海牙常设仲裁法庭提起诉讼，但迄今似乎并未提交。由于主权豁免原则，纽约法院（前文提到的集体诉讼现在悬而未决）不能负责该案件的审理，德国在 2018 年年初就在此诉讼中表达了这一立场②。此外，德国还拒收了几次送达的诉状，其中一次是来自美国驻柏林大使馆。

四 文物归还原产国

2017 年夏天，艺术史学家贝内迪克特·萨沃伊（Bénédicte Savoy）辞去柏林洪堡论坛专家顾问委员会职位。该论坛计划于 2019 年在柏林市中心重建的城市宫殿举行开幕仪式，同时展出"普鲁士文化遗产基金会"提供的民族志收藏品。但这位法国历史学家认为，在重建的城堡里展出通过殖民剥削来到德国的文物是一件矛盾的事：一方面，这座建筑意味着历史扭转，正如毁坏的城堡得以重建；另一方面，那些要求归还被盗物文物的人们坚持不能扭转历史，这些展品并不是"普鲁士文化遗产"③。她赞赏 2017 年年底法

① Antwort der Bundesregierung, auf die Kleine Anfrage der Abgeordneten Niema Movassat u. a., Historische, politische und juristische Hintergründe des Massakers gegen die Herero und Nama und Sachstand der Sonderinitiative, BT – Drucksache 17/10481, 14. 08. 2012, http: //dipbt. bundestag. de/dip21/btd/17/104/1710481. pdf.

② "Statement regarding recent newspaper reports on New York Court Case", *Press Release*, Deutsche Botschaft Windhoek, 17. 01. 2018, https: //windhuk. diplo. de/na – en/aktuelles/new – york/1307022.

③ "Das Humboldt-Forum ist wie Tschernobyl", SZ, 20. 07. 2017, http: //www. sueddeutsche. de/kultur/benedicte – savoy – ueber – das – humboldt – forum – das – humboldt – forum – ist – wie – tschernobyl – 1. 3596423.

国总统埃马纽埃尔·马克龙（Emmanuel Macron）在瓦加杜古为大学生发表的演讲中宣布计划将非洲艺术品归还给它们自己国家的行为①。这也将对在德国进行的讨论产生积极影响②。

这次的辞职事件引发了一场关于殖民主义下在非洲和亚洲获得的艺术品是否应该归还的争议③，而这场争论才刚刚开始。

五　企业对其独裁时期的行为做出赔偿

2017 年年底，大众汽车公司提交了一份关于其在 1964～1985 年巴西军事独裁期间行为的研究报告④。这是第一份关于二战后德国公司在独裁政权下的行为研究出版物。2014 年，大众前员工向巴西国家真相委员会指控大众汽车公司曾与军政府合作。因此，大众汽车公司于 2016 年提出委托进行此项研究。

研究结果认为，大众汽车公司在此期间获得了高额利润，从而能够进一步投资巴西，同时向德国转移高额利润。当时，在巴西，各家工会由国家控制，导致工资水平低于拥有罢工权和自由谈判权的民主国家水平。公司管理层效忠于军政府。十年来，工厂安保与政治警察合作，对反对派工人实施迫害。

---

① "Discours du président de la République, Emmanuel Macron, à l'Université Ouga I, professeur Joseph Ki – Zerbo, à Ougadougou", 29. 11. 2017, http：//www. elysee. fr/declarations/article/discours – du – president – de – la – republique – emmanuel – macron – a – l – universite – ouaga – i – professeur – joseph – ki – zerbo – a – ouagadougou/.

② Bénédicte Savoy, "Die Zukunft des Kulturbesitzes", FAZ, 12. 01. 2018, http：//www. faz. net/aktuell/feuilleton/kunst/macron – fordert – endgueltige – restitutionen – des – afrikanisches – erbes – an – afrika – 15388474. html? printPagedArticle = true#pageIndex_ 0.

③ Andreas Kilb, "Moral und Kulturbesitz", FAZ, 27. 07. 2017, http：//www. faz. net/aktuell/feuilleton/eskalation – am – humboldtforum – moral – und – kulturbesitz – 15123553. html.

④ Christopher Kopper, *VW do Brasil in der brasilianischen Militärdiktatur 1964 – 1985：Eine historische Studie*, 30. 10. 2017, http：//www. volkswagenag. com/presence/konzern/documents/Historische_ Studie_ Christopher_ Kopper_ VW_ B_ DoBrasil_ 14_ 12_ 2017_ DEUTSCH. pdf.

作为对这项研究结果的回应，大众汽车公司已经在工厂场地为当时受到军政府迫害的受害者竖立纪念牌，并计划与人权组织展开合作。研究结果在全公司范围内适用①。

一位工人代表表示，这仅仅是尊重历史真相和出于对被迫害者的敬意。他还要求大众公司进行"集体赔偿"。其他代表在此之前就提出过类似要求，大众汽车尚未对该要求做出回应。但据称大众汽车正在调查进行赔偿的可能性②。

六　纪念文化

2017年1月，图林根州议会中右翼的德国另类选择党州主席和议会党团主席比安·霍克（Björn Höcke）在一次演讲中表示："我们德国人是世界上唯一在首都中心竖立一座耻辱的纪念碑的民族……我们需要一个转变180度的纪念政策。"③

这一关于柏林市中心欧洲被害犹太人纪念碑的声明在国内外均受到严厉批评，有些批评的声音也来自霍克自己的党派。其他政党的政治家甚至对其提出刑事指控，检方因其涉嫌煽动群众而展开调查。评论家将霍克称作"新纳粹"（Neo-Nazi），认为此人侮辱纪念碑，原形毕露。

对于霍克上述言论的反应有可能失去了准星。柏林的纪念碑应该提醒大家勿忘德国的民族耻辱，这样的表述也许并没有错。它也不会因为出自

① "Volkswagen arbeitet seine Vergangenheit in Brasilien auf", Volkswagen, 14.12.2017, https://www.volkswagen-media-services.com/detailpage/-/detail/Volkswagen-arbeitet-seine-Vergangenheit-in-Brasilien-auf/view/6005033/7a5bbec13158edd433c6630f5ac445da? p_p_auth=Sga5qAeb.

② "Studie: VW unterstützte Militärdiktatur in Brasilien", SZ, 15.12.2017, http://www.sueddeutsche.de/wirtschaft/zeitgeschichte-studie-vw-unterstuetzte-militaerdiktatur-in-brasilien-1.3793026.

③ "Die Höcke-Rede von Dresden in Wortlaut-Auszügen", SZ, 18.01.2017, http://www.sueddeutsche.de/news/politik/parteien-die-hoecke-rede-von-dresden-in-wortlaut-auszuegen-dpa.urn-newsml-dpa-com-20090101-170118-99-928143.

右翼民族主义分子之口就成了错误言论。像前以色列驻德国大使阿维·普里莫（Avi Primor）这样一位无可怀疑的时代见证者也曾多次表达同样的观点。在 2014 年的阵亡将士纪念日，他在德国联邦议院发表演讲，当时在场的有德国各宪法机构的负责人，他说："但是您何曾见过世界上有哪个国家建造纪念碑来铭记自己的耻辱？迄今为止只有德国人做到了，这是榜样和典范！"①

不过，霍克的表述也有可能意指纪念碑本身即为耻辱。无论如何，声称"德国的纪念政策需要一个 180 度大转向"这种价值判断具有明显的新纳粹主义特点，必须予以谴责。

七 德国如何应对挑战

德国并不需要转变纪念文化。公开承认和面对过去犯下的罪行是正确的行为。这不仅和国家社会主义时期有关，甚至还涉及更早前的历史，如德意志帝国时期犯下的错误。

另一个问题在于，除了道歉、竖立纪念碑、在社会中正视历史、开展联合项目，在对过去进行补偿方面，如波兰、希腊和纳米比亚案例，还有哪些可行、正确的措施？德国应该始终承认过去犯下的罪行。例如，在赫雷罗和那马案例中德国还未做出道歉，但是在将来与联邦政府特别代表的谈判中有可能实现这个目标。

在二战结束的 70 多年后再提出赔偿要求，这种要求似乎过度了，它们成为可能破坏欧洲维持了数十年之久的秩序的隐藏威胁。例如，如果波兰向德国提出上述数额的赔偿要求，就不能排除被驱逐或失去财产、来自德国东部领土的德国人或者其后代反过来向波兰提出索赔要求。最后可能还存在一个问题：二战后德国割让给波兰的部分领土——1937 年德意志帝国境内约

---

① Gedenkrede Avi Primor, Volkstrauertag, http：//www. volkstrauertag. de/fileadmin/redaktion/ BereichMeldungen/Meldungen/2014/VT_ Reden/17112014/Rede_ Avi_ Primor_ VTT_ 2014_ de. pdf.

1/5 的领土——和波兰的赔偿要求相抵消①。没有人会对这样的讨论感兴趣，因为人们更关心的是欧洲的繁荣发展。

与此同时，人们有时有这种感觉：当前波兰政府正试图抛出赔偿问题以转移欧洲对波兰一些国内做法——特别是波兰政府对司法独立的限制——批评的注意力。另外，德国必须承认，对波兰犯下的罪行在德国的集体记忆中部分地被反犹罪行所替代。例如，人们很难理解，不同于德国与希腊的关系，德国外交部网站上关于德国与波兰政治关系的内容②中并未提到第二次世界大战。

在希腊问题上，很明显，希腊的赔偿要求与德国对希腊实现平衡预算的警告几乎同时发生，这至少表明希腊在把赔偿要求作为工具使用。

纳米比亚起诉者的要求显然也是基于对本国政府的不满，因为德国在经济合作框架内支付的大量款项并没有使赫雷罗和那马受益，而是使其他纳米比亚族群受益。

然而，排除所有历史和道德考虑，很明显的是，即使在经济繁荣的 21 世纪，德国也无法弥补自己在 20 世纪所造成的所有物质和非物质损害。波兰、希腊以及纳米比亚起诉者要求的赔偿金额将超过德国的实际生产力。如果最终决定赔偿甚至仅仅是尽力支付相当的金额，那么肯定会有其他国家、少数民族和个人在短时间内提出更多的赔偿要求。

这就清楚地表明，对历史上犯下罪行的赔偿是有限的。赔偿极限在 21 世纪的衡量方式与 20 世纪不同，人们不能用今天的认知来衡量半个世纪前甚至超过一个世纪前发生的事实。如果答案是肯定的，那么不仅是德国，许多其他国家也不得不支付无法想象的巨额赔偿，这些国家通常没有做好这方面的准备，或不具备赔偿的财力。如果支持这种覆盖大范围的赔偿义务，例如，要求为长达几个世纪的殖民主义支付赔偿，有可能破坏包括中国经济秩

---

① Gregor Schöllgen, "Gefährliche Diskussion", *FAS*, 10. 09. 1917, http：//www. gregorschoellgen. de/media/archive1/artikel/Gregor_ Schoellgen – FAS – Gefaehrliche_ Diskussion. pdf.

② Auswärtiges Amt, Polen, Beziehungen zu Deutschland, Politische Beziehungen, Stand：Dezember 2017, https：//www. auswaertiges – amt. de/de/aussenpolitik/laender/polen – node/ – /199110.

序在内的世界经济体系。

但这并不意味着可以因为国家财政状况而完全忽视过去。德国是欧盟预算最大的净出资国，而波兰是最大的净受益国①。这不是为了弥补二战所带来的损失，但也是为了弥补充满罪恶的历史而支付的补偿的一部分。希腊在许多方面得到了欧洲邻国的资助，德国是其最重要的合作伙伴②。纳米比亚最终从德国获得的经济合作明显多于其他同类规模的国家③。

关于博物馆是否应该归还其在可疑情况下获得的文物的讨论仍在继续。一方面，有人认为，一些文物的原产国目前没有足够的基础设施来细心保管这些展品；另一方面，也有人指出，即便不具备细心保管的能力，文物的原产国也有充分的权力取回原属于自己的文物④。法国总统宣布归还非洲文化遗产这一事实，将给德国和其他欧洲国家带来相当大的压力。

最后关于国际公司行为的争论：要求在所有开展业务的国家引入本国公认的原则，例如监事会的人员组成、员工参与公司决策、自由工会、最低工资、工资决定方式以及职业安全、社会标准和其他类似问题，预计是不可行的。企业不得过多地干涉东道国的内政。正确的是，如果一个企业致力于在全球范围内发展业务，那么它也必须接受自己只是其他国家的客人这个事实，政治、社会和劳资关系的塑造是东道国公民的责任，而不是外国公司。

---

① Bundeszentrale für Politische Bildung, "Nettozahler und Nettoempfänger in der EU", 29. 12. 2016, http：//www. bpb. de/nachschlagen/zahlen – und – fakten/europa/70580/nettozahler – und – nettoempfaenger.

② "Target2 – Salden der Länder des Eurosystems im November 2017 (in Milliarden Euro)", Statista, https：//de. statista. com/statistik/daten/studie/233148/umfrage/target2 – salden – der – euro – laender/.

③ Namibia, Bundesministerium für wirtschaftliche Zusammenarbeit und Entwicklung, Namibia, http：//www. bmz. de/de/laender_ regionen/subsahara/namibia/index. html.

④ Bénédicte Savoy, "Die Zukunft des Kulturbesitzes", FAZ, 12. 01. 2018, http：//www. faz. net/aktuell/feuilleton/kunst/macron – fordert – endgueltige – restitutionen – des – afrikanisches – erbes – an – afrika – 15388474. html? printPagedArticle = true#pageIndex_ 0.

B.9
德国数字教育的现状、挑战与对策

俞宙明*

摘　要： 教育在经济与社会的数字化进程中起着重要作用，但德国教育的数字化进程至今仍不尽如人意。德国政府充分意识到这一点，推出了"数字化教育攻势"战略。该战略把育人视为数字化进程的关键因素，对数字能力的认识既包括技术层面，也深入社会层面。其措施和目标涵盖了从普通教育、职业教育到终身教育的所有方面。但该战略因德国联邦制的制约等因素，行为体分散，体系不完整，不确定性高。2018年3月，德国新政府组阁成功，《联合执政协议》体现了德国新政府推动数字教育发展的决心。如果新政府能解决现有问题，改善外部条件，则德国教育数字化当有长足发展。

关键词： 德国　教育　数字化　数字战略

进入21世纪以来，信息通信技术飞速发展，全面渗透至各个领域，给全球政治、经济与社会生活带来了新的机遇，也提出了新的挑战：数字化能够带动增长、创造就业与提高生活质量，推动科研创新，提高与巩固竞争力，为当前面临的许多问题提供解决方案。同时，数字技术的发展也蕴含风险，这种风险除网络攻击、数据窃取等违法犯罪行为之外，还包括新的交

---

* 俞宙明，博士，同济大学德国问题研究所/欧盟研究所讲师，中德人文交流研究中心、德国研究中心研究人员。

流、参与和组织形式对社会的影响，以及形成数字鸿沟的风险。数字化转型成功，成为一国保持与提高竞争力、应对全球挑战的关键因素之一。德国政府对此有充分认识，近几年来先后推出"高科技战略"、"数字议程"与"数字战略"等战略①，积极推进德国的数字化进程。这些战略涵盖经济、社会、行政、法律法规、基础设施等方方面面，而教育成为其中一个特殊领域。教育与其他领域一样面临着数字化所带来的新机遇与新挑战，同时又被寄予厚望，被视为解决其他各领域问题的最根本途径。正因为如此，观察与探究德国教育数字化的意义，不限于教育本身，而是将有助于把握德国整个经济与社会的数字化进程、预判其未来发展轨迹。本文旨在介绍德国数字教育的理念，描述当前德国的教育数字化进程，梳理德国数字化战略中教育部分的发展状况，厘清其思路，探讨其得失，同时对其在新一届政府任期中的发展前景做一展望。

一 数字化转型中的德国教育

数字化转型中的教育面临的变革，并非以"教育数字化"（Digitalisierung der Bildung）一词可以简单蔽之，其中的关系与内涵是错综复杂的。因此，德国政府在该领域多使用"数字教育"（Digitale Bildung）这一较为宽泛、模糊的提法。本部分旨在分析教育与数字化之间的关系、厘清这一概念的内涵，并借助相关监测报告梳理德国当前数字化教育的现状。

（一）"数字教育"概念的内涵

在数字化转型的过程中，"数字"在"教育"领域扮演两个方面的角色。这一点非常好地体现在德国政府选用的"数字教育"这一概念中，数字教育政策一般涵盖两个方面的内容，即教与学的对象和手段。"数字"作

---

① 关于德国政府的数字化战略与政策及数字化进程，可参见俞宙明《德国"数字议程"与数字化转型进程》，载郑春荣主编《德国发展报告（2017）：大选背景下的德国》，社会科学文献出版社，2017，第156~178页。

为教与学的对象，指的是数字能力，首先包括对数据的搜索、评估与处理，即自主地、有针对性地搜索、评估信息的能力，以及把自创内容以数字格式分享给其他用户的能力，这些能力更延伸为进一步自主学习的能力；而后是技术层面上的基本知识，包括设备运用、软件、算法、编程、网络技术以及信息安全与数据保护等。"数字"作为教与学的手段，包括数字媒体与数字化的资源，以及有助于改善教学的数字技术，并进一步延伸至基础设施与法律法规的建设完善。这二者并非互相独立，而是相辅相成的。数字教学手段是传授数字能力的基础，而数字教学手段的有效运用，又以掌握一定的数字能力为前提。

同时，德国的数字教育政策非常注重回归"教育"的本源。"教育攻势"中特别指出，发展数字教育的目的，从根本上来说应当无异于教育的一般目的。数字化转型中的教育，仍应以人为本，教育优先。数字手段的终极目的不是其自身，而是为教育服务。[①]

（二）德国数字教育现状

德国数字化教育的现状，同样可以从两个方面来观察，即各级各类学生乃至全民的数字能力（数字化作为内容）和教育领域的数字化程度（数字化作为手段）。从第一个方面来说，德国民众的数字能力并不乐观。从 D21 数字社会年度报告[②]看，2017/2018 年的报告显示，民众中最普及的数字能力是"网络搜索"，但掌握这一能力的人也只占到 70%。也就是说，仍有 1/4 的民众不具备最基础的数字能力。德国学生的数字能力同样较为落后，在 2013 年的国际计算机与信息素养调查（ICILS）中仅获中评，1/3 学生的计算机及信息能力处于中下水平。该研究报告还指出德国青少年的信息技术

---

① BMBF, *Bildungsoffensive für die digitale Wissensgesellschaft. Strategie des Bundesministeriums für Bildung und Forschung*, 2016, p. 4.

② 数字社会年度报告由 D21 倡议行动在联邦政府资助下自 2015 年起每年发布，其中包括 D21 数据指数（D21 Digital Index）。报告详见贝塔斯曼基金会网站，https: //www. bertelsmann - stiftung. de。

潜力开发不够、学生中开始出现数字鸿沟、德国学校数字设备配比和教师的信息通信技术能力均处于国际平均线以下。[①]

教育数字化方面，贝塔斯曼基金会从 2016 年起，针对教育领域的数字化应用先后发布了一组较为系统的数字教育监测报告，考察德国各个教育部门，包括中小学、职业教育、高校与继续教育部门中数字技术的运用情况和成效，由此我们可以对德国教育数字化的现状有一个大概的了解。

中小学监测报告[②]显示，许多学校因师资力量和学校基本设施所限，无法充分发挥数字化在各科教学中蕴藏的潜力。学校管理层与师生虽然都有意愿使用数字媒体，也期待数字化能带来各方面的变化，但与教育数字化目标的真正实现仍然存在较大距离。

首先，学校对数字化潜力认识不足，反而更多地把数字化视为一种由外部而来的挑战。调查显示，虽然超过 70% 的教师和学校管理层认为数字媒体有助于提高学校的吸引力，但认识到数字化在课堂教学中的潜力并加以应用发挥的，仍是少数。真正在使用数字化媒体的教师只有 15%，绝大多数教师并不看好数字媒体对学生学习的帮助。在这种大氛围下，数字化转型进程仍然被拦在校门之外，并未受到学校普遍重视，学校既缺少系统的数字化方案，也未把数字化纳入战略考量，而来自教育机关和州政府的外部推动力量也稍显不足。因此，学校里的数字化进程主要是教师的个人行为：数字化媒体的运用由教师自行决定，数字能力的学习也基本靠教师自己摸索。这大大限制了数字化成为学校战略发展推动力的可能性。

不仅主观上缺乏能动性，客观上，学校数字化教学的条件也还有很大的改善空间。近 50% 的教师在调查中补充对学校配备的技术设施不满意，58% 的教师表示得不到必要的 IT 技术支持，65% 的教师抱怨没有机会接受

---

① W. Bos et al.（ed.），*ICILS 2013. Computer – und informationsbezogene Kompetenzen von Schülerinnen und Schülern in der 8. Jahrgangsstufe im internationalen Vergleich*，WAXMANN，2014，pp. 126 ff.

② Bertelsmann Stiftung，*Monitor Digitale Bildung. # 3 Die Schulen im digitalen Zeitalter*，2017，Gütersloh.

这方面的培训；21%的教师表示学校里根本没有无线网络，37%的教师对于学校无线网络的质量不满意。教学素材方面，开放教育资源（OER）虽然已经在日常教学工作中占据重要地位，但约半数教师抱怨寻找合适的素材太费时费力。

高校监测报告[1]呈现的景象则略有不同。德国高校配备的数字化设备和基础设施都相当不错，然而其在教学方面的潜力却未能得到充分的开发利用。课堂上常用的手段只有视频和演示，社交媒体或其他创新教学方式则未能得到广泛使用。学生在这方面早已走得更远，在学习上往往是各种数字手段相结合，也非常希望学校能够有所行动。在数字化转型的问题上，高校教师显得较为谨慎，尤其在教学活动中，手机等移动通信工具甚至往往被视为分散注意力的干扰因素。

相比之下，高校领导层和管理层对数字化更为重视，期望数字化手段能够提供高校当前所面临的具体问题与挑战的解决思路，包括如何解决入学人数不断增长与学生日益异质多元带来的挑战，以及各种管理方面的要求。但在发展战略问题上，大多数高校满足于现状，对数字化议题仅赋予中长期战略意义。高校领导层和管理层对待数字化的态度呈两极分化，有人坚决支持数字化，也有人对于整体性、系统性引入数字化教学持怀疑态度。相对于学校管理领域的数字化，教学数字化战略优先级更低，往往寄希望于由师生的自发行动来推进。事实上，教师在教学中对数字化手段的使用程度参差不齐，使用行为多凭个人好恶，数字能力得不到专门培训，全靠自己摸索；学生则更缺乏积极性和主动性，对数字化教学手段持可有可无的态度。尤其需要引起警惕的是，利用数字化媒体学习最少的是师范生，这类学生今后将要走向教育岗位，他们对数字化兴趣阙如，也势必影响到今后学校的数字化进程。

职业教育监测报告[2]则指出，培训教师对于数字学习态度谨慎，以实用

[1]　Bertelsmann Stiftung, *Monitor Digitale Bildung. ＃2 Die Hochschulen im digitalen Zeitalter*, 2017, Gütersloh.

[2]　Bertelsmann Stiftung, *Monitor Digitale Bildung. ＃1 Berufliche Ausbildung im digitalen Zeitalter*, 2016, Gütersloh.

主义为主。培训体系中仍然是传统、老式的教学理念和方法占统治地位，数字学习的潜力几乎还没有得到重视。与中小学和高校类似，数字化教学手段在职业学校课堂上的运用，也几乎全看教师自己，经验丰富的教师往往在这方面走得比较远，而能力一般的教师则因为把数字化手段带上课堂耗时、耗力，又缺乏足够的技术指导和合适的教学资源，而感到困难重重。

与职业教育师资相比，职业培训生对于数字化学习媒体普遍持更为开放的态度，课余利用数字媒体学习的比例较高，也有将这些手段与课堂教学相整合的需求。尤其是低学历的青年男性培训生，受到数字学习方式的帮助最大。网络搜索、学习游戏、应用、内容自创造，对这一群体都非常有吸引力。但无论是职业学校还是培训企业对此都缺乏重视，推动变革的任务目前同样也落在师生的个人行为上。和中小学校一样，很多职业学校把数字化教学当作一块招牌，看重其提升学校形象和增强吸引力的作用，却并没有看到其对于学校与课程发展以及学校与企业间培训内容契合的战略意义。在"工业4.0"时代，数字化与自动化对于许多工业和经济部门来说都具有非常重要的地位，而这方面的教育创新则一直处于比较落后的状态。

继续教育监测报告①考察了德国继续教育领域的数字化学习状况，得出的结论是：继续教育领域的数字化学习呈现非正式、自发及自组织的特点。只有一半人把这种通过数字媒体进行的非正式学习方式作为日常学习的手段。2017年，只有1/10的被访者参加过系统、有组织的网络继续教育，而参与大规模网络公开课程（MOOCs）的比例只有1%。该领域教师使用数字媒体较为积极，但仍未能很好地挖掘其中的潜力，其原因之一也是他们缺少在这方面学习、提高和接受指导的机会。

继续教育领域的行为者构成较为复杂，报告显示，私营商业机构教师对数字化手段的运用好于公立机构和公共财政资助的继续教育领域，而小型机构的状况又要好于大型机构。相应的，私营商业机构和小型机构对教学数字

---

① Bertelsmann Stiftung, *Monitor Digitale Bildung. #4 Die Weiterbildung im digitalen Zeitalter*, 2018, Gütersloh.

化的重要战略地位有更多认识。

总体看来，德国各级各类教育机构的数字化都有一定进展，但都不尽如人意。存在的共同问题包括：领导层和管理层重视不够，对数字化缺少战略上的考量，把学校教育数字化的进展寄希望于教师与学生的自发行为；教师在数字化教学手段的运用方面，既缺乏制度、物质和技术上的支持，也缺乏正规的技能培训，只是靠自身的热情和兴趣摸索、推动；学生则完全处于被动地位，对数字化教学有需求，但缺乏推动力。数字教学还有非常大的潜力可挖。

（三）德国教育在数字化转型中面对的挑战与需求

数字技术给教育本身带来了巨大的变革。它改变了内容的创造、处理与传播形式，从而使当前的教育和学习资源的内容极为丰富且方便获取；它也为教学开创了全新的可能性，使个性化、灵活、不受时间地点限制的授课与学习成为可能，大规模在线课程、虚拟学习、合作学习等新形式纷纷涌现，方兴未艾，为教育展现了一个充满希望的全新未来。同时，当前的时代里，教育也面临着巨大的挑战。全球化和移民难民浪潮使德国各级各类学校中拥有移民背景的学生比例不断升高，2016 年中小学校中这个比例的全国平均值已为 1/3[①]，而大学生中的国际学生总人数也突破 35 万人，占比约为1/8[②]。学生日趋多元、异质，对因材施教提出了更高的要求。同时，中小学校向全日制方向发展，大学学生人数不断膨胀，职业教育面临深刻变革，这些都对教学和行政管理提出了更高的要求。人们寄希望于通过数字化手段来解决这些问题，但德国承袭多年的教育体系脚步滞后，教师与管理层的数

---

① 参见 P. Stanat et al. （ed.），*IQB – Bildungstrend 2016*，WAXMANN 2017，p. 242。该报告抽取小学四年级进行调查，有移民背景的学生比例最高的是不来梅州，达到 52.5%，最低的图林根州为 8.4%，全国平均比例为 33.6%。

② 参见德国联邦统计局数据，"Anzahl der ausländischen Studierenden an Hochschulen in Deutschland in den Wintersemestern von 2014/2015 bis 2016/2017 nach Herkunftsländern"，https：//de. statista. com/statistik/daten/studie/301225/umfrage/auslaendische – studierende – in – deutschland – nach – herkunftslaendern/。

字素养有待提高，尚无法胜任数字化教学与管理的要求。

与此同时，经济与社会的数字化转型也对教育提出了新的要求。企业经营模式、生产流程与服务的转变给职场带来翻天覆地的变化；社会的组织方式也正在发生变革，新的交流、合作与参与方式中隐含着新的风险。

首先，数字化转型的推进催生大量新型、更为灵活、对数字化专业知识要求更高的职业和工作岗位，许多传统工作岗位被取代，许多传统职业领域消失。如果劳动者数字素养的提高普遍无法跟上数字化转型的步伐，势必导致劳动力市场供需脱节，一方面失业人数增加，另一方面却人才紧缺，许多岗位无人可胜任。德国联邦信息技术、电信和新媒体协会（Bitkom）的调查显示，当前仅信息通信专业的岗位缺口就已达 5.5 万人，而且呈现年年扩大的趋势。数字能力在各行各业都成为核心能力，被访企业中有 89% 认为员工的数字能力将与专业或社交能力同等重要，但对于当前员工和求职者的数字能力均评价不高[①]。提高当前劳动者的数字素养，同时保障未来人才需求，从而确保德国的创新力和竞争力，成为教育所面临的一项重要任务。

正如上文所述，劳动者在数字经济前进的过程中面临失业风险，数字化转型给社会带来的影响和挑战同样不可小视。数字化进程早已渗透进生活的每个领域，民众如果不能跟上数字化步伐，适应数字化的要求，将会在社会生活中处于劣势，最终导致产生新的社会分层。

D21 数字社会年度报告显示，近年来，德国民众的数字能力指数一直徘徊在 50 点（满分 100 点）以下（见表 1），这警示了德国社会正在形成数字鸿沟。提高全民数字能力，推动社会公平，避免社会分裂和阶层固化，是数字化进程对教育提出的又一个要求。

---

① A. Berg, "Der Arbeitsmarkt für IT - Fachkräfte", Berlin, 7 November 2017, https: // www. bitkom. org/Presse/Anhaenge - an - PIs/2017/11 - November/Bitkom - Charts - IT - Fachkraefte - 07 - 11 - 2017 - final. pdf.

表 1　历年 D21 数字指数比较

年份	接入	使用	能力	开放	总指数
2015	59	38	49	53	52
2016	65	41	44	49	51
2017	66	40	47	52	53

资料来源：笔者根据 D21 倡议行动的 2015～2018 年数字社会年度报告整理。

同时，在难民潮刚刚退去不久的今天，专家们也非常期待数字教育在德国移民难民融入问题上能起到关键作用。数字教育能够以低廉的成本、灵活的手段，有针对性地帮助学习者提高语言能力，有助于解决当前德语和融入课程供不应求的问题；同时也能帮助有移民背景的学生在德语能力不足的情况下跟上学校的学习进度，并帮助有移民背景的劳动者逾越就业市场的障碍。最后，一些数字教育手段，如严肃游戏，可用于社会教育，营造与培养全社会相互包容、理解的氛围。[①]

二　德国数字教育政策纵览

对于教育在数字化进程中的重大意义，德国政府亦早有认识。在数字化转型成为政府议题后不久，关于教育领域的研究与讨论就已经开始了，此后教育政策一直是其数字化政策的一部分，随数字化政策的发展而发展，重要性不断提升，并在不同阶段关注不同的重点。同时，由于德国数字化转型建设方面的职责分散在数个不同的部门中，各个部门出台的政策也各有侧重。

（一）德国数字教育政策的发展路径

德国联邦政府数字化战略的缘起，最早可以追溯到 2006 年的德国"高

[①] N. Opiela et al. , "Digitale Bildung – Ein Diskussionspapier", Berlin, 2016, pp. 19 – 20, https：//cdn2. scrvt. com/fokus/53af512c3bdd3263/332f30262f38/Digitale – Bildung – – – Ein – Diskussionspapier. pdf.

科技战略"，信息技术在其中被列为 17 个未来重点领域之一，但当时的战略中，并没有出现教育方面的内容。包括 2010 年 7 月更新的"高科技战略 2020"中也未提及教育。但此时教育已经渐渐进入政策视野。2010 年 5 月，联邦议院组建互联网与数字社会调查委员会（Enquete-Kommission Internet und digitale Gesellschaft），对互联网对德国政治与社会正在产生的影响进行调查，并于 2013 年发布了相关报告。该报告中的教育研究部分指出了学龄前、中小学、高校教育、职业教育及继续教育的现状及数字化手段和内容的使用状况，并提出了相关的行动建议：

> 在学前教育和中小学教育领域，在师资培训中加强数字媒体使用方面的内容，并改善对父母的教育；为学校提供 IT 系统方面的支持；考察社交媒体用于学习的可能性；将数字教育方面的内容纳入教育报告撰写；确保每一位学生都习得媒体方面的基本知识；着手考察和更新版权方面的法规；促进图书馆中的数字媒体应用。
> 在高等教育领域，充分挖掘 IT 系统的潜力；推进高校中的数字化学习；设立服务于 IT 系统和数字学习的能力中心；考察高校的云解决方案；促进开放大学建设；推进开放教育资源和开放式课程。
> 在职业培训和继续教育领域，尤其是在中小企业营造数字化教学环境；提高教育者的媒体能力。①

这些建议考虑的内容比较全面，在当时也具有一定的前瞻性，为德国政府此后在数字教育领域的政策奠定了一个基调。2013 年 11 月，联盟党和社民党联合组阁建立新一届联邦政府，两党签订的《联合执政协议》中提出打造"数字议程"计划，其中"数字教育与研究——公平与创新"一节提出要在数字化社会中保障公平、推进创新、提高全民信息

---

① *Sechster Zwischenbericht der Enquete – Kommission "Internet und digitale Gesellschaft. Bildung und Forschung"*, Deutscher Bundestag, Drucksache17/12029, pp. 88ff, http：//dipbt. bundestag. de/dip21/btd/17/120/1712029. pdf.

能力①。

在此基础上，联邦经济和能源部、联邦内政部及联邦交通与数字基础设施部共同推出了《数字议程2014~2017》②。该文件于2014年8月20日由联邦政府通过，教育已被纳入七大核心领域之一，被视为数字化转型的发动机和保障以及创新的基础。该议程文件中首次提出了"为建设数字知识社会发动教育攻势"（Bildungsoffensive für die digitale Wissensgeschaft），目标是使人们更好地为数字职场和知识社会做准备，提高他们的媒体能力。初步包括三大块内容：制定覆盖终身的"数字学习"战略；考察数字化职场对职业教育培训的要求；研究数字化给高校带来的机遇并提出行动建议。

在2016年的《数字战略2025》③中，数字教育已经被确定为迈向未来的十个步骤之一。该战略由联邦经济部发布，偏向经济维度，着眼于数字化转型给工作和职场带来的变革与挑战，提出通过"实现生命各阶段的数字化教学全覆盖"来确保德国经济的创新力和竞争力，尤为关注数字化教学在所有年龄段与学习层次的全覆盖，从中小学到职业教育、高等教育，一直到在职培训。为2025年所设的目标包括：数字化教学内容纳入中小学教学大纲，让各级中学生都能拥有信息学基本知识并初步了解和掌握算法与编程；建设数字化教育基础设施；促进员工在岗IT知识培训、公共教学资源在线开放。这样的"数字化学习"战略应由包括政府、经济界和教育界的所有利益相关方来共同承担，提出中小学校教育应加强与经济界的联系，职业教育应更贴近数字化进程带来的实际需求，而高校则被视为培养数字化创新的核心。同时该战略也呼吁企业加强对员工在数字化方面的在职培训，并承诺将为此提供指导。

---

① *Deutschlands Zukunft gestalten. Koalitionsvertrag zwischen CDU，CSU und SPD*，2013，https：//www. cdu. de/sites/default/files/media/dokumente/koalitionsvertrag. pdf.

② Bundesregierung，*Digitale Agenda 2014 – 2017*，Berlin，2014，https：//www. digitale – agenda. de/Content/DE/_ Anlagen/2014/08/2014 – 08 – 20 – digitale – agenda. pdf；jsessionid = 385D811D4317C8BF023F24DFFDE17AE2. s4t2？_ _ blob = publicationFile&v = 6.

③ BMWi，"Digitale Strategie 2016"，2016，http：//www. de. digital/DIGITAL/Redaktion/DE/Publikation/digitale – strategie – 2025 – broschuere. pdf？_ _ blob = publicationFile&v = 6.

2016 年 11 月召开的全国信息技术峰会①上，数字教育被定为本年度重点议题，各界专家就数字化时代教育所面临的机遇与风险进行了深入讨论，会后发布的《萨尔布吕肯宣言》中提出要推进继续教育体系的现代化。

2016 年 12 月，各州文教部长联席会议（KMK）也发布了名为"数字世界的教育"战略，就德国教育的未来发展做出了联邦州层面的战略规划。该战略指出，要把社会的数字化转型更好地整合进教育体系的教学过程中，就必须在各个行动领域同时采取措施。这些领域包括：教学计划和课程以及大纲，师资培训及继续教育，基础设施，教育媒体，电子政务及学校管理，法律及功能性框架条件。该战略分别针对中小学校和职业教育以及高校提出了发展目标与行动纲要，主要聚焦能力（师生数字能力的培养）、内容（数字化教学内容建设）和条件（基础设施与使用框架）三个方面。② 在此基础上，各联邦州也纷纷出台了本州的数字教育发展计划，如巴伐利亚州的"巴伐利亚数字 II"计划在 2018～2022 年为打造数字未来投入 30 亿欧元，其中促进数字教育的措施包括：建设数字教室和数字学习平台，信息技术成为中学必修科目，促进教师培训，在高校开设数字化未来领域的新课程，针对数字职场需求的教育培训，尽早培养数字能力。③

（二）数字"教育攻势"战略

数字"教育攻势"在《数字议程 2014～2017》中初次提出后，在接下来的几年时间里逐渐发展为一个促进德国教育各领域数字化的全面战略。该战略以联邦教研部和各州政府为主体，会同教育领域的其他重要行为者，整

---

① 全国信息技术峰会是德国构建数字转型的中央论坛。它是政界、经济界、学术界和公民社会的一个合作平台，面向"数字议程"的各个行动领域，开启社会与经济广泛对话的进程。

② KMK, *Bildung in der digitalen Welt. Strategie der Kultusministerkonferenz*, 2016, https://www.kmk.org/fileadmin/Dateien/veroeffentlichungen_ beschluesse/2018/Strategie_ Bildung_ in_ der_ digitalen_ Welt_ idF._ vom_ 07. 12. 2017. pdf.

③ "BAYERN DIGITAL. Bayern wird Leitregion für den digitalen Aufbruch", https://www.bayern.de/politik/initiativen/bayern – digital/.

合此前未成体系、分散的各种措施，为推进教育体系的数字化进程给出了一个系统性的行动框架。该战略提出的目标包括：一是传授数字知识、培养数字能力，帮助民众增强对数字领域的理解，学会正确对待与使用数字手段，从而使数字技术真正给人与社会带来福利；二是重新构建能够适应数字化进程的教育体系，让学生们都能在学校教育中学会运用数字媒体，使数字媒体在民众的学习与工作中得到普遍使用，从而尽可能避免在社会中形成数字鸿沟。①

为了充分发挥数字媒体在教学中的潜力，该战略不仅考虑到教师使用数字媒体和传授数字能力的能力，还着眼于改善外部条件，包括法律法规、技术设备以及制度支持。基于这一思路，战略具体分为数字教育、基础设施、法规框架、组织发展和国际视角五个行动领域，其具体目标统称为"数字教育世界 2030"（Bildungswelt Digital 2030）。

1. 数字教育

该行动领域的目标在于，要让所有学习者掌握使用数字媒体的能力，能够自主地、理性地投入数字世界。首先要使数字媒体在教育中的使用成为常态，让教师既拥有数字能力，也拥有传授数字能力的能力，并要保障数字教育资源的质量、供应与更新，从而使学习者能够获得学习和今后的工作生活所需的数字能力，懂得借助数字媒体提升自我。还要通过数字教育的整合，保持职业教育的吸引力。

为达到这一目标，联邦政府拿出的措施和计划覆盖了从学前教育、中小学、大学、职业教育直到继续教育和终身教育的全部层面。主要包括以下几个措施。

第一，在学前和普通教育领域，加强教师培训，提高幼儿阶段、中小学教师的数字媒体使用能力；通过信息科技竞赛和科普活动来激发学生的兴趣、提高学生的数字能力，包括国内的各级竞赛和国际信息学奥

---

① 关于该战略的资料来源于 BMBF, *Bildungsoffensive für die digitale Wissensgesellschaft. Strategie des Bundesministeriums für Bildung und Forschung*, Berlin, 2016。

林匹克竞赛，联邦教研部还和相关行业协会合作进行芯片开发展示等科普活动；借助数字化教学手段促进因材施教以及针对特殊需要学生的教育。

第二，在职业教育与继续教育领域，联邦教研部和德国联邦职业教育与培训研究所（BIBB）在2016年共同推出了名为"职业教育4.0"的倡议行动，其中包括多个数字教育促进项目。此外，还着手调查企业对数字能力的需求以及未来数字职场的发展方向，为职业教育数字化的发展提供指导。

第三，高等教育领域的措施包括，在高校教学研究数字化领域的一些数字学习项目和虚拟实验室、大规模在线网络课程，并创办了高校数字化论坛，为高校数字化进程的各个行为者提供平台。

此外，还有一些跨领域的措施，包括把数字教育作为一个重点纳入国家教育报告、设立国家数字教育奖、建设开放教育资源等。

2. 基础设施

基础设施建设的目标在于，提高全德国的数字教育基础设施水平，为德国所有教育机构配备千兆高速互联网的宽带接入，接口互相兼容，数字教育资源共享，还可以为有需要的教育机构设立中央基础设施，集中提供运营和维护服务。同时基础设施应当支持自带设备，确保师生参与。

这一领域的最主要举措是由联邦政府和各联邦州共同签署"Digitalpakt # D"协议，该协议将由两大核心元素组成。首先，由联邦政府在5年时间内投入50亿欧元，为全国约4万所中小学校和职业学校配备数字化设施，包括宽带接入、无线网络及基础设施，并有针对性地为这些学校的数字化进程提供支持，包括提供网络接入（宽带接口，无线上网）及可靠的基础设备（内部数据基础设施与服务器）。其次，各州要制定并实施可靠的数字教育方案，改革对教师的教育培训、支持学校与教育机构的战略发展以适应未来数字化的要求，今后还要负责制定本州的通用技术标准并保障数字基础设施的维护和运作。

此外，联邦教研部还支持"学校云"等试点探究项目。"学校云"

（Schul-Cloud）是与 Hasso-Plattner 研究所合作研发的，将为全国 MINT – EC 网络①中的学校建立一个软硬件中心，统一运作、维护与管理，相关学校则配备显示器与键盘即可接入。在千兆级宽带网络建设计划中，教育机构的基础设施与光纤接入也具有较高的优先级。

3. 法律法规框架

法律法规的滞后是数字化转型面临的一个严峻挑战，在教育领域，版权、数据保护等问题若不能得到妥善解决，将成为数字教育发展的巨大障碍。教学资料的制作与使用方面尤其如此。因此，在"数字教育世界2030"中，整个教育领域应当拥有一个统一、透明的个人数据使用规则，要确保教育过程中数据的安全防护，最后还要使教学双方以及教学材料的生产方都充分了解进而正确运用相关法律框架。

为达到此目的，联邦政府正在推动制定更有利于教育科研发展的著作权法，同时还要把这方面的努力进一步拓展到欧洲层面，努力在欧洲层面也确立相应的框架条件。联邦教研部还推出开放资源战略，支持科研体系中各个层面的行为者将自己的开放资源制作成统一的学术出版标准格式，从而帮助教育科研领域的行为者更好地开发、利用数字化潜力。

在数据安全方面，联邦政府着力为数字教育的发展打造一个适应当前数据保护和数据紧缩（Datensparsamkeit）需求的法律框架，在教育领域各个行为者和参与者对数据保护的不同利益诉求之间寻求平衡。同时，联邦教研部通过参与跨部门的框架研究计划"自主并安全地进入数字世界"来推动开发安全创新的 IT 解决方案，该计划为期 6 年（2015~2020 年），计划投入 1.8 亿欧元。

4. 机构发展

数字教育的实现，依靠教育机构的战略发展，同时也给教育行政管理带来了新的可能性。"教育攻势"提出的目标是，所有教育机构都针对数字教

---

① MINT – EC 是德国中学阶段 MINT（数学、信息学、自然科学与技术）特色学校的精英网络，2009 年组建，由德国各州文教部长联席会议领导。目前有 295 所学校属于该网络。

育制定出自己的战略并拥有足够的资源来实施这一战略；教育机构的领导者具备实施数字教育所必需的组织、技术和管理能力；所有教师能在专业课程的教学中使用数字媒体；把在借助数字媒体进行的教学中通过学习分析（Learning Analytics）获得的经验与数据用于流程控制及实证研究。

为实现这一目标，"教育攻势"要求各个教育行政部门应对教育机构制定战略提供支持，并使教育机构拥有足够的自主权来实现自己的战略，还要为教育机构的领导与教师提供相应的继续教育和培训。同时，支持各个教育机构将自身的数字化战略与地区数字化战略挂钩，并鼓励各地互相交流经验，还将通过竞争遴选出一批地区性的"数字化能力中心"予以资助。同时联邦教研部也支持高校在 IT 治理以及相关决策机构方面的建设。联邦教研部还在教育研究框架计划中引入学习分析的数据与成果，使之为改善学习流程和制定教育政策服务。

5. 国际合作

数字化转型的进程为德国教育国际化带来诸多契机，提高德国教育在国际上的吸引力。为此"教育攻势"提出的目标有三个方面。首先，德国教育机构能够拿出有针对性的高质量教育服务产品，在国际教育市场上站稳脚跟。其次，德国高校应更多地使用数字化教育手段来吸引外国留学生，并能够录取与在学习开始之前就有针对性地为他们提供支持，同时能够借助模块化的数字化课程，为本国在外交流学生提供支持；在职业教育领域，同样以数字化手段促进本国职业教育学生向外流动，以及吸引国外培训生前来德国。最后，还要通过用户友好型数字平台，方便移民进行职业资格认证及补习。

在高等教育领域，高校数字化论坛专门组织专家小组，对高教国际化与市场战略进行了实证研究和深入探讨，德国学术交流中心（DAAD）也对国际教育市场营销与教育数字化之间的关系进行了专项研究。考虑提升数字化课程在德国高校国际化中的战略地位，并借助数字化手段提高在德外国留学生的学习成绩。

在移民融入与职业教育领域，联邦教研部推出了一些方便移民学习德语与融入的 App，与联邦劳动部和劳动署合作推出数字化职业资格培训项目，并创建提供九种语言的职业资格认证门户网站和相关应用。

三　评价与展望

细读"数字攻势"五个领域的内容，可以看到，首先，德国政府在数字教育上理念先进、思考深入。教育成为数字化进程中"人"的因素的重中之重。同时，为数字教育的发展所定的目标也已相当全面。教育对象覆盖了学龄前、普通教育、高等教育、职业教育、后期培训直到全民终身学习。对数字能力的理解，也不限于技术，而是纳入了社会的视角。这些都值得我们学习与借鉴。但纵观该战略中所提出的措施，却仍然偏于碎片化，可以说仅仅是现有的和规划中的一些措施与计划的简单汇总，并没有为每个领域所要达成的目标拿出一个系统性的实现方案。制定者本身也认识到这个问题，并指出这是因为对许多领域的研究刚刚起步，认识不够所致，因此还将加强这方面的研究工作，尤其是要把"数字化高校教学"发展为教育研究中的一个新的重点领域。

造成这种措施碎片化的另一个原因，也是一个根本原因，则是德国的联邦制传统。在联邦制下，教育属于各州事务，联邦政府在这方面的权力受到限制。为发展学校数字教育、建设基础设施而必须采取的一些措施，如教学计划的调整、教师培训的组织等，都属于联邦州的文化主权范围。在各州各自为政的现状下，德国数字教育发展中的很多任务仍然需要联邦政府与各个联邦州的共同配合才能完成，例如设定全国通行、具有可比性的数字教育标准，并将这些标准纳入学校教学计划，等等。

因此，"教育攻势"特别说明，联邦政府提出促进教育数字化的战略以及相关协议，并非摈弃德国各州教育自治的联邦制传统。教育的数字化进程不搞大一统，而是尊重各地的多样性，根据各自的需求来寻找最佳的解决途径，同时还允许教育机构之间展开竞争。联邦政府寄希望于各个教育机构能够在数字化浪潮的推动下主动地更新自己的战略、组织方式和基础设施。在教育领域的数字技术与服务方面，包括建设、运作和内容提供，则要由私营供应商唱主角，让他们与教育机构形成一种新型的合作关系。这就使得德国在数字化教育领域的政策制定与行为主体的构成复杂分散、自由度高，不确定性也高。

联邦政府对学校数字教育的直接推动，只能通过投资基础设施建设来实现。这种做法之所以成为可能，是因为联邦政府借助《基本法》第91条 c 款绕过了联邦州的教育自治权。该条法律并非与教育相关，而是规定联邦政府和联邦州可以在信息技术系统的规划、建设和运营上合作。这一条款给联邦政府与联邦州在数字化教育方面的对接提供了一个有效的法律框架。

2018年3月14日，德国新一届政府终于组阁成功，联盟党和社民党签署的名为"欧洲新觉醒、德国新动力、国家新团结"的《联合执政协议》中的第四部分名为"教育、科研与数字化攻势"。其中，"数字化"一节中，提出要"为现代知识社会中的所有民众培养数字能力"，并再度强调了数字教育攻势，指出该战略应涵盖整个教育链，帮助民众健康成长，使之拥有数字自决的能力，能够理性对待海量数据、积极参与数字社会生活，并同时借助卓有成效的职业教育获得数字职场所需要的数字能力。该节中再度提出要实施聚焦学校基础设施建设的联邦与各州的数字协议"Digitalpakt # D"，即在未来5年内投入50亿欧元，用于改善全国4万所学校的数字化设施，为各个学校配备数字终端设备、网络接入设备、教学场所的无线网络及提供安全云解决方案，并对教师进行数字媒体运用能力方面的培训。这一计划提出历经数年，终于有望在本届政府任期中得到实现。此外，还包括创办国家教育平台、建设在线公开教育资源、提高全民媒体素养等内容。这些内容，也基本在前述"教育攻势"及其他文件中提到过。①

《联合执政协议》虽然并不具有约束力，但也为新一届政府在本届任期内的政策定下了一个基调。"数字化"首次作为一个独立的章节与教育并

---

① *Ein neuer Aufbruch für Europa. Eine neue Dynamik für Deutschland. Ein neuer Zusammenhalt für unser Land. Koalitionsvertrag zwischen CDU, CSU und SPD*, https://www.spd.de/fileadmin/Dokumente/Koalitionsvertrag/Koalitionsvertrag_ 2018. pdf.

列，篇幅长达 12 页，同时也是教育一节中的重要内容，这足以体现新一届政府推动数字教育发展的决心。然而，我们也能看到，《联合执政协议》与"数字化教育攻势"相比，并没有什么实质性的进展，虽然面面俱到，但仍然不成体系，更多的是较为空泛或琐碎的承诺。可以说，德国的数字教育战略，与德国整个数字化战略一样，都仍然处于成型阶段，如能在本届政府任期内进一步解决职权分散问题，并改善数字教育的外部条件，则教育的数字化进程将可得到长足发展，对德国经济与社会的数字化进程起到应有的推动作用。

B.10
德国难民融入政策、措施及其效果

——以难民的语言融入为例

郭　婧*

摘　要： 欧洲难民危机爆发以来，德国接收了大量来自叙利亚、伊拉克、非洲等地的难民，使得德国成为全球第二大移民国家。为了让这些外来移民尽快融入主流社会，德国政府修改、扩充原有的政策和措施并推出新的融入政策与措施。本文简要介绍了德国难民融入政策的基本情况，并系统展示了难民语言融入措施及其效果，包括针对不同群体的融入课程、针对有工作能力难民的与职业相关的德语能力提高项目、针对大学生和有意愿上大学的难民的德语能力提高计划。从课程参与情况、考试通过率等数据可以看出，这些语言课程具有较高质量，取得了较好的效果。随着难民危机爆发，大量难民涌入德国，相关课程位置不足、教师短缺等成为德国政府在制定难民融入政策时必须面对的问题。

关键词： 德国　难民　融入政策　语言融入

　　欧洲难民危机爆发以来，德国接收了大量来自叙利亚、伊拉克、非洲等地的难民。其中，2015年、2016年和2017年，德国分别接收了89万名、28万名和20万名难民。相对于德国8250万人的总人口数而言，此番接收

---

* 郭婧，博士研究生，同济大学德国问题研究所讲师。

的难民群体数量相当庞大，使得德国俨然已转型为全球第二大移民国家①。难民危机对德国的边境控制、紧急收容住所、基础和医疗供给、难民登记过程、避难程序、难民相关的基础设施、人员及其相应的职责、安全和惩罚等多个方面都提出了新的巨大挑战。② 为了让这些外来难民尽快融入主流社会，德国政府修改、扩充原有的融入政策和措施，也推出了一些新的融入政策和措施。本文将在简要介绍德国难民融入政策与措施的基本情况后，系统阐述和分析难民的语言融入政策、措施及其效果。

一 融入政策相关的法律框架

2005 年 1 月 1 日生效的《移民法》（Zuwanderungsgesetz）首次在联邦层面对移民、难民的融入措施进行了规定。随后，2006 年举行的第一届移民"融入峰会"、2007 年由德国政府通过的《国家融入计划》（Nationaler Integrationsplan）、2010 年制定的全国性融入计划、2011 年通过的《国家融入行动计划》（Nationaler Aktionsplan Integration）以及 2016 年的《融入法》（Integrationsgesetz）都构成了德国移难民融入政策发展的里程碑。③

最新的《融入法》于 2016 年 8 月 6 日正式生效。《融入法》对现行的《德国社会法典》（SGB Ⅱ，Ⅲ，Ⅻ）、《申请避难者救助法》（AsylbLg）、

---

① 郑春荣、倪晓姗：《难民危机背景下德国难民融入的挑战及应对》，《国外社会科学》2016 年第 6 期，第 77 页。

② Bundesamt für Migration und Flüchtlinge, "Die veränderte Fluchtmigration in den Jahren 2014 bis 2016: Reaktionen und Maßnahmen in Deutschland. Fokusstudie der deutschen nationalen Kontaktstelle für das Europäische Migrationsnetzwerk（EMN）", 2017, p. 32, https：//www. bamf. de/SharedDocs/Anlagen/DE/Publikationen/EMN/Studien/wp79 - emn - fluchtmigration - 2014 - 2016 - reaktionen - ma% C3% 9Fnahmen - deutschland. pdf; jsessionid = CFED6C0A 8956BFEDA520941BFDDAF 50E. 2_ cid368? _ _ blob = publicationFile.

③ Bundesamt für Migration und Flüchtlinge, "Migration, Integration, Asyl. Politische Entwicklungen in Deutschland 2016. Jährlicher Bericht der deutschen nationalen Kontaktstelle für das Europäische Migrationsnetzwerk（EMN）", 2017, p. 53, http：//www. bamf. de/SharedDocs/Anlagen/DE/Publikationen/EMN/Politikberichte/emn - politikbericht - 2016 - germany. pdf? _ _ blob = publicationFile.

《避难法》（AsylG）、《居留法》（AufenthG）和《外国人中央登记簿法》（AZR - Gesetz）做了一系列更改。这些更改涉及居住地义务，使容忍拘留者和寻求庇护者获得培训与就业的机会，制定进一步的融入措施和融入课程的规章制度，减少社会福利、设立弱势群体获得居留权的先决条件及判断避难申请不可靠的决定因素，承诺宣言的变更，等等。①

为了应对难民危机，德国政府在过去三年内通过了大量与难民政策相关的决议，修改了相关法律，出台了相关规定，开始实施相关措施。② 这些变化涉及难民融入的各个方面，语言融入也是其中重要的内容。

各联邦州负责移民、难民事务的一般是内政部。2011 年 5 月，巴登 - 符腾堡州成立了融入局（Integrationsministerium），负责外国人事务、移民政策和融入政策。此外，四个联邦州通过了联邦州层面的融入法。柏林州的《参与和融入调整法》（Gesetz zur Regelung von Partizipation und Integration）于 2010 年 12 月 28 日生效，是最早确立融入相关法案的联邦州。北莱茵 - 威斯特法伦州的《社会参与和融入促进法》（Gesetz zur Förderung der gesellschaftlichen Teilhabe und Integration）于 2012 年 2 月 14 日生效。巴登 - 符腾堡州的《参与和融入法》（Partizipations - und Integrationsgesetz）则于 2015 年 12 月 5 日生效。③ 2016 年 12 月 3 日，巴伐利亚州通过了《巴伐利亚

---

① Bundesamt für Migration und Flüchtlinge, "Migration, Integration, Asyl. Politische Entwicklungen in Deutschland 2016. Jährlicher Bericht der deutschen nationalen Kontaktstelle für das Europäische Migrationsnetzwerk（EMN）", 2017, p. 54, http：//www. bamf. de/SharedDocs/Anlagen/DE/Publikationen/EMN/Politikberichte/emn - politikbericht - 2016 - germany. pdf? ＿ ＿ blob = publicationFile.

② Beauftragte der Bundesregierung für Migration, Flüchtlinge und Integration, "11. Bericht der Beauftragten der Bundesregierung für Migration, Flüchtlinge und Integration - Teilhabe, Chancengleichheit und Rechtsentwicklung in der Einwanderungsgesellschaft Deutschland", 2016, p. 82, https：//www. bundesregierung. de/Content/DE/Artikel/IB/Anlagen/2016 - 12 - 09 - 11 - lagebericht. pdf? ＿ ＿ blob = publicationFile&v = 2.

③ Bundesamt für Migration und Flüchtlinge, "Migration, Integration, Asyl. Politische Entwicklungen in Deutschland 2016. Jährlicher Bericht der deutschen nationalen Kontaktstelle für das Europäische Migrationsnetzwerk（EMN）", 2017, p. 16, http：//www. bamf. de/SharedDocs/Anlagen/DE/Publikationen/EMN/Politikberichte/emn - politikbericht - 2016 - germany. pdf? ＿ ＿ blob = publicationFile.

州融入法》（Bayrisches Integrationsgesetz），成为德国第四个拥有融入法的联邦州，这部融入法于 2017 年 1 月 1 日正式生效。①

二 难民融入政策的基本情况

所有的融入措施都旨在帮助在德国获得保护并将长时间留在德国的人们尽快掌握德语，根据他们的需求和条件进入学校学习或开始工作，并最终融入德国社会。德国政府的融入政策与措施以"促压结合"（Fördern und Fordern）的原则为基础，也就是说融入需要德国政府给予的支持，同时难民也有自己努力的义务。针对不同群体，德国政府制定了不同模块的融入措施，主要可分为三个方面：语言融入、教育（包括基础教育与高等教育）及工作融入、社会融入。②

长期以来，由于人口结构的变化及由此造成的专业人员紧缺，德国移民和难民政策主要是为德国的劳动力市场服务，以吸收外来劳动力为首要目的，因而与工作移民政策联系紧密。融入政策作为德国移民和难民政策的重要组成部分也主要针对在德国的移民。③ 2013 年，基民盟、基社盟和社民党在组阁协议中提出应该让申请避难者和"容忍"居留者尽早学习德语的目标，随后，德国政府在制定德国移民和难民政策时，越来越重视申请避难者和难民这一群体。2015 年开始，德国针对难民融入的政策有了较大突破，需要融入

---

① Bundesamt für Migration und Flüchtlinge, "Migration, Integration, Asyl. Politische Entwicklungen in Deutschland 2016. Jährlicher Bericht der deutschen nationalen Kontaktstelle für das Europäische Migrationsnetzwerk（EMN）", 2017, p. 55, http：//www. bamf. de/SharedDocs/Anlagen/DE/Publikationen/EMN/Politikberichte/emn － politikbericht － 2016 － germany. pdf？ ＿ ＿ blob ＝ publicationFile.

② Bundesministerium für Arbeit und Soziales, "Darstellung der Maßnahmen der Bundesregierung für die Sprachförderung und Integration von Flüchtlingen", 2016, p. 5, https：//www. bmbf. de/pub/BReg＿ Broschuere＿ Integration＿ Fluechtlinge. pdf.

③ Petra Bendel and Andrea Borkowski, "Entwicklung der Integrationspolitik", In Heinz Ulrich Brinkmann and Martina Sauer（Hrsg.）, *Einwanderungsgesellschaft Deutschland. Entwicklung und Stand der Integration*, Wiesbaden：Springer VS, 2016, pp. 105 － 107.

的人群不再局限于已经拥有居留许可者，原本主要针对移民的融入课程逐步向滞留前景良好的申请避难者和"容忍"居留者开放，其他既有的融入措施也更多、更持续地向这一群体开放，并制订了更多专门针对这一群体的计划。①

联邦层面实施难民融入措施的主要机构是德国联邦移民与难民局（BAMF）。但是难民融入的政策与措施不仅是联邦层面的任务，有大量的任务也需要由各联邦州和地方完成，因此，各联邦州和地方也是难民融入过程中的重要行为体。还有许多机构和个人也参与到难民融入的过程中，例如，许多企业通过实习、培训等措施为难民的职业生涯铺平道路；不少志愿者帮助难民抵达新的住所并尽快适应在德国的生活。②

2016 年，德国联邦针对难民问题向各联邦州和地方共支出约 93 亿欧元，这些费用是联邦政府对各联邦州完成其任务的支持。③ 其中包括德国联邦于 2016～2018 年向各联邦州投入的每年 20 亿欧元的难民融入打包经费（Integrationspauschale）。④

除此以外，德国联邦拨付的 93 亿欧元中还有两部分经费与难民的教育融入相关，均通过减免联邦州相应份额的营业税进行支付。其一是德国联邦每年向联邦州投入 3.5 亿欧元，用于救助举目无亲的未成年难民；其二是德

---

① Petra Bendel and Andrea Borkowski, "Entwicklung der Integrationspolitik", In Heinz Ulrich Brinkmann and Martina Sauer（Hrsg.）, *Einwanderungsgesellschaft Deutschland. Entwicklung und Stand der Integration*, Wiesbaden: Springer VS, 2016, pp. 105 - 107.

② Bundesministerium für Arbeit und Soziales, "Darstellung der Maßnahmen der Bundesregierungfür die Sprachförderung und Integration von Flüchtlingen", 2016, p. 5, https://www.bmbf.de/pub/BReg_ Broschuere_ Integration_ Fluechtlinge. pdf.

③ Bundesregierung, "Bericht der Bundesregierung über Maßnahmen des Bundes zur Unterstützung von Ländern und Kommunen im Bereich der Flüchtlings-und Integrationskosten und die Mittelverwendung durch die Länder im Jahr 2016", p. 2, http://www.bundesfinanzministerium.de/Content/DE/Standardartikel/Themen/Steuern/2017 - 05 - 24 - bericht - unterstuetzung - laender - kommunen - fluechtlinge - bericht. pdf? _ _ blob = publicationFile&v = 1.

④ Bundesregierung, "Bericht der Bundesregierung über Maßnahmen des Bundes zur Unterstützung von Ländern und Kommunen im Bereich der Flüchtlings-und Integrationskosten und die Mittelverwendung durch die Länder im Jahr 2016", p. 3, http://www.bundesfinanzministerium.de/Content/DE/Standardartikel/Themen/Steuern/2017 - 05 - 24 - bericht - unterstuetzung - laender - kommunen - fluechtlinge - bericht. pdf? _ _ blob = publicationFile&v = 1.

国联邦每年向联邦州投入 3.39 亿欧元，用于改善儿童的保育工作（2017 年这部分经费投入为 7.74 亿欧元，2018 年为 8.7 亿欧元），当然这部分费用并非专门针对难民。[1]

此外，联邦政府还实施了大量联邦层面而没有联邦州参与的难民相关措施，这部分费用支出达 124 亿欧元。其中，用于难民融入的支出为 21 亿欧元。2017 年用于难民融入的支出约为 32 亿欧元。[2] 2016 年，德国联邦财政经费中用于融入课程的经费为 5.59 亿欧元，远高于 2015 年的 2.69 亿欧元。[3]

三　难民语言融入相关的措施及新进展

难民的融入包含语言、文化、基本价值等多重维度。语言习得是移民融入的第一步也是关键之所在，德语语言水平决定了难民能否在德国顺利地学习、融入德国劳动力市场，并最终融入德国社会。

（一）融入课程作为基础措施

在语言融入方面，德国政府主要将融入课程（Integrationskurse）作为基

---

[1] Bundesregierung, "Bericht der Bundesregierung über Maßnahmen des Bundes zur Unterstützung von Ländern und Kommunen im Bereich der Flüchtlings-und Integrationskosten und die Mittelverwendung durch die Länder im Jahr 2016", pp. 3 – 4, http：//www. bundesfinanzministerium. de/Content/ DE/Standardartikel/Themen/Steuern/2017 – 05 – 24 – bericht – unterstuetzung – laender – kommunen – fluechtlinge – bericht. pdf? _ _ blob = publicationFile&v = 1.

[2] Bundesministerium der Finanzen, "Asyl-und Flüchtlingspolitik aus Sicht des Bundeshaushalts", 2017, http：//www. bundesfinanzministerium. de/Monatsberichte/2017/01/Inhalte/Kapitel – 3 – Analysen/3 – 1 – Asyl – Fluechtlingspolitik – aus – Sicht – des – Bundeshaushalts. html? nn = 14404&view = pdf.

[3] Bundesamt für Migration und Flüchtlinge, "Migration, Integration, Asyl. Politische Entwicklungen in Deutschland 2016. Jährlicher Bericht der deutschen nationalen Kontaktstelle für das Europäische Migrationsnetzwerk（EMN）", 2017, p. 53, http：//www. bamf. de/SharedDocs/Anlagen/DE/ Publikationen/EMN/Politikberichte/emn – politikbericht – 2016 – germany. pdf? _ _ blob = publicationFile.

础措施，融入课程包括语言课程和国情教育课程。语言课程的目标是让参加者达到德语 B1 水平①，获得所有重要的日常情景所需的语言能力。因此，语言课程的内容多选择与日常生活相关的主题，如工作和职业、居住、学历教育和继续教育、子女教育、健康、媒体使用和购物。课程参与者还会学习用德语写信和写邮件、填写表格、打电话、求职等。完成语言课程后，方可参加国情教育课程，这类课程主要介绍日常知识、法律规定、德国的历史和文化。②

2005 年生效的《移民法》规定具有长期在德逗留意愿的新迁入移民除非拥有免除资格，否则必须参加 630 学时的融入课程，其中包括 600 学时的语言课程和 30 学时的国情教育课程③，每个学时为 45 分钟④。2016 年的《融入法》则将融入课程中的国情教育课程增加到 100 课时，而且强调对德国主流价值观的传授，获得参与融入课程资格的等待时间则从 3 个月缩短到 6 周。⑤

在很长时间里，融入课程仅针对德国的移民以及避难申请获批的难民，对于不具备德语语言知识的上述人群，《移民法》规定了移民和难民参加融入课程学习的义务，拒绝参加融入课程或者在初始阶段就放弃学习的新移民将面临拒绝延长居留许可、减少社会福利给付等惩罚措施。⑥ 2015 年 10 月

---

① 按照《欧洲统一语言参考框架》德语水平对应的六个等级中，A1、A2 为开始和入门阶段，B1、B2 为中级和独立阶段，C1、C2 为高级和精通阶段。

② Bundesamt für Migration und Flüchtlinge, "Das Bundesamt in Zahlen 2016. Asyl, Migration und Integration", 2017, p. 122, http：//www. bamf. de/SharedDocs/Anlagen/DE/Publikationen/Broschueren/bundesamt－in－zahlen－2016. pdf？＿＿blob＝publicationFile.

③ 郑朗、伍慧萍：《新世纪德国移民融入政策及其理念分析》，《德国研究》2010 年第 4 期，第 17 页。

④ Bundesamt für Migration und Flüchtlinge, "Das Bundesamt in Zahlen 2016. Asyl, Migration und Integration", 2017, p. 122, http：//www. bamf. de/SharedDocs/Anlagen/DE/Publikationen/Broschueren/bundesamt－in－zahlen－2016. pdf？＿＿blob＝publicationFile.

⑤ 郑春荣、倪晓姗：《难民危机背景下德国难民融入的挑战及应对》，《国外社会科学》2016 年第 6 期，第 81 页。

⑥ 郑春荣、倪晓姗：《难民危机背景下德国难民融入的挑战及应对》，《国外社会科学》2016 年第 6 期，第 81 页。

起，融入课程也向更多难民开放，滞留前景良好的申请避难者在避难申请程序审批过程中就可以参加融入课程培训。这是指避难申请通过率超过 50% 的来源国的申请避难者。2017 年，滞留前景良好的申请避难者主要来源于厄立特里亚、伊拉克、伊朗、叙利亚和索马里亚。[①] 自 2017 年 1 月 1 日起，若滞留前景良好的申请避难者在避难申请程序审批过程中按照《申请避难者救助法》规定的要求被打分，他们就有参加融入课程的义务，不参加者将会被扣分。[②]

3/4 的难民都会选择参加上述 700 学时的普通融入课程。除此之外，德国政府还针对拥有不同需求的移民、避难申请获批的难民以及滞留前景良好的申请避难者开设了 1000 学时的特殊课程，具体包括以下几个方面[③]。

父母融入课程。除了一般的语言知识外，还会介绍孩子在德国生活的知识。参加者可以熟悉幼儿园和学校的生活，了解他们的孩子所在的机构，认识与他们情况相仿的父母。

女性融入课程。除了一般的语言知识外，还会介绍女性感兴趣的话题，例如教育子女、当地的特殊咨询服务。

扫盲课程。除了一般的语言知识外，还会教授德语的写作和阅读。扫盲课程一般以小班形式授课，相比其他课程，每班人数较少。

青少年融入课程。此类课程的参与者年龄均不超过 27 岁，语言课程涉及主题贴近青少年，例如学校和教育、文化和业余时间。此类课程还设置了实践环节，使参与课程的青少年与教育机构、工作单位直接取得联系。

促进课程。此类课程的参与者已经在德国逗留较长时间，但在融入课程

---

① Bundesamt für Migration und Flüchtlinge, "Was heißt gute Bleibeperspektive?", 2017, http：// www. bamf. de/SharedDocs/FAQ/DE/IntegrationskurseAsylbewerber/001 – bleibeperspektive. html.

② Bundesamt für Migration und Flüchtlinge, "Migration, Integration, Asyl. Politische Entwicklungen in Deutschland 2016. Jährlicher Bericht der deutschen nationalen Kontaktstelle für das Europäische Migrationsnetzwerk（EMN）", 2017, p. 54, http：//www. bamf. de/SharedDocs/Anlagen/DE/ Publikationen/EMN/Politikberichte/emn – politikbericht – 2016 – germany. pdf? ＿＿ blob = publicationFile.

③ Bundesamt für Migration und Flüchtlinge, "Das Bundesamt in Zahlen 2016. Asyl, Migration und Integration", 2017, pp. 122 – 123, http：//www. bamf. de/SharedDocs/Anlagen/DE/Publikationen/ Broschueren/bundesamt – in – zahlen – 2016. pdf? ＿＿ blob = publicationFile.

中才拥有系统、科学地学习德语的机会。

　　针对具有高中或同等教育学历、能够进入大学学习或急需入职工作的有资格参加融入课程者，德国政府还开设了包括 430 小时语言课程和 30 小时国情教育课程的强化班。①

　　2017 年 2 月起，德国政府针对滞留前景良好的申请避难者开设了第二种文字习得课程，因为这类难民只在学校学习过阿拉伯文字，尚未接触过拉丁文字。② 这些母语非拉丁语系的学习者必须在学习德语前先了解拉丁语系的字母体系。此类课程的参与者先学习拉丁语系的知识，再参加语言课程，以达到德语 B1 的目标水平。③

　　2016 年 9 月起，德国联邦移民与难民局提供专门针对难民的与德国生活相关的介绍性课程（Einstieg Deutsch），并进行简单的德语语言培训，该计划首先在全德 13 个联邦州开展，后又推广到 15 个联邦州，2017 年将与各州政府的合作推广到整个德国。④ 该课程主要针对滞留前景良好的申请避

---

① Bundesamt für Migration und Flüchtlinge，"Migration，Integration，Asyl. Politische Entwicklungen in Deutschland 2016. Jährlicher Bericht der deutschen nationalen Kontaktstelle für das Europäische Migrationsnetzwerk（EMN）"，2017，p. 53，http：//www. bamf. de/SharedDocs/Anlagen/DE/Publikationen/EMN/Politikberichte/emn－politikbericht－2016－germany. pdf？＿＿blob＝publicationFile.

② Bundesamt für Migration und Flüchtlinge，"Die veränderte Fluchtmigration in den Jahren 2014 bis 2016：Reaktionen und Maßnahmen in Deutschland. Fokusstudie der deutschen nationalen Kontaktstelle für das Europäische Migrationsnetzwerk（EMN）"，2017，p. 43，https：//www. bamf. de/SharedDocs/Anlagen/DE/Publikationen/EMN/Studien/wp79－emn－fluchtmigration－2014－2016－reaktionen－ma% C3% 9Fnahmen－deutschland. pdf；jsessionid＝CFED6C0 A8956BFEDA520941BFDDAF50E. 2_ cid368？＿＿blob＝publicationFile.

③ Bundesamt für Migration und Flüchtlinge，"Migration，Integration，Asyl. Politische Entwicklungen in Deutschland 2016. Jährlicher Bericht der deutschen nationalen Kontaktstelle für das Europäische Migrationsnetzwerk（EMN）"，2017，p. 53，http：//www. bamf. de/SharedDocs/Anlagen/DE/Publikationen/EMN/Politikberichte/emn－politikbericht－2016－germany. pdf？＿＿blob＝publicationFile.

④ Bundesamt für Migration und Flüchtlinge，"Migration，Integration，Asyl. Politische Entwicklungen in Deutschland 2016. Jährlicher Bericht der deutschen nationalen Kontaktstelle für das Europäische Migrationsnetzwerk（EMN）"，2017，pp. 53 – 55，http：//www. bamf. de/SharedDocs/Anlagen/DE/Publikationen/EMN/Politikberichte/emn－politikbericht－2016－germany. pdf？＿＿blob＝publicationFile.

难者，若课程参加席位有余，滞留前景尚不明朗的申请避难者，即来自厄立特里亚、伊拉克、伊朗、叙利亚和索马里亚以外国家的申请避难者也可以参加。来自欧盟成员国、阿尔巴尼亚、波黑、加纳、科索沃、马其顿、黑山、塞内加尔、塞尔维亚等安全来源国①的难民尚不能参加该课程。②

德国联邦移民与难民局统计显示，2005～2016 年共有约 236 万人有资格参加融入课程，超过 3/4 的有资格参加融入课程者参加了融入课程③，共约 165 万人，若算上重修课程者，则参加课程的人数超过 185 万人。④ 其中，2016 年有资格参加融入课程者为 534648 人，与 2015 年的 283404 人相比，几乎翻了一番，这主要是因为 2015 年大量难民涌入德国。⑤ 2016 年，新参与融入课程者为 339578 人，其中难民占 65%；2015 年新参与融入课程者为 179398 人，其中难民占 24%（见图 1）。

不同来源国的难民中，2015 年融入课程参与比例最高的是来自叙利亚、波兰、罗马尼亚、保加利亚和意大利的难民（见表 1）。2016 年，参与课程比例最高的难民来源国则是叙利亚、伊拉克、厄立特里亚、罗马尼亚和伊朗。

---

① Bundesamt für Migration und Flüchtlinge, "Sichere Herkunftsstaaten", 2018, http：//www. bamf. de/DE/Fluechtlingsschutz/Sonderverfahren/SichereHerkunftsstaaten/sichere － herkunftsstaaten － node. html.

② Deutscher Volkshochschul － Verband, "'Einstieg Deutsch' － Lernangebot für Flüchtlinge. Wichtige Hinweise zur Antragstellung und Durchführung", 2018, pp. 11 － 12, https：//portal － deutsch. de/wp － content/uploads/2017/01/Einstieg_ Deutsch_ FAQ － Liste. pdf.

③ Bundesamt für Migration und Flüchtlinge, "Das Bundesamt in Zahlen 2016. Asyl, Migration und Integration", 2017, p. 132, http：//www. bamf. de/SharedDocs/Anlagen/DE/Publikationen/Broschueren/bundesamt － in － zahlen － 2016. pdf?＿＿ blob = publicationFile.

④ Bundesamt für Migration und Flüchtlinge, "Migration, Integration, Asyl. Politische Entwicklungen in Deutschland 2016. Jährlicher Bericht der deutschen nationalen Kontaktstelle für das Europäische Migrationsnetzwerk（EMN）", 2017, p. 53, http：//www. bamf. de/SharedDocs/Anlagen/DE/Publikationen/EMN/Politikberichte/emn － politikbericht － 2016 － germany. pdf?＿＿ blob = publicationFile.

⑤ Bundesamt für Migration und Flüchtlinge, "Migration, Integration, Asyl. Politische Entwicklungen in Deutschland 2016. Jährlicher Bericht der deutschen nationalen Kontaktstelle für das Europäische Migrationsnetzwerk（EMN）", 2017, p. 53, http：//www. bamf. de/SharedDocs/Anlagen/DE/Publikationen/EMN/Politikberichte/emn － politikbericht － 2016 － germany. pdf?＿＿ blob = publicationFile.

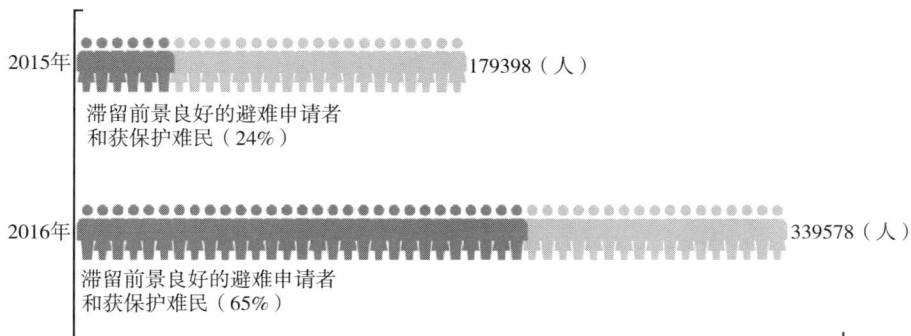

图 1 2015 年、2016 年新参与融入课程者中难民所占比例

资料来源：Bundesamt für Migration und Flüchtlinge，"Blickpunkt Integration. Aktueller Informationsdienst zur Integrationsarbeit in Deutschland"，01/2017，http：//www. bamf. de/ SharedDocs/Anlagen/DE/Publikationen/BlickpunktIntegration/2017/2017 – 1. pdf？ ＿ ＿ blob = publicationFile，p. 20。

表 1 2015 年与 2016 年不同来源国难民中的新参加课程者人数

国 籍	2015 年			2016 年		
	人数	百分比（%）	排行	人数	百分比（%）	排名
叙利亚	34514	19.2	1	159422	46.9	1
伊拉克	4307	2.4	8	27687	8.2	2
厄立特里亚	2050	1.1	19	17512	5.2	3
罗马尼亚	15389	8.6	3	13360	3.9	4
伊 朗	2437	1.4	16	13207	3.9	5
波 兰	15744	8.8	2	11213	3.3	6
保加利亚	11829	6.6	4	10657	3.1	7
土耳其	7254	4.0	6	6440	1.9	8
意大利	7965	4.4	5	5800	1.7	9
克罗地亚	3874	2.2	11	4428	1.3	10
其他国籍	71367	39.8		66871	19.7	
总 计	176730	98.5		336597	99.1	

注：总计中未达到 100% 为四舍五入造成。

资料来源：Bundesamt für Migration und Flüchtlinge，"Das Bundesamt in Zahlen 2016. Asyl，Migration und Integration"，2017，p. 119，http：//www. bamf. de/SharedDocs/Anlagen/DE/Publikationen/Broschueren/ bundesamt – in – zahlen – 2016. pdf？ ＿ ＿ blob = publicationFile。

从融入课程参与人数看，2015 年和 2016 年排名第一的也均为来自叙利亚的难民，而且 2016 年叙利亚难民中新参与融入课程的人数为 159422 人，占所有新参与融入课程者人数的 46.9%（见图 2）。此外，2016 年来自伊拉克的新参与融入课程的人数为 27687 人，相当于 2015 年（4307 人）的 6倍，由此成为参与融入课程的难民的第二来源国。[①] 从图 2 可以看出，来源于厄立特里亚、伊拉克、伊朗、叙利亚和索马里亚这五个国家的滞留前景良好的申请避难者在新参加课程者总人数中的占比达到 2/3（64.2% 以上），可见难民参与融入课程的占比之高。

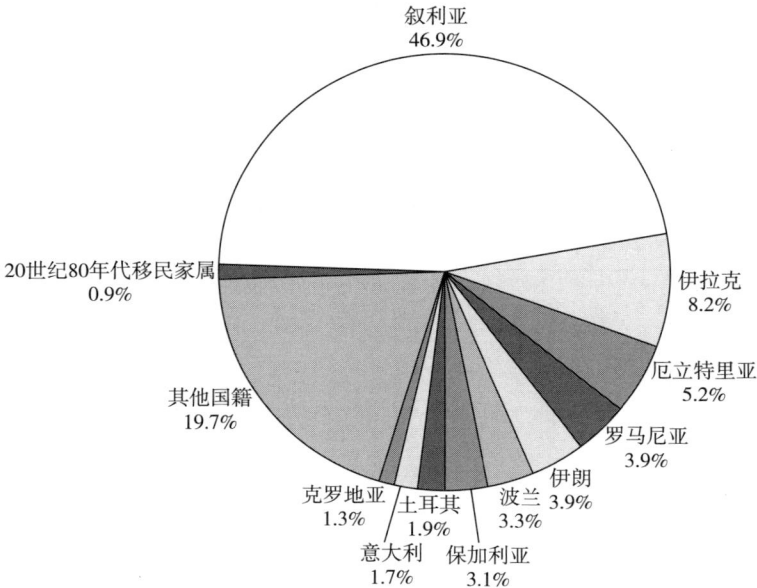

图 2　2016 年不同来源国难民中的新参加课程者人数

资料来源：Bundesamt für Migration und Flüchtlinge，"Das Bundesamt in Zahlen 2016. Asyl，Migration und Integration"，2017，p. 120，http：//www. bamf. de/SharedDocs/Anlagen/DE/Publikationen/Broschueren/bundesamt – in – zahlen – 2016. pdf? _ _ blob = publicationFile。

---

① Bundesamt für Migration und Flüchtlinge，"Das Bundesamt in Zahlen 2016. Asyl，Migration und Integration"，2017，p. 119，http：//www. bamf. de/SharedDocs/Anlagen/DE/Publikationen/Broschueren/bundesamt – in – zahlen – 2016. pdf? _ _ blob = publicationFile.

语言课程结束后，参加者需参加"针对移民的德语测试"（Deutsch-Test für Zuwanderer，DTZ），证明其达到了 A2 至 B1 的语言水平。语言课程稳定的高质量和合理的课程设置使得大多数毕业生都能成功达到 B1 水平。2016 年，第一次参加"针对移民的德语测试"的人中有 61.8% 通过了考试，达到了德语 B1 的水平。接近 1/3 的参与者达成了当年的学习目标 A2。也就是说，参加语言测试的人中超过 90% 都获得了语言证书。未能通过 B1 语言测试的难民可以重修 300 学时的语言课程，并再次参加语言测试。① 2009 年 1 月 1 日起，德国政府针对国情教育课程举行全国统一考试。考试内容涉及政治体系、政治参与、宗教的多样性、男女平等、教育、家庭、如何与来自其他文化的人相处等主题。2013 年 4 月 23 日，国情教育课程考试被新的"在德国生活"（Leben in Deutschland）测试所取代，这项测试也是申请加入德国国籍所需通过的测试。2016 年，共 132709 人参加测试，通过率达 92.3%。② 尽管联邦移民与难民局并未对上述通过率进行进一步分类，分别计算出难民和普通移民的考试通过率，但根据参与融入课程的人中，滞留前景良好的申请避难者至少占 2/3，且考试通过率都超过了 90%，可以推断出难民的考试通过率也保持在较高的水平上。通过语言测试和"在德国生活"测试的课程参加者，可以获得联邦移民与难民局颁发的"融入课程证书"，这张证书在申请加入德国国籍、申请居留许可以及找工作时都大有用处。③

（二）与职业相关的德语语言支持

德国联邦移民与难民局先后推出两个项目用于向移民和难民提供与职业

---

① Bundesamt für Migration und Flüchtlinge，"Das Bundesamt in Zahlen 2016. Asyl，Migration und Integration"，2017，p. 127，http：//www. bamf. de/SharedDocs/Anlagen/DE/Publikationen/ Broschueren/bundesamt－in－zahlen－2016. pdf？＿＿blob＝publicationFile.

② Bundesamt für Migration und Flüchtlinge，"Das Bundesamt in Zahlen 2016. Asyl，Migration und Integration"，2017，p. 128，http：//www. bamf. de/SharedDocs/Anlagen/DE/Publikationen/ Broschueren/bundesamt－in－zahlen－2016. pdf？＿＿blob＝publicationFile.

③ Bundesamt für Migration und Flüchtlinge，"Das Bundesamt in Zahlen 2016. Asyl，Migration und Integration"，2017，p. 128，http：//www. bamf. de/SharedDocs/Anlagen/DE/Publikationen/ Broschueren/bundesamt－in－zahlen－2016. pdf？＿＿blob＝publicationFile.

相关的德语语言支持。

自 2009 年起，德国联邦移民与难民局启动与职业相关的语言课程 ESF - BAMF 项目。与融入课程相仿，该项目实施的前几年，仅针对将要进入劳动力市场或正在领取失业金的移民以及避难申请获批的难民，使其完成融入课程的内容后，能够进一步提高与职业相关的语言能力。2015 年 10 月 24 日起，该项目向难民进一步开放，具有 A1 以上德语水平、满足劳动力市场准入条件的申请避难者也可以参加。[①]

ESF - BAMF 项目将传统的语言课程与职业能力相关的元素相结合，包括最多 730 个学时（6～12 个月）的德语课程、与职业能力相关的课程和实习。在语言课程上，除了学习词语、语法等基础内容外，难民将学习如何与同事、顾客和上司进行沟通，以及学习写邮件、写信、阅读和理解难度较大的文章。作为语言课程的补充，与职业能力相关的课程由专业课程、实习、企业参观三部分组成。专业课程包含普通和特殊的职业信息、求职训练、数学和电子数据处理。[②]

表 2　ESF - BAMF 项目课程结构

项目	内容
德语课程 （伴随并支持能力课程， 并为职业生涯做准备）	能力课程（由其他机构实施）与德语课程紧密联系 ESF - BAMF 项目框架下的能力课程：企业参观、专业课程、实习与德语课程紧密联系
评估	1 天
最大总量	730 学时

① Bundesamt für Migration und Flüchtlinge，"Die veränderte Fluchtmigration in den Jahren 2014 bis 2016：Reaktionen und Maßnahmen in Deutschland. Fokusstudie der deutschen nationalen Kontaktstelle für das Europäische Migrationsnetzwerk（EMN）"，2017，p. 43，https：//www. bamf. de/SharedDocs/Anlagen/DE/Publikationen/EMN/Studien/wp79 - emn - fluchtmigration - 2014 - 2016 - reaktionen - ma% C3% 9Fnahmen - deutschland. pdf；jsessionid = CFED6C0A 8956BFEDA520941BFDDAF50E. 2_ cid368？_ _ blob = publicationFile.

② Deutsche Akademischer Austauschdienst，"Das ESF - BAMF - Programm"，http：//www. bamf. de/ DE/Willkommen/DeutschLernen/DeutschBeruf/Deutschberuf - esf/deutschberuf - esf - node. html.

续表

项目	内容
最长期限:	全日制:6 个月不含假期 非全日制:12 个月不含假期

资料来源：Bundesamt für Migration und Flüchtlinge，"Berufsbezogene Deutschförderung. Das ESF – BAMF – Programm"，2013，p. 11，http：//www. bamf. de/SharedDocs/Anlagen/DE/Publikationen/ Broschueren/broschuere – esf – bamf – programm. pdf？_ _ blob = publicationFile。

参与 ESF – BAMF 项目课程的难民人数，2015 年为 24161 人，2016 年为 32416 人，截至 2017 年 9 月 30 日的统计数据显示为 16391 人。[①] ESF – BAMF 项目由欧洲社会基金（Europäischer Sozialfond）资助，2015 ~ 2017 年，共斥资约 2. 33 亿欧元。该项目执行期限至 2017 年年底，此后被联邦资助的与职业相关的德语能力提高项目（Bundesfinanzierte berufsbezogene Deutschsprachförderung）取代。[②]

随着 2016 年 7 月 1 日《与职业相关的德语能力提高条例》（DeuFöV）生效，滞留前景良好的申请避难者被纳入受益人群，与职业相关的德语能力提高项目成为德国政府新的常规措施。该项目主要使德语语言习得与职业培训和劳动力市场政策措施紧密结合，旨在为有移民背景的人提供更好的就业机会。这个措施将逐步取代于 2017 年年底到期的 ESF – BAMF 职业德语培

① Bundesamt für Migration und Flüchtlinge，"Die veränderte Fluchtmigration in den Jahren 2014 bis 2016：Reaktionen und Maßnahmen in Deutschland. Fokusstudie der deutschen nationalen Kontaktstelle für das Europäische Migrationsnetzwerk（EMN）"，2017，p. 51，https：//www. bamf. de/SharedDocs/Anlagen/DE/Publikationen/EMN/Studien/wp79 – emn – fluchtmigration – 2014 – 2016 – reaktionen – ma% C3% 9Fnahmen – deutschland. pdf；jsessionid = CFED6C0 A8956BFEDA520941BFDDAF50E. 2_ cid368？_ _ blob = publicationFile.

② Bundesamt für Migration und Flüchtlinge，"Die veränderte Fluchtmigration in den Jahren 2014 bis 2016：Reaktionen und Maßnahmen in Deutschland. Fokusstudie der deutschen nationalen Kontaktstelle für das Europäische Migrationsnetzwerk（EMN）"，2017，p. 53，https：//www. bamf. de/SharedDocs/Anlagen/DE/Publikationen/EMN/Studien/wp79 – emn – fluchtmigration – 2014 – 2016 – reaktionen – ma% C3% 9Fnahmen – deutschland. pdf；jsessionid = CFED6C0A 8956BFEDA520941BFDDAF50E. 2_ cid368？_ _ blob = publicationFile.

训项目。①

新的与职业相关的德语能力提高项目包含基础板块和特殊板块，基础板块的培训目标是有选择地使参训人员语言达到 B2、C1 或者 C2 水平。每个板块一般包括 300 个学时。参加基础板块培训的前提条件是德语水平至少达到 B1 水平。特殊板块课程分为三类：第一类是为职业认可或职业准入程序相关的个别职业群体所设的语言课程，这类课程包含 600 个学时；第二类是为特定的行业提供的专业课程；第三类是为那些尽管参加过融入课程，语言水平却未达到 B1 的目标人群所设。②

2017 年（截至 9 月 30 日），共有 3652 名拥有居留许可的申请避难者参加与职业相关的德语能力提高项目，占课程总参与人数（64694 名）的 5.6%。③

（三）面向大学生和有意愿上大学的难民德语能力提高计划

难民中不乏有能力和有意愿上大学者。《德国国家教育报告（2017/18）》数据显示，2014 ~ 2016 年的避难申请者中有 420000 人的年龄为 16 ~ 34 岁，也就是进入大学学习的年龄，而且他们在德国居留的可能性较

---

① Bundesamt für Migration und Flüchtlinge, "Migration, Integration, Asyl. Politische Entwicklungen in Deutschland 2016. Jährlicher Bericht der deutschen nationalen Kontaktstelle für das Europäische Migrationsnetzwerk (EMN)", 2017, p. 55, http://www. bamf. de/SharedDocs/Anlagen/DE/Publikationen/EMN/Politikberichte/emn – politikbericht – 2016 – germany. pdf? _ _ blob = publicationFile.

② Bundesamt für Migration und Flüchtlinge, "Die veränderte Fluchtmigration in den Jahren 2014 bis 2016: Reaktionen und Maßnahmen in Deutschland. Fokusstudie der deutschen nationalen Kontaktstelle für das Europäische Migrationsnetzwerk (EMN)", 2017, pp. 53 – 54, https://www. bamf. de/SharedDocs/Anlagen/DE/Publikationen/EMN/Studien/wp79 – emn – fluchtmigration – 2014 – 2016 – reaktionen – ma% C3% 9Fnahmen – deutschland. pdf; jsessionid = CFED6C0A 8956BFEDA520941BFDDAF50E. 2_ cid368? _ _ blob = publicationFile.

③ Bundesamt für Migration und Flüchtlinge, "Die veränderte Fluchtmigration in den Jahren 2014 bis 2016: Reaktionen und Maßnahmen in Deutschland. Fokusstudie der deutschen nationalen Kontaktstelle für das Europäische Migrationsnetzwerk (EMN)", 2017, p. 54, https://www. bamf. de/SharedDocs/Anlagen/DE/Publikationen/EMN/Studien/wp79 – emn – fluchtmigration – 2014 – 2016 – reaktionen – ma% C3% 9Fnahmen – deutschland. pdf; jsessionid = CFED6C0A8956BFEDA 520941BFDDAF50E. 2_ cid368? _ _ blob = publicationFile.

大。根据对难民的教育水平和学习意愿的预测，上述人群中大约有1/4（80000～110000人）拥有在德国上大学所需的教育水平和兴趣。①

德国政府也致力于为这些难民创造入学的条件。通过基础的德语强化课程，难民只能达到德语 B2 水平，尚无法达到大学学习所需的德语 C1 水平，也无法通过上大学所需的语言鉴定考试。因此，有必要为那些有能力和有意愿上大学的难民提供额外的支持。②

针对滞留前景良好的申请避难者和其他需要接受额外语言能力提高帮助的移民，德国政府的融入措施主要包括语言能力的分级、增加大学预科及高校的语言和预备性知识、高校保障基金准则等。

语言能力的分级是面向大学生和有意愿上大学者的德语能力提高计划中的第一个步骤，也是难民教育融入政策中"辨别难民的能力与资格"（Kompetenzen und Qualifikationen erkennen）基本模块的重要组成部分，由德国学术交流中心（DAAD）与其他合作伙伴共同实施。在德国上大学需要提供相应的语言证明，同时为了获得学术训练，也需要以相应的学术德语或英语知识为前提。③ 因此，通过标准化、有效的在线测试（on‐SET‐Deutsch/Englisch）对难民的德语或英语水平进行精确的分级，将有助于了解难民的实际水平，了解哪些难民达到了上大学的语言条件，哪些还需要额外的支持，这也能够帮助难民尽快融入常规的大学学习计划并成功获得学位。④ 大

---

① Stifterverband für die Deutsche Wissenschaft e. V. （Hrsg.），"Hochschul‐Bildungs‐Report 2020. Höhere Chancen durch höhere Bildung? Jahresbericht 2017/18‐Halbzeitbilanz 2010 bis 2015"，2017，p. 22，https：//www. stifterverband. org/medien/hochschul‐bildungs‐report‐2020‐bericht‐2017.

② Bundesministerium für Arbeit und Soziales，"Darstellung der Maßnahmen der Bundesregierung für die Sprachförderung und Integration von Flüchtlingen"，2016，p. 11，https：//www. bmbf. de/pub/BReg_ Broschuere_ Integration_ Fluechtlinge. pdf.

③ Bundesministerium für Arbeit und Soziales，"Darstellung der Maßnahmen der Bundesregierung für die Sprachförderung und Integration von Flüchtlingen"，2016，p. 28，https：//www. bmbf. de/pub/BReg_ Broschuere_ Integration_ Fluechtlinge. pdf.

④ Deutscher Akademischer Austauschdienst，"TestAS, uni-assist und onSET für Flüchtlinge". https：//www. daad. de/der‐daad/fluechtlinge/infos/de/42013‐testas‐uni‐assist‐und‐onset‐fuer‐fluechtlinge.

学生和有意愿上大学的难民可以免费参加上述语言能力的分级测试。

增加大学预科及高校的语言和预备性知识主要是指由德国学术交流中心实施的"难民专业学习融入"（Integra）计划。该计划自 2015 年年底起实施，旨在帮助难民为在德国的大学学习做好准备，并尽快适应大学学习。高校和大学预科的任务是为拥有移民背景的有意愿上大学者提供咨询服务，帮助其为大学学习做好专业上和语言上的准备。"难民专业学习融入"计划则可以帮助高校和大学预科提供更多的用于大学学习准备和学习期间的语言和专业课程，同时也能够拓展其提供咨询服务的组织架构。[1]

2016 年，德国共有 172 个机构、135 所高校（包括 69 所应用技术大学、62 所大学和 4 所艺术类高校）以及 37 个大学预科获得"难民专业学习融入"计划的资助，共 6806 名难民参与了高校和大学预科的语言和专业课程。其中，1051 名难民参加了大学预科开设的 Integra 课程（占 15%），5755 名难民参加了高校开设的 Integra 课程。参加者中最大的群体来自叙利亚，占Integra 课程参与总人数的 75%（见图 3），这当然与叙利亚是 2016 年提出避难申请的难民最大来源国有关，当年提出避难申请的 722370 人中有 37% 来自叙利亚。来自叙利亚和伊朗的申请避难者中均有超过半数参加 Integra 课程，可见来自这两个国家的难民相对具有较高的教育水平。[2]

不论难民的居留状态如何，只要达到了德国大学的录取标准，均可以在德国上大学，同样，不论他们的居留状态如何，难民均可以参加 Integra 项目，接受语言培训。2016 年，Integra 课程参加者中有 41% 为已获得居留许可的难民，29% 的课程参加者正在进行避难申请（见图 4）。

2016 年，59% 的 Integra 课程参与者参加了语言课程，20% 的可参与者参加了语言和专业的混合课程，5% 参加了预备性知识课程。可见，语言的

---

① Deutscher Akademischer Austauschdienst, "Integration von Flüchtlingen an deutschen Hochschulen. Erkenntnisse aus den Hochschulprogrammen für Flüchtlinge", 2017, p. 10, https：//www. daad. de/medien/der – daad/studie_ hochschulzugang_ fluechtlinge. pdf.

② Deutscher Akademischer Austauschdienst, "Integration von Flüchtlingen an deutschen Hochschulen. Erkenntnisse aus den Hochschulprogrammen für Flüchtlinge", 2017, pp. 11 – 16, https：//www. daad. de/medien/der – daad/studie_ hochschulzugang_ fluechtlinge. pdf.

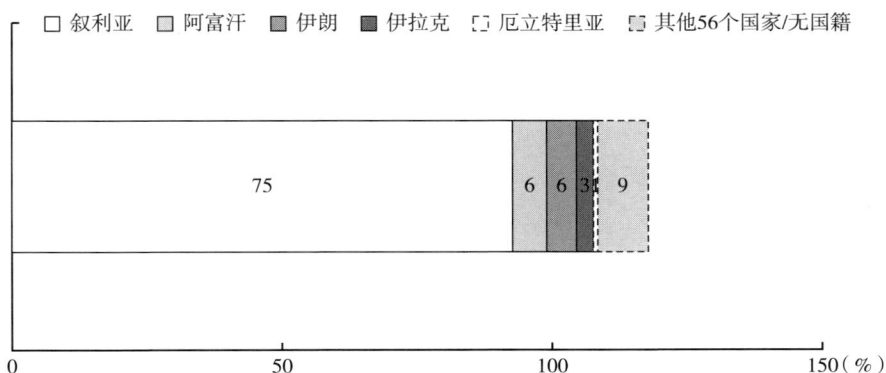

图 3　2016 年不同来源国难民中的 Integra 课程参加者

资料来源：Deutscher Akademischer Austauschdienst，"Integration von Flüchtlingen an deutschen Hochschulen. Erkenntnisse aus den Hochschulprogrammen für Flüchtlinge"，2017，p. 16，https：//www. daad. de/medien/der‑daad/studie_ hochschulzugang_ fluechtlinge. pdf。

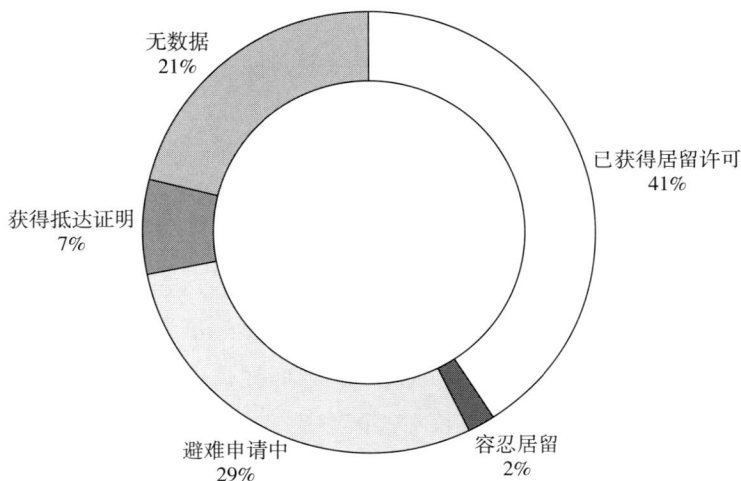

图 4　2016 年不同居留状态的 Integra 课程参加者

资料来源：Deutscher Akademischer Austauschdienst，"Integration von Flüchtlingen an deutschen Hochschulen. Erkenntnisse aus den Hochschulprogrammen für Flüchtlinge"，2017，p. 15，https：//www. daad. de/medien/der‑daad/studie_ hochschulzugang_ fluechtlinge. pdf。

习得是进入大学学习的第一步也是最重要的一步，但它同时也成为大学学习道路上最大的障碍。在超过 700 门 Integra 课程中，近 70% 的课程参与者完成（59%）或部分完成（8%）课程的学习目标，12% 未完成学习目标，还有 21% 的课程参与者尚未参加相应的考试，因而暂时无法评价学习成功与否。若观察 Integra 课程参与者所达到的语言水平，可以看出接近 50% 参与者的德语水平为 B1 或 B2，10% 的课程参与者达到 C1 水平（见图 5），这意味着只有不超过 10% 的难民达到了在德国上大学所需的 C1 语言水平。

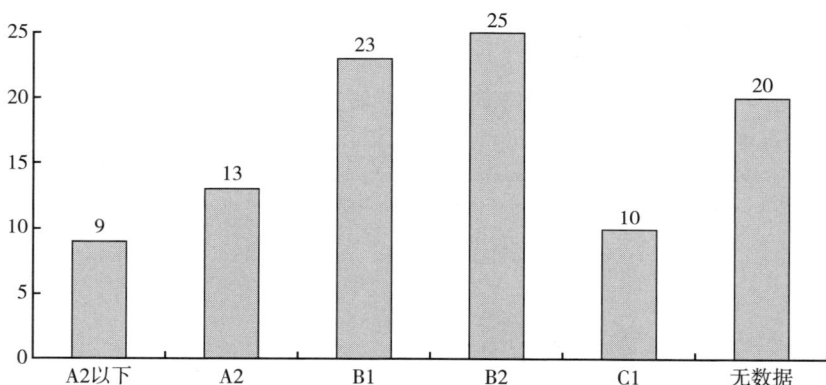

图 5　2016 年 Integra 课程参加者所达到的德语水平

资料来源：Deutscher Akademischer Austauschdienst，"Integration von Flüchtlingen an deutschen Hochschulen. Erkenntnisse aus den Hochschulprogrammen für Flüchtlinge"，2017，p. 20，https：//www. daad. de/medien/der－daad/studie＿hochschulzugang＿fluechtlinge. pdf。

　　在"高校保障基金准则"计划的框架下，德国联邦家庭、老人、妇女和青年部（BMFSFJ）也推出了语言课程，面向拥有居留许可和 30 岁以下的 20 世纪 80 年代的留德移民、有权在德国避难者和外国难民。该项计划可以使课程参与者获得 C1 的德语水平，以帮助年轻人获得大学文凭、进入大学学习或在德国继续其在来源国已经开始的大学学业。①

---

① Bundesministerium für Arbeit und Soziales，"Darstellung der Maßnahmen der Bundesregierung für die Sprachförderung und Integration von Flüchtlingen"，2016，p. 11，https：//www. bmbf. de/pub/BReg＿Broschuere＿Integration＿Fluechtlinge. pdf。

（四）难民语言融入政策的效果与问题

2015 年以来，德国政府将越来越多的融入课程向难民开放。从参与课程的难民最终在语言考试和国情教育考试中取得较高的通过率可以看出，这些课程拥有较高的质量、取得了不错的成效，难民通过融入课程掌握了一定的语言能力、了解了德国的基本国情，对难民在德国的融入起到了积极的推动作用。2017 年，德国 Syspons 咨询公司对参加融入课程的部分难民进行调查，结果显示，参与课程越多，难民对社会的适应度就越高。96% 的受访者认为自己能够在德国完成购物、乘坐公共交通工具等日常活动；90% 的受访者知道自己有疑问或困难时应该向谁求助；87% 的受访者认为自己能完成各种日程的预约（如看医生、向行政机构预约、参加父母之夜活动等）；66%的受访者认为自己熟悉周边设施，这个比例相对较低。此外，男性受访者的安全感要略高于女性受访者，在德时间超过一年的难民也要比其他在德国时间较短的难民更自立。[①]

然而，德国政府也必须意识到，仍有大量难民因未能符合参加德语课程的标准和要求，而尚未有机会学习德语，因此，未来还需向申请避难者开放更多的语言课程。[②] 自 2005 年 1 月 1 日首次开设融入课程起，至 2016 年 12 月 31 日，德国开设了超过 117000 门融入课程。[③] 其中，2005~2014 年新开设

---

① Syspons, "Evaluation des Modellprojektes 'Erstorientierung und Wertevermittlung für Asylbewerberinnen und Asylbewerber'", 2017, p. 13, http://www.johanniter.de/fileadmin/user_upload/Dokumente/JUH/Fluechtlinge/20170620_Johanniter_Erstorientierung_Abschlussbericht_Final.pdf.

② Beauftragte der Bundesregierung für Migration, Flüchtlinge und Integration, "11. Bericht der Beauftragten der Bundesregierung für Migration, Flüchtlinge und Integration – Teilhabe, Chancengleichheit und Rechtsentwicklung in der Einwanderungsgesellschaft Deutschland", 2016, p. 83, https://www.bundesregierung.de/Content/DE/Artikel/IB/Anlagen/2016-12-09-11-lagebericht.pdf?__blob=publicationFile&v=2.

③ Bundesamt für Migration und Flüchtlinge, "Das Bundesamt in Zahlen 2016. Asyl, Migration und Integration", 2017, p. 132, http://www.bamf.de/SharedDocs/Anlagen/DE/Publikationen/Broschueren/bundesamt-in-zahlen-2016.pdf?__blob=publicationFile.

85669 门课程，2015 年开设 11739 门课程，2016 年新开课程数为 20047 门。[1] 但是，若要让更多的难民能够参与融入课程，德国政府仍需开设更多的融入课程，提供充足的学习位置。德国联邦移民与难民局和各类公法及私人的课程承担者共同合作，开设融入课程。为了保证课程的质量，课程承担者须满足《融入课程规定》（Integrationskursverordnung）的要求和标准。开设融入课程许可的最长有效期为五年，若某机构或组织超过 12 个月未开设融入课程，则其许可会自动失效。2015～2016 年，共有 400 多个新的机构或组织参与开设融入课程。[2] 截至 2016 年 12 月 31 日，全国范围内共有 1736 个机构或组织参与开设融入课程，包括成人学校、私立语言和专业学校、培训机构、营利性的继续教育机构、倡议小组、教会和其他自由组织。[3] 各联邦州获得开设融入课程许可的机构数量也有所不同，其中，北莱茵－威斯特法伦州的参与机构最多，为 366 家，占总机构数的 21.1%，紧随其后的是巴伐利亚州（256 家）和巴登－符腾堡州（196家）。[4]

相比融入课程数量不足而言，教师短缺的问题更为突出。合格的教师是

---

[1] Bundesamt für Migration und Flüchtlinge, "Das Bundesamt in Zahlen 2016. Asyl, Migration und Integration", 2017, p. 125, http：//www. bamf. de/SharedDocs/Anlagen/DE/Publikationen/Broschueren/bundesamt － in － zahlen － 2016. pdf?＿＿blob＝publicationFile.

[2] Bundesamt für Migration und Flüchtlinge, "Die veränderte Fluchtmigration in den Jahren 2014 bis 2016：Reaktionen und Maßnahmen in Deutschland. Fokusstudie der deutschen nationalen Kontaktstelle für das Europäische Migrationsnetzwerk（EMN）", 2017, p. 43, https：//www. bamf. de/SharedDocs/Anlagen/DE/Publikationen/EMN/Studien/wp79 － emn － fluchtmigration － 2014 － 2016 － reaktionen － ma% C3% 9Fnahmen － deutschland. pdf；jsessionid＝CFED6C0A 8956BFEDA520941BFDDAF50E. 2_ cid368?＿＿blob＝publicationFile.

[3] Bundesamt für Migration und Flüchtlinge, "Migration, Integration, Asyl. Politische Entwicklungen in Deutschland 2016. Jährlicher Bericht der deutschen nationalen Kontaktstelle für das Europäische Migrationsnetzwerk（EMN）", 2017, p. 53, http：//www. bamf. de/SharedDocs/Anlagen/DE/Publikationen/EMN/Politikberichte/emn － politikbericht － 2016 － germany. pdf?＿＿blob＝publicationFile.

[4] Bundesamt für Migration und Flüchtlinge, "Das Bundesamt in Zahlen 2016. Asyl, Migration und Integration", 2017, p. 129, http：//www. bamf. de/SharedDocs/Anlagen/DE/Publikationen/Broschueren/bundesamt － in － zahlen － 2016. pdf?＿＿blob＝publicationFile.

保证课程效果的重要前提。融入课程的教师除了需要与专业和教学法相关的知识外，还需要具有跨文化交际能力。为了满足日益增加的对融入课程教师的需求，德国政府于 2015 年 9 月 1 日对融入课程的准入标准进行了修订，使更多不同类型、学历的"德语作为外语或第二外语"专业毕业生可以加入融入课程的教师队伍，并为相关专业的师资力量启动了快速准入通道。[①] 2016 年 7 月 1 日，德国内政部将融入课程教师的最低收入从原先的每小时 23 欧元提高到 35 欧元。[②] 经过种种努力，2015～2016 年，共有 20000 名新教师加入融入课程的师资力量。[③] 然而，这相对于德国庞大的难民数量以及有参与融入课程需求的难民人数而言，仍然是不足的，而且融入课程的教师队伍中也缺少有异域文化背景的教师，融入课程的教学效果由此也会受到一定的限制。

2016 年，超过 50% 的避难申请者的年龄为 18～40 岁，这些难民是进入劳动力市场或者进入大学学习的来源。一方面，德国政府可以根据与职业相关以及面向大学生或有意愿上大学者的德语能力提高计划的参与人数，在劳动力市场和大学作好对应的接收方案与准备；另一方面，根据图 5 显示的数据，可以看到达到进入大学学习规定的德语 C1 水平的难民比例相对较低，这意味着大部分难民无法进入德国的大学学习，而且在劳动力市场他们也只能从事一些门槛低、专业性不强的工作。因此，针对有工作能力或有意愿上大学的难民，如何帮助他们达到较高的德语水平，以更好地融入

---

① Bundesamt für Migration und Flüchtlinge, "Das Bundesamt in Zahlen 2016. Asyl, Migration und Integration", 2017, p. 130, http：//www. bamf. de/SharedDocs/Anlagen/DE/Publikationen/Broschueren/bundesamt – in – zahlen – 2016. pdf? _ _ blob = publicationFile.

② Bundesamt für Migration und Flüchtlinge, "Stärkung der Lehrkäfte in Integrationskursen", 2016, http：//www. bamf. de/SharedDocs/Pressemitteilungen/DE/2016/20160708 – 031 – pm – bmi – staerkung – lehrkraefte – integrationskurse. html.

③ Bundesamt für Migration und Flüchtlinge, "Die veränderte Fluchtmigration in den Jahren 2014 bis 2016：Reaktionen und Maßnahmen in Deutschland. Fokusstudie der deutschen nationalen Kontaktstelle für das Europäische Migrationsnetzwerk（EMN）", 2017, p. 43, https：//www. bamf. de/SharedDocs/Anlagen/DE/Publikationen/EMN/Studien/wp79 – emn – fluchtmigration – 2014 – 2016 – reaktionen – ma% C3% 9Fnahmen – deutschland. pdf; jsessionid = CFED6C0A8956BFEDA520941BFDDAF50E. 2_ cid368? _ _ blob = publicationFile.

在德国的工作、学习甚至是德国社会，将成为德国难民语言融入政策的另一项挑战。

结　语

如本文所介绍，德国政府自 2015 年起推出了不同类别、不同层次、不同目标的语言课程，帮助不同来源国、具有不同文化水平及职业技能水平的难民尽快掌握德语，达到他们所需的语言水平。从课程参与情况、考试通过率等数据可以看出，这些语言课程具有较高质量、取得了较好的效果。随着难民危机的爆发，大量难民涌入德国，相关课程位置不足、教师短缺等成为德国政府在制定难民融入政策时必须面对的问题。

语言是难民融入的关键基础，掌握了德语，难民才有可能成功融入劳动力市场或接受所需的教育和培训。反过来，难民的融入能力在很大程度上与他们是否具有融入的动力紧密相关，工作移民相比难民一般都会更快、更好地融入。[①] 因此，及早为滞留前景良好的避难申请者提供工作岗位与进入学校学习的机会，能够为他们提供尽快掌握德语语言的动力。2016 年起，德国政府为仍处于避难程序审理中的难民（安全来源国难民除外）提供了 10 万个福利性质的工作机会，允许难民低门槛进入德国劳动力市场并积累工作经历。[②] 但是，在打通融入课程与职业学校或大学方面仍显示出不足。[③]

此外，德国自称是一个融入国家，然而许多现实的讨论依然显示出，与此相关的社会意识转变还没有完成。因此，如何加速德国本土的

---

① Holger Hinte, Ulf Rinne and Klaus F. Zimmermann, "Flüchtlinge in Deutschland: Herausforderung und Chancen", Wirtschaftsdienst, 2015 (11), p. 747.

② 郑春荣、倪晓姗：《难民危机背景下德国难民融入的挑战及应对》，《国外社会科学》2016 年第 6 期，第 81 页。

③ Robert Bosch Stiftung, "Sprachvermittlung und Spracherwerb für Flüchtlinge: Praxis und Potenziale außerschulischer Angebote", 2015, p. 16, https://www.deutsche-digitale-bibliothek.de/binary/D7I2UVQPAQXN66OJQCAZ42OD3FTBRVI4/full/1.pdf.

接纳文化发展和意识转变，成为难民融入德国社会的制约条件，因为只有接纳文化得到发展和意识得到转变才能获得长期稳定的社会和谐发展。①

---

① Bundesamt für Migration und Flüchtlinge, "Das Bundesamt in Zahlen 2016. Asyl, Migration und Integration", 2017, p. 132, http：//www. bamf. de/SharedDocs/Anlagen/DE/Publikationen/ Broschueren/bundesamt – in – zahlen – 2016. pdf?＿＿ blob = publicationFile.

外 交 篇

Foreign Policy

B.11
德法新轴心与欧洲一体化的改革进程

伍慧萍*

摘　要： 2017 年，欧洲一体化改革迎来机遇之窗，德法轴心重新启动，法、德、欧盟三支力量为一体化改革注入动力，欧盟有望在安全与防务、欧元区改革等主要议题领域取得进展。不过，迄今各种方案对于改革方向和路径存在明显分歧，德法新轴心的磨合程度和各方力量博弈结果牵制并决定着此轮改革进程的实际收获。

关键词： 德法关系　德法新轴心　欧洲一体化

---

* 伍慧萍，博士，同济大学德国问题研究所/欧盟研究所教授。

近十年来，欧盟这一后冷战时期的制度安排经历了多重危机，甚至一度陷入生存困境，各种"解体论""终结论"大行其道。对此，最晚从英国脱欧公投以来，欧盟积极反思自身在经货联盟、银行业联盟、避难、安全等多个领域的制度短板，意图通过深层改革提高抗危机能力。最新一轮改革进程获得新动力，2018 年成为决定欧盟改革成败的转折之年，而德法轴心在这一过程中始终发挥着关键的引领作用。

一　现阶段欧洲一体化改革的时机

相比于 2016 年前，眼下的欧盟逐步稳住阵脚，政治风向出现有利转圜，移民与安全形势缓解，经济乐观情绪上扬，一体化改革迎来机遇期。

（一）英美孤立主义加深欧洲的危机意识

英美孤立主义是欧洲在防务等领域加强共同行动的"助产士"。① 随着美国加快全球战略收缩和重心东移，西方自由主义阵营内部出现裂痕，欧美盟友关系龃龉增多，未来走向不明朗。继奥巴马指责欧洲人"搭便车"之后，特朗普在多个核心领域公开挑战欧洲人的既有认知，不仅威胁放弃美国战后对欧洲的安全承诺，要求北约内部"公平分摊"费用，而且直接抨击欧洲一体化进程的意义，批评欧盟限制欧洲国家发展，将美德贸易逆差归咎于欧元区的设立，甚至公开力挺英国脱欧和法拉奇、勒庞等英法反欧洲民粹政要，乐于见到更多成员国退出欧盟或者欧元区。② 美国政策调整带来的挑战充分暴露了欧洲缺乏独立的安全支柱，迫使欧洲领导人提高独立自强意识，开始独立思考欧盟的未来，希望抱团取暖推进一体化进

---

① Markus Becker, "Europäische Verteidigungsgemeinschaft: 23 EU – Staaten gründen Militärunion", Spiegel Online, 13. 11. 2017, http: //www. spiegel. de/politik/ausland/bruessel – 23 – eu – staaten – gruenden – pesco – zusammenarbeit – bei – verteidigung – a – 1177685. html.

② Jochen Bittner, "Der Kulturkämpfer greift an", Zeit Online, 16. 02. 2017, http: //www. zeit. de/ politik/ausland/2017 – 02/donald – trump – nato – obsolet – eu – 5vor8/seite – 2.

程，避免在未来国际格局中被边缘化。默克尔在 2017 年 5 月底七国集团峰会后呼吁欧洲"必须真正掌握自身命运"，外长加布里尔多次表示世界正在发生改变，只有欧洲在变小，若不团结一致，下一代将丧失在世界上的话语权。

（二）多国选举结果提高一体化信心

2017 年是欧洲的选举关键年，包括英、法、德三大核心国家在内的 9 个欧盟成员国举行议会或总统选举。一方面，欧洲政治风向并未彻底扭转，疑欧民粹力量进入议会甚至在捷克、奥地利等国上台执政、参政，政党格局的碎片化加大德国、荷兰等国的组阁难度和维持政权稳定性的难度，欧洲各国趋于保守、内向。另一方面，更为突出的是，荷兰和法国等多国大选的结果总体阻止了右翼民粹势力撼动一体化前进方向、开启欧盟解体进程的企图。反观英国，首相梅提前大选收获的结果有违初衷，无法依靠"强大而稳定的政府"推行硬脱欧路线，而欧盟已早早消化了英国脱欧的负面影响，这些变化打击了疑欧阵营的信心[1]。与英国脱欧公投之时相比，挺欧派在多数国家占据上风，27 国对于欧盟的存续有共识，欧洲一体化的信心整体增强。

（三）经济数据对欧盟形成有力支撑

正如欧盟委员会主席容克在 2017 年盟情咨文中所指出，当前欧洲经济加速复苏，各项数据均对欧盟形成有力支撑：从经济增长来看，欧盟已经连续五年实现渐进增长，欧盟 28 国和欧元区国家经济增幅分别达到 2% 和 2.2%，包括爱尔兰、葡萄牙和西班牙等受到危机冲击的国家均实现普遍增长。[2] 从公共财政来看，2016 年，只有西班牙和法国的预算赤字占国内生产

---

[1] Caroline de Gruyter, *The liberation of Europe*, European Council on Foreign Relations, 17. 05. 2017.

[2] "Präsident Jean-Claude Juncker, Rede zur Lage der Union 2017", 13. 09. 2017, http：// europa. eu/rapid/press – release_SPEECH – 17 – 3165_de. htm.

总值的比例超出《稳定与增长公约》规定的 3%，欧盟和欧元区的赤字率分别回落至 1.7% 和 1.5%，卢森堡、瑞典等 10 个国家甚至实现财政盈余。从失业状况来看，欧盟失业率自 2013 年以来逐步降低，2017 年 4 月降至 7.8%，已经恢复至危机前水平。[①] 从经济信心来看，欧洲的经济信心处于 2001 年以来的最高水平，2018 年 1 月初 Markit 研究所对欧洲各国企业采购经理的调查结果则表明，欧洲工业企业的乐观情绪甚至达到 20 年以来的最高值[②]。

（四）德法轴心重启为新一轮改革注入动力

历史上德法两国分工合作，往往推动一体化步入全新阶段。2017 年，德法发动机获得新的动力，成为欧洲新一轮改革的主要推手。就法国而言，自欧元问世以来，首度出现既有大胆政治理念，也有强大政治授权进行深度改革的领导人，迫切希望在经历数年危机后与德国平起平坐，共同构建欧洲的未来。马克龙将"重建欧洲"作为大选主要议题，以一体化支持者的鲜明形象赢得大选，有力遏制了国民阵线的影响力，并在大选之后数月中推行了预算赤字、劳工法和税务改革，彰显进行国内结构性改革的诚意，换取德国在欧洲改革中的合作态度。就德国而言，在应对欧债危机和难民危机的过程中，德国在欧盟中承担起领袖角色，但效果不如人意，招来东欧和南欧国家对其"独裁""单干"的指责，迫切希望寻找有力盟友。默克尔在上一个任期内就已经有意识地组建德、法、意、西四国联盟，重振魏玛三角，但总体收效不大，马克龙的政治成功适逢其时。在德国联盟党 2017 年的竞选纲领以及大联合政府预谈判成果文件中，均着力强调德法轴心作为一体化推动力的意义，凸显德国对于德法轴心的重视程度。

---

① Eurostat, *Schlüsseldaten über Europa*, Luxemburg: Amt für Veröffentlichungen der Europäischen Union, 2017, pp. 68, 78, 82.

② Ulrich Schäfer, "Konjunktur. Freu dich, Europa!", *Süddeutsche Zeitung*, 04.01.2018, p. 23.

二 重塑欧洲的各种改革方案

2017 年，重塑欧洲的各种改革方案密集出台，欧盟机构和德国、法国作为其中三支主要力量不断相互呼应，共同引领一体化改革的方向之争。

（一）法国方案雄心勃勃

早在担任法国经济部长期间，马克龙就曾与时任德国经济部长加布里尔共同倡议加强欧洲在财政、经济和社会政策上的合作，改革欧元区的架构，逐步建立欧元区独立的预算、立法和行政①，但无功而返。2017 年，法国总统大选期间，马克龙高举挺欧大旗，同时要求对欧盟的制度安排"重新交易"，并以绝对优势赢得总统和议会选举，由此获得了在欧盟层面推行改革的强大授权和动力。9 月 7 日，马克龙借访问希腊之机提出了重新建立"保护性欧洲"的路线图和具体设想。9 月 26 日，马克龙在德国大选两天之后迅速把握先机，在巴黎索邦大学发表原则性演讲，再度呼吁欧盟进行深刻变革，并阐述了到 2024 年之前重建欧盟的方案。2018 年 1 月，马克龙在南欧七国领导人峰会上进一步取得南欧国家对其欧盟和欧元区改革的支持。

在经济与货币联盟领域，马克龙主张大幅度增强财政一体化，深化欧元区改革，提议设立欧元区共同预算、财长和议会。具体主张设立欧元区预算用来投资基础设施建设和其他大型工程项目，资金来自碳税、企业税等共同税收，设立欧元区财政部长一职加强财政政策协调，接受议会监督。在安全与防务政策领域，支持设立欧洲共同防务预算，建议各国自愿接收其他成员国的军人，发展共同的战略文化，并重拾欧盟十年前就已批准的相关方案，在 2020 年前成功组建欧盟干预部队。此外，建议新设欧

---

① Sigmar Gabriel and Emmanuel Macron, "Warum Europa zu einer Sozialunion werden muss", *WELT*, 04. 06. 2015.

盟检察官一职，负责调查、打击跨境恐怖主义。在难移民政策领域，建议新设欧洲难民管理机构，统管难民资格认定与接收等事务，新设边防警察负责非法移民的监督与执法，并发行欧盟身份证应对移民新挑战。在欧盟机制建设方面，倡议精简欧盟委员会，将其人数削减至 15 人，并主张大国应当首先放弃位置。

（二）欧盟委员会方案理想激进

在一体化新一轮改革的启动过程中，欧盟委员会自始至终扮演着动员和激励角色，不断提出欧盟未来发展的各种备选方案，希望在各国精英和民众中激活关于欧洲前途与改革的大讨论，继而实质推动欧盟改革议程。2017 年 3 月 1 日，欧盟委员会主席容克提交《欧盟未来白皮书》，对 2025 年的欧洲给出了五条可能的未来前景，具体包括维持现状、聚焦内部大市场、"有意愿者先行"的多速欧洲方案，精简行动领域的"更少、更高效"方案，更多共同行动的深化合作方案，等等，并分别分析了各种前景的影响。这五种方案的内容截然不同，既包含了五种前景，也指出了五条道路。就欧盟政要及容克的各种表态来看，欧盟彼时主要倾向于多速欧洲的设想，主张成员国自主决定未来发展道路，以"多种速度"前进，通过欧盟现有磋商和决策机制来推进欧洲一体化进程。

不过，这一态度在欧盟委员会 9 月 13 日发表盟情咨文之时发生了变化，欧盟和欧元区经济的稳健增长以及德法借助大选机会重振德法轴心的前景增强了欧盟"晴天修屋顶"[①]的信心。在此背景下，容克放弃多速欧洲的说法，发表了演讲，成为"自欧元问世以来欧盟委员会主席发表的最具一体化色彩的演讲之一"[②]。容克在演讲中着眼中长期，描绘了欧盟在 2025 年的第六种更为宏大而激进的发展远景，重点提出深入改革欧元区、深化经济与

---

① Europäische Kommission, "Vertiefung der Wirtschafts – und Währungsunion Europas", 06. 12. 2017, https：//ec. europa. eu/commission/news/deepening – europes – economic – and – monetary – union – 2017 – dec – 06_ de.

② 梅赫雷恩·克汉：《容克呼吁以加深欧盟一体化送别英国》，《金融时报》2017 年 9 月 14 日。

货币联盟的方案，明确引导一体化的包容性发展，邀请所有成员国共享内部大市场、欧元、申根等一体化成果，消除东西欧、南北欧的分歧，其最终目标是实现欧盟、欧元区和申根区的三位一体发展。①

欧盟委员会最新方案从加强欧洲经济与货币联盟的效率和民主问责义务的整体思路出发，提出若干具体改革建议。第一，至 2019 年前，在欧洲稳定机制（ESM）的基础上设立欧洲货币基金（EMF），承担最后贷款人和单一清算基金最后担保人的角色；第二，强化欧盟在财政领域的职能，将欧盟 2012 年为加强财政领域合作签署的《经济与货币联盟稳定、协调与控制条约（财政契约）》纳入欧盟法框架；第三，设立欧洲经济与财政部长职务，兼任欧元区主席和欧盟委员会副主席，加强财政政策的执行力；第四，在欧盟预算框架下引入新的欧元区预算工具，支持成员国进行结构性改革、经济趋同或实施缓和外部冲击的举措。

（三）德国方案稳健折中

与马克龙、欧盟委员会大谈改革前景和具体方案相比，德国的态度更为谨慎，迟迟未能拿出方案设想，直到 2018 年 1 月 12 日大联合政府组阁预谈判结束，德国才首次拿出非正式方案②，并且对不少具体设想有意保持模糊态度。究其原因，德国对于一体化改革存在矛盾心理。一方面，德国对于政治联盟更感兴趣。出于把握一体化前景的大方向、遏制民粹力量抬头等政治因素的考虑，德国显然必须鼎力支持马克龙加深欧洲一体化的努力，绝不会减弱其改革热情，基本也认可其改革主张，尤其认同法国加强安全与防务的建议。另一方面，德国对于欧元区的制度安排仍旧存在不同认识，更加倾向于成员国加强自身财政纪律、结构性改革和市场竞争原

---

① Jean-Claude Juncker, *Rede zur Lage der Union 2017*, Europäische Kommission, 13. 09. 2017, Luxemburg: Amt für Veröffentlichungen der Europäischen Union, 2017, pp. 6 - 21.

② "Ergebnisse der Sondierungsgespräche von CDU, CSU und SPD", 12. 01. 2018, https://www. cdu. de/system/tdf/media/dokumente/ergebnis_sondierung_cdu_csu_spd_120118_2. pdf? file = 1&type = field_collection_item&id = 12434.

则，反对债务一体化，不愿意做"欧洲的奶牛"。这些因素导致德国对于一体化改革的设想更为保守，不及法国与欧盟委员会积极。2017年9月24日的大选后，德国新政府一直未能成功组阁，看守政府的行动能力受限，无法为新政府提前做出原则性决策，也正好为德国的拖延找到合适的托词。

德国对于一体化改革的立场更多体现在总理、外长、财长等高层政要对于相关问题的公开表态中，至今仍未完全成形。德国总体上支持欧盟和欧元区改革，愿意将其作为优先考虑的政策议题，高度支持加强欧洲安全防务机制建设，但在欧元区改革问题上一直保持模糊态度。德国前财政部长朔伊布勒明确反对设立欧元区财政部长和独立预算的主张，率先提议将欧洲稳定机制这一为陷入困境的成员国应急的短期机制发展为欧洲货币基金的永久长效机制，以维护欧元区财政稳定，提高危机预防和危机管理能力，摆脱对于国际货币基金组织的依赖性。

在大联合政府预谈判文件中，基调积极地回应了马克龙和容克的呼吁，将欧洲政策作为新政府的重点政策领域，突出了大幅改革欧盟和欧元区、加强共同外交与安全政策的意愿，表态愿意增加对欧盟财政的资金贡献，设立欧元区预算工具用于经济稳定、社会凝聚和结构性改革，并逐步发展为欧元区投资预算。同时，首次响应了容克2017年9月提出的设想，提出将未来的欧洲货币基金置于议会监督之下并纳入欧盟法，由此淡化了朔伊布勒之前划出的将成员国政府作为决策人的红线。需要看到的是，文件虽然响应了马克龙的设想，但在改革立场上并没有出现部分观察人士欢呼的"范式转变"①，德国对于马克龙所提议的投资预算应当作为欧元区单独预算还是欧盟常规预算一部分没有明确表述，此外也未提及设立欧元区财政部长职务。②

---

① Jürgen Stark，"Europa zuerst！"，*Frankfurter Allgemeine Zeitung*，18. 01. 2018，p. 16.

② "Ergebnisse der Sondierungsgespräche von CDU，CSU und SPD"，12. 01. 2018，https：//www. cdu. de/system/tdf/media/dokumente/ergebnis_sondierung_cdu_csu_spd_120118_2. pdf？file = 1&type = field_ collection_ item&id = 12434.

三 一体化改革现实进展的主要特点

（一）改革方案分歧明显

马克龙的演讲进一步推动了关于欧盟未来的讨论，欧盟各国目前普遍认识到欧盟只有进行新一轮改革才能继续前进。在英国脱欧公投以来的历次欧盟峰会上，各国首脑共同推动关于欧盟未来的讨论，明确支持对欧盟进行改革。然而，具体到一体化改革的方向和路径，各个政治层级的各种行为体的观点激烈交锋，立场差异明显，讨论旷日持久。欧盟委员会、法国、德国作为现阶段一体化改革的三大主要推动力量，其改革方案就在若干方面存在根本性分歧。

首先，深化抑或改良，改革深度不同。容克和马克龙均着眼于2025年或是2024年欧洲，希望推进广泛、深远的大手笔改革。法国将塑造"主权、统一、民主的新欧洲"① 作为远景目标，重点要求加强欧盟的财政一体化，建立起基于风险共担的财政联盟。相反，德国对于一体化并没有提出前瞻性的政策设想，也不打算放弃迄今为止的主导理念和欧元区的整体架构，尤其坚守市场纪律和自我责任原则，主张以危机为鉴进行有限的修补，发展资本市场联盟并完善银行业联盟，从而实现一个改良版的经济与货币联盟。

其次，多速抑或单速，发展步调不同。容克所提出的大愿景优先考虑实现27国同步发展的单速欧洲，要求从机构扩权、欧盟扩大和深化等多个方面推进一体化的深入改革。反之，德法的方案着眼于一体化差异发展的现实，依循多速欧洲的发展逻辑。两者之间有细微分歧：法国的计划更具雄心，偏向少而精的先头部队，希望联合少数成员国深入推进全面一体化；德国则试图在马克龙和容克之间寻求折中立场，更多地强调包容性，希望将尽

---

① "Frankreich für starke EU - Macron will 'Wiedergründung Europas'", ZDF, 26. 09. 2017, https：//www. zdf. de/nachrichten/heute/frankreich - will - starke - eu - macron - fordert - wiedergruendung - 100. html.

可能多的成员国纳入改革进程中。无论是在防务领域还是在欧元区事务上，德法之间的这一差异均表现无遗。

再次，政府间抑或超国家，决策权限不同。容克试图在不修约的条件下动用《里斯本条约》的过渡条款，拓宽欧盟通过多数表决机制可以决定的政策领域，借机扩大超国家机构的职责范围，具体主张将政府间力量在金融危机期间创立的政策工具，例如欧洲稳定机制、《财政契约》和未来的欧元区预算，统统纳入欧盟机构框架下，并建议将欧洲理事会主席和欧盟委员会主席职位合二为一，接受欧洲议会和欧盟委员会的监督。这些提议都明显有利于欧盟扩权，也是不少欧元区政府首脑不愿见到的。马克龙的方案明显偏向成员国监管，坚守成员国的最终决定权，拒绝将欧元区单独预算纳入欧盟预算，其关于欧元区财政部长和独立预算的建议都是以一票否决和各国批准通过为前提。在这一点上，德国也基本站在成员国一边。

最后，具体政策工具不同。马克龙一心推动欧盟的经济增长与投资，希望通过欧元区独立预算获得相应的资金保障。默克尔基本认同这一主张，不过倾向于小预算，而非马克龙所期待的千亿级规模的大预算。对于德国而言，更为重视的是将欧洲稳定机制这一临时性危机救助体系扩建为欧洲货币基金，发展为各国经济预算政策的监督者。不过，该机构未来是纳入欧盟委员会的管辖还是作为独立机构运作，是接受欧洲议会还是各国议会的监督，目前仍有争议，德、法、欧之间尚未形成统一立场。

（二）领域合作进度不同

虽然欧盟同时在难民和移民、企业税基协调等多个领域推出改革举措，但新一轮改革集中在两大核心领域，即共同安全与防务政策和欧元区改革，在历次欧盟峰会中，这两大领域始终是重点议题领域。从目前的进度来看，这两大领域的改革分化明显，具体表现为在安全与防务领域的合作意愿强烈，进展顺畅，而包括经济与货币联盟和财政联盟在内的欧元区改革存在较多争议，现阶段的推进过程相对缓慢。

在安全与防务领域，欧洲面临的内外安全挑战使欧盟各国普遍感受到提高自身防务能力的紧迫感，在英国做出脱欧决定后，防务一体化扫除了最大的内部障碍。鉴于中东欧国家担心欧洲共同防务政策会削弱北约的作用，欧盟委员会在2016年推出的《全球战略》以及后来的相关文件中均反复强调欧洲独立防务与北约之间的互补关系。2017年6月7日，欧盟委员会正式建立年度预算55亿欧元的欧洲防务基金（EDF），主要用于研发和军备采购。6月8日，欧盟理事会做出决议，在欧盟军事参谋部（EUMS）下设军事指挥中心（MPCC），负责军事行动计划的制订与实施。10月19～20日的欧盟秋季峰会发表决议①，鼓励有能力的成员国加入防务领域永久结构性合作（PESCO）机制，要求在年底前启动首批项目。欧盟立法机关着手制订欧洲防务领域的工业开发计划，鼓励成员国在欧洲防务基金框架下提出灵活、稳定的融资机制，鼓励防务工业企业加强跨国合作以提高竞争力和创新力。11月13日，欧盟23国外长与防长签署文件，通过永久结构性合作机制，约定大规模推进共同防务项目，具体包括开发欧洲无人机、歼击机等军事设备，增加军事开支，设立欧洲医疗指挥部，派遣共同作战部队参加危机预防和应对，未来以各种灵活的形式加强军事领域的合作。成员国也可以提出其他更多项目建议，甚至不排除在未来建立"军事申根区"，以加强军事物资和人员部署能力。该文件还计划在2019～2020年共向欧洲防务基金拨款5亿欧元。②虽然永久结构性合作仅仅是政府间的合作项目，但仍将获得欧洲防务基金的资金支持。12月7日，葡萄牙和爱尔兰在排除国内阻力后加入永久结构性合作机制，从而使签署国扩充至25个，决定不加入的仅剩即将脱欧的英国、一贯对一体化做出"例外安排"的丹麦以及非北约国家马耳他。12月14～15日的欧盟冬季峰会肯定了防务领域永久结构性合作机制取得的进展。2018年年初，相关项目将正式启动。

反观欧元区改革领域，由于牵涉欧元区再分配机制的内部利益博弈，各方仍旧存在极大分歧和争议，进展相对迟滞，而由于作为核心成员国和改革

---

① Europäischer Rat, Schlussfolgerungen, *EUCO 14/17*, 19.10.2017, p.9, https：//www.consilium. europa. eu/media/21602/19 – euco – final – conclusions – de. pdf.

② "Mit vereinten Kräften", *Süddeutsche Zeitung*, 14.11.2017, p.2.

重要决定力量的德国组阁进程延宕数月，看守政府无法在涉及重大政策调整的问题上替新政府定调，导致之前尚未做出原则决定的欧元区改革进一步放缓。不过，包括德国看守政府在内的成员国政府与欧盟已经紧锣密鼓地加强磋商。总体来看，各国对于欧元区改革的迫切性早已形成共识，不过，在可选择的政策工具上，包括设立投资性预算、将欧洲稳定机制扩建为欧洲货币基金、完善银行业预算，各国政府仍各持立场，尤其是作为银行业联盟三阶段中最后阶段也是难度最大的存款担保体系存在极大阻力和争议。欧盟委员会与马克龙及其代表的南欧国家立场相悖，而以德国为代表的欧元区其他国家财政部长与二者又有不同立场。欧元区改革最终能进展到何种深度，能否触及核心问题，包括主权国家与银行间的关系、成员国之间的财政失衡、欧元区的再分配和转移支付，取决于各方尤其是德法两国的妥协意愿①。

（三）小步务实合作成为主要工作思路

一方面，各国已就改革的必要性和迫切性形成共识，改革进程已激活并渐成一体化未来发展之势。近十年的多重危机倒逼欧盟谋划机制改革，欧盟各国均深刻地认识到，只有完善制度架构，从根本上修复财政、避难、税收、防务等多个领域的制度短板，才能提高危机的预防和应对能力，降低内外风险，为欧洲一体化注入新的前行动力，避免在未来国际竞争中被边缘化。对于欧盟来说，改革的机遇稍纵即逝，鉴于 2019 年欧盟将迎来英国正式脱欧、欧洲议会选举等一系列重大事件而无暇旁顾，而新一届欧盟委员会将于年底前到位，2018 年成为决定改革能否取得实质进展的关键之年。欧盟各国均积极把握欧盟政治经济转圜的机遇，在历次首脑峰会中努力向前推进改革议程，没有推迟相关的方案论证和磋商。2017 年 10 月 17 日，欧洲理事会主席图斯克代表欧盟提出 2019 年 6 月前欧盟未来改革讨论的"领导人议程"（Agenda der EU – Führungsspitzen）和工作计划。12 月 6 日，欧盟

---

① Wolfgang Munchau，"Lack of eurozone reform outranks Brexit as the EU's biggest threat"，*Financial Times*，Dec. 17, 2017.

委员会根据"领导人议程"提交了今后 18 个月深化欧元区改革的提案和时间表。12 月 15 日，27 国的扩大版欧元区峰会也如期召开，没有因为德国"牙买加联盟"预谈判的破裂取消，并且在完善银行业联盟和建立欧洲货币基金的问题上梳理了已有基本共识。

另一方面，目前欧盟各国小步子走、在核心领域开展"菜单式"务实合作的策略占上风。2017 年 10 月，图斯克提交的"领导人议程"提出三大基本原则：一是为民众真正关心的问题，如安全、移民、失业，找到实用的解决方案，允许在某些情况下进行制度创新，但避免陷入机构辩论和理论争辩中；二是一步接一步来，一个主题接一个主题来，循序渐进地推动欧洲前进；三是 27 国保持团结一致。[①] 三大原则充分体现了各国避免冒进、寻求妥协和共识的实用主义路线。在安全与防务领域，虽然德法一致主张深化军事合作，但均否认将组建欧洲军队作为现阶段的合作内容，转而关注亟待解决的现实问题。例如，从欧美军事力量比较来看，目前欧盟各国军备开支为美国的一半，军事能力却只及美国的 15%，欧盟有至少 178 种武器系统，而美国有 30 种。为此，欧盟防务领域的永久结构性合作机制着眼于从一些低敏感度的领域出发，通过筹划和实施开发欧洲无人机与歼击机等军备、设立欧洲医疗指挥部、进行军事人员培训等具体防务项目，逐步加强军事政策的协调与合作，以期解决欧洲军事效率低下、设备采购重复、武器系统繁多等各种技术性问题。[②] 在存在极大争议的欧元区改革问题上，各国也是展现最大限度的合作诚意。在 2017 年 12 月的欧元区峰会上，各国列出经济与货币联盟和银行业联盟改革方案的要点清单，详细列出了已经取得广泛共识和尚待协调的议题，并且制定了时刻表。各方约定在 2018 年上半年密切讨论并寻求欧元区改革的基本共识，在 3 月的峰会上继续商讨欧元区改革议程，争取在 6 月的夏季峰会上就欧元区改革出台决议，做出明确决策。

---

① Michael Stabenow, "Und sie bewegt sich doch", *Frankfurte Allgemeine Zeitung*, 30. 09. 2017, p. 8.

② "Mit vereinten Kräften", *Süddeutsche Zeitung*, 14. 11. 2017, p. 2.

四 未来发展的制约因素

目前来看，一体化新一轮改革仍面临各个政治层面的力量博弈，既有欧盟与成员国之间的博弈，也有成员国之间以及成员国国内的博弈，这几组力量和矛盾的博弈共同作用与影响着此轮改革的前景及实际成效。

（一）德法轴心的磨合妥协程度决定改革实际方向

德法轴心始终是一体化前进的推动力量。在英国脱欧撬动欧盟内部力量重新洗牌的背景下，德法两国积极抓住欧盟领导权，彰显领导意志。在2017年12月15日的欧盟冬季峰会之后，默克尔与马克龙共同会见记者，实力展现德法轴心的存在，强调改革意愿，默克尔直言"如果德法不能形成共同立场，欧洲就无法前行"①。目前，德法轴心仍旧面临几大变数。

首先，一体化改革议程受到德法国内政治因素包括领导人执政地位以及国内对于改革议程的立场分歧的掣肘。一方面，德法两国的国内政治形势皆面临挑战。法国需要大刀阔斧地进行国内改革，巩固执政基础，把握当前的改革机会，防止民粹势力在五年后卷土重来。马克龙上台仅仅数月，其支持率下滑的速度甚至超过前任奥朗德，其欧盟改革计划不断遭到勒庞和梅朗雄的批评。反观德国，默克尔的执政地位和政治威信遭到削弱，组阁形式迟迟不明朗，限制了其推动改革议程落地的能力。另一方面，德国国内对于法国的建议存在极大分歧。基社盟和自民党反对为欧元区设立独立预算，基民盟原则上不反对欧元区独立预算的提议，但仅能接受较小规模的欧元区投资基金，而社民党则高调支持马克龙的改革方案，党主席舒尔茨在12月的党代会上甚至呼吁2025年前建立欧罗巴合众国，并通过欧洲宪法条约。因此，德国未来组成何种形式的执政联盟直接影响到德国的改革立场与方案。此外，德

① "Merkel lobt Zusammenarbeit mit Macron – EU komme voran", 15.12.2017, http：//www.eu – info. de/dpa – europaticker/283656. html.

国财政部对于银行业风险和消除银行坏账存在顾虑，德国储蓄银行以及大量普通储户坚决反对共同的存款担保机制，这些因素也将牵制德国政府的决策。

其次，德法之间对于改革方向和具体工具仍有较大分歧。德国主张市场纪律，总体上反对采取额外的风险分担措施，要求更严格地执行预算纪律，尤其将债务一体化视为不可逾越的红线，对于欧元区财政的规模以及是否设立欧洲经济与财政部长亦有不同看法。反之，法国对于欧盟或欧元区层面的财政转移支付更感兴趣，要求采取额外的财政稳定措施，实现风险共担，加强欧盟内的社会凝聚。德法对于经济与货币联盟的立场分歧，充分体现了南欧与北欧国家对于经济与货币联盟和财政联盟的根本性理念差异。事实上，德国大选前后的态度并无多少变化，默克尔和德国财政部对于马克龙的欧元区主张一直没有实质性松口，双方仍旧需要在改革的整体框架和具体政策工具上磋商、磨合。

再次，德法力量对比仍旧失衡。德国作为欧盟经济的火车头，始终在经济治理上占据主动。目前，德国国内生产总值占欧盟和欧元区的比重分别为21%和29.2%①。英国脱欧后，德国经济在欧盟的占比将进一步上升至25%，其对欧盟的财政贡献相应升至同等水平。② 2015年，德国向欧盟预算的净支付高达143亿欧元，远超法国的55亿。③ 反之，法国虽是欧元区第二大经济体，但在经济实力和对欧盟的财政贡献方面处于弱势，其国内生产总值在欧盟和欧元区的占比分别为15%和20.7%。2019年，法国公共债务水平预计升至96.9%，仍将超出《稳定与增长公约》的要求和德国届时的水平（57.9%）④。2017年11月，法国失业率为9.2%，而德国仅

---

① "Europäische Union & Euro-Zone: Anteile der Mitgliedsstaaten am Bruttoinlandsprodukt（BIP）im Jahr 2016", https://de. statista. com/statistik/daten/studie/347262/umfrage/anteile – der – laender – am – bruttoinlandsprodukt – bip – in – eu – und – euro – zone/.

② "Brexit wird teuer für Deutschland", *Frankfurte Allgemeine Zeitung*, 10. 09. 2016.

③ "Nettozahler und Nettoempfänger in der EU. Haushaltssalden der Mitgliedstaaten der Europäischen Union（EU）, verschiedene Bezugsgrößen", 2015, http://www. bpb. de/nachschlagen/zahlen – und – fakten/europa/70580/nettozahler – und – nettoempfaenger.

④ Jan Hildebrand, Donata Riedel and Michael Maisch, "Ein Plan für Europa", *Handelsblatt*, 18. 01. 2018, pp. 6 – 7.

为 3.6%。① 对此，曾任西班牙外长和世行副行长的帕拉西奥就明确指出，无论德国内政走向如何，欧洲离开德国将一事无成。尽管马克龙提出远景方案，但德国仍是法国推进改革的必要伙伴。② 马克龙同样深知无法离开默克尔的支持，因此在欧元区问题上始终保持谨慎，静候德国组阁结果，并不断强调不谋求债务一体化。

（二）欧盟委员会与成员国的权限博弈

此轮一体化改革分别以德法和欧盟委员会为代表，体现出政府间与超国家力量双轮驱动的态势，而这两个政治层面的权限博弈也贯穿始终。如前所述，欧盟委员会希望在欧元区获得更多权限，力主将各种新旧财经政策工具完全纳入超国家的权限范围，接受欧盟委员会的管辖和欧洲议会的监督，因此并不支持马克龙关于欧元区单独预算的要求。然而，欧盟委员会扩权的尝试无疑会遭到成员国的坚决反击。在自 2010 年以来的多重危机中，从欧债国家救助机制、俄乌冲突到难民冲击的解决过程都伴随着政府间主义力量的显著增强，欧洲理事会在重大事务中发挥关键作用，尤其是以德国为首的大国地位上升。③ 成员国仍旧抓牢一体化的主导权和决策权，当前的重大决策，包括银行业联盟的立法或者欧元区的彻底改革，其结果均主要取决于成员国而非超国家机构的政治意志。例如，在完善银行业联盟方面，虽然各国原则上同意引入存款担保体系这一最后阶段，但对其引入的方式和具体进度存在较大分歧。虽然欧洲中央银行自 2015 年以来一直力图设立欧洲存款担保计划（Edis），但遭遇不小阻力，至今尚未完成。在将欧洲稳定机制拓展

---

① Eurostat, "Unemployment rates, seasonally adjusted", November 2017, http：//ec. europa. eu/ eurostat/statistics – explained/index. php/File：Unemployment _ rates, _ seasonally _ adjusted, _ November_ 2017_ （%25）_ F2. png.

② Ana Palacio, "The Danger of a Post-German Europe", *Project Syndicate*, 21. 11. 2017, https：// www. project – syndicate. org/commentary/german – coalition – eu – leadership – by – ana – palacio – 2017 – 11？ barrier = accesspaylog.

③ Kai-Olaf Lang and Nicolai von Ondarza, "Minilateralismen in der EU", SWP-Aktuell 7, Januar 2018, p. 3, https：//www. swp – berlin. org/fileadmin/contents/products/aktuell/2018A07_ lng _ orz. pdf.

为欧洲货币基金的问题上，目前的欧洲稳定机制是政府间机制，由各国财政部长定调，接受成员国议会监督，欧盟委员会建议将未来的欧洲货币基金纳入欧盟法律框架，由欧盟委员会在欧洲议会的参与下决定是否向危机国家提供贷款，而欧元区国家拒绝多出一层欧盟委员会的控制，坚持要求一票否决的决策机制。① 尽管德国大联合政府预谈判成果试图在马克龙和欧盟委员会之间走折中路线，赞同将欧洲货币基金"写入欧盟法律，接受议会监督"，但未表明是否应由欧盟委员会决策，德国更是坚持要求由本国议会决定所有一体化举措，包括向欧洲的转移支付。在防务领域，永久结构性合作采用一票否决的表决机制，同样彰显了成员国的决定性作用。

（三）欧盟各国的力量博弈

现阶段，一体化建设中多种速度、多种目标的现状进一步固化，正如德国外长加布里尔指出，欧洲的现实发展不仅是多种速度（Multispeed），而且更为突出的是多种轨道（Multitrack），并没有形成合力，朝向共同的目标、方向发展。② 随着英国即将退出欧盟，欧洲内部力量对比重新调整，其结果也将影响一体化改革的实际效果。在一体化的发展方向和具体途径上，欧盟主要存在四条博弈战线。其一，南欧与北欧。德国和北欧国家作为"净出资国俱乐部"（Club Net）成员③，不愿将欧元区发展为转移支付联盟，希望在建立银行业联盟的问题上循序渐进，尤其反对将银行坏账纳入存款担保机制。而以法国、西班牙、意大利为代表的南方国家自2016年以来通过南欧七国领导人峰会等各种形式强化改革立场，力主扩大投资带动增长，尽快完善银行业联盟，尤其是建立单一清算基金和存款担保机制，尽可能地扩大银行业联盟的管理范围，将欧元区捆绑在一起。2018年1月，葡萄牙财长森

① Werner Mussler, "Brüssel, vielstimmig", *Frankfurte Allgemeine Zeitung*, 07. 12. 2017, p. 17.
② "Spiegel-Gespräch, Eine Welt von Fleischfressern, Außenminister Sigmar Gabriel über den Sehnsuchtsort Deutschland, den Konflikt zwischen Werten und Interessen, den Einfluss Chinas in Europa und die Proteste in Iran", *Der Spiegel*, 2/2018, pp. 34 – 37.
③ Daniel Brössler and Stefan Kornelius, "Berliner Allerlei", *Süddeutsche Zeitung*, 19. 01. 2018, p. 2.

特诺成为南欧国家首位欧元区主席，也提高了南欧国家的比重①。其二，东欧与西欧。以德法为一方，波匈为另一方，东西欧的裂痕自难民危机以来进一步加深，双方在一体化发展方向上的分歧明显。西欧国家希望在政治一体化上更进一步，德国、意大利、法国和卢森堡四国议长甚至于 2017 年 2 月共同呼吁以欧盟为基础，建立更加集权的国家联邦。反之，东欧国家对此热情不够，对于德法发动机重启并推动大幅改革计划有所保留，担心加剧双速欧洲或者多速欧洲的局面，尤其对于马克龙的远景设想所涉及的国家主权十分敏感，希望民族国家保留尽可能多的主权。同时，坚决抵制欧洲避难体系的改革，拒绝分摊难民压力。② 其三，大国与小国。奥地利、荷兰、丹麦、比利时等小国需要通过各种小多边机制、联合更多国家才能提高话语权，在新一轮改革中虽更多地表现出合作态度，但不愿意增加对欧盟的预算贡献，对于德国大联合政府预谈判计划增加欧盟预算的慷慨提议并不支持。其四，欧元区与非欧元区国家。目前，非欧元区国家主要由英国推动发声表达诉求，英国脱欧之后，欧元区的货币政策对于非欧元区产生的影响更大，余下八国要避免被边缘化，除了像捷克那样不得不重新讨论是否加入欧元区，在欧元区改革上也会发挥有限的牵制作用。③

总体来看，此轮一体化改革将推进到何种程度，取决于政府力量之间的妥协，超国家机构在其间虽发挥一定的引领作用，但对于改革的最终方案影响有限。鉴于德法两国从政治需要出发，必须通过欧洲一体化改革事业的政治成功来遏制欧洲内部的离心力趋势，阻止民粹势力颠覆欧洲政局，因此，德法新轴心将在市场纪律与风险分担之间努力寻找利益平衡，带动欧盟此轮改革取得实际成果。

---

① Mário Centeno, "Der Status quo ist keine Option", *Handelsblatt*, 17. 01. 2018, pp. 4 – 5.

② Hans Kundnani and Jana Puglierin, "In der Zwickmühle. Atlantiker wie Post-Atlantiker geben sich Illusionen hin", *Internationale Politik* 1, Januar-Februar 2018, pp. 86 – 92.

③ Caroline de Gruyter, *The liberation of Europe*, European Council on Foreign Relations, 17. May 2017.

B.12
反思、再定义、重新开始：
德美关系的优先选择

〔美〕杰克逊·简斯　徐意翔　范一杨 译*

摘　要： 在"美国优先"的口号下，特朗普政府奉行贸易保护政策，承担北约防务的意愿有所下降。这一方面破坏了跨大西洋伙伴关系的合作基础，另一方面也赋予双方审视跨大西洋联盟合作原则、目的和策略的重要契机。作为欧盟的领导者，德国需要承担更多的责任，推动欧盟防务一体化。更加具有"战略自主性"的欧盟将在军事上成为北约的重要补充。面对俄罗斯在欧洲东部造成的军事威胁，强化北约行动对于美国和欧盟依然至关重要。除了传统安全威胁，欧盟和美国在应对网络安全问题方面拥有广泛共识，这也将成为双方深化北约合作的新领域。美国虽然对德国对美贸易中的巨额顺差强烈不满，但欧洲和美国在国际贸易领域的共同对手是中国。随着世界权力中心的转移，跨大西洋伙伴关系在维系国际秩序、捍卫西方自由和民主的价值理念的过程中依然是德美双方最重要的战略资源。

关键词： 德美关系　跨大西洋伙伴关系　北约　贸易与投资　网络安全

---

* 〔美〕杰克逊·简斯（Jackson Janes），博士，美国霍普金斯大学美国当代德国问题研究所（AICGS）所长；徐意翔，美国霍普金斯大学美国当代德国问题研究所研究人员；范一杨，同济大学德国问题研究所/欧盟研究所硕士毕业生。

2017 年，跨大西洋伙伴关系充斥着紧张与焦虑。在与中国和俄罗斯竞争日益激烈的背景下，德国和美国动荡的国内政治使这一传统伙伴关系急速进入不稳定期。大西洋两岸的民族主义和保护主义赢得民众支持，试图改变既有行动与合作范式。正是这一范式奠定了跨大西洋伙伴关系的基石，定义了西方民主国家努力保护的自由和基于规则的全球秩序。

从"让美国再次伟大"到"美国浩劫"再到"美国优先"，特朗普总统重塑了对移民、环境与能源政策、医保等一系列争议话题的讨论。凭借共和党控制联邦政府立法和行政部门的优势，特朗普试图彻底改变美国国内政策。[①] 一方面，围绕着几乎所有立法议题的政治斗争和即将在 2018 年 11 月举行的中期选举将继续限制美国对外交政策的挑战和危机做出回应。另一方面，特朗普极端、单边的政策提议和任意妄为的交往方式令美国传统盟友感到失望与不安。

德国国内形势虽然不同，但面临着同样严峻的政治动荡。默克尔艰难赢得了其第四个总理任期，她必须面对进入联邦议院的极右翼政党德国另类选择党（AfD）。德国极右翼和极左翼政党的壮大挤压着传统中间政党的生存空间，这导致近六个月的组阁谈判尤为艰辛。虽然新的大联合政府已经上台执政，但是社民党和基民盟/基社盟在如何应对税收、移民、社会福利开支与基础设施投资等一系列内政问题上存在分歧。这在一定程度上弱化了战后联邦德国一贯保持的可预见性风格。

为了回应来自国内选民的种种不满和要求，美国转变了对待跨大西洋伙伴关系的态度。特朗普政府将矛头指向德国防务开支，批评其持续的财政盈余，并指责德国工业造成不公平竞争。

在经历了与奥巴马政府八年的"恋爱"后，德国公众从一开始就对特朗普心生厌恶。"美国优先"在德国人看来或多或少意味着"美国孤立"。白宫在经济领域视欧洲为竞争对手、在安全领域威胁将不再承担对欧洲的

---

① Jackson Janes, "Fragile Friendship and Polarized Politics: Foreign Policy in 2018", American Institute for Contemporary German Studies, 4 January 2018, https://www.aicgs.org/2018/01/fragile – friendships – andpolarized – politics – foreign – policy – in – 2018/.

防务义务，跨大西洋伙伴关系的信任基础因此受到侵蚀。德国前任外长西格玛·加布里尔对此流露出感伤，他表示"德美关系将不复往昔"。[①] 似乎德国人可以完全依赖美国的日子已经结束。随着特朗普继续为其孤立主义和保护主义的观点发声，一系列离心力正在挑战着政治上已经被弱化的默克尔。可以预见，在接下来的一年里，跨大西洋伙伴关系将举步维艰，进入压力测试期。

这是否意味着跨大西洋伙伴关系比过往面临更多危机呢？未必。如果压力测试可以提醒人们去审视并更新交往中的原则、目的和策略的话，那它就不构成危险。但是人们首先需要对实际情况进行反思。欧洲人尤其是德国人需要注意到，不应将特朗普政府视作跨大西洋交往中的一个临时现象。即使人们难以应对华盛顿释放出的所有危机信号，但可以明确的是，华盛顿对与德国650亿美元贸易赤字的不满将会继续。德国会持续承受着被要求扩大内需、刺激欧洲经济增长的压力，会持续有呼声要求德国实行宽松的财政政策与货币政策，从而在欧元区内构建更富有成效的单一市场。除此之外，还会有呼声要求德国采取更加协调的措施，分担诸如能源安全和难民问题造成的挑战。当然，正是这些话题构成了当今欧盟的内部争论。[②]

除了跨大西洋伙伴关系的晦暗前景，处理欧盟内务的压力也给德国带来新的契机甚至是必要性，使其反思建立在长期被视为理所应当的假设上并指导德国外交与经济政策的原则。与美国的紧密盟友关系使德国从冷战后的国际体系中获益颇丰，依仗美国的保护德国得以享受不发展硬实力的优惠。而目前的德国必须同瓦解自由国际秩序的"离心力"做斗争以维护自身优势。德国的选择不仅关乎本国命运，而且对于自由联盟来说意义重大。美国

---

① Rebecca Savransky, "Top German Official: Relations with the US 'will never be the same' after Trump", *The Hill*, 6 December 2018, http://thehill.com/policy/international/363489 – top – german – official – relations – with – us – willnever – be – the – same – after – trump.

② Jackson Janes, "Transatlantic Stress Tests", *Bonn International Security Forum 2017*, June 2018, https://www.aicgs.org/site/wp – content/uploads/2018/03/Janes_ International – Security – Forum – 2017. pdf.

对德国防务支出的不满敲响了警钟，德国不得不为了强化欧洲防务放弃战后在增强军事上的不作为。默克尔 2017 年在布鲁塞尔北约峰会之后所说的"为了我们自己的未来，为了我们欧洲人的命运而奋斗"[①] 是欧洲人需要遵从的建议。但这并不意味着德国人或者说欧洲人要单打独斗。德国追求的自由理念、民主原则和以规则为基础的国际机制同样投美国所好。这些已经并将继续奠定跨大西洋合作的基础。德国应当抓住机会拥抱美国，而不是任由消极因素破坏德美关系。强大的德美联盟对于应对西方自由民主世界的真正挑战至关重要。[②]

事实上，当前德美关系比冷战结束后的任何时期都要重要。两国所面临的许多境内和域外挑战，比如移民、恐怖主义、经济不平等和地区安全等都由快速发展的全球化进程所致。柏林和华盛顿的传统政治精英努力说服选民相信全球化依然利大于弊。但中国在自由贸易体系中的爆炸性增长使人疑惑，为什么自由国际秩序没能保护创造它的国家的利益呢？为什么国际机制无力对抗世界威权主义的壮大呢？或许最重要的问题是，谁该对这一切负责呢？盟友间的相互指责无法帮助美国削减贸易赤字，无法使德国汽车制造业摆脱对中国市场的依赖，也无法消除俄罗斯对西方民主政治进程造成的威胁。"我们不能再指望我们的伙伴了"，这句话或许概括了当前大西洋两岸的政治氛围，但这句话并不能用来指导人们处理跨大西洋关系。德美伙伴关系的进一步瓦解只会弱化双方应对共同挑战的能力。德国和美国还要依靠彼此。

很难说美国是否可以成功使中国在知识产权保护和市场准入方面做出让步。特朗普政府威胁向中国的出口产品征收巨额关税的做法遭到了北京的强

[①] Melissa Eddy, "In Era of Trump, Germany Seeks a Stronger Role Abroad", *The New York Times*, 5 December 2017, https://www.nytimes.com/2017/12/05/world/europe/germany – trump – sigmargabriel. html? rref = collection% 2Fsectioncollection% 2Fworld&action = click&contentCollection = world&region = rank&module = package&version = highlights&contentPlacement = 8&pgtype = sectionfront.

[②] Peter Rough, "A stronger German-American Alliance", *National Review*, 22 January 2018, https://www.nationalreview.com/magazine/2018/01/22/stronger – german – american – alliance/.

烈反击。① 中美贸易战的潜在升级不但会损害美国企业利益、破坏跨国企业的供应链，并且把上升的成本转嫁到美国消费者身上。与此同时，中国重新布局对欧贸易的可能性也会增加。德国坚持要求南欧国家实施财政紧缩、遵守财政纪律，这使得欧盟维系凝聚力、对抗外部压力变得更加艰难。德国所提倡的由欧盟委员会审查外国投资的方案将毫无疑问遭到欧盟非核心成员国的怀疑和抵制。在此背景下，通过谈判达成跨大西洋贸易问题解决方案、共同执行世界贸易组织关于知识产权保护和市场准入的规则对于维系跨大西洋伙伴关系来说势在必行。

虽然德美之间总是言语相向，但是两国仍有广阔的合作空间。共同价值与利益始终为跨大西洋伙伴关系的舆论导向和政策偏好奠定坚实基础。皮尤研究中心的调查显示，即使美国人和德国人对两国双边关系的现状存在分歧，大多数民众认为双边有必要开展更加紧密的合作并且视对方为重要伙伴。② 对于贸易、网络安全等多边议题，美国政府与德国政府通过协商达成广泛共识，为避免分歧和矛盾取得重大进展。

只有依靠以德美同盟为核心的跨大西洋伙伴关系，两国才能有遏制国内民族主义和保护主义的政策倾向，并且防止自由国际机制进一步恶化。与此同时，两国需要为改变各自的政策前景迈出重要一步。美国需要摒弃单边行动并且与欧洲人密切合作。德国需要克服心理障碍、引领欧盟防务政策，协调本国经济增长与欧洲经济不平衡的矛盾，强化与美国的经济合作。

---

① Damian Paletta, Heather Long, and Emily Rauhala, "China threatens to hit back as Trump seeks additional tariff on ＄100 billion worth of Chinese goods", *The Washington Post*, 6 April 2018, https：//www. washingtonpost. com/business/economy/trump – seeks – additional – tariffs – on – 100 – billion – of – chinesegoods – in – escalation – of – trade – confrontation/2018/04/06/6b8c 3472 – 3952 – 11e8 – 9c0a – 85d477d9a226_ story. html？utm_ term =. 4699422c6eda.

② Dorothy Manevich and Richard Wike, "Americans Say U. S. – German Relations Are in Good Shape, but Germans Disagree", *Pew Reach Center*, 28 February 2018, http：//www. pewglobal. org/2018/ 02/28/americans – say – u – sgerman – relations – are – in – good – shape – but – germans – disagree/.

一　北约与欧盟防务

多重因素给欧盟施加了巨大压力，提高防务能力势在必行。俄罗斯的"侵略"行为给东欧和波罗的海国家构成严重威胁。来自地中海地区的恐怖分子和难民使欧洲南部边境地区的安全状况令人担忧。[①] 英国脱欧意味着欧盟失去了防务开支最多[②]、最质疑防务一体化的成员国。[③] 特朗普总统公开质疑北约存在的必要，不断批评欧盟吝啬的防务开支。这意味着美国承担欧洲防务的意愿下降。上述一切都促使欧盟发展自己的防务计划。

欧洲与美国争论的焦点在于美国认为北约中的欧盟国家数十年来防务开支长期不足问题上。尤其是德国长期拒绝增加防务开支，目前其防务支出仅占国内生产总值的 1.2%，在所有欧盟成员国中排在第 17 位。[④] 美国实际上负担了北约 72% 的开支[⑤]，特朗普那句"盟友对我们很不公平"便是美国对于长期承担北约大部分开支而产生的积怨情绪的爆发。即使默克尔政府同意增加国防开支，她依然面临着来自国内各个方面的巨大阻力。美国所要求的占国内生产总值 2% 的防务开支并没有落实到大联合政府的《联合执政协议》中，德国似乎不会立刻达到这一目标。

---

① Ian Lesser, "Terrorism and Mediterranean Security: A net Assessment", The German Marshall Fund of the United States, 20 June 2016, http://www.gmfus.org/blog/2016/06/20/terrorism - and - mediterranean - security - netassessment.

② 防务开支依据市场汇率按美元计算，参见"The Military Balance 2018: Top 15 defense budgets 2017", International Institute for Strategic Studies, 14 February 2018, https://www.iiss.org/-/media//documents/publications/the%20military%20balance/mb18/top - 15 - defence - budgets - 2017.jpg? la = en。

③ Eric Brattberg and Jamie Fly, "Two Cheers for European Defense Cooperation", *Foreign Policy*, 9 March 2018, http://foreignpolicy.com/2018/03/09/two - cheers - for - european - defense - cooperation/.

④ "Germany to boost defense spending, legacy also important: Gabriel", *Reuters*, 22 February 2017, https://www.reuters.com/article/us - germany - defense - gabriel/germany - to - boost - defence - spending - but - legacyalso - important - gabriel - idUSKBN1611LD.

⑤ 美国分摊北约大约 22% 的基础会费，美国还通过部署部队、提供装备等为北约支付了许多间接开支。

尽管特朗普承担北约防务责任的摇摆态度令人担忧，但美国北约政策的稳定因素超过变数。新上任的美国国家安全顾问约翰·博顿即使曾经在多个场合表达对北约的怀疑，在面对俄罗斯对欧洲造成的威胁时他还是表示："我们不会让俄罗斯威胁美国及其盟友。"① 美国与欧洲伙伴对俄罗斯的制裁并未松动。2017年12月，特朗普政府甚至批准向乌克兰出售致命武器，以支持政府军与俄罗斯所支持的东部分裂主义者直接对抗。② 同年，美国军队为遏制俄罗斯的威胁部署了装甲旅战斗部队赴欧洲执行每期九个月的轮换任务，并派遣空军作战部队轮流对装甲部队提供支持。③

欧洲和美国共同面对着包括恐怖主义、网络与信息安全和俄罗斯军事威胁等安全挑战。正如上文所言，俄罗斯已经成为深化跨大西洋防务合作的焦点。大西洋两岸虽然已经形成共同政策来阻止俄罗斯干涉西方国家，但双方还要达成共识来避免相关议题的摩擦。美国对俄罗斯发起的第二轮制裁涉及一些和制裁对象做生意的欧洲公民和公司，这在欧洲引起争议。④但是俄罗斯在乌克兰地区公然威胁欧洲安全的行径着实令人担忧；近期发生的前俄罗斯双面间谍斯克里帕尔·谢尔盖中毒事件证明跨大西洋伙伴依

① Rick Noack，"John Bolton is set to clash with some of the United States' closest allies"，*The Washington Post*，23 March 2018，https：//www. washingtonpost. com/news/worldviews/wp/2018/03/23/john - bolton - is - set - to - clashwith - some - of - the - united - states - closest - allies/? utm_ term = . 8fbad7df88c9.

② Josh Rogin，"Trump administration approves lethal arms sales to Ukraine"，*The Washington Post*，20 December 2017，https：//www. washingtonpost. com/news/josh - rogin/wp/2017/12/20/trump - administration - approves - lethalarms - sales - to - ukraine/? utm_ term = . eac8f1e07aca.

③ Ellen Mitchell，"US calls for larger rapid - reaction NATO force to counter Russia"，The Hill，29 March 2018，http：//thehill. com/policy/defense/380809 - us - calls - for - larger - rapid - reaction - nato - force - to - counter - russia.

④ 美国财政部外国资产管理办公室（The U. S. Treasury's Office of Foreign Assets Control，OFAC）列出了一份特别制定清单（Specially Designated List，SDN），该清单将冻结俄罗斯寡头、企业和政府官员在美资产，并禁止美国个人和企业与上述制裁对象开展业务。《制裁反制美国敌人法案》（The Countering American Adversaries through Sanctions Act，CAATSA）允许补充制裁措施，对制裁条例进行进一步解释，有关制裁法案可以适用于几乎所有美国境内和境外的敌人。参见 White & Case LLP，"US Sanctions Prominent Russian Individuals and Companies，"*Lexology*，11 April 2018，https：//www. lexology. com/library/detail. aspx? g = 4b8ef3a7 - 1865 - 44b6 - a5fe - a4e5808b4e2d。

然保持团结。

对美国而言，另一个加强跨大西洋防务合作的机会便是在欧盟努力实现"战略自主性"的过程中成为欧盟的建设性伙伴。事实上，欧盟已经采取切实行动加强防务能力、提高域内防务合作，比如启动"永久结构性合作"（PESCO）和成立欧盟防务研究基金。欧盟委员会在近期颁布的"军事灵活性行动计划"也是欧盟实现上述目标的关键举措。该计划旨在推动欧盟运输基础设施适用于双重应用场合，为军事装备的快速调动提供便利。①但是，"战略自主性"并不意味着抛弃跨大西洋防务联盟。欧盟提高自身防务能力不仅能满足美国长期以来希望欧盟承担更多责任的要求，而且能够帮助美国实现战略资源再分配，即调动更多的防务力量部署在亚太地区。一方面，欧盟需要通过沟通向美国阐释清楚其战略目标，避免不必要的误会。欧盟应该使美国确信，欧盟依然视美国为重要的战略伙伴，欧盟追求"战略自主性"并不意味着它将置北约于不顾甚至发展成美国的对抗力量。另一方面，美国应扮演一个强大且有威信的"调节者"的角色，以打消其他国家对法德轴心推动欧洲防务政策的怀疑态度。②当德国对于欧盟发展的政策偏好与可能威胁欧盟集体防务的法国实用主义——认为欧盟只是法国众多战略选择之一③——相冲突时，美国同样可以扮演"调节者"的角色。④

---

① "Action Plan on military mobility：EU takes steps towards a Defense Union"，28 March 2018，http：//europa. eu/rapid/press－release_ IP－18－2521_ en. htm.

② Ronja Kempin and Barbara Kunz，" Washington Should Help Europe Achieve ' Strategic Autonomy，' Not Fight It"，*War On The Rocks*，12 April 2018，https：//warontherocks. com/2018/04/washington－should－help－europe－achievestrategic－autonomy－not－fight－it/.

③ 法国政府有意在 2018 年 7 月另外发展欧洲军事危机行动武装，但德国认为该倡议应在 "永久结构性合作" 框架内进行。John Irish and Andrea Shalal，" France plots new European military crisis force outside EU"，*Reuters*，4 April 2018，https：//www. reuters. com/article/us－france－military/france－plots－new－european－military－crisis－force－outside－euidUSKCN1HB2MJ? il＝0.

④ Claudia Major and Christian Mölling，" Franco－German Differences Over Defense Make Europe Vulnerable"，*Carnegie Europe*，19 March 2018，http：//carnegieeurope. eu/strategiceurope/75937Cybersecurity.

二 网络安全

与欧盟防务一体化和北约责任分担问题所不同的是，在网络安全领域，欧盟与美国已经达成共识并在合作方面取得重要进展。美国和欧洲都面临着黑客袭击与网络间谍问题。网络安全挑战区别于国家边界安全，是全球新兴安全威胁。欧盟和美国都认为国际合作对于应对这一议题至关重要。[①] 2016年，北约宣布网络空间与海、陆、空一样同为作战空间，同时北约成员国在华沙峰会上承诺将加强国家网络和基础设施网络的防御工作。北约指出："我们目前在网络安全方面的联系还处于最薄弱的状态。"[②] 欧洲与美国密切的经济合作再次说明了跨大西洋合作在网络安全领域的必要性。欧盟和美国掌握着世界上50%以上的用户和允许用户使用的 IP 地址，服务于数字经济发展的基础设施大多集中在北大西洋地区[③]。

2017 年 11 月，北约为了更新其组织系统决定建立一个新的网络操作中心。北约交流与信息局也在进行服务集中化和虚拟化、IT 现代化建设。北约还在制定详细的网络防御标准，并会定期通报成员国是如何落实这些指标的。[④] 但是北约的网络安全行动还处于起步阶段，目前的主要任务是完善组

---

① 美国"网络与信息系统安全指令"（简称"NIS Direktive"）和"欧盟网络与信息安全局"（简称"ENISA"）认为国际合作对于完善安全标准、促进各国采用共同信息共享和网络安全方法具有重要作用。See Recital 19, Regulation（EC）460/2004 of the European Parliament and of the Council of 10 March 2004 establishing the European Network and Information Security Agency.

② Mark Pomerleau, "NATO members ink pledge on cyber defense", 11 July 2016, https：//www. c4isrnet. com/2016/07/11/nato - members - ink - pledge - on - cyber - defense/.

③ 根据 TeleGeorapgy 的数据，世界上数据流量最大的 20 个互联网高速公路有 11 个位于欧盟境内，5 个在美国。"Transatlantic Cybersecurity：Forging a United Response to Universal Threats", U. S. Chamber of Commerce & Sidley Austin LLP, 2017, https：//www. uschamber. com/Transatlantic CybersecurityReport.

④ Mark Pomerleau, "Here's how NATO is preparing for cyber operations", *Fifth Domain*, November 2017, https：//www. fifthdomain. com/international/2017/11/20/heres - how - nato - is - preparing - for - cyber - operations/.

织架构、避免机构重叠、制定适用于盟国间的网络安全条例。除此之外，在多轮欧盟－北约网络对话中双方交换了意见和经验。欧盟与美国承诺将落实针对打击网络犯罪的《网络犯罪公约》（《布达佩斯公约》），建设开放、自由的互联网，加强跨大西洋网络研究合作。①

三　国际贸易与投资

特朗普上任后，欧洲和美国在贸易与投资问题上面临着前有未有的紧张局面。特朗普以征收关税的方法落实了他竞选时关于贸易保护主义的激进言论，欧盟对于欧美贸易战的担忧与日俱增。即使欧盟在特朗普2018年3月宣布的钢铁和铝制品进口关税中获得了临时豁免权，但特朗普的贸易单边主义做法进一步削弱了欧盟对跨大西洋关系的信心。欧盟对此宣称，如果美国不能给予欧盟无条件永久豁免权，欧盟将予以反击。② 欧盟还向世界贸易组织提起仲裁，要求美国赔偿其钢铁和铝制品关税，并驳回美国所谓的"威胁国家安全"理由。③ 美国则威胁要通过世界贸易组织向欧盟征收的"数字税"发起挑战。④ 欧盟和美国的争论还聚焦于美国对俄罗斯的第二轮单边制

---

① "EU – U. S. Cyber Dialogue Press Release", European Union External Action Service, 16 December 2016, https：//eeas. europa. eu/headquarters/headquarters – homepage_ en/18132/EU – U. S. % 20Cyber% 20Dialogue.

② 欧盟临时豁免资格在5月1日失效。欧盟已经在世界贸易组织声明，将对美国进行反击，并且列出了可能征税的美国商品清单。Jonathan Stearns, "Trade War Risk Alive as EU Talks Tough on Trump's Tariffs", Bloomberg, 18 April 2017, https：//www. bloomberg. com/news/articles/2018 – 04 – 18/trans – atlantic – trade – war – risk – alive – as – eu – talks – tough – ontariffs.

③ Tom Miles, "EU demands compensation for U. S. steel tariffs at WTO", *Reuters*, 16 April 2018, https：//www. reuters. com/article/us – usa – trade – eu/eu – demands – compensation – for – u – s – steel – tariffs – at – wtoidUSKBN1HN29V.

④ 为了回应有关美国谷歌、脸书等科技巨头在欧洲纳税太少的批评，有建议要求对因特网公司征税。德国一开始是支持此征税建议的，但担心此举将进一步加剧跨大西洋紧张局势，因此德国一些联邦州（如北威州）呼吁德国联邦政府能对欧盟的提案做出调整。Martin Greive, Jan Hildebrand, and Ruth Berschens, "Trump set to tussle over EU digital tax plans", *Handelsblatt Global*, 16 April 2018, https：//global. handelsblatt. com/politics/trump – america – eu – digital – tax – google – 911691.

裁，欧盟认为该制裁损害了欧洲公司在俄罗斯的利益。

在所有欧洲国家中，德国是美国在贸易战中尤其要打击的对象。特朗普威胁要对德国进口车辆征收高额关税，认为德国工业在美国造成了不公平竞争。美国同样把矛头指向德国长期积累的大量贸易顺差，数任美国政府都要求德国刺激国内消费需求。然而，德国认为这些指责有失偏颇，因为在德国看来应该由那些在社会需求旺盛或充分就业时还出现严重财政赤字的国家如美国对贸易不平衡负责。[①]

虽然双方言语相向，但处于美国贸易战靶心的国家是中国，而非德国。美国和其欧洲伙伴指责中国强行要求在华外企进行技术转移并且为本国企业提供大量补贴，以在国际市场中获得不公平的优势地位。[②] 白宫在 2017 年向美国国会提交的关于中国在世贸组织有关情况的报告中[③]甚至表示，让中国加入世贸组织是完全错误的决定。美国有意向中国 1333 类产品征收总计 500 亿美元的关税，中国迅速予以回击，开出了向 106 类美国产品征收 25% 关税的罚单。[④] 中美两国的对抗将德国和欧盟置于尴尬的境地。

虽然欧盟同样认为应该就技术转移、国家补助和市场对等等对华贸易问题采取措施，但欧盟并不认可美国的做法。单边关税和报复性关税会使贸易争端迅速升级为贸易战，并且会连带打击欧洲经济。欧盟认为，处理对华贸易争端的正确方式是在现有国际贸易体系内通过谈判的方式达成解决方案，避免争端在各方针锋相对中进一步升级。美国绕开世贸组织、单方面征收关

---

① Holger Schmieding and Jörn Quitzau, "Trade Imbalances: Does the German Current Account Surplus Need to Be Corrected?", AICGS, 29 March 2018, https://www.aicgs.org/2018/03/trade–imbalances–does–the–german–currentaccount–surplus–need–to–be–corrected/.

② Peter Rashish, "U. S. Trade Policy: Clearing the Brush, or pulling up stakes?", AICGS, 6 February 2018, https://www.aicgs.org/2018/02/u–s–trade–policy–clearing–the–brush–or–pulling–up–stakes/.

③ "2017 Report to Congress On China's WTO Compliance", United States Trade Representative, January 2018, https://ustr.gov/sites/default/files/files/Press/Reports/China% 202017% 20WTO% 20Report. pdf.

④ Valentina Romei, "US–China trade tariffs in charts", *Financial Times*, April 5, 2018, https://www.ft.com/content/e2848308–3804–11e8–8eee–e06bde01c544.

税的做法令人担忧，国际贸易治理体系会因此受到严重破坏。事实上，中国已经呼吁欧盟"一致与贸易保护主义划清界限，并且共同捍卫基于规则的多边贸易秩序"①。

德国在中美贸易战中更要小心行事。在过去的十几年，德国企业在中国大量投资，实现利润增长。有人认为，德企对中国市场的依赖无疑是在"温水煮青蛙"。但是，随着中国市场的发展，德企对中国的看法也在发生根本性转变。中国经济正在努力朝价值链上游发展，德国越来越关注中国政府帮助中国企业在数字化时代获取优势时扮演着怎样的角色。随着"中国制造2025"的开展，中国努力在机器人制造、航空航天和清洁汽车等核心领域拔得头筹，这将对德国制造构成挑战。②

即使欧盟不同意美国制裁中国的具体方式，但欧盟也不大可能在贸易纠纷的关键问题上支持中国。因为欧盟和美国一样，对中国强制要求技术转移、网络间谍活动以及许多工业领域因为市场准入门槛较高而缺乏对等性表示不满。2018年4月，欧盟曾要求加入美国行列，一起在世贸组织就中国知识产权保护和合资企业技术转移问题进行磋商。③

虽然仍面临着特朗普的关税威胁，欧洲已有声音表示希望可以将对抗降到最低，以退而求其次的方式尽可能实现与美国的合作，比如外资投资审查问题。中国迅速增加对美国战略产业投资引起了人们的担忧，对此美国参议院和众议院批准美国外国投资委员会（CFIUS）扩大立法。2017年，德国已经联手法国和意大利，推动欧盟设立统一的投资审查机制。此举为跨大西洋

---

① Lyubov Pronina, "China Seeks EU's Support in Standing Up to U. S. Trade Threat", Bloomberg, 6 April 2018, https://www.bloomberg.com/news/articles/2018 – 04 – 06/china – seeks – eu – s – support – in – standing – up – to – u – s – tradethreat.

② 德国驻华大使柯慕贤（Michael Clauss）2018年4月在柏林与工业界代表会面时，对中德关系中的"结构转变"发出警告。Noah Barkin, "'Boiled frog syndrome': Germany's China Problem", *Reuters*, 15 April 2018, https://www.reuters.com/article/us – germany – china – insight/boiled – frog – syndrome – germanys – china – problemidUSKBN1HM03J.

③ "EU, Japan: Tokyo and Brussels File To Join U. S. In WTO Consultations Over China", *Stratfor World View*, 5 April 2018, https://worldview.stratfor.com/situation – report/eu – japan – tokyo – and – brussels – file – join – us – wto – consultationsover – china.

磋商带来了额外的协同效应，为双方应对其他贸易和投资分歧奠定了基础。然而，任何认为欧盟和美国会重启跨大西洋贸易与投资协议（TTIP）的言论都为时过早。

结　语

跨大西洋伙伴关系对于德国和美国而言都内涵丰富、意义重大，其最新动态很难简短概括。目前，双方都需要应对并适应国内外的新情况。为了构建一个强大的德国和一个更加强大的欧盟，德国需要改变它的不情愿态度，在贸易、货币政策和欧盟防务领域扮演领导者的角色。美国需要重新思考其在冷战后世界唯一超级大国的角色，并找到一种合适的方式来应对新的权力中心改变或重塑世界秩序的要求。在保持开放、捍卫规则和民主价值观的同时实现上述目标的最佳途径一定是构建更加紧密的跨大西洋联盟、保持政策协调和密切磋商。

这对于德国和美国来说都并非易事。首先，德国需要说服持怀疑态度的民众，让他们意识到完善欧洲安全架构虽然消耗财力，但很有必要。对德国担当欧盟领导者的期望值总是与德国在欧盟的经济和政治实力成正比。即使人们有时会厌恶德国突出的实力，但它恰恰是欧盟所需要的。欧债危机、乌克兰危机、巴尔干地区冲突以及伊朗核谈判等事件，显示了德国发挥领导力的极限和可能性。欧洲领导人意识到他们必须做得更多。除了信任，美国和欧洲合作的另一个基础是相互承认跨大西洋伙伴关系的优势是无可比拟的。坚实的跨大西洋伙伴关系对于全球稳定来说也是独一无二、无可代替的优势资源，同时美国和欧洲还需要与新的参与者及崛起大国合作，塑造一个稳定、和平的世界。

美国和欧洲共同的脆弱性在一定程度上将双方在1945年后凝聚在一起。双方合作更为重要的基础是，跨大西洋伙伴关系致力于构建一个让更多人享有机会和权力的国家共同体。这一国家共同体的参与者分担彼此的脆弱性，分享愿景、多样性以及对未来全球秩序应如何构建的想法。美国和欧洲都无法独自绘制世界蓝图，但是，通过追求价值与利益、挑战与机遇的统一，美国和欧洲即可证明原则、目的和策略的协调可以使整体效果大于三部分总和。亦如往昔，这虽然是个艰难的挑战，但维系了世界上最成功的联盟。

B.13

寻找对华新战略

——德国转向"新西方"政策?

赵 柯 孙婉璐*

摘 要: 当前德国出现了自 2007 年以来的第二次对华政策辩论,其实质是一股对中国的新"怀疑主义"思潮,认为应该对中国采取强硬的立场,这股新"怀疑主义"思潮正推动德国对华外交进行新一轮的调整。与以往不同的是,此次不仅是具体政策层面的"战术性"改变,而且涉及对华理念的"战略性"反思;不仅是德国单独做出的调整,而且在某种程度上反映了欧盟整体的某种"共识";此次调整不单是欧洲"中国观"变化的结果,也是包括美国在内的"大西方"对华外交"集体转向"的关键组成部分。

关键词: 中德关系 新西方 德国外交 以商促变 大西方

近年来,中德两国经贸发展迅速,而且相互间的重要性愈加凸显。德国联邦统计局的数据显示,2017 年,中国又一次成为德国最大的贸易伙伴,中德贸易额达到 1866 亿欧元。排在第二位的是荷兰,双边贸易额为 1773 亿欧元,第三位的是美国,双边贸易额为 1726 亿欧元。2016 年,法国是德国第二大贸易伙伴国,但在 2017 年降至第四位,从 1975 年至 2014

---

* 赵柯,博士,中共中央党校国际战略研究院副教授;孙婉璐,中共中央党校研究生院博士研究生。

年，法国一直是德国最重要的贸易伙伴，2015 年美国取代法国成为德国最大的贸易伙伴。而中国则在 2016 年、2017 年连续两年成为德国第一大贸易伙伴。德国则是中国在欧盟最重要的贸易伙伴，中欧贸易的 1/3 来自中德贸易。但是贸易额的快速增长和贸易紧密性的增强并没有成比例地发挥对双方政治关系的"稳定器"功能。当前德国出现了自 2007 年以来的第二次对华政策辩论，其实质是一股对中国的新"怀疑主义"思潮，认为应该对中国采取强硬的立场。这股新"怀疑主义"思潮正推动德国对华外交进行新一轮的调整，与以往不同的是，此次调整不仅是具体政策层面的"战术性"改变，而且涉及对华理念的"战略性"反思；不仅是德国单独做出的调整，而且在某种程度上反映了欧盟整体的某种"共识"；此次调整不单是欧洲"中国观"变化的结果，也是包括美国在内的"大西方"对华外交"集体转向"的关键组成部分。可以肯定的是，德国正在寻找对华新战略。本文将围绕德国对华政策调整的背景、原因、方向和影响进行分析。

一 德国对华政策十年之变：从"新东方" 到"新西方"

上一次德国政府关于对华政策的辩论和调整是在 2007 年，当时刚刚上台还不到两年的默克尔在总理府接见了达赖，这是达赖首次在德国总理官邸受到接见，此举引发中德外交危机，也开启了德国政府内部关于如何调整对华政策的"大辩论"。时任德国外交部长、社民党副主席施泰因迈尔批评默克尔的人权政策只是想上报纸头条的"橱窗政策"，认为"一个真正好的人权政策不需要自诩为道德大国"[①]，默克尔则进行反驳，强调"德国的外交政策是建立在价值观基础上的"。[②] 由此，德国总理府和外交部围绕"默克

---

① "Glaubenskrieg zwischen Merkel und Steinmeier?", *WELT*, 14. November 2007.
② "Chinas Premier fordert Entschuldigung von Merkel", *Financial Time Deutschland*, 29. Nov. 2007.

尔会见达赖"恰当与否的争论，演变成了德国政界在对华政策上"价值观外交"派和"以商促变"派之间的激烈交锋。

中国政府对"价值观外交"派的坚定回击，以及 2008 年全球金融危机的爆发，双方需要共同应对世界经济衰退的严峻现实，使得"以商促变"派最终在这次对华政策调整中占据上风，中德关系也迅速走出达赖事件的阴影稳步向前发展，并没有过多地受到德国对华政策"大辩论"的影响。

与 2007 年的对华政策"大辩论"不同，近两年在德国兴起的对华新"怀疑主义"呈现出新的特征。首先，从之前对中德关系部分领域的批评发展到对中德关系发展方向的质疑。德国在 10 年前的对华政策反思主要集中在"价值观"和"经济利益"哪一个更重要，焦点在于是否在对华政策中加大"人权议题"的权重；而此次的新"怀疑主义"则认为中德关系不能在原有的轨道上继续运行，需要做出调整，甚至是"改弦更张"，对抗性思维大大加强。对于中国企业在欧洲的并购，不少德国的政界人士用"冷战思维"进行解读，认为来自中国的资本隐藏着政治目的。德国前外长加布里尔就曾说，一场新的"冷战"正在进行中，它事关谁是将来的科技领军者，而欧洲正面临输掉这场冷战的危险。加布里尔警告"拿着中国资金狂欢的欧洲人应该对此有所反应"。

其次，此轮对华政策反思体现了德国精英阶层的新"共识"。2007 年的对华政策辩论在相当程度上反映了当时德国政界和经济界对默克尔试图将"价值观外交"加诸中德关系做法的不认同和批评，在由联盟党和社民党组成的大联合政府内，社民党旗帜鲜明地反对默克尔以"生硬"的方式处理中德之间的"人权"争议，德国经济界的主流也不赞同默克尔的做法，主张"经济优先"，坚持通过加大和密切经贸交流来增信释疑。但在此次德国政府关于对华政策的反思中，同样是大联合政府，社民党不仅与联盟党保持一致，而且充当"急先锋"的角色，频频在知识产权、市场准入、南海问题等领域向中国发起挑战。以往在对华政策中扮演积极角色的德国经济界对中国市场的看法也发生了改变。在它们看来，中国经济开放的趋势发生了转向，而且中国企业在全球价值链上上移的速度要大大快过预期，双方的竞争性在增强，它们担心中国政府在经济中所发挥的作用，认为由政府规划、推动的"中国制造2025"将直接挑战德国制造业在全球市场的主导地位。所以，德国经济界一方面主张发展对华友好关系，继续分享中国经济增长的红利，另一方面也支持德国政府在市场准入、知识产权等议题上对华采取更加强硬的立场。

再次，德国此次以"欧盟化"的方式进行对华政策调整，试图以"欧洲的名义"发展对华关系。与2007年的对华政策争论主要局限于德国内部不同，如今的德国处处以欧盟"盟主"自居，将自身的对华政策诉求推广至欧盟层面。在欧盟深陷多重危机和德国在欧盟领导地位上升的背景下，德国外交正在进行"再平衡"，加速"欧盟化"。德国力图在欧盟层面建立针对中国的外资审核体制，指责中国与中东欧国家的"16＋1合作""损害"了欧盟在经济与发展领域的专属权能，是"分裂"欧洲。所以，与以往德国热衷于发展"中德特殊关系"以追求自身经济利益不同，当前德国极力推动欧盟各成员国在对华关系上发出"统一的声音"，要"捍卫"欧盟整体利益。2018年3月，新一届德国政府在《联合执政协议》中关于中国的部分规定就非常明显地体现了德国对华政策"欧盟化"的取向，协议写道："中国关于丝绸之路的倡议是机遇与风险的例子。我们希望制定一个欧洲的回答，以维护我们的利益，以及更好地整合德国与欧洲的金融工具。"

回顾十年间德国围绕对华政策所进行的这两次辩论和调整，可以看出，其基本的理念脉络和调整方向可以概括为从"新东方"转向"新西方"。所谓"新西方"政策，德国联邦议院外事委员会主席吕特根（Norbert Roettgen）对此有一番解释。他认为面对俄罗斯的威胁，人们总习惯说"我们"应该如何采取措施，那么到底"我们"是谁？在吕特根看来，"我们"不是德国，也不是欧盟，"我们"是西方，德国当前需要的不是"新东方"政策，而是"新西方"政策。众所周知，"新东方"政策是冷战期间德国政府在20世纪70年代之后所采取的与社会主义阵营国家发展外交关系的原则，核心是以合作代替对抗，以交流打破隔阂。① 中德建交以来，德国历届政府在对华政策中长期坚持的"以商促变"原则，本质上就是"新东方"政策理念在发展对华关系中的具体体现。吕特根以"新东方"政策为参照，提出"新西方"政策，其核心要义就是以加强西方国家间的团结和凝聚力为依托、以"西方集团"为依托来对俄罗斯实施强硬政策。吕特根认为德国外交政策要应对 21 世纪的挑战，关键就是"重建作为政治概念的西方，将欧盟和北约紧密地结合在一起，而德国在其中扮演领导角色"。② 吕特根这种从"新东方"到"新西方"的转向，典型地体现了当前德国精英阶层在面对以中国为代表的新兴国家崛起所带来的国际格局新变动以及外部世界的诸多新挑战时，习惯性地重新拾起"阵营化"、"集团化"和"对抗性"的旧思维，力图使用西方国家的整体优势，以强硬的姿态迫使对方让步，维护自身的既得利益。德国新政府的《联合执政协议》也表明，德国新政府的对华战略中已经打上了"新西方"政策思维的烙印。

二 新"怀疑主义"阴影下的中德关系

德国近两年兴起的新"怀疑主义"思潮，直接起因是对中国经济竞争力迅速提高的担忧与恐惧，作为传统的制造业大国，德国害怕中国工业力量的崛起挤压其在全球市场的份额。特别是中国企业对德国高端制造业的收购，引发了德国对失去核心技术的恐慌，进而这股"怀疑主义"思潮又蔓延到中德关系的诸多领域，具体体现在三个方面。

（一）质疑中德经济关系的公平性

近年来中国企业对德直接投资引起了广泛关注，虽然因为统计口径不

---

① 赵柯、丁一凡：《失衡的中欧关系：解析欧盟对华政策调整》，《当代世界》2018 年第 4 期，第 15 页。

② Norbert Roettgen, "Strategic Challenges for Germany's Foreign Policy", in James Bindenagel, Matthias Herdegen and Karl Kaiser, eds., *International Security in the 21st Century*, Bonn University Press, 2017, p. 197.

同，各方数据有差异，但中国对德投资迅速增长的势头是事实。中国商务部的数据显示，2016 年中国对德直接投资为 29.45 亿美元，同比增长258.6%，2017 年对德国直接投资也达到了 22.7 亿美元。根据安永会计师事务所的统计，德国是最受中国投资者青睐的欧洲国家，2016 年中国投资者收购或参股的德国企业有 68 家，2017 年有 54 家，远超排在第二位的英国（44 家）和意大利（24 家）。其中著名的案例包括：2016 年，美的（Midea）收购了德国工业机器人生产商库卡；2017 年，海航集团入股、后增持德意志银行股份，并成为其最大股东；2018 年 2 月，李书福购买戴姆勒 9.69% 的股权。这些并购直指德国的核心产业，因而引起了德国公众、媒体及政界的关注，对中国投资是否有益于德国经济提出了质疑，担心中企收购后削减现有的工作岗位，拿走核心技术。德国政府认为一些中国企业的资产关系不透明，并且收购的企业相当部分在高技术领域还会得到政府的资金扶持，可能有政治战略目的。2016 年 10 月，德国撤销了中国福建宏芯基金对爱思强（Aixtron）的收购许可，理由就是爱思强的设备可能被用于中国的军事项目，对中国军事安全有重要作用。

随着中德经济关系的竞争性增强，德国开始指责中国通过"扭曲"市场规则使得中国企业获得竞争优势。所谓的"市场扭曲"行为包括政府干预、对国有企业的支持、条件宽松的贷款、实施差别待遇以扶持国内企业等。德国还认为中欧在市场准入方面是不对等的，在不少德国政界和经济界人士看来，中国的经济增长取得了举世瞩目的成就，但是市场没有相应地开放，中国几乎可以在欧洲市场自由地获取库卡等德国"工业 4.0"领域重要公司的股份，却不允许德国和欧洲的公司收购中国高科技公司，外国企业获得投资许可要经历复杂和歧视性的审批过程且审批标准不明确。

（二）质疑中国对欧政策的善意性

近几年来，在"16 + 1 合作"框架下，中国和中东欧国家关系得到极大提升，成果显著。"16 + 1 合作"受到中东欧国家的普遍欢迎，但引发了德国和欧盟的猜忌。德国认为中国通过"16＋1合作"框架在中东欧建立了影响力，进而阻碍欧盟对中国的某些共同政策；"16＋1合作"机制中的欧盟成员国也利用与中国日益密切的关系来强化自身与欧盟的谈判，以便从欧盟获得更多让步。这在德国和欧盟看来是破坏欧盟的团结。比如，匈牙利和希腊这两个近年中国投资的主要受益者不愿在中国南海问题上配合欧盟的共同立场；2017年，希腊又阻止了欧盟在联合国人权理事会上批评中国人权状况的声明。德国认为这是中国在利用"16＋1合作"对欧盟"分而治之"。2016年9月，时任德国副总理兼外交部部长加布里尔声称，"如果我们不能成功地发展出应对中国的统一战略，那么中国将会成功分化欧洲"。

虽然德国意识到"一带一路"建设蕴含巨大的商机，但对"一带一路"建设是否遵循国际标准，能否保证必要的透明度、环保、平等竞争和公开招标等还存在疑问。甚至有些德国政治领导人认为中国在中东欧推进"一带一路"建设中，利用经济投资进行政治渗透，将经济项目与地缘政治战略挂钩。保加利亚是中国在"16＋1合作"框架下的重要伙伴国，从2018年1月起担任欧盟轮值主席国，为期半年。默克尔在与保加利亚总理会晤时特地谈到了与中国的战略关系，强调欧洲必须以共同的声音面对中国。2018年2月，默克尔在柏林会见马其顿总理时也专门提到中国在西巴尔干地区的投资，强调经济合作不能与政治诉求挂钩。

（三）质疑中国政策的合理性

比如，中国制定《网络安全法》是为了更好地维护网络主权和网络安全，是顺应信息化时代的潮流，更好地促进经济社会发展的必要之举。但在德国看来，这会影响在华德企的商业机密和知识产权的安全性。德国近年来还增强了在"人权"问题上对中国批评的调门。德国还认为中国所承担的国际责任与其实力不符，在气候变化、人道主义援助等方面，中国所做的和其总体能力相比还有相当的差距，指责中国在履行国际责任时是"利益导向型"，认为中国的目标和手段都与它的经济利益密切相关，这包括把太阳能、风能和核能等几大重点领域作为未来出口优势。①

德国对中国的外交政策更是充满疑虑，2017 年 11 月，德国联邦情报局局长布鲁诺·卡尔（Bruno Kahl）在赛德尔基金会的主旨演讲中警告要提防中国的外交政策："中国认为它到 2050 年会成为世界超级强国，这显示了中国的雄心"，他在举例说明中提到了中国在吉布提建立的基地及 2017 年夏天中俄在波罗的海的海上联合军事演习。② 在 2018 年慕尼黑国际安全会议上，时任德国外交部长加布里尔呼吁美国和欧洲重新联手，共同应对中国崛起。

三　德国调整对华政策的原因

人权、知识产权保护、市场准入等问题在中德关系中并不是新出现的问题，但这些问题之所以成为中德关系的焦点，甚至推动德国调整对华政策，根本原因是中国与德国各自的地位在变化，看世界的方式也会不同，随之而来的就是彼此对国家利益的重新定义。

（一）"统一"欧洲对华政策

世所公认，以中国为代表的亚洲正在崛起，相比之下，西方国家的优势正在减弱。有学者用"分流"来描述东西方的发展轨迹，尤其是 2008 年全球金融危机爆发后，这种"分流"趋势在逐渐扩大。在"东升西降"的大格局之下，德国的国际地位却"逆势上扬"，在解决欧洲所面临的一系列危机中，发挥了"稳定之锚"的作用，赢得欧洲国家的尊重。德国也意识到了在欧洲面临多重危机之时自身所应担负的责任，意识到了德国在欧盟历史

---

① "China at the gates: A new power audit of EU – China relations", European Council of Foreign Relations, 01. 12. 2017, http://www.ecfr.eu/publications/summary/china _ eu _ power _ audit7242.

② "German secret service interferes in negotiations over new government", https://www.wsws.org/en/articles/2017/11/16/germ – n16.html.

上达到了"史无前例"的地位，^① 德国逐渐从一个"不情愿的领导者"成为一个必须要有所作为的欧盟"盟主"，从原来对追求欧洲领导权的"克制内敛"逐渐走向"积极争取"和"当仁不让"。在经济上，德国是欧洲恢复增长、走出低迷的"火车头"。在价值观上，特别是特朗普上台以后，面对美国的孤立主义和保守主义趋势，德国被看作西方自由主义秩序的"最后捍卫者"。这让德国的外交政策也越来越具有进取性，越来越旗帜鲜明地将欧洲一体化和欧洲团结视为德国核心利益之所在。2018 年 3 月，默克尔在阐述未来四年施政纲领时说："德国的未来在于欧洲的团结，而不在于这些（欧盟）国家简单的拼凑。"^②

默克尔 10 次出访中国，成为访问中国最频繁的西方国家领导人，"中德特殊关系"也一度为德国政治家所津津乐道，但当前德国越来越多地意识到，德国的对华政策不可能在欧盟框架以外进行，欧洲只有统一起来作为整体才能在与中国谈判时获得更多的话语权，这在当前欧洲一体化进程受阻的情况下更是如此。德国的政治家还"痛心疾首"于西方国家没有一个新的战略来应对中国，因为权力毫无疑问将随着中国的崛起而改变。德国前外交部长加布里尔多次明确地呼吁，欧盟需要制定一项共同的外交政策议程，以应对中国和俄罗斯等国日益增强的自信，以防止欧洲在面对中国时出现"分裂"。

（二）应对中国迅速崛起的工业竞争力

长期以来，中德两国迅速发展的经贸关系积极推动两国政治关系的紧密发展，德国几乎 1/3 的就业依赖出口，中国虽然也是出口大国，但两国出口部门不同，经济结构上有明显的互补性。2010 年 7 月，默克尔第四次访华

---

① Christoph Schnellbach and Joyce Man，"Germany and China：Embracing a Different Kind of Partnership？"，Working Paper of Center for Applied Policy Research（C. A. P）at the University of Munich，September 2015，http：//www. cap‐lmu. de/download/2015/CAP‐WP_ German‐China‐Policy‐Sep2015. pdf.

② The Federal Government，"We are all part of Germany！"，Government Statement，21. 03. 2018，https：//www. bundesregierung. de/Content/EN/Artikel/2018/03_ en/2018‐03‐21‐reg‐erkl‐kanzlerin_ en. html？nn ＝709674.

时，双方发表了《中德关于全面推进战略伙伴关系的联合公报》，建立了能源和环境合作伙伴关系与政府磋商机制，提升了中德战略对话级别。2014年3月，习近平主席访德时决定将两国关系提升为全方位战略伙伴关系。① 中德两国经济政治关系的密切程度一度还引起了不少欧洲国家的"嫉妒"，质疑德国利用其在欧盟的影响力发展与中国的"特殊关系"，损害了欧洲共同的利益，批评中欧关系主要是在北京与柏林之间展开，特别是在2013年，德国曾阻止欧盟委员会在太阳能电池板问题上与中国发生贸易争端。②

但是随着中国企业竞争力的提高，中德两国企业开始在国际市场上"短兵相接"，这引起了德国政界和经济界的普遍担忧，认为中国的成功建立在不公平竞争的基础上。德国官员表示："中国经济成功的事迹当然会导致中德经济关系更加具有竞争性，但是日渐增多的竞争不总是在公平和对等的条件下进行。越来越多的德国企业对日益增加的行政措施给他们带来的歧视和阻碍不满。"③ 特别是"中国制造2025"所强调的自主创新引起了德企的担忧，它们认为中国可能会转向以自我为中心的经济体系，最终实现中国技术取代外国技术，导致外国企业在中国失去空间。④ 在2018年1月的慕尼黑"数字生活设计"大会上，德国领导人强调了科技竞争的重要性和紧迫性以及中国高科技产业给欧洲带来的挑战，认为美国的"硅谷模式"有谷歌、亚马逊、脸书、苹果和微软五大巨头支撑，"中国模式"有阿里巴巴、腾讯、百度三大科技巨头支撑，它们从政府政策中受益并控制着市场和规则，这可能使"西方"以及它开放的社会和市场处于全球弱势地位，自由世界秩序的负担将会加重。在这场科技革命中，欧盟应该重新定义自己的

① 《高层互访和双边往来》，中华人民共和国驻德意志联邦共和国大使馆官网，http：//www. fmprc. gov. cn/ce/cede/chn/zdgx/gchf/。
② Hans Kundnani，"Germany's New Skepticism About China"，Transatlantic Academy，24. 10. 2016，http：//www. transatlanticacademy. org/node/972.
③ "German ambassador Michael Clauss on relations with China，the challenges and potential"，*South China Morning Post*，22. 12. 2017，http：//www. scmp. com/news/china/diplomacy - defence/article/2125328/german - ambassador - michael - clauss - relations - china.
④ 《组阁完成德国政府步入正轨，中德关系下一步如何推动——专访德国驻华大使柯慕贤》，财经网，2018年3月15日，http：//yuanchuang. caijing. com. cn/2018/0315/4418908. shtml。

角色和成员的共同利益，一个强大的欧洲和全球行为体应该有塑造国际事务的能力而不是被塑造。欧洲必须更好地保护其关键科技产业，就像美国已经开始做的那样。[①]

事实上，德国政府已经开始收紧中资机构对德国相关领域企业的收购。中国国家电网公司本来有意入股德国电网，但最终没有成功。根据德国媒体的消息，德国经济部曾主动联络德国电网的比利时大股东，推动其购股，避免中国企业的介入。德国不仅修改了自己的法律，提高外资审查的范围，保护核心产业技术不被收购，还极力推动在欧盟层面出台外资审核制度。对此，德国也毫不掩饰其针对中国的目的。德国经济部国务秘书马赫尼希（Matthias Machnig）直言不讳地说，欧盟有必要在 2018 年之内尽快出台相关规定，以有效地遏制中资在欧洲的收购热潮，减少科技和专业知识外流。

（三）对"以商促变"政策的失望

"以商促变"建立在这样一个基本逻辑之上，即中国在与欧洲接触的过程中会受其影响，实现经济自由化、法治化和民主化。从长期来讲，中国的发展会越来越像欧洲，最终达到改变中国政治经济体制的目标。[②] "以商促变"是中德建交之后历届德国对华政策的基本原则，但德国越来越意识到，"以商促变"的政策效果很有限，无论是德国还是欧洲都不可能按照其意愿改变中国，中国正越来越自信地沿着符合自己国情和历史的道路前进。

对"以商促变"政策的失望情绪导致德国相当一部分精英阶层以更加意识形态化和对抗性思维来看待中国的发展，不是强调合作共赢，而是忧虑中国对西方的政治挑战；对于中国在经济上的成功往往是从"地缘战略"角度夸大中国对西方的"威胁"，而不是用理性的商业考量分享机遇；将双

---

① Federal Foreign Office，"Why Europe should embrace the digital revolution"，Sigmar Gabriel，20. 01. 2018，https：//www. auswaertiges – amt. de/en/Newsroom/rede – gabriel – eu – hauhaltskonferenz/1336626.

② 赵柯：《德国能够成为中国在欧盟内的"关键伙伴国"吗？》，载郑春荣主编《德国发展报告（2016）》，社会科学文献出版社，2016，第 216 页。

方在国际市场上的正常竞争"上纲上线"至"模式之争"和"制度之争"。
这是德国试图走向"新西方"政策的思想根源。

结　语

面临当前国际格局的剧烈变动，欧洲人的不安全感在加强。在 2016 年
发布的第二份《全球安全战略》文件中，欧洲人不再像十年前那样"骄傲"
地宣称自己处于"前所未有的繁荣与稳定之中"，而是认为自身处在一个
"更具对抗性"的危险世界中。欧洲的这种"不安全感"使得其面对中国的
崛起变得不再自信。德国试图带领欧洲走回"新西方"政策的老路，来抵
御外部世界的种种挑战。而"新西方"政策的后果是出现一个对外封闭的
"大西方"，这会造成全球市场被人为地分割和隔离，大大削弱了国家间互
信的政治基础，进而以"预言的自我实现"的方式出现一个"更具对抗性"
的世界，这是对中国最大的威胁。

B.14
中资企业在德投资发展
过程及其社会效应

韦乃铭*

摘　要： 本文总结了中资企业在德投资的统计数据和发展过程。近年来，中资企业对德国高科技公司的并购热潮引发了德国社会各界的担忧和热烈反响。通过引用各种统计数据和调查结果，本文从政治、经济和公众的角度对德国社会各界的态度与立场做了分析。本文指出，中德在对外投资政策方面存在明显的不对称问题。2017年，德国政府对外资投资政策进行了调整。在中国和西方阵营的抗衡已成定势这一大环境下，德国的这次政策调整有其内在的逻辑性，也是德国与中国博弈的一个筹码。双方政府应将此当作一个开展建设性对话的机会，在国际秩序的重新构建中找到一个新的平衡点。

关键词： 中国在德投资　外资投资政策　技术转移

　　长期以来，德国对外商投资一直采取开放、欢迎的态度。随着近年来中资企业在德国投资的增加和中国经济实力的增强，德国一些州在投资促进署下专门设立了中国工作小组，以重点吸引中国投资。中资企业一度成为各州政府招商引资的座上客和追逐对象。

---

* 韦乃铭，德国纽伦堡应用技术大学企业管理系教授，前瑞士乌斯特技术股份公司执行副总裁及亚洲区运营总裁。

但从 2016 年下半年开始，德国社会各界对中资企业不断收购德国高科技公司这一发展趋势的担忧加剧，并引发了社会公众激烈的讨论。2017 年 7 月，联邦政府对《对外经济条例》（AWV）进行了极有针对性的修改，对外商投资加严了限制。12 月，德国联邦经济部宣布对中国钢研科技集团旗下公司收购德国航空纤维复合材料制造商 Cotesa 公司的交易按新法启动审查程序。为此，中资企业在德投资的"蜜月期"似已结束，下一步发展充满了不确定因素和挑战。

本文主要介绍了中资企业在德投资的发展状况，对德国及欧盟各界对中资企业投资的反应做一分析，同时笔者对现状做出诠释和展望发展趋势。

一　中国在德投资发展过程

（一）外商在德非金融直接投资概况

德国是世界上最有吸引力的外商投资目的地之一。如图 1 所示，在过去的十年内，平均每年有 577 亿美元的外商非金融直接投资（FDI）流入德国。

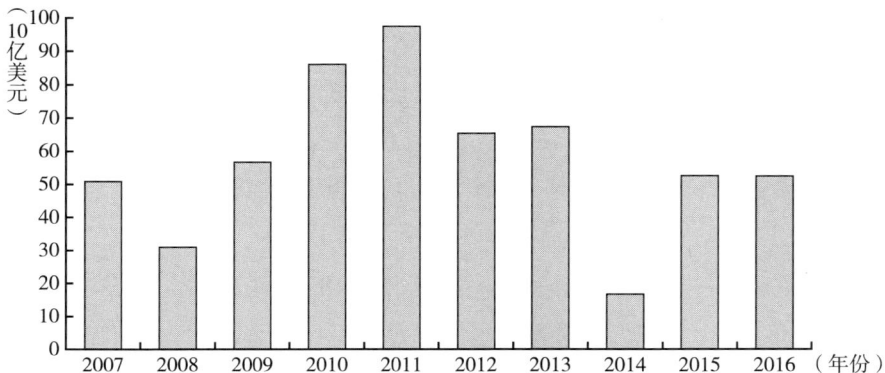

图 1　2007～2016 年流入德国的外商投资金额

资料来源："Foreign direct investment, net inflows（% of GDP）", https：//data. worldbank. org/indicator/BX. KLT. DINV. WD. GD. ZS。

根据德国联邦外贸与投资署（GTAI）的信息[①]，在目前德国的累计外商投资金额中，欧盟国家的投资占60%，北美的投资占19%，亚洲的投资占12%，来自欧盟以外的其他欧洲国家的投资占8%，剩余的1%投资来自世界其他地区。外商投资作为德国经济发展的一大动力，为社会稳定、就业保障做出了相当大的贡献。根据德国工业联邦联合会（BDI）的估测，外商投资给德国劳动力市场提供了约300万个工作岗位[②]，占总就业人口的7%。除了经济上的重要地位，德国优越的投资环境和开放的投资政策为其在国际社会中树立了良好的形象。

（二）中资企业在德国及欧盟投资的统计数据及发展状况

1. 数据来源和统计方法

对中资企业在德国及欧盟的投资统计有不同的机构平行进行，而且数据不尽相同。在统计方法中，最基础的是BOP（Balance of Payment）方法，即直接对资金的流入和流出进行统计。用这种方法较容易对数据进行系统性收集。一般银行系统的统计机构（如世界银行、德国联邦银行、中国外汇管理局）都采用此方法。但BOP方法存在时间滞后的问题。因为从投资协议开始生效，到资金实际注入，会间隔数月甚至一年以上。第二个问题是随着"税务优化"的专业化发展，越来越多的公司在本土之外成立特殊用途机构（SPE），国外投资的资金流不是直接流向投资的目的地，而是通过SPE所在的国家中转。所以用BOP方法做的统计就流入某国的国外投资总量而言，从中长期看是基本合理的，但一旦牵涉对具体投资国的界定就会产生较大的误差。

为了克服这一误差可采用最终收益股东（UBO）统计法。此方法还是以对资金流的统计为基础，但对投资国的界定不是以资金流出国为准，而是以

[①] "Zahlen, Daten, Fakten", http：//www.gtai.de/GTAI/Navigation/DE/Invest/Business – location – germany/FDI/fdi – data.html.

[②] Bundesverband der Deutschen Industrie（BDI）, *Treibstoff für Arbeitsplätze und Wohlstand*, 10. 2015, p. 3.

最终收益所在国为准，例如中国商务部和欧洲统计局就是采用 UBO 统计法。

不管是使用 BOP，还是 UBO，在统计中还会出现第三个问题，即对外商非金融直接投资和其他投资形式的区分。对外商投资的一般定义是对投资目标的控股为 10% 以上，投资目的是长期控制投资目标的经营和发展。除了外商投资，在国际资金市场上还有相当数量的组合投资（Portfolio Investment）。这种投资以追求中短期金融回报为主要目的，而不是以长期控制投资目标为主要目的，投资方通常是私募基金和金融机构。对什么是外商投资，什么是组合投资的界定尺度不同，也是造成统计结果不一致的原因之一。

从及时反映大规模投资项目动向的角度来看，上述的 BOP 或 UBO 统计方式都存在很大的问题。比如，2015 年 3 月，中国化工集团以 71 亿欧元收购意大利倍耐力（Perelli）轮胎公司，这一单项交易额已超过欧洲统计局对全年中资企业对欧盟投资总额的统计。为了解决这一问题，一些商业数据库以系统地跟踪大中型投资项目的方法来计算外资投资总额。这一方法最大的优点是能及时地反映出外资投资发展趋势，而且有较高的准确性。一般来说，大中型投资项目在数量上有限，易于跟踪。而小型项目只占投资总金额的一个零头。目前使用项目跟踪统计方法的有柏林墨卡托中国研究中心（MERICS）和与其合作的美国荣鼎咨询公司（Rhodium Group）。国际上知名的审计公司如安永、普华永道等也用项目跟踪法统计中国对外投资。本文引用的中资企业在德及欧盟投资数据均基于项目跟踪统计方法。

2. 2000 年以来中资企业在德投资的主要发展阶段

图 2 显示了中资企业在德非金融直接投资金额在 2000~2017 年的发展趋势。

2000~2006 年，中资企业在德投资处于起步期。投资项目规模较小，投资额一般为数百万欧元到数千万欧元。从表 1 中可以看到，当时项目的特点是以收购德国传统行业面临破产的公司为主，基本不涉及高新技术领域。在做投资战略决策时，即兴的机遇性考虑占了很大成分。中国资本的注入在当时挽救了这些面临破产的企业，保住了就业岗位。有一些企业，如

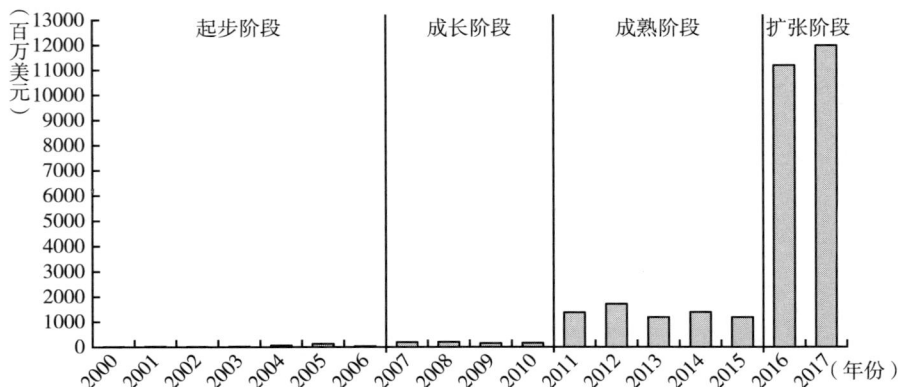

图 2　中资企业在德投资金额

资料来源：2000～2015 年数据来自 T. Hanemann and M. Huotari, *Record Flows and Growing Imbalances*, Mercator Institute for China Studies（MERICS），01. 2017，p. 8；2016～2017 年数据来自 EY, *Chinesische Unternehmeskäufe in Europa*，01. 2018，p. 8。

Dürkopp Adler 和 Waldirch Coburg，日后走出了困境，有了很好的发展。但也有一些企业，如 Schneider 电视，由于收购后经营管理不力，仍然避免不了破产的结局。

表 1　中资企业在德投资起步期的主要并购项目

年份	被收购方	收购时状态	主营业务	收购方
2001	Hirschfelder Leinen &Textil GmbH	破产程序	服装	德隆国际战略投资
2002	Schneider Electronics AG	破产程序	电视	TCL
2003	Welz Gas Cylinder GmbH	破产程序	气缸	上海华鹏贸易
2004	F. Zimmermann GmbH	不详	机床	大连机床厂
2004	Lutz Maschinen-und Gerätebau	破产程序	电动工具	宁波中强电动工具公司
2004	Wohlenberg	破产程序	机床	上海电器集团
2004	Schiess AG	破产程序	机床	沈阳机床厂
2005	Waldrich Coburg GmbH & Co. KG	破产程序	机床	北京第一机床厂
2005	Kelch GmbH & Co. KG	破产程序	机床	哈尔滨量具刃具集团
2005	Grosse Jac Webereimaschinen	破产程序	纺织机器	青岛海珊服装服饰集团
2005	Dürkopp Adler AG	经营危机	缝纫机	上工申贝集团

资料来源：C. Jungbluth, *Aufbruch nach Westen*, Bertelsmann-Stiftung, 04. 2013，p. 13；PWC, *Wichtige Beteiligungen chinesischer Investoren in Deutschland*, 11. 2006。

2007 年，中资企业在德投资总金额近 2 亿欧元。在随后的 3 年中，每年投资额都稳定在此水平上下。2007～2010 年，我们可称之为中资企业在德投资的成长期。中资企业在投资战略决策和选择收购目标上有了更长期和专业性的考虑。收购的目标公司也不乏经营状况良好、技术先进的企业，如金风科技 2008 年收购风能设备制造商 Vensys Energy。在经营管理方面，中资股东逐渐积累经验，储备和培养国际化管理人才。

2011～2015 年，中资企业在德投资进入了一个成熟期。2011 年的投资额比前一年上升了一个数量级，猛涨到 14 亿欧元，接下来连续四年的投资额都稳定在 10 亿～20 亿欧元。进入成熟期后的中国企业，在战略决策和公司并购的前期过程，如并购目标的选择、尽职调查以及并购谈判等方面，操作的专业性有了很大的提高。在这段时间收购的不少公司都是本行业的佼佼者。如表 2 中所列的普茨迈斯特（Putzmeister）是世界上水泥搅拌车技术的领军企业，而且收购时运营状况良好。表 2 中，Kion 和 Oerlikon 也都是类似情况。

表 2　中资企业在德投资金额在 5 亿欧元以上的 FDI 并购项目

年份	被收购方	交易金额（亿欧元）	主营业务	收购方
2011	Medion	6.28	个人电脑	联想
2012	Putzmeister	5.25	水泥搅拌车	三一重工
2012	Kion	7.38	叉车	潍柴动力
2013	Oerlikon Naturfaser – & Textil-Komp.	5.40	纺机专件	江苏金升
2014	BHF Bank	5.14	银行	复星
2016	EEW Energy	14.4	再生能源	北京控股
2016	Krauss Maffei	9.25	机床	中国化工集团
2016	Kuka AG	42.6	机器人	美的
2016	BGP（property group）	11.0	房地产	中投公司
2016	BCP Meerwind	7.30	风力发电	三峡集团
2017	Ista	61.7	能源管理服务	长实长建
2017	Biotest	11.9	生物检验	科瑞集团
2017	ZF Body Control System	10.0	车身控制系统	立讯精密
2017	Bosch Starter Motors	5.45	电机业务	郑州煤矿机械集团

资料来源：PWC, *Chinesische M & A Aktivitäten in Deutschland*, 05. 2016, p. 14, pp. 26 – 31; EY, *Chinesische Unternehmenskäufe in Europa*, 07. 2016, p. 14, 01. 2018, p. 14; M. Huotari, *Germany's changing take on Chinese direct investment*, European Think-tank Network on China (ETNC), 12. 2017, p. 63。

2016 年起，中资企业在德投资进入扩张期，投资总额从 2015 年的 12 亿欧元骤增至 113 亿欧元。2017 年，尽管中国政府对中国企业对外投资进行限制和德国政府对外商投资政策收严，但中资企业在德投资仍然保持强劲趋势，全年投资总额保持在 121 亿欧元的高位[①]。

在每年流入德国的外商投资总金额中，中资企业的占比到 2010 年只有 0.3% 或更低；进入成熟阶段后，占比为 2% ~ 3%[②]；到了近两年来的扩张阶段，占比骤增至 20% 左右。从历年流入德国的外商投资总累计金额来看，在除欧盟之外的国家中，中国排在美国之后位居第二，占总累计金额约 5%[③]。

3. 投资形式和中资企业数量

2000 ~ 2010 年，中资企业在德投资以新建海外子公司为主，这种"绿地投资"金额占总投资金额的 65%。在投资项目数量的比较上，绿地投资的占比更是高达 85%。2011 年后，投资形式的重点发生了很大变化，90% 以上的投资金额都以收购形式实现，而绿地项目的投资金额占比下降到 10% 以下。比较中资企业在世界上其他地区的投资金额（并购和绿地各占约 50%），在德投资的并购占比非常大。由于单个绿地项目的投资金额往往比收购项目低很多，所以在投资项目数量的占比上，绿地项目数目前仍占 60%，而收购项目数只占 40%[④]。德国政府系统的统计机构，例如，联邦外贸与投资署似乎对绿地项目更为关注，因为它更能直接地创造新的工作岗位。绿地项目的投资方，从数量来说主要是为数众多的中小公司；从投资金额来说，主要集中在各大银行和像华为、联想、三一重工等大型企业。

---

① EY, *Chinesische Unternehmeskäufe in Europa*, 01. 2018, p. 8. 2017 年的数据包括海航以 30 亿欧元收购德国联邦银行 9.9% 的股权。
② 笔者按本文图 1 和图 2 的数据为基础测算。
③ 笔者依据以下材料测算：BDI, *Erweiterung der staatlichen Eingriffsrechte für ausländische Direktinvestitionen*, 07. 2017, p. 2, Tabelle; T. Hanemann and M. Huotari, *Record Flows and Growing Imbalance*, Mercator Institute for China Studies, 01. 2017, p. 10。
④ T. Hanemann and M. Huotari, *Chinesische Investitionen in Deutschland und Europa*, MERICS, 06. 2015, p. 19.

关于在德国运营的中资企业个数，根据德国中国商会（CHKD）在 2016 年从联邦各州政府收集的数据，估计为 2500 家左右，其中大部分企业集中在北威州（900 家）、黑森州（600 家）、汉堡（550 家）、巴伐利亚州（250 家）、不来梅（120 家），还有巴符州（100 家）[①]。在这 2500 多家企业中，80% 以上是年营业额不超过 100 万欧元的小型企业或只有几名员工的微型企业。笔者于 2015 年在与北威州投资署的合作项目中，对北威州注册的中资企业数据库做了一个分析，在数据库的 842 家中资企业中，年营业额在 100 万欧元以上或者公司总资产在 50 万欧元以上的大中型企业只有 143 家。如果将这一比例运用在全德国的 2500 多家中资企业上，能估测到其中有一定经济实力的大中型企业仅有 420 家左右。这一数据与欧洲知名的商业数据库 Markus 的信息大致相符。Markus 数据库储存了约 490 家在德国注册的有一定商业价值的中资公司信息[②]。

4. 中资企业在德投资和在其他欧盟国家投资比较

中资企业从 2011 年开始在欧盟大量投资。从 2014 年开始每年的投资金额都超过 100 亿欧元，2016 年更是一个中资在欧洲投资的高潮年，当年投资总额达 350 亿欧元。与在德国的情况相似，近年来中国在欧盟 90% 以上的投资额都是公司并购项目，绿地项目虽然从个数来说是并购项目的 2 倍左右，但投资金额只占总投资金额的 10% 以下（见图 3）。

在欧盟诸国中，英国是中资企业投资最多的国家。至 2016 年年底，中资企业在英国累计投资额为 240 亿欧元。德国位居第二，累计投资额约 190 亿欧元。除英德两国之外，中资企业累计投资比较集中的国家还有意大利（约 130 亿欧元）、法国（约 120 亿欧元）、芬兰（约 70 亿欧元）和荷兰（约 60 亿欧元）[③]。但中资企业在欧洲投资最多的国家是欧盟之外的瑞士。2016 年 2 月，中国化工集团以 430 亿欧元巨资收购了瑞士的农用化学公司

---

① 德国中国商会：《中资企业在德商业环境调查》，2017 年 3 月，第 6 页。

② K. Bollhorn, *Chinesische und indische Direktinvestitionen in Deutschland*, Dissertationsschrift an der Philipps-Universität Marburg, 2015, p. 71.

③ T. Hanemann and M. Huotari, *Record flows and growing imbalance*, MERICS, 01. 2017, p. 10.

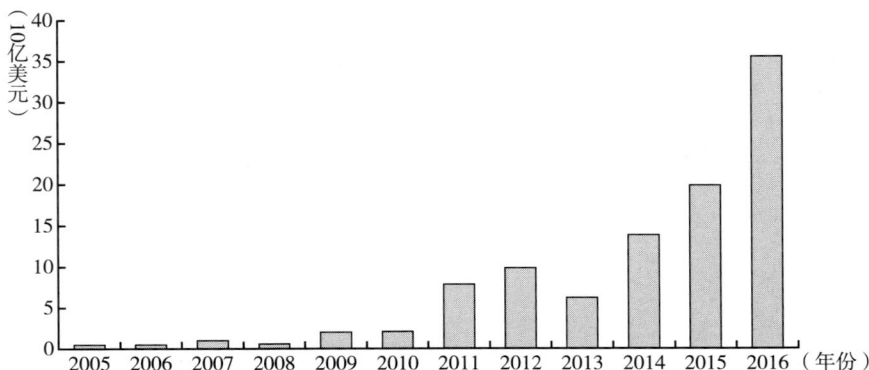

图3　中资企业在欧盟投资金额

资料来源：M. Huotari, *Germany's changing take on Chinese direct investment*, ETCN/MERICS, 12. 2017, p. 26。

先正达（Sygenta），成为至今为止中国企业在欧洲最大的并购交易。

在投资领域方面，中资企业在欧盟各国的重点不同。在德国的投资集中在工业机械和装备（40%）、汽车（15%）、公共设施（15%）和可再生能源领域①。但在英国，中资企业投资最多的领域则是房地产和酒店（34%）、信息及通信技术（23%）、农业及食品（11%）与能源（10%）②。在法国，中资企业投资最多的领域则是房地产（30%）、能源（27%）、消费品（13%）和汽车（8%）③。

从上述的比较和分析中可以看出，中资企业在德投资的重点是与制造业相关的高科技领域，而技术并购是作为实现其战略目标的首选。

（三）中资企业在德国的运营

如何对收购过来的德国公司进行有效管理并使其健康发展，没有一家中

---

① M. Huotari, *Germany's changing take on Chinese direct investment*, ETCN/MERICS, 12. 2017, p. 62.

② T. Summers, *Chinese investment in the UK*, ETNC, 12. 2017, p. 161.

③ J. Seaman, *Chinese investment in France*, ETNC, 12. 2017, p. 55.

资公司有一个"最佳的"现成答案，大家都在摸索中前进。在 2000～2010 年的起步期和成长期，大部分的中国新股东对收购过来的德国企业采取"本土化"的管理模式。投资方基本沿用被收购方现有的德国管理团队，由其负责制订经营计划，并全权实施。新股东方代表只参与公司战略大方向的制定，并对财务结果进行监督。也有一部分公司采取混合式管理，由中德两方人员共同组成高管团队，运营公司业务。

在普华永道 2013 年对 22 家被中资收购的德国企业调查中，有 36% 的调查对象认为中国新股东在企业经营的决策过程中"根本不施加影响"，27% 的企业回答只有轻微影响，18% 的企业觉得影响力适中，只有 18% 的企业认为中国股东有"较强的影响"，认为有"很强的影响"的企业一家都没有[①]。这一"不干涉"政策也体现在对公司组织机构的调整上。64% 公司的组织机构与收购前没有任何改变，23% 公司有轻微改变，只有 14% 的公司组织机构有较大改变[②]。德国管理层对中国股东这种不干涉政策的评价各有不同。经营状况比较好的企业，管理层感觉自己有很高的经营自主权，而且与股东方有良好的信任，感到满意；经营状况较差或面临破产的企业，德国管理层对中国股东的无所作为常常感到迷惑乃至失望。

在德投资进入成熟期后的中国企业，逐渐积累了国际化运营经验。在人才市场上，中国企业国际化管理人才的供给状况也得到了改善。在这段时间，中国企业的进步更多地反映在投资战略决策和并购公司的前期过程中。在对并购企业的日常运营管理方面，中方股东代表的直接参与在逐渐增多，但总体来说，新东家的作为还是谨慎当先，相当一部分企业仍以本土化管理模式为主。比如，世界汽车门锁制造业的领军企业 Kiekert 公司，在 2011 年被中国兵器集团下属的河北凌云收购之后，一直沿用原来的 CEO 和整个德国管理团队。迄今为止，德国总部的领导层里，一名中国管理人员都没有。中方股东的代表只是在每季度召开的工作汇报会到场[③]。由于公司的经营发

---

① PWC, *Erfahrungen deutscher Unternehmen mit chinesischen Investoren*, 08. 2013, p. 40.
② PWC, *Erfahrungen deutscher Unternehmen mit chinesischen Investoren*, 08. 2013, p. 46.
③ 笔者 2016 年 2 月 3 日对 Kiekert 公司 CEO 的采访。

展非常好，公司年营业额从收购时的 55 亿欧元，发展到 2017 年的 88 亿欧元，所以股东和管理层都非常满意，中方股东在这里扮演的角色更像一个放权的金融投资者，而不像一个战略投资者。

除了本土化管理模式之外，越来越多的企业也在逐步采取战略指导型和混合型的管理模式。在战略指导型模式中，中方股东没有派人直接主导被收购公司的运营管理（如出任 CEO），而是通过董事会对公司决策给予指导和积极施加影响力。混合型管理模式在越来越多公司得到应用，管理团队的主要人员由股东方派出的高管和德国本土的高管共同组成。在高管的选择上既可以留用企业原来的高管，也可以在市场上招聘新的优秀人才，这些人才不限于土生土长的德国人，也包括海外华人和其他国家的职业经理人。

除了管理模式和高管队伍的组成之外，如何吸引和留住优秀的专业技术员工以及中层管理人才是目前在德国的中资企业面临的一个巨大挑战。德国中国商会的调查显示，人力资源管理是中资企业所面临的最突出的问题。认为人力资源管理是目前的主要困难和挑战的受访企业比例高达 51%，与位列第二的困难（德国当地官僚主义，32%）有明显距离。除了上面这两点，投资项目与母公司之间缺乏协同能力（22%）和缺乏投资后的整合战略执行（21%）也是较典型的难题①。

总体来说，中资企业在德国投资运作逐步走向成熟，特别是公司投资前期过程的专业化操作进步明显。在投资后的公司运营管理方面，所有的企业都是边做边学，但进步程度参差不齐。

（四）社会公众对中资企业收购德国公司态度的转向标——库卡和爱思强收购案

2016 年 8 月，美的出资 43 亿欧元收购机器人制造商库卡公司（Kuka）。这一收购案的特殊意义不仅在于其巨额的交易，而且在于库卡是德国工业界最引以为豪的高科技明星和德国"工业 4.0"发展规划的"旗舰企业"。虽

---

① 德国中国商会：《中资企业在德商业环境调查》，2017 年 3 月，第 12 页。

　　然在库卡收购案之前，也有不少中国公司收购德国高科技企业，如三一重工对普茨迈斯特、中国化工集团对克劳斯玛菲的收购，但社会公众的反应程度远没这次激烈。公众担心的是，如果像库卡这样的高科技企业一个个被中国企业收购，德国工业会逐渐失去其以科技为支撑的核心竞争优势。随着核心技术流向中国，工作岗位也会消失。在这种情况下，德国政府一方面不能无视社会各界的担忧，另一方面又不想公开违背德国自由市场经济对外商投资开放的原则。当时的联邦经济部长加布里尔于 2016 年 5 月底倡议由其他德国或欧盟企业（如西门子和 ABB 公司）与美的竞标，以避免库卡落入中国股东手中。但加布里尔的倡议在工业界遇到很大阻力。西门子公司表示现在对收购库卡兴趣不大，它有更重要的功课要做。工业界给德国政府的劝告是，与其为难中国公司来德投资而损害德国自由市场经济的形象，不如将精力放在给中国政府施加压力，促进早日实现双边公平对等原则，让到中国投资的德国企业享受到外商投资在德国一样的自由度。虽然德国政府最后在 2016 年 8 月还是对美的库卡收购案放行，但整个社会的风向标已经转向。

　　2016 年 10 月 24 日，德国政府宣布撤回福建宏芯基金收购德国半导体制造装备供应商爱思强（Aixtron）的批准许可，重新启动评估程序。由于爱思强的股票也在美国流通，所以对此收购案美国政府也要审查。美国政府的审查结果认为，爱思强的设备和它的技术也应用于美国国防设备，中国有可能把从爱思强获得的技术应用于军事用途，从而构成国防安全隐患。美国情报部门将这一审查结果提交给德国政府。事实上，爱思强和其两位来自美国的主要竞争对手 Veeco 和 Cree 公司的数百台设备出口到中国，已广泛运用在半导体制造业上。所以，爱思强的技术究竟能构成多少国家安全隐患，业内人士多有疑问。爱思强的 CEO 顾梓乐（Martin Goetzeler）表示，若中方收购计划无法实行，公司迫于财务压力，不得不裁员和取消今后的一些研发项目。但 CEO 的这一"威胁"并未奏效，12 月 9 日福建宏芯基金宣布撤销收购计划，退还此前购买的全部爱思强股票。

二 中资企业在德投资的社会效应分析

（一）对政府层面的分析

1. 中德两国政府对外资投资政策比较

1997 年，经济合作与发展组织（OECD）引进了"外商投资政策限制指数"（FDI Regulatory Restrictiveness Index），定期对 62 个国家的外商投资政策进行评价，表 3 展示了近 20 年来中国、德国和美国这三个国家外商投资限制指数的发展趋势。

表 3　中德美三国外商投资政策限制指数比较

单位：%

国家	1997	2003	2010	2016
中国	63	56	42	33
德国	3	3	2	2
美国	9	9	9	9

注：100% 意味着完全限制，0% 意味着基本无限制。

资料来源：OECD，"OECD FDI Regulatory Restrictiveness Index"，http：//stats. oecd. org/Index. aspx? datasetcode = FDIINDEX。

从表 3 中可以看到，德国的限制指数只有 2% ~ 3%，一直是世界上外商投资政策最宽松的 10 个国家之一。美国的限制指数处于 9% 的中间水平（2016 年宽松度排在第 39 位）。中国限制指数从 1997 年的 63% 降到 2016 年的 33%。截至 2015 年，中国是世界上对外商投资限制最多或第二多的国家。从指数发展的趋势看，中国的情况一直在改善，但与欧美国家仍相距甚远。也就是说，中德之间对外投资政策一直都存在着不对称的问题，而且以前这种不对称程度比现在要严重。双方的主要不对称处体现在对外商投资的准入条件上。

中国在这方面的主要法规是发展改革委和商务部发布的《外商投资产

业指导目录》。在此，中国将外商投资领域分为鼓励产业、限制产业和禁止产业。原则上，每个外商投资项目都需要政府审查批准。从 2016 年 10 月开始引进"负面清单系统"，即不列在负面产业上的行业，原则上不对外资准入实行限制措施。2017 年的最新版目录中，限制类条目从 2015 年的 38 条减少到 35 条，禁止类条目从 36 条减少到 28 条。在一些限制行业中，法律要求外商一定要找中国合资伙伴。

德国政府对外资投资管理的有关法规写在《对外经济法》（AWG）和《对外经济条例》中。直到 2009 年，《对外经济法》只赋予德国政府对特别关系到国家安全的外资投资项目的审查权。在一般经济领域的外资投资属于市场经济行为，政府不予干预。2009 年，德国政府对《对外经济法》做了一次关键性的修改，将政府的审查权扩充到一般的民用生产领域。如一个外资控股在 25% 以上的投资项目有可能危及"国家安全和公众利益"（第 4 条第 1 款），政府有权对此进行审查。但这次法律修改并没有明确地定义哪些行业、哪种情况对"国家安全和公众利益"是有危害的，更多的是先给政府预留这样一种权力。在审查期限方面，也规定得比较宽松。如果企业在投资合同签署前就主动要求政府审查，只要政府在一个月之内不提出反对意见，项目就算通过了。在政府要求的审查中，在企业提供了相关材料的两个月内，政府必须给出审查结果。事实上，《对外经济法》在 2009 年改动后，除了企业主动要求审查，政府基本上没有动用这一权力，可以说是一个典型的"冰冻法律"。

此外，中德政府还在 2005 年签订了《双边投资协定》（BIT）。这个协定的重点是对外资投资的保护和外商与政府纠纷仲裁程序的相应条款，而不涉及对外资准入条件的界定。

除了准入条件不对称问题，德国对中资投资另一个很大的担忧是国家在对外投资活动中所起的作用。德国政府认为，企业到国外投资应该是市场经济行为。而中国企业"走出去"得到中国政府的大力支持，会导致自由市场经济的部分扭曲。

2. 德国政府对中资在德投资态度之转变的背景

一直到七八年前，德国政府对上述的不对称问题及国家介入企业投资活动问题虽然有提及，但没有什么实质上的动作，似乎已看惯了这一现实。造成这种状况主要有以下三个原因。第一，在中国 2001 年加入世界贸易组织（WTO）之前和加入之后的最初几年，包括德国在内的西方世界都希望通过自由贸易和经济全球化促进中国在经济、社会乃至政治体制方面的转化，从而成为其自由民主阵营的一员。中国政府也许诺逐步开放市场，融入全球化的经济体。在这段时期，德国政府将政策上的不对称视为一个过渡期问题。西方世界也清楚这种政策上的倾斜对缩小当时中国与西方在经济发展水平上的巨大差距是必要的。中国经济发展快了，对大家都有好处。第二，当时中国的绝大部分企业在世界市场上的竞争力还没有对德国同行造成真正的威胁，而且到德国投资的中国公司也不多。在为数不多到德国投资的企业中，并购的目标企业很少是该行业的翘楚，更何况还有不少是面临破产的公司。通过中资企业的收购，保住了不少工作岗位，又基本上没有核心技术流失的担忧。第三，中国的投资环境在逐步改善，这也是一个大家都看到的事实。

但进入 21 世纪第二个十年之后，上述情况发生了根本性的变化。首先，中国在政治体制和社会秩序的发展上，走"中国特色"的道路，在经济上的成功给中国特色道路的正当性提供了强有力的说服力。与此同时，西方二战之后建立起来的国际政治和经济秩序随着 21 世纪的到来面临诸多挑战，正在趋于松散。今天，没有一个西方政治家还抱有将中国融入其自由民主阵营的奢望。在国际秩序的话语权上，中国已经发展成一支可以与西方制衡的独立力量。其次，中国企业在世界市场的竞争力提高，有目共睹。如果说十几年前中德企业在竞争力上差距悬殊，对中国企业在政策上的一些优惠，德国公司可能不会斤斤计较，而如今这些差距正在逐步缩小，在很多行业中国企业已经发展成德国不容忽视的竞争对手。德国公司当然不愿意在政策上继续受到"不平等对待"。

最后，还值得关注的是，旨在提高中国在全球经济价值链中的地位及扩大中国国际影响力的"中国制造2025"和"一带一路"建设等，更多地被包括德国在内的西方社会看成对现有世界秩序的挑战，而不是一个大国在其和平崛起的过程中对国际社会重新构建的贡献。

综上所述，德国政府认为对中资投资政策的修正势在必行。

3. 德国政府2017年对外资投资政策的调整

2016年下半年，库卡和爱思强收购案所掀起的风波无疑对德国政府调整外资投资政策一事起了催化剂的作用。2017年1月，巴伐利亚州政府向联邦参议院提交申请，要求政府扩大对外资投资的限制。2017年7月，联邦政府公布了对《对外经济条例》的修改版本。这次调整，不仅从法规条文上加强了对外商投资的限制，而且政府明确表示这一法律不（再）是一纸空文，而是会在实践中加以运用。

这次《对外经济条例》条文的修改主要体现在两方面：一方面将受限制的行业范围扩大，特别是对关键基础建设领域要重点审查；另一方面，将审查的时间延长，将企业主动提出审查申请的审查期从一个月延长至两个月，政府启动的审查期从原来的两个月延长为四个月（跨行业投资）或三个月（行业内投资）。但对于审查的具体标准，新版法律仍没有做进一步的实质上的具体界定。特别对"公共利益"是否受到危害的界定，审查官员有很大的诠释权。从某种意义来说，这次外商投资法修正的真正意义更多是在于将一部至今基本不用的"冰冻法律"解冻激活。

4. 欧盟层面的情况

欧盟成员国在2009年的《里斯本条约》中赋予欧盟相关机构制定欧盟外贸法及外商投资管理法的权力。欧盟的法律一旦发布，将取代欧盟各成员国现行的相关法规。目前欧盟有关外商投资管理的法规仍在制定中，所以各成员国法律仍然生效。

现在各欧盟成员国与中国签订的双边投资协定（BIT），原则上也应由欧盟的BIT取代。2013年11月，欧盟各国的贸易和经济部长授权欧盟委员会，由它来与中国商谈和制定欧盟与中国的BIT。谈判工作于2014年1月开始，2017年12月进行到第16轮。与中德双方2005年签署的BIT不同，在欧盟－中国 BIT 中，不仅对外商投资保护，而且对原 BIT 没有涉及的外商投资准入条件、管理程序的透明度以及环境与劳工保护等社会问题都将制定相应规章。

目前的欧盟作为欧洲 28 个国家的大熔炉，要形成一个大家一致认同的外资管理政策并不是一件容易的事情。欧盟各成员国的历史、文化背景乃至政治经济利益各不相同，在外资投资和关注点上也各有分歧。比如，一些北欧国家感觉到俄罗斯对它们的威胁比中国更大；一些欧盟小国则担心欧盟委员会提议的对外资投资项目的监控程序会被一些欧盟大国利用，成为其片面追逐本国利益的工具；丹麦明确表示不希望引进更多的对外资投资限制，而有损自己开放的形象①。在德国政府提出要重点限制外商在关键基础建设领域投资的同时，匈牙利政府 2017 年 11 月高调和中国庆祝由中国投资的匈牙利－塞尔维亚高铁开工典礼，引起德国各界一片哗然。不仅在经济领域，而且在政治和基本价值观上，欧盟各国的分歧也日益显露。欧洲议会在 2017 年 5 月宣布对匈牙利还是不是个法治国家进行调查。欧盟委员会在 2017 年 12 月公开指责波兰的司法改革违反了司法独立的原则，与西方世界核心价值观相违，首次对其成员国启动制裁程序。

从上述情况我们可以看到，欧盟内部的问题也错综复杂。在对中国企业在欧盟投资的态度上，欧盟各国要达成全方位的一致是有很大难度的。

（二）工业界的考虑和立场

在德国社会各界中，工业界与中国的关系最为密切。中国是德国最大的贸易伙伴、欧盟之外的第二大出口国。至今为止有 5000 多家德国公司在华投资，累计投资金额为 700 亿欧元②，是中资企业在德投资累计额

---

① J. Seaman and M. Huotari & Co, *Introduction*：*Sizing up Chinese investments in Europe*，ETCN 12. 2017，p. 14.

② BDI, *Erweiterung der staatlichen Eingriffsrechte für ausländische Direktinvestitionen*，07. 2017，p. 2. 该文引用了德国联邦银行 2015 年年底的数据。

的 3 倍多①。对这些在中国投资的德国企业而言，中国业务对其全球业务的重要性日益提高。比如，德国大众汽车 2017 年在全球销售的 630 万辆汽车中有一半在中国完成。事实上中德之间的经济发展如今已经形成了一种相互依赖的关系。所以，一方面，德国企业最不愿意看到的就是和中国打贸易战，这样双方的利益都会受到损害；另一方面，面对中国日趋成熟的市场和中国企业竞争力不断提高，德国企业越来越有深切的危机感。

1. 资方的立场

2016 年下半年，在库卡收购案进行的过程中，工业界的态度十分明确，认为可不可以收购，应该由企业决定，而不是由政府来决定。在德国政府 2017 年 7 月修正《对外经济条例》的前一天，德国工业联邦联合会发表声明，表明下列立场②：

> 目前的《对外经济法》已能给国家安全和公共利益提供足够的保护，无须修改。
>
> 反对将监控评审的范围扩大到经济标准，否则会助长保护主义的风气。
>
> 资本输出国的政府有目的地推动和资助它的企业对外投资，对德国的经济并不一定有害。但资本输出国政府对外投资的推动措施要有尺度，不能扭曲自由市场竞争格局。
>
> 德国政府要致力于与对外商投资仍有很多限制的国家交涉，以对等原则为基础，为德国企业对外投资创造更好的市场准入和投资保护条件。

---

① 笔者通过比较以下两份材料中的数据得出：T. Hanemann and M. Huotari, *Record flows and growing imbalance*, MERICS, 01. 2017, p. 10；BDI, *Erweiterung der staatlichen Eingriffsrechte für ausländische Direktinvestitionen*, 07. 2017, p. 2.

② BDI, *Erweiterung der staatlichen Eingriffsrechte für ausländische Direktinvestitionen*, 07. 2017, pp. 4 – 5.

2017 年 8 月，德国工业联邦联合会在另一则声明中，敦促欧盟与中国商定 BIT，并对关键内容提出详细建议。除了德国工业联邦联合会之外，其他各方的协会和团体，如德国工商总会（DIHK）和德国经济界亚太委员会（APA）也纷纷发表文章，表明和工业联邦联合会相似的立场。

2. 劳方的态度

劳方最关心两个问题：一个是近期内外商投资会不会造成工作岗位的流失；二是从中长期角度来看，外商投资会不会造成核心技术的转移和流失，从而削弱德国在国际市场上的竞争力。

对第一个问题，劳方有许多负面经验。一些来自私募基金和美国的投资方在收购企业后，为了迅速实现经济效益，大刀阔斧地对企业进行裁员和重组，使他们对来自国外的收购心有余悸。在技术转移问题上，工会对于来自私募基金和美国的投资者并没有很多的戒心。但对于来自新兴国家特别是来自中国的投资者有特别的担忧。

针对中国的投资者如何应对以上两个问题，德国工会联合会下属的汉斯－伯克勒基金会（Hans-Böckler-Stiftung）在 2016 年对 40 多家大中型中资企业进行了一系列调查，得出的结果，特别是在保障工作岗位上，对中国投资者的评价颇为正面①。

尽管这次调查报告的评价整体正面，但在其他许多企业的基层工会中，对中国投资者的评价仍然褒贬不一。这充分反映了劳方对中资企业投资态度上的矛盾心理。

2017 年 11 月，两家被中资收购的企业（原欧司朗照明灯具事业部 Ledvance 公司和库卡公司）相继宣布在德裁员 1300 人和 250 人。虽然库卡公司再三解释此次裁员计划与中方股东在收购协议中定下的保证工作岗位承诺不相抵触，是德国管理团队在自己职权范围内为应对设备制造部门目前所面临的困难而采取的必要措施，但这样大规模的裁员计划，仍给一般员工对中国股东的看法留下阴影。

---

① 详细调查结果可见本书朱宇方《德国如何看待中国对德直接投资的增长》一文。

（三）对社会公众之态度及媒体的分析

社会公众对一件事的看法，除了这件事本身之外，更多地受到文化背景、价值观念和个人经历的左右。美国皮尤研究中心2005年起每年对世界各国民众对中国的好感度进行调查。我们选出英、法、美、德作为西方世界的典型代表，将结果汇总如下（见表4）。

表4　英、法、美、德四国民众对中国有好感的占比

单位：%

国家	2005	2006	2007	2008	2009	2010	2011	2012	2013	2014	2015	2016	2017	平均
英国	65	65	49	47	52	46	59	49	48	47	45	37	45	50
法国	58	60	47	28	41	41	51	40	42	47	50	33	44	45
美国	43	52	42	39	50	49	51	40	37	35	38	37	44	43
德国	46	56	34	26	29	30	34	29	28	28	34	28	34	34
平均	47				42					39				

资料来源：Pew Research Center, http://www.pewglobal.org。

表4显示，英国民众中对中国有好感的比例最高，13年来的平均值是50%。德国比例最低，只有34%。法国和美国的比例居中，比德国高出约10个百分点。

从表4的数据还可看出，四个国家的民众近几年来对中国的好感度整体呈下降趋势。在统计刚开始的4年，四国民众对中国的好感度平均为47%，而最近4年只有39%。

还有一个值得关注的现象是，尽管美国政府对中国的政策"不友好"得多，但美国民众对中国更有好感。迄今为止，德国政府极少对中资企业在德并购项目进行审查，而美国外资投资委员会（CFIUS）仅在2013~2015年就对74件中资收购的交易进行审查，数量居各国之首①。几乎每年都有中资并购交易遭到美国外资投资委员会的否决，从2008年华为对3Com的

① 李渤：《不了解CFIUS投资美国易碰壁》，《中国贸易报》2017年11月14日。

收购，到 2017 年年底阿里巴巴旗下蚂蚁金服对速汇金的收购，类似的否决案例不胜枚举。

德国民众对中国的看法受媒体影响很大。德国当今的主流媒体在相当程度上仍保持了它的"知识分子"精神，这一精神主要表现在三个方面：一是刻意显示出来的独立性和批判性，二是对理想主义的诉求，三是道德上的优越感。冷战虽然早已结束，中国也完全不是 30 年前的中国，但是许多德国媒体人在中国问题上那种道德上的优越感仍然挥之不去，他们仍然没有走出冷战时期的意识形态语境，在遇到难以解释的新现象时，他们不是反省和修正自己老旧的思维范式，而是加倍努力地挖掘他们希望得到的素材，来试图讲圆自己的故事。而对理想主义的诉求，在某种程度上又限制了他们在寻找针对中国崛起的应对方案时，提出切实可行的建设性意见。在这里，政治上的正确性似乎比结果导向的现实性更被关注。特别是在特朗普上台后，美国旗帜鲜明地推行保护主义，处处强调美国利益优先。此时，德国更是要以自由贸易的理想主义捍卫者形象出现，坚决反对保护主义。但是，在谈到中资企业在德国的收购热潮要有什么具体举措时，却缺乏令人信服的主张。

当然，媒体也会有对中国比较理性客观的报道，但这类报道似乎对公众的影响有限。一方面是因为此类报道为数不多，另一方面也在于公众的选择性认知。虽然全球化的过程不可逆转，西方世界在全球政治、经济秩序上的绝对权威性正在削弱，但在大部分西方民众的心中，西方中心主义仍然是其意识形成过程中的参照点。近年来，西方社会的贫富分化加剧和民粹主义兴起，并没有抑制而是助长了西方中心主义的思维定式。而通过这一思维定式的眼镜过滤后，对中国负面和悲观的报道更能引起共鸣，其社会效果得到了放大。而比较理性客观的报道的社会效应被淹没在广大群众的悲愤情绪之中。

三　观点和展望

综合前文德国各界对中国投资并购反应和立场的阐述与分析，笔者提出以下观点和展望。

第一，自进入 21 世纪第二个十年以来，中国与西方在政治、经济和"软实力"上的抗衡已成定势。如上文所述，西方曾经想通过全球自由贸易将中国拉入自己的阵营，拿德国政府当时的一句话来说就是"Wandeln durch Handel"（通过贸易实现改变）。但这个希望如今已经破灭。与此同时，西方世界的绝对权威正在削弱，国际社会多边阵营格局正在形成。在中国和西方这两个阵营中，近十年来实力明显朝着中国的方向转移，造成了西方民众对中国的担忧日益增加，也造成了西方政府对华政策的收紧。

第二，德国政府目前对外资投资政策的调整有其内在的逻辑性。从表 3 的外商投资政策限制指数比较可以看出，虽然中国的外资投资环境一直在改善，但与德国相比仍存在明显的不对称。德国政府在这个时候采取政策调整，除了前文所分析的中长期原因之外，最直接的导火线还是社会公众对库卡收购交易引发的强烈反响。德国政府在经历了 2015 年难民涌入的高潮后，在理想主义和现实主义的权衡中，颇有回归现实的迹象。全球自由贸易固然是理想主义的旗帜，但政府对面临的实际问题仍然要有有效的对策。一个国家对于外资投资按本国的国情制定合适的审查制度，以及为本国到国外的投资企业争取更优惠的条件都是有其内在逻辑的政府行为。从目前《对外经济法》和《对外经济条例》的法律条文来看，在审查标准上是有很大的弹性的，这也是与中国博弈的一个筹码。

第三，这次政策调整，不会给德国宏观经济造成直接的负面影响。但对工业界的利益集团来说，多了一个政府干预的不确定因素。从前文的数据分析我们可以看到，所有外商投资给德国创造了约7%的工作岗位，而中国在德投资在累计投资总额上目前不会超过5%。如果再考虑到中国在德有90%的投资额都是收购项目，主要是保留原有的工作岗位，而不是创造新的工作岗位。这样即便是新的严收政策影响了中资企业在德投资，其对工作岗位的波及不会超过0.1%。再看德国经济这些年来的良好发展，主要的直接原因是有强劲的内需市场支撑。从发展过程的角度来看，很大程度上得益于当时施罗德政府制定的"2010 议程"。例如，对中小企业的扶持，对劳工保护法的松动和对过度社会福利的逐步削减等有效措施，给企业界和国家减轻了负担，给经济发展带来了具有后劲的活力。来自新兴国家的外商投资在经济发展中当然起了一个正面的作用，但不是关键作用。所以说这次政策的调整，对德国宏观国民经济发展的影响不会很大。

但对于被收购的企业来说，如收购项目没有通过，当然是一个大的利益损失。经营不好的公司得不到新股东投入的资金来重整旗鼓，经营尚佳的股东则失去一次能高价出售公司的好机会。目前未被中资收购的公司，也不希望将来在出售公司的问题上，不是企业按照自身的经济利益，而是政府以"公众利益"为准绳来做决定。在企业的眼里，一方面不希望政府干预太多，另一方面又希望政府有所作为，在与中国的业务关系中，能为他们争取到更好的条件。

第四，这次调整对中国工业界整个发展趋势的影响有限，但对来德国投资的企业来说，是一个新的挑战。许多企业到德国收购公司的一个主要目标，是能够迅速地获得先进技术，提高企业的核心竞争力。此次调整，如果审查结果对中资企业的这类收购有较大的限制，对当事的企业来说，可能会使其提高核心技术水平的计划滞后若干年。

但从中国企业近二十年科技研发和技术更新的发展趋势来看，已逐渐形成自主研发能力。在通信设备技术、人工智能等不少专业领域，已达到世界领先水平。如果一个企业没有一个相当的自主核心技术水平，没有懂得国际化运营的人才，即使是收购了国外的高科技企业，如何消化和有效地转移这些技术，也是一件不容易的事。特别是考虑到目前相当部分的中资企业对被收购的德国企业仍采用本土化和少参与的管理模式的状况，对技术的消化和有效转移将是一个很大的挑战。

综上所述，对德国高科技企业的收购限制，可能会对一些中国企业提高核心技术的进程有一些影响，但阻碍不了大的发展趋势，关键还是企业自主核心技术能力的培养。

对中资企业的另外一个新的挑战是如何应对德国政府的审查程序。在这一点上，在美投资的中资企业积累了很多经验。除了提供审核材料和准备论证观点的合适性与专业性之外，还要了解和懂得运用所在国的行政与法律程序。比如，2012 年三一重工对俄勒冈州风电项目的收购交易，美国外资投资委员会在行政程序上予以否定。但三一重工并未放弃，而是启动了法律程序，而法官的看法与美国外资投资委员会不同。在法院的协调下，三一重工和美国政府最终达成和解。在这方面，中国在德投资企业可以借鉴在美投资的做法和经验。

第五，中德双方政府应将这次政策调整当作开展一个建设性对话的机会。

在笔者亲自经历过的许多中德企业关系案例中，合作和竞争是并行的。这种情况并不妨碍双方维护自己的立场，但同时也要从对方的角度理解对方的立场。只有这样，双方才能进行建设性的对话，找到一个共同的平衡点。中德政府目前的情况也是如此。德国政府没有必要将中国近年来制定的经济政策一概看作对自己的威胁，而是从中国的角度理解。如"中国制造 2025"和"一带一路"倡议，是根据中国目前的情况而制定，有其内在逻辑性；而德国政府这次调整对外投资政策，从上面分析来看，也有其内在的逻辑性。在某种程度上，我们也可以看成对中国目前的经济发展政策的一个回应。从德国政府的角度来看，中国政府应该正视外资投资政策不对称这一问题，加快脚步进一步开放针对外商投资的市场。在当今中西阵营抗衡的大环境下，中德两国既是密切的国际贸易合作伙伴，也是竞争对手。笔者相信中德政府都没有危害对方的本意，关键是双方能否进行坦诚的建设性对话，找到一个共同的平衡点。

不仅中德关系如此，当今世界的形势也相似。多边阵营抗衡格局的发展结果不是要以老二来取代老大来论输赢，而是改变一家独大的局面，在国际秩序的重新构建中取得新的平衡。

B.15
德国如何看待中国对德直接投资的增长

朱宇方*

摘　要： 2016 年，德国首次成为中国对外直接投资在欧洲的最大接收国，而且中国对德国的年度直接投资额首次超过德国对中国的投资额。2017 年，德国政府一反过去的温和立场，在致信欧盟未果之后，率先自行收紧了对海外直接投资的审核控制。本文将关注中国在德国的非金融直接投资，说明投资的现状与发展，着重从政府、企业和经济研究机构这三方面梳理德国对此的反应与观点，并上升至欧盟层面进行观察，以构建一个基础，有助于对德国及欧盟未来对中国直接投资的进一步反应做出预判。

关键词： 中德经贸关系　海外直接投资　技术并购

　　2016 年，德国首次成为中国对外直接投资在欧洲的最大接收国，而且中国对德国的年度直接投资额首次超过德国对中国的投资额。从投资存量来看，德国是在中国的最大直接投资国，德国也是中国在欧洲最大的贸易伙伴。鉴于如此密切的经贸关系，德国在传统上倾向于对中国采取温和、非对抗性的经济外交策略。2017 年，德国政府却首次采取了强硬而直白的立场，在联合法意两国致信欧盟未果之后，率先自行收紧了对海外直接投资的审核控制。

---

* 朱宇方，博士，同济大学德国问题研究所/欧盟研究所讲师。

中国最近几年在德国非金融直接投资尤其是技术并购的飙升和德国政府的强硬反应引起各界的广泛关注与议论。本文将关注中国在德国的非金融直接投资，说明投资的发展状况，着重梳理德国的政府、企业界和经济研究机构对此的反应与观点，并上升至欧盟层面进行观察，以构建一个基础，有助于对德国及欧盟未来对中国直接投资的进一步反应做出预判。

一 中国在德国非金融直接投资的发展状况

中国对德国的直接投资从 2010 年开始大幅增长，2011 年迈上第一个台阶，2011~2015 年，年度投资额稳定在 10 亿~20 亿欧元。[①] 2016 年，中国对德直接投资出现井喷式增长。当年，有 56 家德国企业被来自中国内地和香港的投资者并购，比 2015 年增加了 19 家，投资额竟高达 110 亿欧元。德国成为中国在欧洲最大的对外直接投资对象国，占中国在欧洲投资额的 31%。当年最大的交易是美的收购机器人制造商库卡（44 亿欧元）；北京企业收购垃圾焚烧发电公司 EEW 垃圾能源公司（EEW Energy from Waste，14 亿欧元）；中投公司投资收购 BGP 集团的德国房地产业务分支（10 亿欧元）；中国化工集团收购工业机械制造集团克劳斯玛菲集团（Krauss Mafei，9.25 亿欧元）。年度中国对德直接投资额首次超过德国对华直接投资额（见图 1）。[②]

截至目前，82% 的中国在德国直接投资以并购实现，这种形式使中国企业得以迅速进入市场或获得专有技术、品牌和其他资产。但德国也是中国企业进行绿地投资的主要对象国。德国联邦外贸与投资署的 2016 年外商投资报告显示，2016 年共有 1944 个绿地投资项目落户德国，超过 40% 的投资项

① Thilo Hanemann and Mikko Huotari, *Chinese FDI in Europe and Germany—Preparing for a New Era of Chinese Capital*, MERICS, 06. 2015, p. 5, http://world. people. com. cn/n1/2017/0518/c1002 - 29285418. html.

② Thilo Hanemann and Mikko Huotari, "Record Flows and Growing Imbalances: Chinese Investment in Europe in 2016", *Papers on China*, No. 3, MERICS, 01. 2017, p. 8.

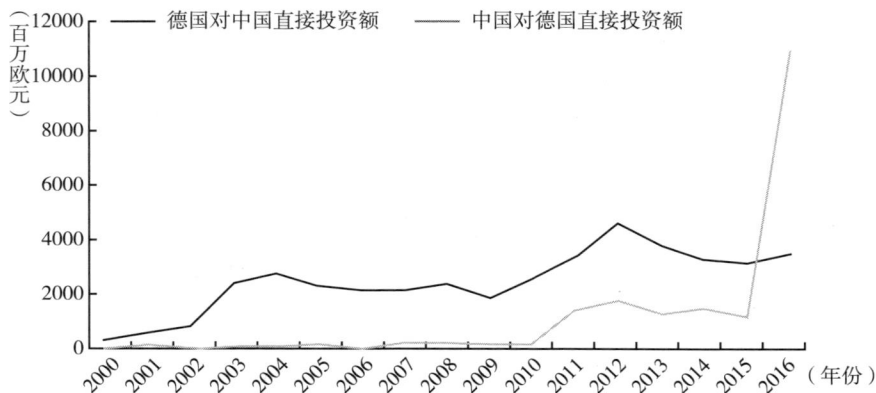

图1　中德两国相互间直接投资发展情况（2000～2016 年）

资料来源：Thilo Hanemann and Mikko Huotari, "Record Flows and Growing Imbalances: Chinese Investment in Europe in 2016", *Papers on China*, No. 3, MERICS, 01. 2017, p. 9。

目来自欧盟国家。中国在德国绿地投资项目（不含并购）达 281 个，同比增长 48%。在欧盟以外的国家中，中国在德国的绿地投资项目数量居第一位（美国以 242 个项目居第二位），连续三年成为在德国投资项目最多的外资来源地。报告指出，中国投资预计将创造至少 3900 个工作岗位。中国企业投资的主要领域为商业服务与金融服务（达 27%），其次为机械制造与设备（11%）、电子与半导体行业（10%）和汽车行业（10%）。近年来，中国企业在研发、金融和其他高附加值服务方面的绿地投资不断增加，形成新的趋势。①

二　德国政府对中国直接投资增长的反应

2017 年 2 月，作为欧元区第一大经济体的德国联手第二大经济体法国

---

①　数据来源于 Thilo Hanemann and Mikko Huotari, *Chinese FDI in Europe and Germany—Preparing for a New Era of Chinese Capital*, MERICS, 06. 2015, pp. 17 – 18, http://world. people. com. cn/n1/2017/0518/c1002 – 29285418. html。

和第三大经济体意大利致信欧盟①，并附一份《要点文件》②，对补充和修改欧盟现行法律提出具体建议，希望通过立法使欧盟"拥有调查个别收购案并在适当情况下阻止它们的更大空间"。信中特别指出，其所针对的是那些"不公平的交易……因为它们依赖国有资金或旨在收购重要技术"。

对此，联邦经济部表示："我们要的不是保护主义，而是公平的竞争条件。"时任联邦经济部长西格玛尔·加布里尔表示，要在欧洲层面探讨"如何使公平竞争成为可能，以及如何在欧洲层面应对愈演愈烈的并购潮"，而且这种并购是由获得国家补贴的企业或国有企业发起的。③

在欧盟迟迟未能形成统一意见的情况下，2017 年 7 月 12 日，德国联邦内阁会议通过了对《对外经济法》实施条例——《对外经济条例》的第 9 次修订④，引发广泛议论。为了对此次修订做出恰当的评价，避免断章取义，有必要先对上述《条例》在修订前后的相关内容做一个简单的梳理和比较⑤。在本次修订之前，德国的《对外经济条例》的相关规定可以简述为：

> 联邦经济部有权对涉及德国企业的直接或间接的外资投资进行审查，在投资威胁公共秩序以及安全的情况下，德国联邦经济部有权禁止。

---

① https：//www.bmwi.de/Redaktion/DE/Downloads/S－T/schreiben－de－fr－it－an－malmstroem. pdf?__blob＝publicationFile&v＝5.

② "Proposals for ensuring an improved level playing field in trade and investment"，https：// www.bmwi.de/Redaktion/DE/Downloads/E/eckpunktepapier－proposals－for－ensuring－an－improved－level－playing－field－in－trade－and－investment.pdf?__blob＝publication File&v＝4

③ "Chinesische Firmenkäufe in Deutschland auf Rekordhoch"，http：//www.faz.net/aktuell/ wirtschaft/ttip－und－freihandel/chinesische－firmenkaeufe－in－deutschland－auf－rekordhoch－ 14593083.html.

④ "Neunte Verordnung zur Änderung der Außenwirtschaftsverordnung"，https：//www.bmwi.de/ Redaktion/DE/Downloads/V/neunte－aendvo－awv.pdf?__blob＝publicationFile&v＝6.

⑤ "Außenwirtschaftsverordnung"，https：//www.gesetze－im－internet.de/awv_2013/index. html.

满足以下条件的投资交易需要接受审查：投资者来自非欧盟国家，或投资者超过25%的投票权由非欧盟国家的股东持有，且投资交易之后投资者直接或间接持有德国被收购公司25%以上的股权。

除了收购须从严管理的企业——涉及军备或与"国家机密"相关的信息安全产品的制造商，法规不要求交易方对并购交易进行正式登记或正式公告，联邦经济部自行获取外资在德国投资的信息，并在投资双方签署文件生效后三个月内决定是否启动正式审查。

若联邦经济部启动正式审查，投资者必须递交所有关于拟定交易的材料，包括其自身的股权构架以及交易战略意图。在收到上述材料之日起，联邦经济部有两个月的时间来禁止交易，或对交易设限、设条件，以保证公共秩序及安全。

为了避免法律上的不确定性，外国投资者经常选择在交易进行之前主动将交易向联邦经济部披露，以获取一份具有法律效力的无异议函，联邦经济部须在收到文件的一个月内决定放行或启动正式审查程序。

这次联邦内阁对上述实施条例的修订主要包括两方面。第一，首次对法律中的"威胁公共秩序以及安全"做出了具体规定：收购案涉及电力或电信网络、电厂、供水系统、银行、医院、机场及火车站等关键基础设施，包括为其开发软件的德国企业，并将从严管理的企业范围扩大到能接触到外部存储器（云存储）中相关数据的企业。第二，将联邦经济部正式审查的时间从现行的两个月延长至四个月。

可以看出，本次修订之后，德国政府对于外资并购的"一票否决权"有所扩大。2016年，时任联邦经济部长加布里尔就是运用了这一权力，在最后一刻叫停，迫使福建宏芯基金放弃收购德国芯片企业爱思强。德国对外资收购德国企业的限制正在逐步收紧，这是显而易见的事实。

对关键领域的界定、审查期的延长，从表面看，这只是防范关键技术流失对德国安全造成影响，但如果观察修订案出台的舆论背景，就能看出，德国政府质疑和防范的焦点以及审查所针对的是：企业收购行为的背后是否有他国政府的战略意图，使其不再是纯粹的商业行为；收购的资金中是否包含国家资金，从而在竞购中导致不公平竞争。上述修订公布后，联邦经济部国务秘书马蒂亚斯·马赫尼希在接受采访时表示，作为出口型国家，德国支持开放市场和跨国投资，但外国企业"必须证明，它们在德国的投资不是由国家推动的，它们交易的融资是市场化的"。[①] 虽然德国政府态度强硬，但我们也必须注意到，其矛头针对的并不是一般意义上的企业间技术并购，而是他国政府操纵，即政府假企业之手实施、有可能破坏经济秩序的技术并购。

三 德国企业对中国直接投资的看法

值得注意的是，与政府的强硬立场和怀疑姿态不同，德国企业对来自中国的投资非常欢迎，而且评价很高。企业实质上分为资方与劳方，如果考虑经营，劳方还可分为经理人和普通员工。就资方而言，只要不存在恶意收购，收购前的德国资方无疑对中资持欢迎态度，而收购后的资方就是中国企业。因此，在被中资收购的企业中，最值得关注的是劳方，即德方经理人和普通员工的感受与看法。

在这里，我们通过德国工会联盟的基金会——汉斯－伯克勒基金会（Hans-Böckler-Stiftung）的一些研究报告来进行说明。

奥利弗·埃蒙斯（Oliver Emons）在一项研究中从被收购前后的经营数据、被收购原因和企业员工体验三个方面入手，对三家被中资收购的德国"隐形冠军"进行了案例分析[②]，它们分别是普茨迈斯特（Putzmeister，2012年被三一集团收购）、瓦德里希科堡（Waldrich Coburg，2005年被北京第一

---

① 参见 "Regierung schützt deutsche Firmen vor Übernahmen"，http：//www. sueddeutsche. de/wirtschaft/2. 220/uebernahme – schutz – regierung – schuetzt – deutsche – firmen – vor – uebernahmen – 1. 3583077。

② 以下对研究内容和结果的描述均参见 Oliver Emons，"Ausverkauf der Hidden Champions? — Wie und warum chinesische Investoren deutsche Weltmarktführerübernehmen"，Hans-Böckler-Stiftung Mitbestimmungsförderung，05. 2013。

机床厂收购）、杜克普爱华（Dürkopp Adler，2005 年被上工申贝收购）。

乌尔里克·莱萨克（Ulrike Reisach）在一项研究中考察了 8 家被中资收购的德国中小企业，分别对这些企业的职工委员会、首席执行官和中国资方代表进行了问卷调查。① 这 8 家企业中有 3 家来自汽车工业、3 家来自机械和装备制造、2 家来自化工制药业。其中有 5 家企业在被收购前进入破产保护或遭遇严重危机，还有 2 家是被所在集团主动剥离并寻求出售。

沃尔夫冈·穆勒（Wolfgang Müller）主持的一项企业层面的研究共涵盖了 42 家员工人数超过 150 人的中资企业，② 包括并购企业和绿地投资企业，除了工业企业之外也包括物流和服务性企业，但大多数企业来自机械制造和汽车行业。该研究对上述企业在德国的 55000 名雇员进行了问卷调查。同时，研究团队还对 30 家员工人数超过 150 人的德国本土企业进行了抽样调查，作为比对依据。

上述几项研究得出的结论惊人地相似，因此以下对它们的结论进行统一综述。

调查显示，与金融投资者不同，中国投资者普遍立足长期经营，通常投入大量资金，不仅投资研发，还购置新的生产设备、开设新厂，使企业有能力面对未来。为此，中国投资者在完成并购的协议金额之后还常常会追加投资。受访者普遍认为，中方投资者，不论是国有集团还是私人企业，均将企业的可持续发展视为头等大事。正是因为着眼长期经营，中国投资者往往更愿意长期保留现有生产基地，而且也愿意让德国子公司有更充分的自主经营权。

---

① 以下对研究内容和结果的描述均参见 Ulrike Reisach，"Entscheidungsfindung，Mitarbeiterführung und Mitarbeiterkommunikation in Chinesischen Unternehmen und deren Tochtergesellschaften in Deutschland"，*Chinesische Investitionen 2016：Erfahrungen von Mitbestimmungsakteuren*，Hans-Böckler-Stiftung Mitbestimmungsreport Nr. 37，10. 2017，pp. 16 - 18。

② 以下对研究内容和结果的描述参见 Wolfgang Müller，"Erfahrungen von Arbeitnehmervertretern im Umgang mit Chinesischen Investoren"，*Chinesische Investitionen 2016：Erfahrungen von Mitbestimmungsakteuren*，Hans-Böckler-Stiftung Mitbestimmungsreport Nr. 37，10. 2017，pp. 19 - 22.

对于被收购企业的经营，中国投资者并没有什么"统一方案"。相比较而言，国有企业的目光长远，当然它们普遍是大型企业，在德国的投资相对其全部业务占比较小，因此它们"有能力"花费更多时间和资金等待德国被并购企业的经营状况好转。在这个意义上，"中国国有企业并不完全按照市场规律行事，这对德国的员工而言反而是件好事"。

在经营团队方面，中国投资企业普遍存在国际管理人才不足的现象，除了派出1~2名资方代表，普遍留用被投资企业原先的经营管理团队，因此对员工而言并不存在明显的管理风格和管理文化上的变化。大多数被并购德国企业的客户、理念和产品来自德方，有关德国市场的技术和经营决策均由当地经营管理团队做出。在德国员工眼中，中国资方代表"有权威性，但愿意进行对话"，这可能在一定程度上与他们的"爱国主义立场"有关。总体而言，在这些企业中，中德双方的合作"正常"，中德员工相处"良好"。

研究显示，无论是中国的国有企业还是私有企业均为保留德国企业的劳动岗位做出贡献，几乎所有被中资并购的企业都保留了原来的劳动岗位。而且中国投资者几乎完全保留了被并购企业原有的员工共决制（Mitbestimmung，如企业职工委员会）和集体劳资协议标准（Tarifstandard）。虽然中国投资者通常完全不了解德国的劳资关系和员工共决制，但他们将这些视为既有制度，即投资条件的一部分，因此接受下来。有受访者表示："中国的国有集团尤其不希望出现负面新闻"，因此这些企业在收购中特别注意规则，避免破坏投资的整体气氛。而且有迹象表明，中国投资者将员工共决制视为保证"德国品质"的因素之一。

研究所涉及的企业均存在专有技术的转移，包括直接转移（如由德国团队为中国国内母公司提供机械设计图纸）和间接转移（人员互访和流动）。但受访者普遍表示对此并无不满。因为在进行技术转移的同时，德国的生产基地都得到扩建和发展。被中资并购的企业是否在未来拥有生命力，这个问题的关键并不是它们是否向中国输出技术——这无疑一定会发生，而是中国投资者是否在这些企业投资，使它们能创造出新的专有技术。研究表明中国投资者毫不吝惜在研发上投资，在这方面的投入甚至超过这些企业原来的所有人。

从调查的结果来看，几乎所有企业的员工在被收购之初都感到不安。一部分员工在初期对中国出资者持负面态度，另一些则抱着希望与担忧参半的复杂情绪。但当中国投资者签署岗位保证协议并兑现注资计划之后，所有企业的员工都不再有负面情绪，中国投资者被视为"拯救者"。令他们担忧的是中国国内的经济和政治情况发生变化，增加中国企业在德国投资的难度。

上述三项研究得出的结论包括：互惠是评价国际投资的关键因素；调整适应和交流的过程在任何跨国投资中都不可避免，无论资方来自哪个国家；在开放的资本市场中，带来资金和劳动岗位的实业投资原则上总是受欢迎的；在开放经济体中，价值链相互交织，在全球经济结构中，企业、专有技术和产品的"国籍"通常并不明晰。这些原则适用于德国被中资收购的企业，中国投资者无论在法律上、商务上还是员工利益方面都非常令人满意。

对中德两国的企业而言，投资具有双向的"溢出效应"。中国企业能在德国较为成熟的市场经济环境中学习先进的商务经验，提高自己的国际化能力。被注入中资的德国企业则能接触中国文化和思维方式，中国母公司将成为德国企业"进入亚洲的门户"。对于人力资源和资金都不充裕的德国中小企业而言，这样的机会是十分可贵的。对德国后继乏人或寻求长期投资者的德国中小企业来说，做战略性投资的中国投资者往往比来自其他国家的金融投资客更富吸引力，因为后者往往只注重短期盈利。[1]

风险和不确定性当然也不可避免。中国企业收购德国企业意味着两种文化的融合。中德两国经理人在领导风格、经营理念和行事方法上都存在巨大差异，因此中德两国企业的融合比来自同一文化圈的企业要难得多。中国企业对德国以批判为主基调的媒体环境也不太能适应。[2] 还有，当生产地保留

---

[1] Cora Jungbluth, *Chance und Herausforderung： Chinesische Direktinvestitionen in Deutschland*, Bertelsmann Stiftung, 2016, p. 32.

[2] Ulrike Reisach, *Politische/Wirtschaftliche Rahmenbedingungen und Strategische Interessen Chinesischer Investoren in Deutschland*, Hans-Böckler-Stiftung Report, 02. 2016, pp. 20 - 23, https：//www. boeckler. de/pdf/p_ mbf_ report_ 2016_ 19. pdf.

期到期之后会发生什么？中国的经济景气状况下滑会对对外投资企业有什么影响？目前通过获得被收购企业专利以及中德员工交流，德国技术已经开始流向中国，而当技术转移和移植彻底完成之后，中国投资者会如何对待德国企业？[①] 可以看出，这些风险和不确定性在国际投资中普遍存在，并不具有针对中国的特殊性。

总体而言，从企业经营的角度来看，中国直接投资对德国企业利大于弊。由于大多数收购交易是在最近三年发生的，长期影响还需拭目以待。

可以看出，与德国联邦政府忧心忡忡的批判性视角不同，德国企业对中国直接投资几乎持无保留的欢迎态度，对已经实施的投资评价也几乎听不到负面评价。

四　德国主流研究机构针对中国在德直接投资的观点

与政界和企业相比，德国研究机构的观点比较中性。它们认为拉动中国对德直接投资迅速增长的因素包括以下六点。

第一，德国作为经济区位对中国投资者具有很大的吸引力，包括高技术水准、法律的确定性、劳动力和德国教育体系的高质量、"德国制造"的品牌效应、市场自由度、德国在欧盟的核心位置、良好的国际形象、获取专有技术和销售渠道、欧洲市场准入及销售渠道。[②]

第二，货币的实际贬值导致海外直接投资流入。在不完善的资本市场环境下，自有资本数量对企业的海外收购非常重要，因此欧元相对于人民币贬值，就吸引中国资金流入欧元区。[③]

① Oliver Emons, "Übernahmen: Erfahrungen mit chinesischen Investoren in Deutschland", *WSI Mitteilungen*（2）2015, p. 144.

② Paul J. J. Welfens, *Chinas Direktinvestitionen in Deutschland und Europa*, Hans-Böckler-Stiftung, 2017, p. 9.

③ Paul J. J. Welfens, *Chinas Direktinvestitionen in Deutschland und Europa*, Hans-Böckler-Stiftung, 2017, p. 16.

第三，中国的市场经济地位始终未得到承认①，这是中国企业在海外直接投资建立生产基地的原因之一。但在海外生产必须适应当地完全陌生的政策和法律条件，并且与当地的成熟企业直接竞争，因此如果仅仅是出于这个原因进行海外直接投资，有可能得不偿失。②

第四，中国市场商业环境的变化是当前及未来影响中国对外直接投资的最重要因素之一。2017年中国经济增长放缓、业务多元化和竞争的压力促使中国企业向海外拓展，风险承担的阈值提高。正因为如此，中国的私有企业正在成为海外直接投资最活跃的推动力量。在这样的环境下，中国也正在对国有企业进行重组，使其更具国际竞争力，这也推动中资国有企业进行海外投资。中国商务部与外交部2004年在"走出去"政策框架中首次制定海外投资指导目录，这对国有企业尤其具有鼓励和引导作用。③

第五，中国的投资业日益发展成熟，包括主权财富和社会保障基金在内的新型机构投资者，以及保险公司、资产管理公司、私募基金和金融集团，它们为了实现投资分散和多元化，越来越积极地进行对外投资。④

第六，2008/2009年经济金融危机及随后的欧元危机使整个欧洲的投资

---

① 2017年12月19日，欧盟正式公布反倾销调查新方法修正案。为履行中国加入世贸组织议定书第15条项下义务，欧盟反倾销法律新方法修正案取消"非市场经济国家名单"，欧盟反倾销法律中将不再有把中国作为"非市场经济国家"的法律假设。同时，欧盟引入了市场"严重扭曲"的概念，在符合所谓市场"严重扭曲"的情况下，欧盟可以弃用出口国的价格或成本，而选择使用第三国或国际市场价格或成本来确定是否存在倾销。参见《商务部新闻发言人就欧盟公布反倾销调查新方法修正案发表谈话》，http://www.mofcom.gov.cn/article/ae/ag/201712/20171202687361.shtml。

② Paul J. J. Welfens, *Chinas Direktinvestitionen in Deutschland und Europa*, Hans-Böckler-Stiftung, 2017, p. 4.

③ Thilo Hanemann and Mikko Huotari, *Chinese FDI in Europe and Germany—Preparing for a New Era of Chinese Capital*, MERICS, 06. 2015, p. 25, http://world.people.com.cn/n1/2017/0518/c1002 – 29285418. html; Yun Schüler-Zhou, Margot Schüller and Magnus Brod, "Chinas Going Global—Finanzmarktkrise bietet Chancen für chinesische Investoren im Ausland", *GIGA Focus Nr. 8*, 2010, p. 4; 相关政策可参见《商务部、外交部关于发布〈对外投资国别产业导向目录〉的通知》，http://www.fdi.gov.cn/1800000121_23_66345_0_7.html。

④ Thilo Hanemann and Mikko Huotari, *Chinese FDI in Europe and Germany—Preparing for a New Era of Chinese Capital*, MERICS, 06. 2015, p. 25, http://world.people.com.cn/n1/2017/0518/c1002 – 29285418. html.

陷入低迷，德国经济虽然很快复苏，但联邦统计局的调查显示，德国中小企业仍然普遍因信贷紧缩而受到冲击①。危机之后，德国财政债务刹车又进一步抑制了投资。与此同时，人口老龄化和价值观多元化使很多德国家族企业后继乏人。② 因此，德国经济需要来自中国的新鲜资本。

近年中国对德国直接投资迅速攀升还缘于各方面时机和条件的成熟，包括三点。

第一，中国经济持续增长使中国具备了成为"全球投资者"的能力。而且中国很可能成为未来十年全球跨国直接投资的重要推动力量。目前中国对外直接投资存量的国内生产总值（GDP）占比为7%。这仍然低于中等收入经济体的平均水平（10%），远低于美国（38%）、日本（20%）和德国（47%）等最发达经济体的平均水平。③

第二，自2000年开始，中国政府逐步放开了对中国企业进行海外直接投资的限制，这使得中国企业能根据自身的商业考虑（分散外汇风险、获取竞争优势、实现技术升级等）"走出去"进行海外投资。而且随着人民币国际化程度逐步提高，中国的海外投资还将进一步增长。④

第三，中国企业在技术及管理方面的能力已经成熟，能够在海外有效地组织生产，并在陌生市场实现盈利。近年，中国企业的专利申请数量不断增

---

① "Spüren Sie in Ihrem Unternehmen bereits negative Auswirkungen angesichts der Finanzkrise?", https：//de. statista. com/statistik/daten/studie/2177/umfrage/auswirkungen – der – finanzkrise – auf – mittelstaendische – unternehmen/；"Die Auswirkungen der Finanzmarktkrise aus Sicht der Unternehmen", Deutscher Industrie-und Handelskammertag, 2008, p. 1.

② Paul J. J. Welfens, *Chinas Direktinvestitionen in Deutschland und Europa*, Hans-Böckler-Stiftung, 2017, p. 8.

③ Thilo Hanemann and Mikko Huotari, *Chinese FDI in Europe and Germany—Preparing for a New Era of Chinese Capital*, MERICS, 06. 2015, p. 24, http：//world. people. com. cn/n1/2017/0518/ c1002 – 29285418. html.

④ Thilo Hanemann and Mikko Huotari, "Record Flows and Growing Imbalances：Chinese Investment in Europe in 2016", *Papers on China*, No. 3, MERICS, 01. 2017, pp. 9 – 10；Yun Schüler-Zhou, Margot Schüller and Magnus Brod, "Chinas Going Global—Finanzmarktkrise bietet Chancen für chinesische Investoren im Ausland", *GIGA Focus Nr. 8*, 2010, p. 4；相关政策可参见《外汇局关于发布〈境内机构境外直接投资外汇管理规定〉的通知》, http：//www. gov. cn/gongbao/ content/2010/content_ 1539417. htm。

加，其中包括众多富有创新能力的数字及信息和通信技术领域的企业，孕育这些企业的是中国增长迅速、竞争激烈的国内市场以及强大的地方产业集群。汽车工业领域亦是如此，中国厂商独立或与西方、日本企业合作生产，在国内外市场均取得巨大成功。[①]

对于中国直接投资对德国经济的整体影响，研究机构持基本正面的评价。从国民经济的宏观视角来看，商品、资本、人员的自由流动原则上将创造机遇、增进福利。中国对德直接投资为德国注入资本，创造或保留工作岗位。中国目前的投资重点是机械制造、汽车及信息和通信技术领域，这将为德国创造高质量的工作岗位，而设立和扩建研发中心更是为德国带来促进创新的溢出效应。[②] 而且，中国的直接投资还有助于在欧洲生产的产品回流中国市场。[③]

当然，这些研究机构也提出了两大方面的潜在风险：一是市场的公平竞争机制会不会受到威胁；二是德国的国际竞争力会不会受到负面影响。引发上述两大风险的是两方面的问题：一是中国因为特色的政治经济体制，国有资本参与海外直接投资；二是中德/中欧的投资和市场准入的不对等问题。

具体而言，德国研究机构的报告指出，中国企业的股权构成可能较为复杂，甚至难以追溯，不少中国企业虽然是私营性质，但有国家资本参与，因此中国企业在德国直接投资可能是服务于国家的产业政策目标。[④] 而且，中国企业可能因此获得国家的低息贷款或其他补贴，从而破坏竞争的公平性。德国目前对国外资金直接投资的限制很少，中国企业在德国进行收购基本畅行无阻；而在中国，中国政府对关键领域的准入有着严格的限制。在这样不

---

① Paul J. J. Welfens, *Chinas Direktinvestitionen in Deutschland und Europa*, Hans-Böckler-Stiftung, 2017, p. 16.

② Cora Jungbluth, *Chance und Herausforderung: Chinesische Direktinvestitionen in Deutschland*, 2016, Bertelsmann Stiftung, p. 33.

③ Thilo Hanemann and Mikko Huotari, *Chinese FDI in Europe and Germany—Preparing for a New Era of Chinese Capital*, MERICS, 06. 2015, p. 6, http://world. people. com. cn/n1/2017/0518/c1002 - 29285418. html.

④ Cora Jungbluth, *Chance und Herausforderung: Chinesische Direktinvestitionen in Deutschland*, 2016, Bertelsmann Stiftung, pp. 33 - 34.

对等的情况下，德国高科技企业被中国收购可能会威胁到德国在全球市场上的竞争优势地位。[1]

报告同时指出，中国在德直接投资的增加将带来一个机遇：为德国企业在中国的发展带来杠杆效应。因为德国企业将能通过中国母公司与中国的重要行为体建立起更为密切的关系，从而在中国更好地表达和主张自己的利益。中国企业在德国投资越多，在德国越活跃，越能与德国企业享受同样的政策和法律待遇，德国企业在中国也就越有希望实现平等待遇。当然这是一个长期愿景。[2]

五　从欧盟层面看中国直接投资

由于欧盟内部存在共同市场，欧盟成员国相当部分的对外经济政策让渡至欧盟，因此必须顾及欧盟层面才能更为全面地对中国直接投资的现状和未来进行考察。

如果英国退出欧盟，德国将以 2000～2016 年 188 亿欧元的海外直接投资流入总量在欧盟中位居第一。排在德国之后的依次是法国、意大利、芬兰、葡萄牙、荷兰、西班牙、爱尔兰和匈牙利。[3] 由此可以看出，中国在德国直接投资的发展对欧盟而言是举足轻重、值得关注的。而且，中国企业可以在欧盟内部市场建立国际产业链，在这个意义上也很有必要在欧盟层面对中国直接投资进行关注。

可以看出，与中国在欧盟投资持续增长相反，欧洲企业在中国投资则显

---

[1] Cora Jungbluth, *Chance und Herausforderung：Chinesische Direktinvestitionen in Deutschland*, 2016, Bertelsmann Stiftung, p. 33；2017 年 6 月 28 日，国家发展改革委、商务部发布了《外商投资产业指导目录（2017 年修订）》。该目录中共有限制性措施 63 条，虽然比 2015 年版的 93 条限制性措施减少了 30 条，但仍然对外商投资车辆、船舶和部分服务业领域有较为严格的限制。可以说，哪怕与最近修订过的德国投资准入相比，中国的投资准入也要严格得多。

[2] Cora Jungbluth, *Chance und Herausforderung：Chinesische Direktinvestitionen in Deutschland*, 2016, Bertelsmann Stiftung, p. 33.

[3] Paul J. J. Welfens, *Chinas Direktinvestitionen in Deutschland und Europa*, Hans-Böckler-Stiftung, 2017, p. 8.

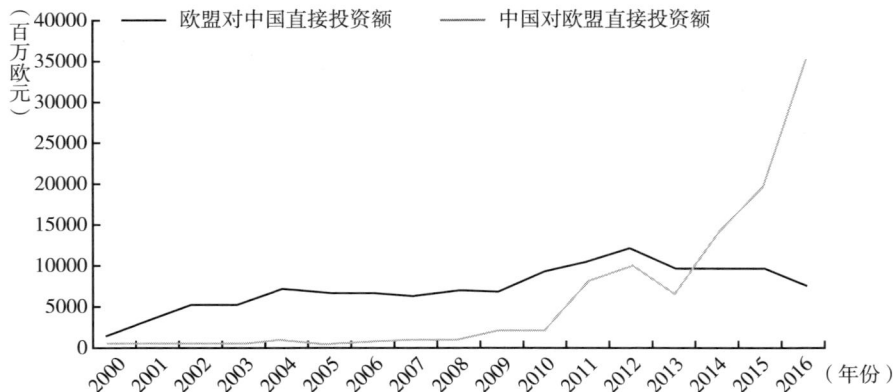

图 2　中国与欧盟 28 国相互间直接投资发展情况（2000～2016 年）

资料来源：Thilo Hanemann and Mikko Huotari，"Record Flows and Growing Imbalances：Chinese Investment in Europe in 2016"，*Papers on China*，No. 3，MERICS，01. 2017，p. 5。

得犹豫。欧盟对华直接投资在中国的交易额连续第四年下滑，至 2016 年仅为 80 亿欧元，不及中国在欧洲投资总额的 1/3。[1] 若分析原因，除了经济增长放缓，中国市场产能过剩和利润率下降之外，有德国研究机构指出，这些不平衡也是外国企业在中国持续存在正式和非正式市场准入壁垒的结果。双向投资差距日益加大，进一步使得欧洲人对欧洲与中国在投资领域的"互惠"缺乏认知和认同。[2]

　　中国在欧盟各成员国的投资行为模式其实存在较大差异，限于篇幅这里无法一一展开，但简要说明这种差异将有助于我们了解欧盟及其不同成员国在对外经济政策上的异同。

　　在对南欧经济体进行大规模投资之后，2016 年，中国投资者重新回归欧洲的"核心国家"，即德国、英国和法国等欧洲经济大国。2016 年，中国企业在德国（110 亿欧元）和英国（78 亿欧元）的直接投资合计占中国在

---

[1]　Thilo Hanemann and Mikko Huotari，"Record Flows and Growing Imbalances：Chinese Investment in Europe in 2016"，*Papers on China*，No. 3，MERICS，01. 2017，p. 5.

[2]　Thilo Hanemann and Mikko Huotari，"Record Flows and Growing Imbalances：Chinese Investment in Europe in 2016"，*Papers on China*，No. 3，MERICS，01. 2017，p. 5.

欧盟各成员国总投资额的一半以上（53%）。[①]

中国在西欧国家和中东欧国家的直接投资模式存在较为明显的差异。在西欧国家，中国企业主要意在获得先进技术，而在中东欧国家的投资目的则更多的是进入欧洲内部市场，以及"一带一路"倡议框架内的基础设施投资。尽管有"一带一路"倡议背景下的"16+1合作"的投资承诺，中国在中东欧的投资仍然有限。

在西方学者看来，上述差异和分歧甚至在一定程度上给欧洲内部凝聚力和外交带来新的挑战。"有迹象表明，欧盟成员国有可能对欧洲原则做出妥协，以迎合中国的投资（参见对匈塞铁路采购计划的调查）；中国的投资承诺也开始改变一些欧盟成员国的对外政策，从而降低了欧盟在重要的外交议题（例如在南海仲裁案）上的意见一致性。"[②]

鉴于中国在欧洲直接投资的现状，德国墨卡托中国研究中心（Merics）的一份研究报告提出了如下较为综合性的政策建议[③]。

第一，欧洲必须实施必要的结构性改革，加强现有的投资促进和支持政策，包括加强在中国本土的招商引资宣传；政治决策者应做好准备应对民粹主义和地方保护主义，以确保投资开放性，从而使欧洲在与其他地区的竞争中更好地吸引中国资本。

第二，正是由于中国在欧洲不同国家投资模式的巨大差异，欧盟各成员国面对迅速增长的中国投资难以形成一致的看法和意见。尽快形成和签署中欧投资协定将有助于消除各成员国的意见分歧和对未来的不确定感。达成一个强有力的双边投资协定（BIT），通过预先规定欧洲公司的权利以解决现有的市场准入不对称问题，并制定出限制外国投资领域的负面清单。投资协定对于争取民众和议会的支持是非常有必要的。欧盟在谈判中必须统一口

---

① Thilo Hanemann and Mikko Huotari, "Record Flows and Growing Imbalances: Chinese Investment in Europe in 2016", *Papers on China*, No. 3, MERICS, 01. 2017, p. 5.

② Thilo Hanemann and Mikko Huotari, "Record Flows and Growing Imbalances: Chinese Investment in Europe in 2016", *Papers on China*, No. 3, MERICS, 01. 2017, pp. 6 – 7.

③ Thilo Hanemann and Mikko Huotari, "Record Flows and Growing Imbalance: Chinese Investment in Europe in 2016", *Papers on China*, No. 3, MERICS, 01 2017, pp. 6 – 7.

径，而不是听从各成员国的计划。

第三，如果中国对外投资迅速增长，而中国政府延缓结构性改革，采用补贴等非市场手段影响到全球竞争秩序，欧洲国家必须制定出应对策略。当然在民族国家层面，有很多手段可以被用于应对这种情况，如竞争政策、信息披露义务、政府采购等。在欧洲，由于投资协定的谈判已经交由欧盟接手，各国必须重新考虑自己的战略，即在双边投资协定之外寻找能实现自己利益诉求的渠道。

第四，迫切需要发起一场有关加强欧洲内部安全合作的大讨论，并同时增强欧洲人的信心，欧洲拥有有效的机制监控和消除潜在安全风险。

此外，该研究中心的研究报告还进一步指出，中国作为全球投资者出现也为重启与全球跨国投资有关的多边倡议行动提供了机会。与贸易相反，现有的全球跨国投资治理和解决争端的体制框架尚不完善，因为此前少数发达国家在全球直接投资中占绝对主导地位，并不存在建立管理和争端解决机制的紧迫性。新兴国家作为全球重要投资主体的崛起对现存的不完善机制提出重大挑战，而中国日益增长的全球投资正是这种发展趋势的重要标志。欧盟、美国和中国这三大占全球海外直接投资总量67%以上的全球经济力量建立一个高层工作组，致力于上述机制的完善，这可能会是一个很好的起点。

从上述建议可以看出，对于欧洲经济体而言，中国直接投资者作为新鲜资本的来源从根本上是可贵并值得争取的，这是基本前提。为了更好地规范经济秩序，欧洲将在欧盟和民族国家两个层面通过双边投资协定与民族国家法律法规进行规范。此外，还将在政界和公民社会这两个层面展开讨论，统一意见，保障良好的投资环境，提高作为投资目的地的竞争力。

六　未来展望

德国经济研究所（DIW）的一份研究报告指出，海外直接投资的投资总量与市场规模和双边贸易量成正比。而工业化程度、制度和单位劳动成本这几个因素将对绿地投资产生直接影响，而对并购投资影响较小。按照上述分析，可以推断出，在德国经济景气情况良好、中德贸易额不断增长的背景下，中国在德国的直接投资将进一步增长。而在工业化程度高、制度健全、单位劳动成本较高的德国，直接投资将更多以并购方式实现，而且技术并购将占相当大的比重。[①]

从德国的经济制度来看，作为一个成熟的社会市场经济国家，德国对国家发挥作用的深度和广度有明确的界定，国家与经济之间的关系是界限明确，并且非常敏感的。在现行的政治和法制框架内，德国政府很难过度干预私人经济领域的决策。就如美的收购库卡时，包括时任联邦经济部长加布里尔在内的诸多政治家表示希望库卡能由欧洲投资者接手，但也不得不表示将尊重企业的意愿，并且最终由企业做出了自己的决策。从迄今为止的现实来看，中国在德国的直接投资在宏观层面有益于德国经济的发展，并在研发和创新方面存在正面的溢出效应；在微观层面普遍受到劳方正面评价。而德国主流经济研究机构在提出或有风险的同时对中国直接投资普遍做出积极的评价。因此，未来德国政府并不太可能对中国在德直接投资做出更进一步的限制乃至阻挠。

放眼欧盟，2008/2009 年经济、金融危机以来，除了德国，欧盟成员国经济增长普遍乏力，投资不足成为普遍现象，因此欧盟层面将很难形成一致意见实质性地限制中国直接投资的流入。上文中提及的德国联手法意两国致信欧盟未果一事也印证了这一点。可以说，未来在欧盟层面，中国的对外直接投资也不会遭遇明显阻力。

如上文中提及，触动德国政府神经的并不是一般意义上的企业间技术并购，更不是绿地投资，而是他国政府操纵，即政府假企业之手实施的技术并购。根据"中国制造 2025"分阶段目标的时间表，要获取必要的先进技术，就必须三管齐下，同时推进自主开发、技术引进和技术并购。而技术并购本

---

① Christian Dreger, Yun Schüler-Zhou and Margot Schüller, "Chinesische Direktinvestitionen in Europa", *DIW Wochenbericht 14 + 15 2017*, pp. 263ff.

身也是获取企业所需技术的一种正常且常见的商业手段，任何在经济上开放的国家和地区都不可能过于严格地限制技术并购。但对于中国而言，我们有必要构建一种更符合市场经济制度的话语体系，对国家战略和企业发展做出清晰的语境区分。把政治意图和商业行为混为一谈，尤其是在跨国经济行为上贸然给商业行为做出政治性诠释，不仅不能起到正面的宣传作用，反而可能在国际上引起不必要的误解，甚至落下口实。

2016 年，中国在全球收购海外企业的投资额约为 2470 亿美元，较 2015 年的 1034 亿美元增长近 140%。而 2006 年，中国的收购投资额仅为 165 亿美元。目前中国已经成为全球第二大海外企业收购国，仅次于美国。就在 2017 年 7 月二十国集团（G20）领导人汉堡峰会前夕，德国总理默克尔就曾表示要警惕德国经济对中国的过度依赖，她说："我密切地关注中国的发展，它正崛起为一个巨大的经济强国。中国有深谋远虑、从长计议的深厚传统。"① 中国正在经历巨大的变化，外界对中国的看法也在发生变化。随着中国企业"走出去"的步伐越来越大，与世界的接触面越来越广，利益的摩擦也必将越来越多；随着中国在国际政治和经济舞台上迅速崛起，力量对比的变动会带来新的磨合。对于中国来说，这样的摩擦和磨合并不能阻挡中国企业"走出去"，也不会阻碍中国在世界舞台上发挥越来越重要的作用，相反在它们的打磨下，中国企业将在商业上变得越来越成熟，中国在崛起的同时也会有越来越完善的国际话语体系。

---

① "Peking sieht Europa eher als asiatische Halbinsel", http：//www. wiwo. de/politik/deutschland/merkel－warnt－vor－expansivem－china－peking－sieht－europa－eher－als－asiatische－halbinsel/19996276. html.

B.16
德国在阿富汗的政治经济活动及中德合作

陈 弢*

摘 要： 近年来，阿富汗问题成为德国社会关注并热烈探讨的焦点之一。德国国内对于如何处理阿富汗问题产生了不同的看法。德国政府在这个问题上的做法受到了以另择党为代表的政治势力的严厉批评。在这个背景下，自2001年开始在阿富汗所进行的政治经济和社会重建工作，实际上成为德国政府解决该问题的根本办法。阿富汗已成为世界上获得德国援助最多的国家。德国政府在阿富汗政治经济和社会重建领域发挥了巨大作用，并有着相当大的影响。以西方价值观和治理模式为基础，以全面提高阿富汗国家的治理能力为目的，最终改变阿富汗作为恐怖主义发源地和难民输出国的角色，是德国在阿富汗工作的重点。中德两国出于共同利益在阿富汗所开展的合作将继续进行。

关键词： 德国 阿富汗 中国 一带一路

2018年1月21日，德国巴登－符腾堡州志愿者布丽吉特在喀布尔洲际酒店被塔利班枪击身亡。此时她正在出席国际社会组织的为当地聋哑人提供

---

* 陈弢，历史学博士，同济大学德国问题研究所/欧盟研究所助理教授。

柴火和铅笔的活动。① 近年来，阿富汗境内发生的针对德国人和德国设施的袭击事件有增无减。2017 年 5 月，德国驻阿大使馆也受到了炸弹袭击。如何应对阿富汗问题，已经成为德国政府绕不过的重要事项之一。本文将围绕近年来德国阿富汗政策的重点事务和主要内容，探析德国阿富汗政策及其在阿富汗所开展的各种行动的主要关注点和目标，并探讨其特点及影响。

一 德国积极介入阿富汗问题的原因及相关争论

阿富汗难民问题是目前德国社会在讨论阿富汗议题时最关切的主题。这直接与近年来大规模阿富汗难民进入德国以及德国政府对此问题的应对有关。根据德国联邦移民与难民局提供的数据，截至 2017 年年底，阿富汗人是仅次于叙利亚人和伊拉克人的德国第三大避难申请团体。② 同时，德国仍是欧洲国家里接收阿富汗难民最多的国家。③ 过去 7 年，大约有 20 万名阿富汗人前来德国寻求避难。④ 2017 年 4 月，联邦政府发布的数据显示，德国共有 25.5 万名阿富汗人居住。而截至 6 月 30 日，约有 1 万名应该被遣返出境的阿富汗难民滞留在德国，这个数字已经比前一年减少了 5000 人。⑤

近年来，阿富汗国内安全局势持续恶化，不仅针对普通平民的恐怖袭击频繁、猖獗，连德国驻阿大使馆和国际饭店等被层层保护的区域也屡次受到恐怖分子袭击。据联合国难民署统计，主要受到战争影响，2017 年阿富汗大

① "Kabul: Deutsche Entwicklungshelferin bei Anschlag erschossen", Bild NRW, 23. Januar 2018.

② Bundesamt für Migration und Flüchtlinge, "Aktuelle Zahlen zu Asyl", November 2017.

③ "Afghanische Flüchtlinge in Europa 2017: Zahlen", 22. 12. 2017, https://thruttig.wordpress.com/2017/12/22/afghanische - fluchtlinge - in - europa - 2017 - zahlen - aktualisiert/.

④ "Abschiebeflug nach Kabul hat nur 19 Afghanen an Bord", 23. 01. 2018, https://www.welt.de/politik/deutschland/article172781109/Fluechtlinge - Abschiebeflug - nach - Kabul - hat - nur - 19 - Afghanen - an - Bord. html.

⑤ "Afghanen dürfen in Deutschland bleiben", 09. 08. 2017, http://www.zeit.de/politik/deutschland/2017 - 08/fluechtling - afghanistan - deutschland - abschiebung - ausnahme - sicherheitslage.

约有40万人成为新增难民。① 从2018年1月到2月中旬，又有约1.85万人成为难民。② 除了难民流入德国外，受到极端思想蛊惑的德国公民远赴阿富汗加入塔利班等极端组织，这也是德国政府急需处理的问题。例如，2018年2月底，就有一名为塔利班军事武装担任军事参谋的德国公民被阿富汗政府逮捕。③

对阿富汗难民的管理，已经对德国政府的行政管理能力构成了巨大挑战，并成为德国社会所关注的棘手难题。2016年7月，一名17岁的阿富汗难民持斧头在德国列车上砍伤多人，引起了德国社会的巨大震动。据调查，到2017年年底，约有3万名难民申请被拒的阿富汗人不知去向。德国政府甚至不知道他们是否留在了德国还是前往其他国家。④

目前，在德国，阿富汗难民的去留问题已经成为各党争论的焦点之一。一方面，基于捍卫人道、人权的价值观，德国政界主流仍然反对对阿富汗难民实施大规模遣返。即使遣返，也只是将一小部分有犯罪记录或犯罪嫌疑的难民送回国。尽管自2015年来，已经有约8.2万名阿富汗难民的避难申请被德国政府拒绝，⑤ 但这些人目前大都仍滞留在德国。在德国政坛，社民党、绿党和左翼党都反对政府此时将阿富汗难民遣返回国。⑥ 在阿富汗国内

---

① "Afghanen dürfen in Deutschland bleiben", 09.08.2017, http://www.zeit.de/politik/deutschland/2017 - 08/fluechtling - afghanistan - deutschland - abschiebung - ausnahme - sicherheitslage.

② "Afghanistan: Conflict induced displacements", 25.02.2018, https://www.humanitarianresponse.info/en/operations/afghanistan/idps.

③ "Deutscher Berater in Afghanistan gefasst", Neues Deutschland, 01.03.2018, https://www.neues - deutschland.de/artikel/1081026.deutscher - mutmasslicher - taliban - berater - in - afghanistan - gefasst.html.

④ "Die meisten Afghanen tauchen kurz vor der Abschiebung unter", 03.12.2017, https://www.welt.de/politik/deutschland/article171163472/Die - meisten - Afghanen - tauchen - kurz - vor - der - Abschiebung - unter.html.

⑤ "Abschiebeflug nach Kabul hat nur 19 Afghanen an Bord", 23.01.2018, https://www.welt.de/politik/deutschland/article172781109/Fluechtlinge - Abschiebeflug - nach - Kabul - hat - nur - 19 - Afghanen - an - Bord.html.

⑥ "Abschiebflug nach Kabul hat nur 19 Afgahanen an Bord", 23.01.2018, https://www.welt.de/politik/deutschland/article172781109/Fluechtlinge - Abschiebeflug - nach - Kabul - hat - nur - 19 - Afghanen - an - Bord.html.

安全局势恶化的情况下，社民党、左翼党和绿党强烈指责政府正在进行的遣返部分阿富汗难民的计划。例如，社民党呼吁暂时中止遣返阿富汗难民的行动，但那些难民中的犯罪分子则应该继续被遣返。[①] 绿党领袖奥兹德米尔强调阿富汗并不安全，因为即使在阿富汗首都的安全区都会有恐怖分子进行炸弹袭击。纽伦堡甚至发生了抗议遣返阿富汗难民的人群与警察之间的骚乱事件，其中有9名警察受伤，5名示威者被抓。[②] 左翼党甚至认为，这样做违背了人权；而政府之所以执意遣返阿富汗难民，是为了获得德国另类选择党（简称"另择党"，AfD）同情者的支持。[③]

另一方面，德国社会和政界的右翼势力则认为阿富汗难民流入德国给德国社会带来了巨大的危机，应该迅速将其遣返回国。有丰富的阿富汗社会活动经历的艾瑞斯（Reinhard Erös）医生认为，阿富汗不是叙利亚，尽管有袭击但并没有爆发战争。德国政府和媒体对难民的欢迎和大肆报道在阿富汗引发了一个逃往德国的热潮。[④] 而作为联邦议院最大的反对党，德国另择党有关阿富汗的言论和政策与德国传统政治精英有很大的不同。早在凭借2017年秋季大选进入联邦议院前，德国另择党就已在阿富汗问题上强烈批评了德国政府的做法。在难民问题上，它也非常强硬，认为应该立即遣返那些避难申请被拒的阿富汗难民，而不要进行新的、有关阿富汗等国安全状况问题的探讨。[⑤]

---

① "Schulz will Abschiebungen nach Afghanistan aussetzen", 01. 06. 2017, http：//www. zeit. de/politik/deutschland/2017 – 06/anschlag – kabul – afghanistan – abschiebungen – martin – schulz.

② "Merkel hält an Afghanistan-Abschiebungen fest", 01. 06. 2017, http：//www. spiegel. de/politik/deutschland/anschlag – in – kabul – angela – merkel – haelt – an – afghanistan – abschiebungen – fest – a – 1150252. html.

③ "Die Bundesregierung hofft, Eindruck bei AfD – Sympathisanten zu schinden", 13. 09. 2017, http：//www. handelsblatt. com/politik/deutschland/sammelabschiebung – die – bundesregierung – hofft – eindruck – bei – afd – sympathisanten – zu – schinden/20322904. html.

④ "Hat Angela Merkel Afghanistan nach Deutschland eingeladen?", 06. 01. 2018, https：//www. journalistenwatch. com/2018/01/06/hat – angela – merkel – afghanistan – nach – deutschland – eingeladen/.

⑤ "Alexander Gauland：Die europäische Flotte muss Migrantenboote zurückschicken", 07. 02. 2017, https：//www. afd. de/gauland – die – europaeische – flotte – muss – migrantenboote – zurueckschicken/.

我们可以看到，在分处左右翼的这两派之间，默克尔在遣返阿富汗难民问题上其实是倾向于左翼的，但出于对谴责者的顾虑，又始终在阿富汗安全局势恶化的情况下继续遣返难民。例如，2017 年 12 月初，德国政府就将 27 名阿富汗难民遣返回国。① 不过，迄今为止，德国政府在这个问题上的行动是缓慢、低效的。德国政府驱逐部分阿富汗人的做法也已经引起了阿富汗的不满。例如，拥有巨大影响的前总统卡尔扎伊直接对德国媒体表示，德国政府不应该将这些避难申请者送回"缺乏安全，没有希望的"阿富汗。卡尔扎伊还呼吁德国加大对阿富汗的援助力度，以使其成为"和平和稳定的国家"，"这可不只与难民问题有关"。②

在阿富汗难民问题的困扰下，德国自 2001 年开始在阿富汗所进行的军事和经济、社会重建工作，实际上成为德国政府解决难民问题的根本办法。2018 年 2 月 7 日出炉的大联合政府《联合执政协议》指出，德国政府将会继续支持阿富汗的重建工作，使得该国最终能够出现一个行之有效的安全治理体系，并处理自身的安全问题。德国将继续和盟国一起，尤其在阿富汗北部地区开展军事和公共民事活动。同时，德国也准备在阿富汗所属的亚洲地区进行更多的经济、社会和安全政策方面的投入。③

二　国家建设：德国在阿富汗政治、社会重建工作中的作用

德国与阿富汗的官方交往始于 1915 年。当时德皇威廉派出使节前往阿富汗与阿方接触，要其站在德国一方参加第一次世界大战。尽管这一请求被

---

① "27 Flüchtlinge nach Afghanistan abgeschoben ywei davon sind gefährder", 07. 12. 2017, https：//rtlnext. rtl. de/cms/27 – fluechtlinge – nach – afghanistan – abgeschoben – zwei – davon – sind – gefaehrder – 4135621. html.

② "Hamid Karzai zu Abschiebungen von Afghanistan aus Deutschland：'Zurück in die Gefahr'", 07. 12. 2017, https：//deutsch. rt. com/inland/61777 – hamid – karzai – zu – abschiebungen – von – afghanen – aus – deutschland/.

③ *Koalitionsvertrag zwischen CDU, CSU und SPD*, 07. 02. 2018.

阿富汗拒绝，但此举成为双边官方关系的开端。由于历史上没有对阿富汗进行过侵略，且是阿富汗最主要的外部威胁即英国及俄国的主要竞争对手，从阿富汗 1919 年独立到 1945 年二战结束前，德国曾一度成为阿富汗在国际上保持国家独立和发展的"第三国主义"外交的最主要目标。在这段时间内，德国甚至成为阿富汗最重要和最有影响力的援助国。德国工程师、技术人员和医生大量进入阿富汗援助该国的经济建设。① 很多阿富汗人甚至认为，德国人和阿富汗人拥有共同的祖先，都是雅利安人的后代。② 可以说，目前德国在阿富汗拥有良好的国家形象，是阿富汗政府极为看重的国际合作伙伴。

近年来，德阿高层多次互访，双方关系密切。默克尔 2005 年担任德国总理以来，已经多次访问阿富汗。在访问阿富汗时，默克尔不仅视察了驻阿德军，还看望了在这里工作的德国援阿重建人员。她强调，阿富汗重建不能只依赖军事力量。而德国在阿富汗的政策目标是要让阿富汗人一步步掌握自己的命运。阿富汗的重建工程必须体现"阿富汗的面孔"。③ 2017 年 12 月 20 日，德国外长加布里尔访问了阿富汗。他在行程中表示，阿富汗政府需要进一步推动全国的改革，尤其是在司法和反腐等领域。同时，应该确保公正与和平的选举。他对阿方保证，德国会履行自己对阿富汗的承诺。④

与此同时，阿富汗政府和政界高层也多次前往德国就本国重大问题进行协商。在 2001 年塔利班政权被推翻之后，德国是国际社会上较早提出支持阿富汗重建工作的国家之一。塔利班倒台后，德国政府迅速邀请阿富汗各政治力量前往波恩参加重建工作协商，因此也在阿富汗各种政治势力中赢得了

---

① 张安、刘蕾蕾：《脆弱的"第三国主义"：1919～1945 年的阿富汗对德外交和阿德关系的演变》，《东南亚南亚研究》2016 年第 2 期，第 35～42 页。

② "Rückblick: Die deutsch-afghanischen Beziehungen", 26.08.2016, https://www.planet - wissen.de/kultur/naher _ und _ mittlerer _ osten/afghanistan/pwirueckblickdiedeutschafghanischenbeziehungen100.html.

③ "Merkel in Afghanistan: Die Kanzlerin zeigt Flagge", 04.11.2007, http://www.faz.net/aktuell/politik/ausland/merkel - in - afghanistan - die - kanzlerin - zeigt - flagge - 1491409.html.

④ "Außenminister Gabriel besucht Afghanistan", http://www.afghanistan.diplo.de/Vertretung/afghanistan/de/03/besuch - sigmar - gabriel.html.

信任和友谊。这之后，德国又于 2011 年在波恩举办了第二届会议。目前，德国政府计划于 2018 年夏天在波恩举办第三次阿富汗问题的各方会谈。德方认为，冲突各方都应该知道，阿富汗的和平仅靠军事手段是不能实现的，政治外交手段在这里会起到重要的作用。同时，阿富汗的邻国也应该加入这一会议进行协商。目前，德阿政府之间的一个分歧在于，是否邀请塔利班前往波恩参会。阿富汗总统加尼已经向塔利班请求停火，并采取了相应的妥协措施。他甚至指出，塔利班即使未能获邀参会，也会被阿富汗政府承认为合法政治组织。①

在军事领域，德国联邦国防军自 2003 年起在阿富汗执行任务，这也是二战结束后德国军队在海外驻扎时间最长的任务。目前，联邦国防军的驻地位于阿富汗北部的马扎尔沙里夫，其在喀布尔、巴格兰以及昆都士等地也都执行着包括军事和人道主义救援等在内的各种任务。根据联邦议院的授权，这支部队最多可以达到 980 人。② 目前，人们普遍比较注意联邦国防军在阿富汗的活动，而忽视了德国在其他领域的参与。其实，在其他领域的活动也是德国在阿富汗的重点追求所在。③

以西方价值观和治理模式全面提高阿富汗国家治理能力是德国在阿富汗工作的重点之一。2014 年 3 月，德国经济合作与发展部专门为今后几年与阿富汗的合作制定了新战略。这份战略回顾了过去几年德国在阿富汗工作的成效，并谋划了今后几年的工作重点，表示联邦政府将在政府治理领域提供更多的资金。④。德方认为，效率低下且不透明的公共财政管理体系限制了阿富汗国家能力的提高。因此，反腐败工作会加强阿富汗政府的合法性。

---

① "Deutschland schlägt Afghanistan-Konferenz in Bonn vor", 01. 03. 2018, http：//www. general - anzeiger - bonn. de/bonn/stadt - bonn/Deutschland - schl% C3% A4gt - Afghanistan - Konferenz - in - Bonn - vor - article3796248. html.

② "Der Einsatz in Afghanistan", 12. 12. 2017, http：//www. einsatz. bundeswehr. de/portal/a/ einsatzbw/start/aktuelle_ einsaetze/afghanistan/info_ isaf/.

③ "Außenminister Gabriel besucht Afghanistan", http：//www. afghanistan. diplo. de/Vertretung/ afghanistan/de/03/besuch - sigmar - gabriel. html.

④ Bundesministerium für Wirtschaftliche Zusammenarbeit und Entwicklung, *Neue Entwicklungspolitische Strategie für die Zusammenarbeit mit Afghanistan im Zeitraum 2014 - 2017*, 3. 3. 2014.

在改善阿富汗的政治参与领域，这份报告发现，阿富汗各级政府在进行决策时，越发积极地吸收公民社会组织参与其中。报告认为，提升政治参与的目的是使民众获得参与决策的机会，并协调利益冲突方。① 按照该部的解释，德国在阿富汗重建中的中心任务就是"构建尊重和保护人权，消除腐败和毒品贸易，创建拥有保障国内安全和值得信赖的法律体系的阿富汗，并使得阿富汗政府能够被其公民承认为合法的机构。政府会为其公民带来法制，提供发展机会和发表意见的权力，并自己承担其对政治经济发展的主要工作"②。德国政府认为，阿富汗政府能够向其民众提供现有问题的政治和经济解决方案也是德国的利益所在，而"阿富汗国家和社会的充分稳定"以及"法治和有效的对人权的保护"是"这一切的前提"。③ 从中可以看出，德国政府是以西方的政治与社会价值观和原则来实施阿富汗重建工作的。

从地域来看，德国援助的焦点主要集中在阿富汗东北部地区的巴达赫尚、巴格兰、巴尔赫、昆都士、萨曼甘和塔哈尔等省及首都喀布尔的重建工作。④

从 2009 年至 2016 年，联邦经济合作与发展部和外交部一起，总共投入了 23.95 亿欧元到阿富汗的各类重建工作中。其中，投入最多的是"良治"领域。在该领域的投入接近德国政府在阿所有投入的一半，达到了 10.05 亿欧元，以此在阿富汗构建"法治国家、公共政治参与和公共管理体系"。此外，德国政府还在阿富汗经济振兴领域投入了 3.93 亿欧元（见表1）。⑤

① Bundesministerium für Wirtschaftliche Zusammenarbeit und Entwicklung, *Neue Entwicklungspolitische Strategie für die Zusammenarbeit mit Afghanistan im Zeitraum 2014 – 2017*, 3. 3. 2014.

② Bundesministerium für Wirtschaftliche Zusammenarbeit und Entwicklung, *Die deutsche Zusammenarbeit mit Afghanistan*, November 2016.

③ "Deutsche Polizei setzt Engagement in Afghanistan fort", http：//www. afghanistan. diplo. de/ Vertretung/afghanistan/de/03/Polizeiaufbau/_ _ Polizeiaufbau_ _ Unterbereich. html.

④ Bundesministerium für Wirtschaftliche Zusammenarbeit und Entwicklung, *Die deutsche Zusammenarbeit mit Afghanistan*, November 2016.

⑤ Bundesministerium für Wirtschaftliche Zusammenarbeit und Entwicklung, *Die deutsche Zusammenarbeit mit Afghanistan*, November 2016.

表1　2009～2016年德国联邦经济合作与发展部、外交部向阿富汗提供的援助

单位：亿欧元

项目	良治	经济就业振兴	能源	水资源供应及废水回收	教育及培训	跨领域任务	健康与急救
金额	10.05	3.93	3.17	2.5	1.43	1.37	1.05

注："跨领域任务"包括危机管理、通信以及监控和评估等。

资料来源：Bundesministerium für Wirtschaftliche Zusammenarbeit und Entwicklung, *Die deutsche Zusammenarbeit mit Afghanistan*, November 2016。

提高警察能力是构建国家治理能力的一个重要组成部分。德国警察在阿富汗的主要目标是"使对德国及其盟友的恐怖主义威胁不能继续在阿富汗的土地上滋生，并制止这个地区出现不稳定的局面"①。德国警察工程队（GPPT）在阿富汗的主要工作包括协助和培训警察等方面。例如，2016年年初就有200名德国警察在阿富汗各地开展工作。北部的马扎里沙里夫和首都喀布尔仍然是德国警察的工作重点。近年来，由于阿富汗和国际反恐形势的发展，德国警察工程队进一步加强了为阿富汗内政部和喀布尔警察总署提供工作上的援助，以"使当地的警察工作更加职业化，遏止偷渡犯罪和使其工作更加合乎法律准则"。同时，德国警察工程队还被要求对当地警察的问题进行指正。②

德国警察工程队在阿富汗各地的工作中，还花大力气建立和培训了大量阿富汗警察。例如，2009年德国政府投资120万欧元，在苏联军队基地为昆都士省修建了一个警察训练中心，从而解决了该地区此类设施急缺的问题，并为当地大多没有任何读写能力的警察提供了再教育和警务能力培训的重要机会。③ 此外，德国刑事警察专家还与美国及阿富汗的检察官一起，为

---

① "Deutsche Polizei setzt Engagement in Afghanistan fort", http：//www. afghanistan. diplo. de/Vertretung/afghanistan/de/03/Polizeiaufbau/＿＿Polizeiaufbau＿＿Unterbereich. html.

② "Deutsche Polizei setzt Engagement in Afghanistan fort", http：//www. afghanistan. diplo. de/Vertretung/afghanistan/de/03/Polizeiaufbau/＿＿Polizeiaufbau＿＿Unterbereich. html.

③ "Police Training Center in der Provinz Kunduz", 2. 4. 2009, http：//www. afghanistan. diplo. de/contentblob/2361440/Daten/469518/FactSheetPolizeitrainingszentrum＿dd. pdf.

当地警察进行了专业技能培训（例如犯罪线索寻找及确定等）。①

除此之外，德国有时还直接承担阿富汗警察的经费。例如，2011 年，德国直接替阿富汗政府支付了阿富汗警察 3000 万欧元的工资，以此成为仅次于美国、日本和欧盟的第四大阿富汗警察工资来源地。②

作为世界工程强国，德国利用自己的工程技术优势，在阿富汗的各大城市建设中也做出了巨大贡献。例如，德国为阿富汗首都、重要城市昆都士及赫拉特的饮用水供应进行了大幅度的改进。③ 德国复兴信贷银行还投资，在阿富汗北部各省修建了多家妇女及儿童医疗中心，从而在这个地区构建了远程医疗网络。④ 同时，它也投入 1650 万欧元为阿富汗难民归国后重新融入当地社会提供帮助（如建造住房等）。⑤

德国与阿富汗的文化合作在 2002 年重新恢复。在文化教育领域，德国自 2003 年以来，已经在阿富汗投入了 1.1 亿欧元，主要用于阿富汗中小学和高等教育的重建及发展。⑥ 同时，德国也积极推动德语及德国文化在阿富汗的传播。2003 年 9 月，已经关闭 20 年的喀布尔歌德学院重新开放，以适应当地人对学习德语的巨大兴趣。⑦ 德国的职业教育培训体系世界闻名。在

---

① "Aus – und Weiterbildung der afghanischen Polizei, Provinz Kunduz & Takhar", 3. 4. 2009, http：//www. afghanistan. diplo. de/contentblob/2361438/Daten/469517/FactSheetPolizeiausbildung _ dd. pdf.

② "Bundesregierung trägt zur Sicherung afghanischer Polizeigehälter bei", November 2011, http：// www. afghanistan. diplo. de/Vertretung/afghanistan/de/03/Polizeiaufbau/Bundesregierung _ _ traegt _ _ zur _ _ Sicherung _ _ afghanischer _ _ Polizeigehaelter _ _ bei _ _ s. html.

③ "Der Einsatz in Afghanistan", 12. 12. 2017, http：//www. einsatz. bundeswehr. de/portal/a/ einsatzbw/start/aktuelle _ einsaetze/afghanistan/info _ isaf/.

④ "Förderung der Mutter-Kind-Gesundheit in Nordafghanistan durch den Einsatz von Telemedizin", https：//www. kfw – entwicklungsbank. de/ipfz/Projektdatenbank/Foerderung – der – Mutter – Kind – Gesundheit – in – Nordafghanistan – durch – den – Einsatz – von – Telemedizin – 39717.

⑤ "Nachhaltige Rückkehr und Reintegration afghanischer Flüchtlinge", https：//www. kfw – entwicklungsbank. de/ipfz/Projektdatenbank/Nachhaltige – Rueckkehr – und – Reintegration – afghanischer – Fluechtlinge – 36130.

⑥ "Bildung in Afghanistan", http：//www. afghanistan. diplo. de/Vertretung/afghanistan/de/06/ Bildung/ _ _ Bildung _ _ Unterbereich. html.

⑦ "Goethe Institut Afghanistan", http：//www. afghanistan. diplo. de/Vertretung/afghanistan/de/06/ Weshalb – Deutsch – lernen/Goethe – Institut – Afghanistan. html.

阿富汗，德国也通过输出自身的职业教育和继续教育经验，为阿富汗培养经济发展人才，使得阿富汗经济能够获得持续发展。

德国政府和非政府组织积极进入阿富汗中小学开展工作。一方面，它们为阿富汗中小学修建新的教室、实验室和计算机房等硬件设施。另一方面，德方又十分注重培养阿富汗的教师。为了更好地推动工作的进展，德方还派出教师赴阿富汗讲授德语课程和培训当地师资。① 目前，在喀布尔及赫拉特有8所德国资助的中学，共计2万名学生将德语作为外语学习。②

德国积极通过提供教师和教材参与对阿富汗公务系统的改造工作。德国政府对阿方表示，行之有效的公共管理体系是任何国家架构的基础，而教育培训又是形成一个有效的公共管理体系的基础。因此，德国政府、大学与阿富汗高等教育部合作，共同在阿富汗推出有关公共管理的教材，并在阿富汗大学提供基于这些教材的课程。③

目前，德国与阿富汗在高等教育领域存在密切而深入的合作。德国在阿富汗推行学术重建计划的重点就是提高阿富汗大学老师的专业研究和教学能力，并开发出新的教学课程及教材。波恩大学、科隆大学、杜塞尔多夫大学、埃森大学和柏林工大等德国高校纷纷通过与包括喀布尔、赫拉特、马扎尔沙里夫、贾拉拉巴德和坎大哈的大学结对子进行了合作。这些高校不仅为其阿富汗合作方组织学术讲座、提供前往德国进行研究的机会，而且经常派德国学者赴阿富汗开展客座交流。德国学术交流中心（DAAD）还专门派德国教师前往喀布尔和赫拉特大学，为其创建了德语系并进行有关合作研究。此外，近年来，德国各大文教机构纷纷在阿富汗设立了分支机构。例如，德国学术交流中心在喀布尔设立了学者中心，吸引了来自世界各地的学者前来开展相关研究。柏林工大也在这里和赫拉特建立了计算机中心，以增加当地

---

① "Schule"，http：//www. afghanistan. diplo. de/Vertretung/afghanistan/de/06/Schule/_ _ Schule _ _ Unterbereich. html.

② "Bilaterale Kultur-und Bildungsbeziehungen"，http：//www. afghanistan. diplo. de/Vertretung/ afghanistan/de/06/_ _ Kultur_ _ Hauptbereich. html.

③ "Vorstellung eines Lehrbuchs für den Öffentlichen Dienst"，http：//www. afghanistan. diplo. de/ Vertretung/afghanistan/de/06/Hochschule/TextbookLaunch. html.

公众的计算机知识。① 德国外交部也对这个项目提供了资金支持。②

由于境内拥有大量阿富汗移民，德国政府还启动了阿富汗裔德国人（主要是第二代移民）短期内为阿富汗工作的"青年专家计划"，以此推动两国民间交流和阿富汗的发展。③

在政府层面之外，以非政府组织为代表的德国公民社会在构建法治、民主国家等领域与阿富汗的合作是全方位的。例如，著名的马克斯－普朗克国际和平与法治国家基金会与其阿富汗合作伙伴 HBORL 一起，不仅为阿富汗法律工作者提供赴国外攻读博士学位的机会，还为阿富汗培养行政管理干部，支持阿富汗宪法正常发挥作用，以及为阿富汗政府各部的法律工作者进行立法工作培训等。德国国际合作公司（GIZ）也参与了对阿富汗政府行政官员的培训。此外，德国还资助阿富汗 Gawharshad 高等教育研究所设立了性别科学研究课程，其中尤其注重对妇女权利的探讨，德方为此还提供和翻译了专用教材，这一课程吸引了在社会上受到歧视的阿富汗人和阿富汗政府各部对保护妇女权利感兴趣的职员参与。阿富汗是个多民族国家，德国非政府组织"国际医疗组织"（Medico International）和阿富汗公民权利及民族组织合作，通过拍摄纪录片的方式推动不同族裔的相互理解，消除对彼此的偏见。该组织还在喀布尔、赫拉特和马扎尔沙里夫等地为遭受过各种暴力的妇女提供心理咨询、继续教育和法律帮助。④ 德国世界饥荒救助协会和德国政府合作，多年来向急需被套、厨具和卫生用品的阿富汗家庭提供了近 4800 份包裹。⑤

---

① "Hochschule", http：//www. afghanistan. diplo. de/Vertretung/afghanistan/de/06/Hochschule/_ _ Hochschule_ _ Unterbereich. html.

② "Eröffnung des Afghanischen IT Kompetenzzentrums", http：//www. afghanistan. diplo. de/ Vertretung/afghanistan/de/06/Hochschule/ITKompetenzZEN. html.

③ "Junior-Programm Afghanistan", https：//www. cimonline. de/de/bewerber/200. asp.

④ "Deutsches Engagement in Afghanistan-Projekte im Bereich Menschenrechte, Demokratie und Rechtstaat", http：//www. afghanistan. diplo. de/Vertretung/afghanistan/de/05/Menschenrechtsprojekte 2016. html.

⑤ "Winternothilfeprojekte der Deutschen Welthungerhilfe in Afghanistan", http：//www. afghanistan. diplo. de/Vertretung/afghanistan/de/05/Beispiele_ _ aus_ _ der_ _ entwicklungspolitischen_ _ Zusammenarbeit/Winternothilfe16. html.

　　德国各大政治基金会在阿富汗的活动也不容忽视。阿登纳基金会（KAS）、艾伯特基金会（FES）和伯尔基金会（HBS）等在阿富汗都设有办公室，并开展了极其深入的各种政治活动。以接近社民党的艾伯特基金会为例，该基金会将自己在阿富汗工作的目标定位在加强当地民主体制和公民社会建设，并鼓励民众的政治参与。① 近年来与阿富汗地方议会及议员保持着密切的合作，并且为阿富汗各大政党培训领导干部。同时，它还在阿富汗各地通过鼓励公共辩论和举办各种活动来支持地方上的竞选。② 2004 年，艾伯特基金会推出了专门面向阿富汗年轻人的青年领导人论坛项目，以此推动年轻人对政治的参与及其领导能力的提高。同时，它们也推动妇女在阿富汗政治中话语权的提高。③ 此外，艾伯特基金会还致力于在阿富汗建立一个自由开放的舆论环境。它通过组建"青年记者网络"来培训当地的年轻记者，并进行政治方面的对话。同时，它也为政府和非政府组织间的信息传播构建网络。为了推动阿富汗国内有关社会公正问题的探讨，艾伯特基金会还与当地各种组织合作，聚焦那些曾经受过迫害的人，讨论如何反思历史。④

　　除了国内政治领域，艾伯特基金会还广泛参与了与阿富汗有关的国际事务的处理。它支持阿富汗与其邻国的政府和公民社会进行对话，以此来促进相互理解，维护地区稳定。为此，艾伯特基金会多次邀请来自阿富汗及包括中国在内的邻国有关专家进行对话协商，以为本地区建立"交流的渠道"。这些对话和活动的内容及结果往往被制作成政策简报，并发送给本地区和德国的政策制定者、媒体及公共社会组织。⑤

---

① "Promoting democracy, Creating peace, Shaping globalization", http：//www. fes – afghanistan. org/.

② "A constructive dialogue between Parliament, governmental institutions and civil society", http：//www. fes – afghanistan. org/pages/projects/parliament – governmental – institutions – and – civil – society. php.

③ "Strengthening actors in civil society-especially youth and women ", http：//www. fes – afghanistan. org/pages/projects/strengthing – actors – in – civil – society. php.

④ "Fostering the peaceful resolution of conflicts ", http：//www. fes – afghanistan. org/pages/projects/peaceful – resolution – of – conflicts. php.

⑤ "Reinforcing Peace and Security", http：//www. fes – afghanistan. org/pages/projects/reinforcing – peace – and – security. php.

迄今为止，阿富汗已成为世界上获得德国政府援助最多的国家。[1] 正如时任外交部长施泰因迈尔在 2015 年 8 月访阿时所说，"德国从未向阿富汗之外的世界其他国家提供过如此多的发展援助"[2]。2016 年 10 月，德国在布鲁塞尔召开的阿富汗问题国际会议上还承诺，到 2020 年，在民用领域向阿富汗提供 17 亿欧元的援助。[3]

对于德国政府和社会在阿富汗的大规模投入和重建工作的努力，德国人的看法是矛盾的。一方面，这些年来，德国对阿富汗的大规模援助的确取得了显著的成效。例如，在建设法治国家领域，截至 2014 年，阿富汗妇女在司法行业中任职的人数增加了 35%。[4] 在德国和国际社会的援助下，阿富汗人的寿命已经有所增加，越来越多的人都能获得自来水供应，儿童入学率也有所提高，产妇死亡率也大幅下降。

另一方面，在阿富汗国内安全局势不断恶化，难民继续大量流出的情况下，德国国内出现了很多对德国在阿富汗活动持负面消极的看法。连德国外交部也承认，阿富汗仍有 80% 的人的收入来自农业。同时，由于缺乏基础设施以及农业之外的就业能力，再加上民众教育水平低，阿富汗的经济现代化也步履维艰。截至 2015 年 9 月，阿富汗农村地区的文盲率仍然高达 90% 左右。[5]

以德国另择党为代表的右翼势力甚至要求德国尽快完全从阿富汗各种活动中撤出，并强烈批判了政府的阿富汗政策。该党公开指出阿富汗是个

---

[1] Bundesministerium für Wirtschaftliche Zusammenarbeit und Entwicklung, *Neue Entwicklungspolitische Strategie für die Zusammenarbeit mit Afghanistan im Zeitraum 2014 – 2017*, 3. 3. 2014.

[2] "Deutschland und Afghanistan-die bilateralen Beziehungen", http：//www. afghanistan. diplo. de/Vertretung/afghanistan/de/03/Bilaterale＿＿Beziehungen/＿＿Bilaterale＿＿Beziehungen＿＿Unterbereich. html.

[3] Die Bundesregierung, *Bericht der Bundesregierung zu Stand und Perspektiven des deutschen Afghanistan-Engagements*, Februar 2018, p. 4.

[4] Die Bundesregierung, *Bericht der Bundesregierung zu Stand und Perspektiven des deutschen Afghanistan-Engagements*, Februar 2018, p. 20.

[5] "Bilaterale wirtschaftliche und entwicklungspolitische Zusammenarbeit", 29. 09. 2015, http：//www. afghanistan. diplo. de/Vertretung/afghanistan/de/05/Bilaterale＿＿wirtschaftliche＿＿und＿＿entwicklungspolitische＿＿Zusammenarbeit. html.

"无底洞",而德国在阿富汗的所有工作都失败了,除非阿富汗政府进行重大改革,否则应该停止继续对阿进行援助。①

2017 年秋天,德国另择党成功进入联邦议院并成为最大反对党后,其对阿政策依然与默克尔唱反调,并且批评政府是在强行输出西方的制度。在援助阿富汗建设问题上,德国另择党高层高兰(Alexander Gauland)认为,阿富汗过去的历史表明,武力和金钱都无法强迫在这个遥远的国家建立民主制度。② 很多欧洲国家尤其是德国在这个问题上犯了错误,"当某国本身不需要民主时,强迫这些国家实行民主制度的做法行不通"。他指出,德国必须停止干预其他国家内政的行为。德国在阿富汗进行的"所谓国家建设已经失败了,并已吞食了数十亿欧元"。高兰认为,只有反恐才是德国在阿富汗应该注重的重要事务。③ 在联邦国防军长期驻扎阿富汗的问题上,高兰认为,应该立即从阿富汗撤军。④

与此相反,德国政府认为,阿富汗重建仍未很好地完成,这正是德国继续留在阿富汗进行援助的主要原因。2018 年 3 月 6 日,《柏林晨邮报》公布的一份德国政府最新涉阿文件指出,"设定一个从阿富汗撤离的时间可能会产生消极影响"。这份文件指出,经历了这么多年的恢复重建后,阿富汗政府仍然只控制约 60% 的国土和 2/3 的国民。同时,非常为德方所重视的在阿富汗构建法治国家的行动,目前看来成效也不大。文件指出,阿富汗公民权利的行使受到了很大的损害,因为那里缺乏一个宪法法院。同时,那里的法律体系还很薄弱,由宗教主导的判决仍然存在,"目前司法体系的运行受

---

① "Pazderski:Afghanistan ein Fass ohne Boden", 05.10.2016, https://www.afd.de/pazderski – afghanistan – ein – fass – ohne – boden/.

② 在阿富汗投入资金和人力更多的美国,其十几年在阿富汗构建现代法治和民主国家的努力也被证明是失败的。参见 Geoffrey Swenson, "Why U. S. Efforts to promote the rule of law in Afghanistan failed", *International Security*, Vol. 42, Issue. 1, 2017, pp. 114 – 151。

③ "Alexander Gaulaud:Demokratie im Ausland erzwingen funktioniert nicht", 23. 07. 2017, https://www.afd.de/alexander – gauland – demokratie – im – ausland – erzwingen – funktioniert – nicht/.

④ "Rene Springer:Drogenrekord-Afghanistan Irrsinn beenden", 16. 11. 2017, https://www.afd.de/rene – springer – drogenrekord – afghanistan – irrsinn – beenden.

到很大限制"，"腐败和破坏人权的现象仍然非常广泛地存在着"。德国投入大量精力的警察培训工作也收效甚微。很多警察不够资格，14.6万名登记在册的警察中只有12.2万人的身份能够得到核实。在经济上，2013～2016年，阿富汗的经济也出现了明显下滑。①

2018年3月15日，即新政府组成和新任外交部长马斯（Heiko Maas）任职的后一天，德国政府就向联邦议院提交了一份政府在2月草拟的阿富汗问题报告。这足以体现新政府对阿富汗问题的重视。马斯亲自在联邦议院强调了继续在各方面援助阿富汗的重要性，今后几年对阿富汗来说将是"决定性的里程碑"。②

这份26页的报告分为7个部分，详细论述了德国近年来在阿富汗的军事、政治、经济和社会领域开展的活动，并指出了今后的工作重点。报告指出，自2001年开始的德国在阿富汗所承担的各种任务是其历史上最大规模的军事－民事行动。而构建一个足够稳定且对德国及其盟国和本地区没有威胁的阿富汗仍然是德国的重要利益所在。德国已经是仅次于美国的阿富汗第二大经济援助者，目前，德国每年向阿富汗提供2.5亿欧元的发展援助和1.8亿欧元的社会稳定援助。报告认为，德国今后在阿富汗的主要目标是减少当地的暴力和恐怖主义威胁，构建一个合法而稳定的国家政权与促进可持续的经济和社会发展，并通过政治手段来解决争端等。这样做也可以消减导致难民增加的因素。③

三 "一带一路"倡议背景下中德两国在阿富汗的合作

近年来，在"一带一路"倡议的大背景下，中阿关系进一步密切发展。

---

① "Afghanistan wird für Deutschland zu endlosem Abenteuer", 06.30.2018, https://www.morgenpost.de/politik/article213645569/Afghanistan – wird – fuer – Deutschland – zu – endlosem – Abenteuer.html.
② Bulletin der Bundesregierung, Nr. 29 – 3 vom 15. März 2018.
③ Die Bundesregierung, *Bericht der Bundesregierung zu Stand und Perspektiven des deutschen Afghanistan-Engagements*, Februar 2018, p. 1.

截至目前，中国在阿富汗投资的主要项目包括油田、铜矿开采，同时也参与了通信和公路建设等领域。① 近年来，中方在经济投资问题上继续保持谨慎的同时，实际上将对阿非军事性安全援助和外交介入作为主要政策工具，深入到阿富汗民族和解进程和阿富汗 - 巴基斯坦双边关系改善的过程中。② 总之，中国在阿富汗的影响大幅提高了。这给已在阿富汗投入大量资源并经营多年的德国带来了新的机遇和挑战。

2015 年年底，成为德国和世界焦点的欧洲难民危机直接推动了中德两国在阿富汗的合作。当时，整个欧洲都面临来自中亚、北非和中东的难民大规模流入的情况。此时，中国正好通过政治和外交手段，在解决阿富汗国内和解和阿巴关系改善问题上开展了一系列外交活动。③ 2015 年 10 月，默克尔在访华时表示希望中国发挥在阿富汗及其邻国的影响力，积极参与通过政治方式解决当地冲突的努力。④ 她认为，中国与巴基斯坦和阿富汗都保持着很好的关系，这就能为本地区的和解做出贡献。⑤ 默克尔在此行中表示，德国已在阿富汗这个中国的邻国获得了很多经验，而该国的稳定对德国和中国来说都非常重要。⑥ 对于默克尔的请求，李克强总理承诺中国将向难民来源地提供更多的援助，以在本地区重新实现和平与安稳。⑦

① 《中阿经贸合作概况》，中华人民共和国驻阿富汗伊斯兰共和国大使馆官网，2015 年 3 月 1 日，http：//af. china - embassy. org/chn/zagx/ztgk/t1097560. htm。

② 肖河：《从"发展外交"到深度介入："一带一路"倡议下的中国对阿富汗政策》，《南亚研究季刊》2016 年第 2 期，第 25～32 页。

③ 肖河：《从"发展外交"到深度介入："一带一路"倡议下的中国对阿富汗政策》，《南亚研究季刊》2016 年第 2 期，第 25～32 页。

④ "China braucht Merkel mehr, als Merkel China", 29. 10. 2015, https：//www. welt. de/politik/ausland/article148210729/China - braucht - Merkel - mehr - als - Merkel - China. html.

⑤ "Merkel：China ist wichtiger Akteur in der Welt", 30. 10. 2015, https：//www. bundesregierung. de/Content/DE/Reiseberichte/2015 - 10 - 29 - merkel - china. html.

⑥ "Flüchtlinge sind auch in China das Thema", 30. 10. 2015, http：//www. fr. de/politik/besuch - fluechtlinge - sind - auch - in - china - das - thema - a - 434412.

⑦ "Presskonferenz von Bundeskanzlerin Merkel und dem Ministerpräsidenten der Volksrepublik China, Li Keqiang ", 29. 10. 2015, https：//www. bundesregierung. de/Content/DE/Mitschrift/Pressekonferenzen/2015/10/2015 - 10 - 29 - merkel - li - china. html.

在这之后，中德双方进一步将合作扩展到经济层面。2016 年 6 月中旬，由中德两国总理共同主持的第四轮中德政府磋商发表了《第四轮中德政府磋商联合声明》（以下简称"《联合声明》"）。《联合声明》包括了两国在阿富汗开展第三方合作的意向声明。《联合声明》也包括在阿富汗开展共同项目，并首先在矿业人才培训、加强防灾救灾部门人道能力建设两个基础领域开展。①

从《联合声明》可以看出，合作开采矿藏是目前中德在阿富汗经济技术合作的重点。阿富汗矿藏开采一直是让国际社会感兴趣但困难重重的领域，也是阿富汗政府在国内进行重建工作的重点之一。据估计，阿富汗所蕴藏的矿产资源价值高达 10 亿美元，包括金、银、铜、铁等重要金属和其他宝石，以及价值 20 亿美元的油气资源。据估计，阿富汗从开采这些矿产资源上预期获取的收入，能抵得上这十几年来阿富汗从国外获得的数十亿美元援助。② 阿富汗政府也认为这是阿富汗"重生"的机会。③ 主要出于"第三国主义外交"传统和扩大阿富汗矿藏的国际影响，阿富汗政府也努力邀请德国帮助阿富汗进行矿产开采。阿富汗政府认为，德国是世界上拥有最好采矿技术的国家之一，同时又是最大的矿物原材料消耗国之一。因此，阿富汗政府十分希望德国提升其对开采阿富汗矿业的支持。④

从现在的状况来看，阿富汗尽管拥有巨量的自然资源财富，但由于恶劣

---

① 《第四轮中德政府磋商联合声明》，中华人民共和国外交部官网，2016 年 6 月 13 日，http：//www. fmprc. gov. cn/web/zyxw/t1371629. shtml

② "Der Kampf um die Bodenschätze Afghanistans", 04. 09. 2014，https：//www. boell. de/de/2014/09/04/der - kampf - um - die - ressourcen - afghanistans.

③ "USA finden riesige Rohstofflager in Afghanistan", 14. 06. 2010，http：//www. spiegel. de/politik/ausland/multimilliarden - schatz - usa - finden - riesige - rohstofflager - in - afghanistan - a - 700503. html.

④ 阿富汗政府计划最迟到 2024 年使这个行业为国家财政每年带来约 40 亿美元的收入，并为 50 万人提供工作机会。参见 "Deutsche Firmen sollen bei Bergbau in Afghanistan helfen", 05. 07. 2013，http：//www. spiegel. de/wirtschaft/unternehmen/deutsche - firmen - sollen - bei - bergbau - in - afghanistan - helfen - a - 909622. html。

的安全局势和政府管理不善，这些资源大都由各地军阀、武装力量和当地警察等控制。同时，大量矿藏都被投运到邻国或继续被犯罪团伙卖往他国。[1] 目前，德国企业对投资阿富汗的基础设施建设、医药、天然气、旅馆业和采矿业非常感兴趣。德阿两国政府于 2007 年签署了德国在阿投资保护协定。根据协定，双方共同保护和促进德国在阿投资。阿富汗政府和经济组织也会尽力为德国投资者扫清其所面临的官僚主义障碍。德国认为，在阿富汗投资的一大风险就在于其脆弱的安全和政治稳定。[2]

为了推动阿富汗采矿业的发展，这几年来，德国高校和科研院所已经和喀布尔工程大学等阿富汗教学研究机构合作，为阿富汗的采矿业和资源发掘提供了重要的技术与经验。[3] 德国政府制订了"阿富汗矿业学术教育"计划来帮助阿富汗大学和科研机构提高教学研究能力。例如，2016年 5 月初，15 名来自阿富汗各大高校的研究人员顺利完成了在弗莱堡采矿技术工程学院为期两个月的研修。德国驻阿大使伯策尔（Markus Potzel）在这些学员的结业仪式上指出，"受过良好培训的采矿专家和地质学家是阿富汗持续发展所急需的人才，这也可以减少阿富汗对国外技术的依赖"。阿富汗高等教育部长也认为，"采矿业对阿富汗的发展来说至关重要"[4]。

尽管如此，在德国舆论看来，包括德国在内的西方国家在阿富汗开采矿藏的行动要落后于中国。据新颁布的 2017 年德国对外经贸数据，2017 年德

---

① "USA finden riesige Rohstofflager in Afghanistan", 14. 06. 2010, http：//www. spiegel. de/ politik/ausland/multimilliarden – schatz – usa – finden – riesige – rohstofflager – in – afghanistan – a – 700503. html.

② "Investitionsstandort Afghanistan", 28. 02. 2016, http：//www. afghanistan. diplo. de/Vertretung/ afghanistan/de/05/Investitionsstandort_ _ Afghanistan/_ _ Investitionsstandort_ _ Afghanistan_ _ Unterbereich. html.

③ "Akademische Kooperationen", http：//tu – freiberg. de/fakult3/bbstb/tagebau/kooperationen/ akademische – kooperationen.

④ "15 Geologie-und Bergbaudozenten schließen Studienprogramm in Deutschland ab", 01. 05. 2016, http：//www. afghanistan. diplo. de/Vertretung/afghanistan/de/05/Beispiele_ _ aus_ _ der_ _ entwicklungspolitischen_ _ Zusammenarbeit/AMEA2016. html.

国与阿富汗的贸易总额为 9344.9 万欧元，位于德国对外贸易排行榜的第 142 位，这一数据比 2016 年（双边贸易额为 6228.4 万欧元）有所提高。同时，阿富汗在德国外贸排行榜上也上升了 7 位，高于吉尔吉斯斯坦和塔吉克斯坦等同样地理位置处于中亚的国家。[①] 但我们还是应该看到，德阿贸易尽管近年来有了很大的发展，但还是处于低位，甚至远低于 2014 年的中阿贸易总额（4.1093 亿美元[②]）。《明镜在线》曾指出，截至目前，中国在阿富汗开采资源的活动十分积极，并与阿方签署了具体的开采协议。[③] 例如，中方目前在阿富汗拥有著名的艾娜克铜矿开采权（中冶和江西铜业联合获得）。德方想在这个领域扩大影响和谋取利益，就必须借助于和中国的合作。正如默克尔所说，"如果我们团结一致，积极参与非洲或亚洲的第三方市场，这将带来更大利润，并让我们变得更强大"。[④] 目前，中方已经邀请了德国专家前往阿富汗帮助进行矿山的探测和开采等工作。这也是双方在矿山开采领域进行合作的一个具体事例，使得中德关系更加具有全球意义上的重要性。

在合作之外，德国对于中国在阿富汗政治经济影响的提高持一种警惕态度。德国有关机构也比较关注近年来中阿关系的发展状况，并专门以此为主题举办了国际研讨会，以探究中国在阿富汗的政治、经济和安全领域的影响。[⑤]

需要注意的是，对德国来说，与中国在阿富汗开展的合作并非其唯

---

① Statistisches Bundesamt, *Rangfolge der Handelspartner im Außenhandel der Bundesrepublik Deutschland*, *Jahre 2016*, 21. 03. 2017, S. 4; Statistisches Bundesamt, *Rangfolge der Handelspartner im Außenhandel der Bundesrepublik Deutschland*, *Jahre 2017*, 21. 02. 2018, p. 4.

② 朱永彪、武兵科：《美国撤军后的中国对阿富汗政策：动因、挑战与前景》，《南亚研究》2016 年第 1 期，第 75～90 页，此处第 85 页。

③ "Deutsche Firmen sollen bei Bergbau in Afghanistan helfen", 05. 07. 2013, http：//www. spiegel. de/wirtschaft/unternehmen/deutsche – firmen – sollen – bei – bergbau – in – afghanistan – helfen – a – 909622. html.

④ 《默克尔提议中德合作赚全世界的钱：会让我们更强大》，参考消息网，2016 年 6 月 16 日，http：//www. cankaoxiaoxi. com/finance/20160616/1193626. shtml？2345.

⑤ "Vierter KAS Roundtable 2017：Die Aktuellen Chinesisch-Afghanischen Beziehungen", 12. 04. 2017, http：//www. kas. de/afghanistan/de/events/72778/.

一选择。德国在阿富汗的重建工作中比较支持多边合作模式。除了西方阵营和北约的内部合作外，德国也已经和其他国家进行了合作。例如，它与伊朗合作共同促进阿富汗高等教育领域的发展，尤其是采矿专业的发展。[①]

2018年2月出台的德国新政府阿富汗问题报告是一份值得重视的文件。报告中有多处提及了中国在阿富汗的活动。报告指出，像中国这样的邻国在阿富汗日益增长的利益为阿富汗实现稳定提供了新的机会。德国应该借此机会通过外交和各种工具推动本区域内各国的合作。[②] 报告还专门谈及了有关阿富汗和本地区正在进行的交通和基础设施建设在过去几年里唤起了改善本区域合作的希望。报告将在中亚修建铁路以及直到巴基斯坦瓜达尔港的交通基础设施的"一带一路"倡议作为这方面的例子之一。联邦政府将通过进行第三方工程继续积极支持阿富汗邻国所开展的活动，并计划加强与中国在阿富汗社会稳定、重建和发展领域的合作。[③] 预计在今后几年，德国将继续在上述政治和经济层面在阿富汗与中国进行合作。

结　　语

近年来，以如何应对大批难民涌入德国为代表的阿富汗问题，成为德国政府和社会所关注探讨的焦点问题之一。德国国内对于如何处理阿富汗问题产生了不同的看法。以另择党为代表的政治势力对政府在这个问题上的做法提出了严厉的批评。在这个背景下，自2001年开始在阿富汗所进行的政治

---

① "Kooperation im Hochschulbereich zwischen Deutschland, Afghanistan und Iran", http：// www. afghanistan. diplo. de/Vertretung/afghanistan/de/05/Beispiele_ _ aus_ _ der_ _ entwicklungspolitischen_ _ Zusammenarbeit/GIZtrilateralesHochschulprojekt. html.

② Die Bundesregierung, *Bericht der Bundesregierung zu Stand und Perspektiven des deutschen Afghanistan-Engagements*, Februar 2018, pp. 4 – 7.

③ Die Bundesregierung, *Bericht der Bundesregierung zu Stand und Perspektiven des deutschen Afghanistan-Engagements*, Februar 2018, p. 26.

经济和社会重建工作，实际上成为德国政府解决阿富汗问题的根本办法。近年来，德阿高层多次互访，双方关系密切。在联邦国防军继续驻扎的同时，德国政府和非政府组织在政府治理、经济振兴、社会平等、教育培训等多个领域，对阿富汗的重建工作投入了大量的人力和物力，并取得了一些成效。迄今为止，阿富汗已成为世界上获得德国政府援助最多的国家。德国从未向阿富汗之外的世界其他国家提供过如此多的发展援助。自2001年开始的德国在阿富汗所承担的各种任务被称作"联邦德国历史上最大规模的军事－民事行动"。

通过对德国在阿富汗所开展的经济和社会重建内容进行分析，我们可以发现，以西方价值观和治理模式为基础，以全面提高阿富汗国家治理能力为目的，最终改变阿富汗作为恐怖主义发源地和难民输出国的角色，是德国在阿富汗工作的重点。目前德国对阿富汗社会重建进行的投资中，投入最多的是"良治"领域。在该领域的投入接近德国政府在阿富汗所有投入的一半，以此在阿富汗构建"法治国家、公共政治参与和公共管理体系"。在未来的几年内，德国政府将继续维持上述对阿政策。

德国在阿富汗重建工作中面临的挑战，除了国际因素外，还有来自国内越发强大的批评声音。德国国内对于德国政府和非政府组织在阿富汗所进行的各种活动的批评声一直此起彼伏。2017年大选后进入联邦议院并成为最大反对党的德国另择党，甚至要求德国完全从阿富汗撤出，并认为政府是在干预阿富汗内政，强行输出西方价值观。作为对这些怀疑和反对声的应对，德国政府和各界在阿富汗所进行的以西方价值观和治理模式为基础的重建工作正好体现了其向世界展示"自由民主制度仍然行之有效并能够适应未来世界的发展"[1] 的目的。

与此同时，由于德国在阿富汗的巨大投入及由此在阿富汗产生的重要影响，"一带一路"建设在阿富汗推进时，中国也需要和德国方面进行合作。

---

[1] "Ernennung des Bundeskabinetts", Schloss Bellevue, 14.03.2018, http：//www.bundespraesident.de/SharedDocs/Reden/DE/Frank－Walter－Steinmeier/Reden/2018/03/180314－Ernennung－Bundeskabinett.html.

中德双方目前在通过政治协商解决阿富汗问题以及以矿藏开采为代表的经济领域已经进行了一系列合作。尽管德方对于中国在阿富汗的一些活动有不同的看法，但维持阿富汗局势稳定是双方的共同利益所在。预计在今后几年，中德两国将继续在阿富汗开展合作。

资　料　篇

Data and Statistics

B.17

统计资料 *

朱宇方**

表 1　德国国内生产总值（2011 ～ 2017 年季度数据）

项目	单位	2011				2012				2013				2014			
		1 季度	2 季度	3 季度	4 季度	1 季度	2 季度	3 季度	4 季度	1 季度	2 季度	3 季度	4 季度	1 季度	2 季度	3 季度	4 季度
未调整原始值																	
国内生产总值	10 亿欧元	662.94	665.88	689.12	685.18	682.73	678.15	701.3	696.08	685.46	698.33	723.16	719.29	718.51	720.82	746.31	746.83

---

* 本部分数据均来自德国联邦统计局网站，http://www.destatis.de/jetspeed/portal/cms/。

** 朱宇方，同济大学德国问题研究所/欧盟研究所讲师。

续表

项目	单位	2011				2012				2013				2014			
		1季度	2季度	3季度	4季度	1季度	2季度	3季度	4季度	1季度	2季度	3季度	4季度	1季度	2季度	3季度	4季度
同比变动	%	6.9	5	4.3	3	3	1.8	1.8	1.6	0.4	3	3.1	3.3	4.8	3.2	3.2	3.8
人均国内生产总值	欧元	8263	8299	8583	8528	8498	8437	8717	8643	8510	8667	8964	8903	8890	8911	9211	9199
剔除季节因素后调整值（以 BV4.1 进行调整）																	
国内生产总值	10亿欧元	668.15	672.65	677.38	681.77	685.61	687.50	691.49	694.51	696.32	704.99	711.59	717.38	726.35	729.78	735.95	744.28
环比变动	%	1.8	0.7	0.7	0.6	0.6	0.3	0.6	0.4	0.3	1.2	0.9	0.8	1.3	0.5	0.8	1.1
人均国内生产总值	欧元	8325	8381	8437	8489	8532	8551	8595	8627	8644	8746	8820	8883	8987	9018	9082	9170
剔除季节和价格因素后的环比指数（2010＝100）																	
国内生产总值	—	102.97	103.28	103.74	104.06	104.19	104.16	104.27	104.22	103.96	104.69	105.18	105.57	106.46	106.49	106.88	107.67
环比变动	%	1.6	0.3	0.4	0.3	0.1	0	0.1	0	-0.2	0.7	0.5	0.4	0.8	0	0.4	0.7
人均国内生产总值	—	103.01	103.31	103.74	104.03	104.1	104	104.05	103.94	103.61	104.27	104.67	104.95	105.75	105.64	105.88	106.5

续表

项目	单位	2015				2016				2017			
		1季度	2季度	3季度	4季度	1季度	2季度	3季度	4季度	1季度	2季度	3季度	4季度
未调整原始值													
国内生产总值	10亿欧元	741.91	749.15	774.48	778.11	765.2	784.05	797.12	797.68	798.08	804.39	831.05	829.83
同比变动	%	3.3	3.9	3.8	4.2	3.1	4.7	2.9	2.5	4.3	2.6	4.3	4
人均国内生产总值	欧元	9116	9191	9476	9475	9308	9527	9676	9669	9666	9733	10042	10011
剔除季节因素调整值（以BV4.1进行调整）													
国内生产总值	10亿欧元	750.05	757.09	764.60	771.06	776.64	783.49	786.82	793.98	802.41	810.71	822.77	829.17
环比变动	%	0.8	0.9	1	0.8	0.7	0.9	0.4	0.9	1.1	1	1.5	0.8
人均国内生产总值	欧元	9219	9286	9352	9391	9450	9518	9548	9626	9721	9808	9940	10005
剔除季节和价格因素后的环比指数（2010＝100）													
国内生产总值	10亿欧元	107.79	108.28	108.86	109.25	109.77	110.41	110.72	111.26	112.15	112.72	113.64	114.28
环比变动	%	0.1	0.5	0.5	0.4	0.5	0.6	0.3	0.5	0.8	0.5	0.8	0.6
人均国内生产总值	欧元	106.36	106.62	106.89	106.83	107.23	107.69	107.87	108.29	109.08	109.49	110.22	110.7

表2　德国消费者价格指数（2011～2017年月度数据）

时间			消费者价格指数	同比变动	环比变动
			2010＝100	（％）	（％）
2011	1月		100.7	1.7	－0.2
	2月		101.3	1.9	0.6
	3月		101.9	2	0.6
	4月		101.9	1.9	—
	5月		101.9	2	—
	6月		102	2.1	0.1
	7月		102.2	2.1	0.2
	8月		102.3	2.1	0.1
	9月		102.5	2.4	0.2
	10月		102.5	2.3	—
	11月		102.7	2.4	0.2
	12月		102.9	2	0.2
2012	1月		102.8	2.1	－0.1
	2月		103.5	2.2	0.7
	3月		104.1	2.2	0.6
	4月		103.9	2	－0.2
	5月		103.9	2	—
	6月		103.7	1.7	－0.2
	7月		104.1	1.9	0.4
	8月		104.5	2.2	0.4
	9月		104.6	2	0.1
	10月		104.6	2	—
	11月		104.7	1.9	0.1
	12月		105	2	0.3
2013	1月		104.5	1.7	－0.5
	2月		105.1	1.5	0.6
	3月		105.6	1.4	0.5
	4月		105.1	1.2	－0.5
	5月		105.5	1.5	0.4
	6月		105.6	1.8	0.1
	7月		106.1	1.9	0.5
	8月		106.1	1.5	—
	9月		106.1	1.4	—
	10月		105.9	1.2	－0.2
	11月		106.1	1.3	0.2
	12月		106.5	1.4	0.4

时间		消费者价格指数	同比变动	环比变动
		2010 = 100	（%）	（%）
2014	1 月	105.9	1.3	−0.6
	2 月	106.4	1.2	0.5
	3 月	106.7	1	0.3
	4 月	106.5	1.3	−0.2
	5 月	106.4	0.9	−0.1
	6 月	106.7	1	0.3
	7 月	107	0.8	0.3
	8 月	107	0.8	—
	9 月	107	0.8	—
	10 月	106.7	0.8	−0.3
	11 月	106.7	0.6	—
	12 月	106.7	0.2	—
2015	1 月	105.6	−0.3	−1
	2 月	106.5	0.1	0.9
	3 月	107	0.3	0.5
	4 月	107	0.5	—
	5 月	107.1	0.7	0.1
	6 月	107	0.3	−0.1
	7 月	107.2	0.2	0.2
	8 月	107.2	0.2	—
	9 月	107	—	−0.2
	10 月	107	0.3	—
	11 月	107.1	0.4	0.1
	12 月	107	0.3	−0.1
2016	1 月	106.1	0.5	−0.8
	2 月	106.5	—	0.4
	3 月	107.3	0.3	0.8
	4 月	106.9	−0.1	−0.4
	5 月	107.2	0.1	0.3
	6 月	107.3	0.3	0.1
	7 月	107.6	0.4	0.3
	8 月	107.6	0.4	—
	9 月	107.7	0.7	0.1
	10 月	107.9	0.8	0.2
	11 月	108	0.8	0.1
	12 月	108.8	1.7	0.7

时间		消费者价格指数	同比变动	环比变动
		2010 = 100	（%）	（%）
2017	1 月	108.1	1.9	− 0.6
	2 月	108.8	2.2	0.6
	3 月	109	1.6	0.2
	4 月	109	2	—
	5 月	108.8	1.5	− 0.2
	6 月	109	1.6	0.4
	7 月	109.4	1.7	0.4
	8 月	109.5	1.8	0.1
	9 月	109.6	1.8	0.1
	10 月	109.6	1.6	—
	11 月	109.9	1.8	0.3
	12 月	110.6	1.7	0.6

表3　德国进出口贸易整体数据（2015～2017年数据）

年份	出口额	出口额 （按当月汇率换算）	进口额	进口额 （按当月汇率换算）
	（千欧元）	（千美元）	（千欧元）	（千美元）
2015	1193555087	1323691298	949244874	1052925480
2016	1203833146	1332514569	954917389	1056608159
2017	1278994488	1444850231	1034469504	1168355903

表4　德国劳动生产率、雇员报酬及单位劳动成本
（2011～2017年不含建筑业的生产性行业及所有行业整体年度数据）

项目	单位	2011	2012	2013	2014	2015	2016	2017
不含建筑业的生产性行业								
每位就业者创造国内生产总值（当时价格）	欧元	80938	81325	81339	84828	87950	89862	92405
每位就业者每工时创造国内生产总值（当时价格）	欧元	55.27	56.48	56.28	58.26	60.19	62.04	64.14
每位就业者的劳动生产率	2010 = 100	103.42	101.35	100.6	105.36	107.36	109.14	111.22

项目	单位	2011	2012	2013	2014	2015	2016	2017
每位就业者的单位工时劳动生产率	2010＝100	101.85	101.5	100.37	104.35	105.94	108.66	111.33
雇员人均报酬	欧元	48434	49188	50756	52003	53407	54525	55515
雇员每工时人均报酬	欧元	33.69	34.81	35.73	36.29	37.13	38.23	39.11
雇员人均毛工资	欧元	39680	40635	41797	42929	44025	44883	45748
雇员每工时人均毛工资	欧元	27.6	28.75	29.43	29.96	30.61	31.47	32.23
人均单位劳动成本	2010＝100	99.56	103.17	107.25	104.92	105.74	106.19	106.1
每工时人均单位劳动成本	2010＝100	99.32	102.98	106.9	104.44	105.23	105.65	105.49
所有行业整体数据								
每位就业者创造国内生产总值（当时价格）	欧元	65015	65578	66784	68721	70669	72048	73680
每位就业者每工时创造国内生产总值（当时价格）	欧元	46.68	47.69	49.01	50.27	51.65	53.03	54.42
每位就业者的劳动生产率	2010＝100	102.27	101.59	101.46	102.57	103.39	104.03	104.78
每位就业者的单位工时劳动生产率	2010＝100	102.06	102.69	103.49	104.28	105.04	106.42	107.56
雇员人均报酬	欧元	36129	37035	37709	38755	39789	40661	41715
雇员每工时人均报酬	欧元	27.48	28.47	29.2	29.83	30.57	31.46	32.31
雇员人均毛工资	欧元	29343	30146	30771	31631	32511	33304	34213
雇员每工时人均毛工资	欧元	22.32	23.18	23.82	24.34	24.98	25.77	26.5
人均单位劳动成本	2010＝100	100.66	103.89	105.92	107.67	109.67	111.39	113.46
每工时人均单位劳动成本	2010＝100	100.49	103.49	105.3	106.75	108.63	110.33	112.11

表5　德国失业人口、失业率及短时工作者数据
（2011～2017年全国及新老联邦州年度数据）

年份	失业人数（人）			劳动人口失业率（%）			短时工作人数（人）		
	全德	老联邦州	新联邦州	全德	老联邦州	新联邦州	全德	老联邦州	新联邦州
2011	2976488	2026545	949943	7.1	6	11.3	157886	119671	38215
2012	2897126	1999918	897209	6.8	5.9	10.7	170529	130334	40194
2013	2950338	2080342	869995	6.9	6	10.3	190845	145018	45827

年份	失业人数（人）			劳动人口失业率（%）			短时工作人数（人）		
	全德	老联邦州	新联邦州	全德	老联邦州	新联邦州	全德	老联邦州	新联邦州
2014	2898388	2074553	823835	6.7	5.9	9.8	133604	103444	30159
2015	2794664	2020503	774162	6.4	5.7	9.2	129625	103367	26257
2016	2690975	1978672	712303	6.1	5.6	8.5	127811	100480	27331
2017	2532837	1894294	638543	5.7	5.3	7.6	—	—	—

表 6   德国人口（2010～2016 年数据）

采样日	性别		
	男	女	总数
2010 年 12 月 31 日	40112425	41639177	81751602
2011 年 12 月 31 日	39229947	41097953	80327900
2012 年 12 月 31 日	39380976	41142770	80523746
2013 年 12 月 31 日	39556923	41210540	80767463
2014 年 12 月 31 日	39835457	41362080	81197537
2015 年 12 月 31 日	40514123	41661561	82175684
2016 年 12 月 31 日	40697118	41824535	82521653

表 7   德国可持续发展指标（2012～2017 年年度数据）

可持续发展指标	2012	2013	2014	2015	2016	2017
没有贫困						
物质匮乏						
物质匮乏者占总人口比重,德国（%）	11.3	11.6	11.3	10.7	9.7	—
物质匮乏者占总人口比重,欧盟 28 国（%）	19.7	19.5	18.5	16.9	15.7	—
物质严重匮乏者占总人口比重,德国（%）	4.9	5.4	5	4.4	3.7	
物质严重匮乏者占总人口比重,欧盟 28 国（%）	9.9	9.6	8.9	8.1	7.5	—
没有饥饿						
农业						
氮过量,5 年均值（公斤/公顷,耕地面积）	95.17	97.03	—	—	—	—
氮过量,年度值（公斤/公顷,耕地面积）	94.46	95.03	84.09	102.2	—	—
生态种植面积占总耕地面积比重（%）	5.76	6.04	6.18	6.34	6.82	
健康与幸福						
健康与营养						
70 岁以下女性死亡人数（每十万人）	152.9	155.8	149.1	153	—	—

续表

可持续发展指标	2012	2013	2014	2015	2016	2017
70 岁以下男性死亡人数（每十万人）	292.3	291.9	281.2	288.1	—	—
青少年吸烟率（12～17 岁）（占受访者比重,%）	12	—	9.7	7.8	7.4	—
成人吸烟率（15 岁以上）（占受访者比重,%）	—	24				
青少年肥胖率（占受访者比重,%）	—					
青少年女性肥胖率（占受青少年女性比重,%）	—					
青少年男性肥胖率（占受访青少年男性比重,%）	—					
成年人肥胖率（占成年人比重,%）	—	14.1				
成年女性肥胖率（占成年人比重,%）	—	12.8				
成年男性肥胖率（占成年人比重,%）	—	15.4				
空气污染						
空气有害物排放（2005 = 100）	86.02	86.16	83.02	83.01	—	—
二氧化硫排放（2005 = 100）	80.77	79.03	75.65	74.57	—	—
氮氧化合物排放（2005 = 100）	80.71	80.44	77.45	75.33	—	—
氨排放（2005 = 100）	103.92	107.57	108.73	111.96	—	—
液态有机化合物排放（2005 = 100）	84.25	83.26	77.49	77.79	—	—
PM 2.5 微颗粒排放（2005 = 100）	80.43	80.48	75.76	75.41	—	—
增加的微颗粒暴露人口占比（%）	12.2	14.3	12.4	4.3	—	—
高质量的教育						
教育						
18～24 岁无学历者（占 18～24 岁人群比重,%）	10.37	9.81	9.53	9.82	10.3	—
18～24 岁无学历女性（占 18～24 岁女性人群比重,%）	9.73	9.28	8.99	9.49	9.6	—
18～24 岁无学历男性（占 18～24 岁男性人群比重,%）	10.97	10.3	10.03	10.12	11	—
30～34 岁有高等教育学历者（占 30～34 岁人群比重,%）	43.43	44.48	45.67	46.77	47.88	—
30～34 岁有高等教育学历女性（占 30～34 岁女性人群比重,%）	46.04	46.8	48.42	50.52	51.3	—
30～34 岁有高等教育学历男性（占 30～34 岁男性人群比重,%）	40.88	42.2	42.94	43.11	44.57	—

续表

可持续发展指标	2012	2013	2014	2015	2016	2017
家庭前景						
0~2 岁全日幼托比例(%)	12.7	13.7	15.3	15.9	16.2	—
3~5 岁全日幼托比例(%)	36.9	39.1	41.4	43.7	44.5	—
性别平等						
平等						
女性与男性的收入差异(%)	23	22	22	22	21	—
监事会中的女性比例(%)	—	—	—	21.34	23.76	28.08
德国发展合作国女性获得职业资格(1000 人)	—	—	—	354.84	—	—
清洁的水和卫生设施						
水体质量						
流动水中的磷(在开放水域检测点中的占比,%)	35.39	35.89	35.08	30.2	—	—
地下水中的硝酸盐(在地下水检测点中的占比,%)	80.95	81.41	81.82	—	—	—
饮用水与卫生设施						
新获得供水人数(百万人)	10.6	11.6	31	10.8	14.3	
支付得起的清洁能源						
节约资源						
最终能源产出率(2008 = 100)	105.08	102.61	110.36	109.77	108.8	—
初级能源产出率(2008 = 100)	93.51	96.12	91.65	92.22	93.54	—
可再生能源						
最终能源消费中的可再生能源占比(%)	13.1	13.2	13.8	14.7	14.6	—
电力消费中源自可再生能源的电力占比(%)	23.5	25.1	27.3	31.5	31.7	—
有尊严的劳动与经济增长						
原料总产出						
最终使用价值(剔除价格因素)RMI(2000 = 100)	—	—	—	—	—	—
原料开采,进口以当量计算(2000 = 100)	—	—	—	—	—	—
最终使用价值(剔除价格因素)(2000 = 100)	—	—	—	—	—	—
国家负债						
财政盈余,国内生产总值占比(当时价格)(%)	-0.03	-0.14	0.33	0.64	0.82	—
结构性财政盈余,国内生产总值占比(当时价格)(%)	0.15	0.46	0.84	0.69	0.81	—

续表

可持续发展指标	2012	2013	2014	2015	2016	2017
较上年国内生产总值变动（剔除价格因素）（%）	0.49	0.49	1.6	1.72	1.87	—
公共负债总额与国内生产总值之比（%）	79.84	77.37	74.58	70.86	68.07	—
未来经济发展储备						
毛固定资产投资占国内生产总值比重（%）	20.11	19.7	20	19.85	20.04	—
经济生产能力						
居民人均国内生产总值（剔除价格因素）（1000 欧元）	33.42	33.49	33.99	34.29	34.61	—
就业						
20～64 岁就业率（%）	76.9	77.3	77.7	78	78.6	—
20～64 岁女性就业率（%）	71.6	72.5	73.1	73.6	74.5	—
20～64 岁男性就业率（%）	82.1	82.1	82.2	82.3	82.7	—
60～64 岁就业率（%）	46.6	50	52.6	53.3	56	—
60～64 岁女性就业率（%）	38.8	42.8	46.2	47.9	50.8	—
60～64 岁男性就业率（%）	54.9	57.7	59.4	59.1	61.5	—
全球供应链						
纺织联盟成员数量（个数）	—	—	39	124	139	149
工业、创新与基础设施						
创新						
私人与公共研发开支（在国内生产总值中的占比，%）	2.87	2.82	2.88	2.98	—	—
减少不公						
教育机会均等						
中小学外国毕业生在所有外国离校生中占比（%）	88.61	89.29	88.06	88.2	85.87	—
中小学女性外国毕业生在所有外国女性离校生中占比（%）	90.59	91.07	89.41	86.2	82.9	—
中小学男性外国毕业生在所有外国男性离校生中占比（%）	86.69	87.56	86.76	90.3	89.1	—
中小学德国毕业生在所有德国离校生中占比（%）	95.1	95.38	95.14	95	95.1	—
分配公平						
可支配等价收入，德国（基尼系数）	0.28	0.3	0.31	0.3	0.3	—
可支配等价收入，欧盟 28 国（基尼系数）	0.31	0.31	0.31	0.31	—	—
可持续的城市与村镇						

续表

可持续发展指标	2012	2013	2014	2015	2016	2017
土地使用						
居住与交通使用面积增长,4 年均值(公顷/天)	74.4	72.6	69.2	66.1	—	—
居住与交通使用面积增长,当年(公顷/天)	69.35	70.59	63.27	61.01	—	—
交通面积增长(公顷/天)	10.86	18.52	23.44	9.77	—	—
楼宇、开放空间和经营面积增长(公顷/天)	40	29.01	21.91	39.63	—	—
休闲设施、墓地面积增长(公顷/天)	18.49	23.06	17.93	11.61	—	—
居民人均未开发面积变动,4 年均值(m²)	−3.8	−3.64	−3.49	−2.87	—	—
居民人均未开发面积变动,非农业,4 年均值(m²)	−1.23	−1.18	−1.05	−0.95	—	—
居民人均未开发面积变动,农业,4 年均值(m²)	−5.7	−5.46	−5.31	−4.32	—	—
人口密度(2000 = 100)	88.93	88.78	88.68	89.46	—	—
非农业地区人口密度(2000 = 100)	94.36	94.69	95.21	96.3	—	—
农业地区人口密度(2000 = 100)	86.42	86	85.66	86.22	—	—
交通						
货运最终能源消费(2005 = 100)	103.54	104.4	107.09	108.85	—	—
货运产出(2005 = 100)	109.54	111.46	110.73	112.02	—	—
每吨公里能源消费(2005 = 100)	97.11	95.41	96.72	97.17	—	—
客运最终能源消费(2005 = 100)	97.2	96.92	97.58	98.02	—	—
客运产出(2005 = 100)	104.32	105.13	106.72	107.99	—	—
每人公里能源消费(2005 = 100)	93.17	92.2	91.44	90.77	—	—
使用公共交通到最近中心地区耗时(分钟)	23.5	—	—	22.4	—	—
居住						
不堪居住费用负担的人数比例(%)	16.6	16.4	15.9	15.6	15.8	—
负责任的消费和生产模式						
可持续消费						
有国家环保标志产品的市场占有率(%)	3.59	4.36	5.86	7.61	—	—
私人家庭的能源消费(2005 = 100)	96.64	98.27	93.75	—	—	—
私人家庭的直接能源消费(2005 = 100)	37.67	39.71	35.46	—	—	—
私人家庭的间接能源消费(2005 = 100)	58.97	58.56	58.29	—	—	—
私人家庭的二氧化碳排放(2005 = 100)	102.11	103.11	99.25	—	—	—
可持续生产						
EMAS 组织所在地(数量)	1834	1877	1936	2031	2111	—

可持续发展指标	2012	2013	2014	2015	2016	2017
在 EMAS 组织的就业人数（1000）	772.77	787.53	785.43	800.64	785.23	—
气候保护措施						
气候保护						
温室气体排放,二氧化碳当量（1990 = 100）	74.09	75.56	72.29	72.1	72.39	—
德国为气候保护支出费用（10 亿欧元）	1.66	1.95	2.34	2.68	—	—
水中生物						
海洋与海洋资源						
排入波罗的海的氮,5 年均值（mg/l）	4.18	4.05	3.95	—	—	—
排入北海的氮,5 年均值（mg/l）	3.77	3.85	3.76			
可持续渔获量 MSY 占比（%）	34.48	55.17	44.83	53.57		
北海可持续渔获量 MSY 占比（%）	31.82	54.55	40.91	52.38		
波罗的海可持续渔获量 MSY 占比（%）	42.86	57.14	57.14	57.14		
MSY 在所有商业渔获量占比（%）	37.18	37.18	37.18	35.9	—	—
陆上生物						
物种多样性						
鸟类物种多样性（目标年 2030 = 100）	70.79	68.04	67.18	—	—	—
森林鸟类物种多样性（目标年 2030 = 100）	86.97	86.39	83.94	—	—	—
居住区鸟类物种多样性（目标年 2030 = 100）	71.42	68.57	70.44	—	—	—
耕种区鸟类物种多样性（目标年 2030 = 100）	62.57	58.09	57.36			
内陆水域鸟类物种多样性（目标年 2030 = 100）	72.64	73.44	73.6			
海岸/海洋鸟类物种多样性（目标年 2030 = 100）	56.13	56.61	56.19			
阿尔卑斯山区鸟类物种多样性（目标年 2030 = 100）	/	/	/	/	/	/
生态系统						
有害氮排入的生态系统（%）	—	—	—	—	—	—
森林						
保护森林支出（10 亿欧元）	24.9	36.3	31	15.7	—	—
和平、公正和强大的机构						
犯罪						
刑事案件（每 10 万居民）	7465.7	7403.6	7530.3	7796.6	7754.76	—

续表

可持续发展指标	2012	2013	2014	2015	2016	2017
入室盗窃(每10万居民)	179.41	185.7	188.3	205.8	184.08	—
危险的严重人身伤害(每10万居民)	169.4	158.8	155.7	156.9	170.41	—
欺诈(每10万居民)	1186.19	1164.74	1199.6	1190.1	1094.05	—
和平与安全						
德国实施的小型武器控制(数量)	15	14	15	26	26	—
打击腐败						
德国的腐败觉察指数(点)	79	78	79	81	81	—
德国发展合作伙伴国在审计时有改善(数量)	—	18	38	42	42	—
为达成目标的伙伴关系						
发展合作						
公共发展开支占国民收入比重(%)	0.37	0.38	0.42	0.52	0.7	—
知识转移						
来自发展中国家的留学生和研究人员(1000人)	170.71	185.89	200.35	215.26	230.69	—
来自LDC国家的留学生(1000人)	7.58	8.35	9.24	9.75	10.12	—
来自其他发展中国家的留学生(1000人)	150.88	164.1	176.77	190.4	204.69	—
来自LDC国家的研究人员(1000人)	0.51	0.58	0.5	0.52	0.56	—
来自其他发展中国家的研究人员(1000人)	11.74	12.87	13.84	14.59	15.32	—
市场开放						
从LDC国家进口在总进口占比(%)	0.62	0.71	0.71	0.81	0.88	—
从LDC国家进口的加工产品占比(%)	0.54	0.62	0.66	0.76	0.82	—

注：本表采用的是德国自2017年1月起使用的新版可持续指标。

B.18
德国大事记

武亚平*

2017年

4月

3日 美国商务部终裁认定七家外国厂商在美国市场倾销碳钢与合金钢定尺板（简称"CTL板"），准许对其征收3.62%~148%的关税。德国副总理兼外交部长加布里尔（Sigmar Gabriel）表示这一裁定违反国际贸易法，呼吁欧盟就美国计划对自五个欧盟成员国进口的钢板征税一事，向世界贸易组织提出申诉。

5日 德国国防部宣布正式成立网络信息空间指挥部。网络信息空间指挥部的任务包括：确保联邦国防军IT系统在国内外的安全运作、加强在网络信息空间的侦察和影响力、支援国防军其他部门完成任务、数字化背景下与其他机构合作维护国家安全、加强网络安全设施建设等。新成立的网络信息空间指挥部设在德国西部城市波恩，目前配备约260人，计划在今年7月扩编至约1.35万人。7月起，国防军战略侦察、信息技术和地理信息等部门也将被陆续整编到网络信息空间指挥部。

10日 德国总理默克尔在总理府会见国际货币基金组织总裁拉加德、世界银行行长金墉、经合组织秘书长安赫尔·古里亚、世界贸易组织总干事罗伯托·阿泽维多和国际劳工组织总干事盖伊·赖德，就国际经济和金融领

---

* 武亚平，同济大学德国问题研究所/欧盟研究所编辑。

域的热点问题进行讨论。会后，默克尔和 5 位国际组织领导人发表联合声明表示，全球贸易增速令人失望，贸易保护主义的危害日益蔓延，促使我们更加支持国际贸易体系。国际组织及全球主要国家在贸易政策领域的合作和协调意义重大。

15 日　右翼民粹政党德国另类选择党女主席弗劳克·彼得里（Frauke Petry）在该党党代会举行前夕出人意料地宣布，自己将不会代表该党参加今年的德国大选。她表示，由于党内存在的分歧，自己决定在今年的大选中既不作为单独的首席候选人参选，也不会参与该党的竞选组合。

24 日　2017 年德国汉诺威工业博览会开幕。德国总理默克尔出席开幕仪式并致辞。波兰是今年德国汉诺威工业博览会的合作伙伴国，波兰总理希德沃前来参加开幕仪式。今年汉诺威工业博览会的主题为"融合的工业——创造价值"，重点展示了 500 余项"工业 4.0"应用，这一数字较去年大幅增加。同时，人工智能机器人和能源转型解决方案也是本届展会的重点。

26 日　在柏林，德国副总理兼外交部长加布里尔与中国外交部长王毅举行第三轮中德外交与安全战略对话，就中德关系、中欧关系以及当前国际地区问题深入交换了意见。双方在共同会见记者时对本轮对话进行总结，一致认为对话富有成效，达成广泛共识。双方同意深入推进全方位战略伙伴关系，共同筹备好下阶段高层访问，落实人文、财经、安全三大高级别对话交流机制安排，为两国合作注入更多新动能。

27 日　德国联邦议院通过了一项法案，将立法禁止德国公务员、法官和军人在工作时间戴遮住全脸的面纱。德国内政部长德迈齐埃（Thomas de Maizière）说，法案旨在帮助移民"融合"。联邦议院网站上的解释是："政府工作人员面对彼此或与其他公民互动时必须保持中立，戴面纱遮盖全脸的做法与此职务要求相悖。"

5月

2 日　德国总理默克尔前往俄罗斯黑海海滨城市索契，与俄罗斯总统普京举行会晤。在会晤后的联合新闻发布会上，默克尔表示，尽管存在一系列现实问题，但俄罗斯和德国应该继续保持对话。克里姆林宫在总结德国总理访俄成果时承认两国之间有分歧，但表示两国关系还是呈现发展趋势。

• 汽车零件供应商博世把成立于1914年的老牌传统部门"起动机和发电机"部门整体出售给中国。中国买家为由郑州煤矿机械集团和崇德基金投资有限公司组成的临时财团。

3 日　德意志银行股东投票权变更通知显示，中国海航集团拥有德银9.92%的股权，成为德意志银行最大股东。海航拥有的德银股权估计价值为34亿欧元。

7 日　石荷州举行地方选举，基民盟轻松击败执政的社民党赢得胜利。出口民调和电视台初步统计结果显示，基民盟获得约33%的选票，社民党获得26%的选票。从2012年开始，社民党联合绿党和地区性党派SSW（主要代表石荷州丹麦裔和弗里斯兰人的利益）执政于石荷州，此次选举终结了社民党在该州的执政。

• 德国总理默克尔致电埃马纽埃尔·马克龙（Emmanuel Macron），祝贺其当选新一任法国总统。默克尔对马克龙以捍卫统一、开放的欧盟的立场投入本次选战表示赞赏。法国选民通过当天所做出的决定也对欧盟表达了明确的支持。她期待本着德法两国传统紧密友谊的精神，与法国新任总统充满信任地展开合作。

12 日　德国联邦参议院通过法律，允许汽车自动驾驶系统未来在特定条件下代替人类驾驶。这部法律此前已在德国联邦议院通过，这是德国首部关于自动驾驶汽车的法律。根据这部法律，当汽车的高度自动或完全自动驾驶系统运作时，驾驶人可把对方向盘和刹车的控制交给汽车，自己进行浏览网页、查看邮件等行为。但驾驶人必须坐在方向盘后，如果自动驾驶系统出现意外，驾驶人要能及时介入并切换到人工驾驶模式。

14 日　北威州举行地方选举，基民盟轻松击败执政的社民党赢得胜利。基民盟获得了约33%的选票，比2012年该州选举时得票率上升7个百分点。社民党仅获得约31%的选票，低于2012年选举时的39%的得票率。北威州州长克拉夫特（Hannelore Kraft）宣布辞去社民党北威州主席及社民党联邦副主席职务，并表示其个人愿为此次选举失利承担责任。

15 日 土耳其拒绝德国议员代表团前往土耳其境内的因吉尔利克空军基地探视德国驻军。土耳其政府指责德国为参与去年 7 月土耳其未遂政变的人员提供政治避难。作为报复，土方禁止德国议员团前往因吉尔利克空军基地探视德国驻军。

● 德国总理默克尔与法国新任总统马克龙在柏林举行了会晤。会后双方都承诺将加强合作，共同制定欧盟改革的"路线图"。因法德的传统密切关系，两人还被德国媒体称为"默克龙"。

20 日 德国国防部长冯德莱恩在约旦舒奈出席世界经济论坛中东北非峰会时表示，不排除将德国驻土耳其因吉尔利克空军基地的军人转移至约旦的可能性。约旦一处空军基地"有潜力"接纳德军驻土耳其因吉尔利克空军基地的约 250 名军人，约旦也对此表示欢迎。德方尚未就此事做出正式决定，与土方的协商仍在进行。

21 日 联邦议院通过了旨在"改进实施遣送责任"的一揽子法律草案。根据这一新法，必须离境的"危险分子"、被认定会从事袭击及其他严重犯罪活动的遭拒庇护申请人可以更容易遭到"遣送拘押"，或由"电子脚铐"监控。

22 日 德国联邦外贸与投资署（GTAI）称，尽管经济创五年来最快增速，2016 年外国对德国的投资规模维持在与上年同样的水准上。投资项目价值在 2015 年增加近 1 倍至创纪录高点后，2016 年持稳于 62 亿欧元。外国投资在德国创造了至少 2.9 万个新工作岗位，外国投资者数目增长 2%，2016 年启动的新项目达到 1944 个。中国连续三年蝉联德国的最大单一投资者，共投资 281 个新项目，其次是美国的 242 个，瑞士和英国则分别投资了194 个和 125 个新项目。

31 日 应德国总理默克尔邀请，中国国务院总理李克强正式访问德国并举行中德总理年度会晤。访问期间，李克强总理还会见了施泰因迈尔总统。两国总理还共同出席"中德论坛——共塑创新"并发表演讲。双方积极评价中德建交 45 年来双边关系的长足发展，愿继续在相互尊重、互利共赢的基础上，保持高层交往势头，充分发挥中德政府磋商等 70 多对双边磋商与合作机制的作用，进一步增进政治和战略互信，加强对话、交流与合作，推进中德全方位战略伙伴关系朝更高水平迈进。

6月

12 日　本届二十国集团（G20）领导人汉堡峰会将于 7 月 7 日至 8 日举行。德国再次启动边检，相关边境管控措施从 6 月 12 日起实行至 7 月 11 日，其适用于德国在申根区内的所有陆路、航空、水路边境。当局提醒将要跨越德国国境的旅客随身携带护照等有效证件。

13 日　德国总理默克尔在出席于德国路德维希港举办的德国全国信息技术（IT）峰会时表示，德国公司在开发大数据应用时应更充分地利用现有用户信息，并警惕来自美国硅谷互联网巨头的竞争。德国公司需要保护数据安全，同时应利用掌握的丰富数据研发全新的产品和应用。德国企业，特别是中小企业需要快速学习通过收集和分析数据创造新的商业模式，"否则一些平台提供者将从侧面吞噬产业价值链，这将对德国经济不利"。德国经济和能源部长齐普里斯当天在峰会上呼吁加强对美国硅谷互联网巨头谷歌和亚马逊等平台提供者的监控。她认为有必要为这些平台设置一个法律框架，以保障公平竞争和创新。

16 日　德国前总理赫尔穆特·科尔（Helmut Kohl）在其位于德国西南部城市路德维希港的家中去世，享年 87 岁。

● 默克尔在柏林和非洲国家领导人举行的峰会上说，计划用 3 亿欧元，帮助非洲面向改革的模范国家吸引私人投资。这一援助承诺将促进其他国家对非洲大陆加大投入。她强调，非洲的经济发展会消除难民产生的原因并打击蛇头犯罪。

22 日　大联合政府通过议会制定了关于监控智能手机中社交媒体交流的法律。新法律规定，将来在诸如 WhatsApp 等服务中的交流将在加密前被监听或者监视。调查人员可以依据这部法律在嫌疑人手机上偷偷装上窥探软件。此外，根据该项法律，电脑在线搜索的适用范围将扩大，目前它只被允许在反恐的有限范围内使用。将来，在谋杀和杀害、传播儿童色情视频或者严重贩毒行为的案件中，也可能使用监控。

30 日 德国议院以 393 对 226 票、4 票弃权的结果通过了同性伴侣婚姻合法化的法案。此前，同性伴侣可以在德国注册成为"生活伙伴"，这项改革授予同性伴侣包括收养小孩在内的婚姻完整权利，这项措施可望在 2017 年年底之前生效。默克尔在此次表决中投了反对票，她在投票结束后表示："对我来说《基本法》中规定的婚姻只限于男性和女性，《基本法》第 5 条只保护男性和女性之间的婚姻。"

7月

3 日 默克尔所在的基民盟与其姊妹党基社盟近日推出了共同竞选纲领。其中，对美国的称呼从 2013 年的"欧洲以外最重要朋友"降级为"伙伴"。与此同时，默克尔并没有描述德国与美国的"国际友谊"。在难民政策方面，基民盟始终坚持无上限，但姊妹党基社盟却一直反对，两党长期存在争议。在共同竞选纲领中，并未规定接纳难民的上限。

● 德国巴伐利亚州明希贝格高速公路 A9 上发生一起严重交通事故，一辆大巴与卡车相撞后起火，造成 18 人死亡、多人受伤，其中部分乘客伤势严重，整辆车烧得只剩骨架。这辆载有 46 名乘客和 2 名司机的大巴从德国萨克森州出发，目的地是意大利北部的加尔达湖。

5 日 中国国家主席习近平在柏林同德国总理默克尔举行会谈。两国领导人高度评价中德传统友好，为中德全方位战略伙伴关系下个阶段发展描绘新蓝图、明确新目标、规划新路径，一致同意深化政治互信、加强务实合作、深化人文交流、密切多边配合，推动中德关系更进一步发展。访德期间，习主席还同默克尔共同出席柏林动物园大熊猫馆开馆仪式、共同观看中德青少年足球友谊赛，并见证一系列合作文件的签署。

6 日 有 1 万多人聚集在汉堡鱼市，进行反 G20 峰会的抗议游行，游行主题是"欢迎来到地狱"。警方要求抗议人群摘下面具，随后两方爆发冲突，抗议者向警察丢掷瓶子、烟花及烟幕弹，警方以高压水枪、胡椒喷雾和警棍予以回击。更有甚者，抗议者们用建筑材料封堵街道，并小规模点火，一辆汽车被烧毁，一些财产被破坏。最后，德国警方出动了直升机在上空盘旋试图驱散抗议群众。

7~8日 在这次以"塑造联动世界"为主题的二十国集团（G20）领导人汉堡峰会上，与会各方领导人围绕形势、贸易、金融、数字经济、能源、气候变化、难民移民、反恐等重大全球性议题展开讨论。德国总理默克尔在峰会结束后举行的新闻发布会上表示，经过两天会谈，二十国集团一致支持自由贸易，但因美国退出，与会各方未能就应对气候变化的《巴黎气候协定》达成共识。

中国国家主席习近平在汉堡峰会上发表了题为《坚持开放包容 推动联动增长》的讲话，强调二十国集团要坚持建设开放型世界经济大方向，共同为世界经济增长发掘新动力，携手使世界经济增长更加包容，继续完善全球经济治理。

本次峰会通过了《二十国集团领导人汉堡峰会公报》，强调应对当今时代挑战、塑造联动世界是二十国集团作为国际经济合作主要论坛的共同目标。承诺在杭州峰会成果基础上携手合作，推动贸易投资，发挥数字化潜力，推动可持续发展，与非洲国家建立伙伴关系，实现强劲、可持续、平衡和包容增长，塑造全球化，造福全人类。

12日 德国联邦政府经讨论，通过了一项加强监管、限制外国投资的新政令。这份新政令加强了政府对外资收购德国公司的管制，扩大了政府在某些情况下使用否决权的权限。根据新政令，如果并购行为涉及所谓的"核心基础设施"，即被认为是"对公共秩序和国家安全的威胁"，那么联邦经济部可以介入审查，甚至出手阻止并购。这些"核心基础设施"范围包括提供战略性产业服务的企业，比如电信网络、能源网、核电站、供水行业、医院及机场等。在新的法规下，德国决定用4个月的时间而不是现行的2个月来审查这些外国资本。

14日 德国央行宣布，今年第一季度，德国的私人金融资产达到5.676

万亿欧元，其中包括现金、储蓄、有价债券和商业保险，但不包括房地产。越来越多的德国人正在追求方便动用的"活钱"，即现金和储蓄。在今年第一季度，德国人手中的"活钱"就增加了170亿欧元，达到了1.379万亿欧元。此外，低风险的保险和养老基金也获得了德国人的格外青睐，第一季度增加了240亿欧元。

17 日 德国总理默克尔在基民盟的内部党代会上表示，依然拒绝为德国接收难民人数设上限。默克尔称："在人数上限的问题上，我的立场非常明确：我不会接受这样的政策。"会上，默克尔反复重申了德国难民法中"不给人道主义救援设置数量上限"的原则，并强调解决难民危机不是设定一个上限这么简单，而是需要从难民源头入手以及改善难民营的条件。默克尔目前的难民政策面临着来自党内以及执政伙伴基社盟和社民党的质疑与批评。基社盟主席泽霍费尔认为限制人数是目前"唯一可行的解决办法"。

18 日 6 名人权活动人士在伊斯坦布尔失去自由。次日，德国外交部长加布里尔取消了原定行程，选择在外交部与土耳其驻德国大使紧急会面，并对此事表达严重关切。土方认为，这些活动人士与恐怖主义有关联，德方则表示，指控毫无根据，要求土方立刻放人。两国关系暂时降到了冰点。

19 日 英国威廉王子和凯特王妃携子女访问德国。德国总理默克尔在红毯上迎接了他们，并邀约共进午餐。

21 日 德国汉堡海关截获了 3.8 吨毒品可卡因，破了单次截获毒品总量的纪录，据估计，这批毒品的价值达到了 8 亿欧元。海关总署主席施罗德（Uwe Schröder）说，这批走私的毒品主要来自乌拉圭和巴拉圭，目的地是比利时。抵达比利时后，它会被来自欧洲各地的毒品经销商分走，流入欧洲的毒品市场。施罗德认为，这次缉毒行动将重创德国乃至整个欧洲的毒品市场。

24 日 德国《明镜》周刊曝出消息，自 20 世纪 90 年代起，大众集团及其子公司奥迪和保时捷、宝马、戴姆勒等德国汽车生产商一直涉嫌秘密垄断德国汽车行业。这可能成为德国经济史上最大的垄断案之一。在此前柴油车尾气"排放门"丑闻中，各大汽车企业就曾通过秘密会议统一过意见，并通过所谓"剂量"战略，决定将用来净化尾气的过滤液反应罐换成小罐以节约成本，这一决定催生了尾气排放作弊软件的出现。

27 日 德国联邦宪法法院裁定，德国《外国人居留法》里与驱逐相关的法条是符合《基本法》的，具备足够潜在攻击危险的人可以被驱逐。该法条还允许内政部，对没有德国国籍的人，"为了避免对德意志联邦共和国造成特定危险或恐怖袭击"，可以加快通过驱逐程序。

28 日 德国联邦教育和研究部（BMBF）、德意志学术交流中心（DAAD）和德国高校与科学研究中心（DZHW）第 17 次共同出版关于德国教育与研究在国际化方面的数据和资料——《科学大都会 2017》。该报告显示，在德留学生总数突破 35.5 万人，十年间增长幅度超过 37%。其中中国留学生人数达到 32268 名，印度留学生达 13537 名，俄罗斯留学生达11413 名。

●德国环境援助协会（DUH）状告了斯图加特市所在的巴登－符腾堡州州政府，认为该州于五月初制定的"清洁空气计划"力度还不够，执行方面也太松懈，尤其是氮氧化物的污染方面。斯图加特行政法院再次判决，称禁止柴油车在市内通行是"唯一有效解决氮氧化物污染的途径"，不仅是旧车，符合欧标 6 标准的车辆也在禁止范围内。

8月

1 日 总部位于德国吕塞尔海姆的欧宝正式成为法国标致雪铁龙集团的一部分，新东家承诺，工作岗位不会受到影响。标致雪铁龙在从通用手中拿下欧宝后，将拥有 17% 的欧洲市场份额，牢牢占据欧洲第二大汽车制造商的位置。欧宝 1929 年被通用汽车收购，一度是德国最大的汽车制造商。公司近些年遇到困境，标致雪铁龙希望其在 2020 年实现 2% 的利润率，到2026 年将利润率提升至 6%。标致雪铁龙同时强调，欧宝的未来，依旧根植于其"德国血统"。

2 日 德国"柴油车峰会"在柏林召开。德国政府、汽车行业协会以及德国各大汽车制造商最终达成协议：汽车制造商将免费为数百万辆欧标 5 和部分欧标 6 柴油车进行软件升级，以减少尾气中氮氧化物含量，改善空气质量。德国政府要求德国汽车企业将氮氧化物排放量至少减少 25%，但实际上与此前联邦环境部长亨德里克斯提出的 50% 降幅有很大差距。

- 德国汉诺威检察院裁定，现年 96 岁的奥斯维辛集中营记账员奥斯卡·格伦宁的身体状况可以支撑其入狱服刑，并驳回其缓刑申请。德国吕内堡一家法庭在 2015 年判处格伦宁 4 年监禁，以惩处他在奥斯维辛集中营协助杀害 30 万名犹太人的罪行。

3 日　德国发生数百万枚鸡蛋被检测出杀虫剂氟虫腈残留的食品安全事件。这些从荷兰进口的"毒鸡蛋"已影响到德国 12 个联邦州。另外，德国本土农场出产的鸡蛋也被检测出氟虫腈残留。

5 日　汉堡地区一家超市内发生了一起严重的持刀伤人事件，导致 1 人死亡、7 人受伤。26 岁的巴勒斯坦籍嫌疑人 Ahmad A.，此前曾在德国提交庇护申请，并已被拒绝。作案前，他已被德国有关部门判定"具有极端主义倾向"。一名 21 岁的阿富汗难民及时出手，阻止了行凶者。他的见义勇为行为受到了德国人的表扬，政府为他颁发了"汉堡英雄"的奖章和奖金，并且针对他的情况，特别批准了他在德国永久居留的权利。

15 日　德国第二大航空公司柏林航空公司宣布，因大股东阿联酋阿提哈德航空公司停止提供资金支持，公司运营难以为继，申请破产保护。柏林航空是大型廉价航空公司，自 2008 年以来几乎年年亏损，2016 年亏损额达 7.8 亿欧元，创历史纪录。公司负债已高达 12 亿欧元。

22 日　2017 科隆游戏展开幕。德国总理默克尔出席了开幕式，并做了讲话。她肯定了游戏对德国经济发展和创新发展的重要性，赞扬了游戏在启蒙青少年科技意识方面发挥的积极作用，并允诺未来会加大对游戏产业的财政支持。

28 日　最新刊登在德国《经济周刊》上的一份来自德国联邦银行的统计数据显示，德国移民 2016 年往自己家乡汇款的金额总计 43 亿欧元，比 2015 年增加了 7 亿欧元，是两德统一以来的最高纪录。近年来，特别是东欧移民往自己家乡汇款的数字增幅很高。

9月

1 日　为期 6 天的 2017 年国际电子消费展（IFA）在柏林开幕。今年的 IFA 世界市场展区面积比去年翻了一倍，成为欧洲最大的采购市场。2017 年预计全球电子消费品将实现 8870 亿欧元的销售额，比去年增长 4%，全球电子产品市场也呈积极的发展态势。纯平电视屏幕、高保真音响、360 度摄像头、媒体语言控制、全联网智能家居、可穿戴设备等领域的产品都是此次 IFA 的热点。

3 日　德国总理默克尔与德国社民党主席舒尔茨在柏林作为德国联邦议院选举所在党派总理候选人举行电视辩论，涉及移民政策、对外关系、社会公平和国内安全四个话题。民调显示，逾半数观众认为默克尔赢得此次辩论。

8 日　德国联邦交通部的伦理委员会率先研究提交了世界上第一份自动驾驶指导原则，希望在"移动出行 4.0"方面处于世界领先地位，并对自动驾驶汽车的使用持谨慎乐观态度。德国交通部长表示，在数字化和机器学习的时代，人机交互带来新的伦理问题。自动与互联驾驶是全面应用人机交互的创新领域。这份指导原则同意给予自动驾驶系统的准入，但在安全、人类尊严、个人决策自由以及数字独立方面提出了特别要求。

10 日　德国总理默克尔批评了匈牙利政府拒绝遵守欧洲法院就欧盟难民分摊方案的裁决。匈牙利政府对欧盟最权威司法机关的不妥协态度，将最终导致匈牙利被欧盟排除在外。

14 日　以"体验未来"为主题的第 67 届法兰克福国际车展正式拉开帷幕。德国总理默克尔在开幕式上指出，德国汽车行业正面临挑战，尤其是柴油车"排放门"丑闻让车企失去公众信任。"车企需要竭尽全力尽快赢回信任，这符合企业利益，也符合众多从业人员和整个行业发展的利益。"

20 日　德国蒂森克虏伯股份公司和印度塔塔钢铁有限公司共同宣布，两家公司将按照各占 50% 的股份比例合并其欧洲业务，从而组建一家仅次于安赛乐米塔尔的欧洲第二大钢铁企业。新公司总部将位于荷兰阿姆斯特丹，年销售额有望达到 150 亿欧元，年出货量预计将达到约 2100 万吨。

21 日 德国联邦统计局公布的数据显示，截至今年 6 月底，德国包括联邦、州、县政府和社会保险基金等在内的公共部门债务总额为 1.9778 万亿欧元，比去年同期减少 598 亿欧元，降幅为 2.9%。

24 日 四年一度的德国联邦议院选举开始。选举将决定各政党在联邦议院的席位，获得多数的政党或政党联盟将组建新一届德国政府。全德共有 6100 多万选民，7.3 万多个投票站。当晚出口民调显示，联盟党优势下降，得票 33%，仍居榜首，排名第二的社民党得票 20.6%，创二战以来最差纪录；极右翼民粹主义的另类选择党 12.8% 的得票率获得历史性突破，位居联邦议院第三位。

26 日 德国右翼民粹主义政党德国另类选择党的一位领导人彼得里在德国德累斯顿宣布将辞职，并彻底退出德国另类选择党。该党议会事务负责人武利策及该党在德国萨克森州地方议会的党团代理负责人穆斯特尔也将辞职。彼得里辞职的原因是与党内高层存在意见分歧。

10 月

1 日 同性婚姻法在德国正式生效，标志着德国成为欧洲第 14 个同性婚姻合法化的国家。

3 日 在德国国庆庆典上，联邦总统施泰因迈尔表示主张制定一部现代的移民法，包括规范合法移民途径，以及"按照我们的标准来引导和控制移民"。移民只有遵守法律和德国社会普遍认可的信条，才能真正实现融入和共处。这些信条中也包括德国人从两次世界大战和犹太人大屠杀中汲取的教训。德国总理默克尔则强调了德国在国际社会的责任。

6 日 据经济研究机构 Crifbürgel 调查，德国自 2005 年以来，个人破产数量降到了历史最低水平。今年上半年共有 45145 人登记破产，比去年同期下降了 13.2%。这个数字已是连续第 7 年下降。全年预估有 88000 人完成破产登记。

8 日 基民盟和基社盟围绕组阁谈判基本立场达成了一致，今后将争取实现每年接收难民总数不超过 20 万人。两党将争取实现"每年出于人道主义目的（包括难民、容忍居留、家庭团聚、重新安置等）所接收的人数不超过 20 万"这一目标。文件回避了此前热议的"难民上限"（Obergrenze）这一概念。

10 日 第 69 届德国法兰克福书展开幕，法国为本届书展的嘉宾国。法国总统马克龙和德国总理默克尔共同主持了书展开幕式。

11 日 德国政府发布秋季经济预测报告，将德国今年经济增长预期由春季预测的 1.5% 大幅上调至 2.0%。报告同时将德国 2018 年和 2019 年经济增长预期分别上调至 1.9% 和 1.8%。

12 日 德国联邦选举计票机构公布了 2017 年德国联邦议院选举最终结果，默克尔领导的联盟党获得 33.0% 的选票和 246 个议席，保持联邦议院第一大党地位。社民党获得了 20.5% 的选票，比 2013 年时少 5.7%，但维持了议会中第二大党地位，并获得了 153 个议席。首次进入德国联邦议院的德国另类选择党获得了 12.6% 的选票，高于 2013 年时的 4.7%，一举成为议会第三大党，并获得 94 个议席。左翼党和绿党本次选举分别获得 9.2% 和 8.9% 的选票，均略高于上次。两党分别获得 69 个和 67 个议席。在 2013 年时因得票率未超过 5% 而未能进入联邦议院的德国自民党此次获得 10.7% 的选票，得以重返联邦议院，并获得 80 个议席。

13 日 汉莎航空和柏林航空已经就柏林航空主要部门的收购事宜签署了协议。估计汉莎航空为此次收购支付金额达到 2.1 亿欧元。合同执行后，柏林航空预计可以偿付德国政府的 1.5 亿欧元贷款。柏林航空的两家子公司 Niki 和 Walter 也将归汉莎航空接管。

• 巴斯夫和拜耳两家公司共同宣布：化工康采恩企业巴斯夫以 59 亿欧元的价格收购了拜耳公司的种子和除草剂业务。这次交易主要涉及拜耳在全球市场的非选择性除草剂业务和其在个别市场的种子业务。这两项业务在 2016 年的销售额大约为 13 亿欧元，其中的可支配收益大约为 3.85 亿欧元。

20 日 德国四个政党展开组阁谈判。虽然各方分歧不小，但德国总理默克尔表示出谨慎乐观。谈判由默克尔领导的联盟党以及自民党和绿党的领导人参加。各党领导人当天就财政、税收、欧盟事务、环境和难民等问题进行了讨论。四个政党的秘书长列出了 12 个议题，将在以后的谈判中继续讨论。

●德国经济部和德国航空航天中心（DLR）最近发布了德国"航空航天 2030 战略"（DLR 2030），以提高德国航空航天中心的核心竞争能力，充分利用其协同创新的潜力，巩固与扩大其在面向经济和社会的研究中的领先地位。该战略将通过 10 个新的横向项目和一个新的横向领域——数字化来实施。从基础研究到应用研究都瞄准航空运输的需要。通过卫星通信和导航技术的进一步开发，DLR 的航天研究将为未来的数字化和交通做出重要贡献。

24 日 德国前财政部长朔伊布勒（Wolfgang Schäuble）当选德国联邦议院新议长。德国新一届联邦议院当天举行 9 月大选后的第一次全体会议。本届联邦议院由 709 名议员组成，朔伊布勒获得超过 70% 议员的支持，当选新议长。

11 月

1 日 德国柏林一家地方法院宣布正式启动德国柏林航空公司破产程序。根据程序规定，柏林航空的债权人必须在 2018 年 2 月 1 日前以书面形式向法院登记破产债权。任何已经预订柏林航空航班并完成支付的顾客都可以在破产登记表上登记，但能否拿回款项尚不清楚。

2 日 德国联邦统计局公布的数据显示，从 2014 年至 2016 年，德国收到的避难申请翻了一番有余。截至 2016 年年底，共有 160 万人向德国提出避难申请，与 2014 年年底的数据相比，增加了 85.1 万人，增长了 113%。

3 日 德国联盟党、自民党和绿党就组建联合政府的第一阶段谈判结束。德国舆论普遍认为谈判进程十分艰难，各党就部分议题达成妥协，但距离形成共同执政方针相距甚远。

6 ~ 17 日 2017 年第 23 届联合国气候大会在波恩召开。大会就《巴黎协定》的实施展开进一步谈判，旨在落实《巴黎气候协定》规定的各项任务，提出规划安排。默克尔将气候变化视为"决定人类生存的根本性问题"。她指出，当前的环保措施不足以完成《巴黎气候协定》提出的目标，因此各方必须加倍努力。默克尔坦诚，2020 年控制温室气体排放的行动目标是很大的挑战，这对德国来说也并非易事。

8 日 位于卡尔斯鲁厄的德国联邦宪法法院宣布，根据德国宪法关于人权保护的相关规定（Az. 1 BvR 2019/16），承认今后在出生登记所可以登记第三种性别。宪法法院还决定在 2018 年年底之前制定出一条新的有关性别的规定，在规定中将提到除了男性和女性之外的第三种性别，并用一个积极正面的名词来称呼第三种性别（目前暂称为"Inter"或者"Divers"）。另外，宪法也同样承认第三种性别人群的婚姻。

15 日 根据德国联邦统计局的消息，一方面，2016 年在德国出生的婴儿数量又创新高，达到 79.2 万名，比 2015 年增加了 5.5 万名，上升比例为 7.4%。另一方面，2016 年德国有 91.1 万人死亡，比 2015 年减少了大约 1.4 万人，下降比例为 1.5%。两者之差比 2015 年减少了 7 万人。即便如此，德国联邦统计局依旧认为，德国的人口年龄不均衡、人口老龄化问题在今后几年仍然会存在。

16 日 市场研究机构 GfK 和英国政治顾问共同进行的一项关于国家形象的研究显示，在对全球 50 个国家的国家形象调查中，德国取代美国，成为全球人民心目中形象最佳的国家。

● 西门子公司在其官网的公告中称，将在全球范围内裁员 6900 人，而这波裁员中的大部分，即约 6100 名员工的裁撤将在 2020 年之前由发电与天然气部门完成。该部门曾因提供大型燃气发电轮机而繁荣兴旺，如今则因包括太阳能及风能等可再生能源的迅猛发展而受到压制，严重打击了西门子传统的燃气发电机组销售。西门子还表示，将关闭位于该州莱比锡和格尔利茨的两家工厂，这也属于电力部门成本削减计划的一部分。除此之外，其他受裁员波及的分支还可能包括生产油气开采产品的精准工业分支。

● 内政部将出台关于加强各联邦州与联邦政府合作的法案，让民众重拾对政府和民主制度的信心。该法案计划在各联邦州与联邦政府新增大约

2000 个司法岗位，以提高司法部门工作的效率、质量和独立性。各地警察部门和联邦信息安全办公室也会增加人手，预计将新增 7500 个工作岗位，由此为国家和公民带来更好的安全保障以及充分的自由。

19 日 德国自民党正式宣布退出牙买加联盟组阁谈判。自民党主席林德纳（Christian Lindner）当晚表示，退出谈判的原因在于各方没能建立起互信，或者说没有找到一个为建设现代化国家的共同理念。他表示："不执政总比错误的执政强"。

20 日 德国总统施泰因迈尔在与总理默克尔会晤后明确表示不可能再进行二次选举，各党必须尽快组成联合政府。施泰因迈尔当天排除了重新举行选举的可能，并强调议会各个党派都有义务尝试近期帮助组阁。他表示，由于德国新政府组阁谈判失败，德国陷入 70 年来最严重的政治危机。

27 日 根据德国旅游协会公布的数字，今年游客在德国过夜住宿的人次连续 8 年创下新高，突破 4.5 亿人次。旅游行业的总创收占德国国民经济收入的 3.9%。其中中国游客做出的贡献不可低估。中国游客过夜人次近 220 万，同比上升了 10.1%。德国国家旅游局预测，来自中国市场的过夜住宿人次将在 2030 年超过 500 万。

12月

4 日 基民盟主席、巴伐利亚州州长泽霍费尔在党团会议上表示，未来自己不会再担任巴伐利亚州州长，但是会保留党主席的职务。现年 50 岁的巴伐利亚州财政部长马库斯·索德尔（Markus Söder）受到党团认可，被认为是最适合接替泽霍费尔州长职位的人选。

7 日 德国社民党在柏林举行党代会，就该党如何革新、是否与联盟党组成大联合政府等问题展开激烈讨论。党代会最终通过决议，同意社民党与联盟党进行包括组成大联合政府在内的对话，并以 81.9% 的支持率选举舒尔茨连任主席。

8 日 德国语言学协会（GfdS）于威斯巴登宣布，将 "Jamaika-Aus"评选为 2017 年的德国年度词语。该评选活动始于 1971 年，由德国语言学协会设立，目的在于通过评选每个年度最能触动社会神经的词语，来为当代历史研究做出贡献。"Jamaika-Aus"一词产生自 2017 年德国跌宕起伏的大选活动。因本有望组成联合政府的联盟党、自民党及绿党各自代表色分别为黑色、黄色、绿色，恰好对应了牙买加国旗的三种颜色，故此政党联盟被称为"牙买加联盟"。然而，由于三党在执政理念上的分歧无法调和，谈判最终破裂。故在"Jamaika"后又添上"Aus"一词，形容本次组阁尝试的失败。

16 日　社民党主席舒尔茨在新闻发布会上表示，他和党团主席纳勒斯（Andrea Nahles）向社民党理事会建议，同联盟党展开试探性谈判。2018 年 1 月社民党党代会将投票表决，是否进行最终的组阁谈判。谈判委员会将有 12 位高层参与，除了舒尔茨和纳勒斯，秘书长拉斯·克林拜尔、萨克森州州长斯特凡·魏尔、社民党北威州党主席格罗切克与萨尔州州长安珂·蕾林格和另外 6 名理事会成员将参加谈判。

● 基社盟举行党代会，党主席、巴伐利亚州州长泽霍费尔以 83.7% 的支持率再次当选基社盟党主席。现年 50 岁的巴伐利亚州财政部长索德尔受到党团认可，将率基社盟出战 2018 年州议会选举。

29 日　德国联邦统计局公布的初步统计数据显示，2017 年德国年均通货膨胀率为 1.8%，创下过去 5 年来最高值。

2018年

1月

1 日　2018 年个人所得税的免税额度有所提高：单身者年收入的基本免税额将增加 180 欧元，达到 9000 欧元，已婚人士的额度将增加 360 欧元，至 18000 欧元。儿童津贴也将提高：每有一个孩子，父母每年就有 4788 欧元的免税额度。采买工作设备的抵税额则从目前的 410 欧元增加到了 800 欧元。

7 日　德国联盟党和社民党就组建新政府开启试探性谈判。参与谈判的各方认为，德国已进入新时期，需要新政策和新执政方式应对国内挑战和外部环境变化。

11 日 德国联邦统计局公布的初步统计数据显示，2017 年德国国内生产总值增长 2.2%，增速高于前一年的 1.9%，为 2011 年以来最高，也是连续第八年实现经济增长。

12 日 德国联盟党和社民党就组阁问题展开的试探性对话达成原则一致，并公布了试探性对话的最终成果文件。双方在各自提出的主张上都做出较大让步。联盟党和社民党领导人建议各自党员同意该党在此成果基础上进行正式组阁谈判，但社民党还要召开党代会对此做出决定。

15 日 德国联邦银行（央行）执行委员会成员安德烈亚斯·东布雷（Andreas Dombret）在香港亚洲金融论坛上表示，继欧洲央行 2017 年 6 月宣布增加等值 5 亿欧元的人民币外汇储备后，德国央行也已在 2017 年决定将人民币资产纳入外汇储备计划。2017 年人民币在全球支付领域的作用减小之后，此举将提振人民币的国际地位。

16 日 根据德国联邦统计局公布的数据，德国去年消费品价格涨幅明显，通胀率为 1.8%，达到 2012 年来最高水平，主因是能源、食品和房租价格都出现上涨。其中能源价格涨幅为 3.1%，食品为 3%。前年通胀率只有 0.5%。导致物价上涨的另一因素是欧洲央行持续执行的货币政策，大量资金进入流通，刺激了企业和个人的消费和支出。欧洲央行一直将通胀接近 2% 作为经济良性发展的目标值。目前，在德国备受质疑的央行购债计划预计最早在 2018 年 9 月底结束。

18 日 德国和土耳其重启两国政府磋商会议机制。两国国务秘书在柏林内政部举行了会晤。德国内政部发言人表示，德土在反恐方面有共同的兴趣，因此现在是进行会谈的恰当时机。

21 日 德国社民党在波恩召开特别党代会，表决同意该党与德国总理默克尔领导的联盟党进行组阁谈判。

● 法国总统马克龙和德国总理默克尔发表联合声明，表示将进一步深化法德合作。法国总统府当天发表新闻公报说，适逢法德签署《爱丽舍条约》

55 周年，为深化法德合作，马克龙和默克尔在巴黎会晤时就今年制订新的《爱丽舍条约》达成一致。双方发表的联合声明指出，法德双方将在四个方面深化合作：应对未来经济挑战、推动两国社会和民众交流、共同应对安全与发展问题、应对全球化挑战。

24 日　德国总理默克尔在第 48 届世界经济论坛年会上发表特别致辞。德国致力于寻找多边方案解决共同问题，单边行动和保护主义不可取。自欧洲发生欧元危机和难民危机以来，民粹主义、孤立主义倾向抬头，德国未能幸免。然而，德国不会在世界舞台上退缩。她敦促欧盟加深一体化，尤其是在数字化、资本市场联盟、共同外交政策等方面加快实质性步伐。

26 日　德国联邦议院第一大党团联盟党和第二大党社民党在柏林基民盟总部正式开启组阁谈判，商讨组建大联合政府的具体安排。谈判有望在两周内完成。当天，基民盟主席、德国总理默克尔与基社盟主席泽霍费尔和社民党主席舒尔茨首先举行三人会谈。随后，基民盟、基社盟与社民党共 15 名高级代表就组阁谈判流程和议题展开讨论。各方此后将就 18 个议题展开分组讨论。

29 日　最新的国际学生评估项目（PISA）数据显示，德国处于社会与经济不利地位的学生状况有明显改善。2015 年的测试中有 32.3% 的此类学生成绩良好，而这个比例在 2006 年还只有 1/4。近年来德国在这方面所做的努力主要包括增加全日制学校、普通中学与实科中学合流、促进社会融合、改善托幼服务以及着力促进移民背景学生的学习等。2001 年德国首次参加 PISA 测试时，学校成绩暴露出严重的社会不公平，经过近 20 年的努力，这种状况正在好转。目前来看，德国的改变在经合组织各国中是最大的。但从教育公平的角度看，德国仍然低于经合组织国家的平均线。

2 月

1 日　德国联邦议院投票决定，将暂缓难民家庭团聚的政策延长至 7 月 31 日。各党派议员就此进行了激烈的辩论，虽然这一提案遭到绿党和左翼党的强烈抵制，但仍以 55.5% 的赞成票获得通过。德国总理默克尔领导的联盟党和社民党正在进行正式组阁谈判，难民家庭团聚问题是谈判焦点。

2 日　德意志银行公布第四财季出现净亏损，原因是销售额和交易收入下降拖累了总体收入。该行第四财季净亏损 21.8 亿欧元（约合 27.1 亿美元），上年同期亏损 18.9 亿欧元。该行除税后但未计入少数股东权益前的亏损为 21.9 亿欧元。德意志银行 2017 年全年净亏损达 5.12 亿欧元，上年亏损为 14 亿欧元。受企业及投行业务表现拖累，该行第四财季整体收入下降 19% 至 57.1 亿欧元。据该行提供的平均预期，分析师此前预计该行第四财季除税但未计入少数股东权益的亏损为 13 亿欧元，收入为 61.7 亿欧元。其企业及投行业务收入减少 16% 至 27.3 亿欧元。销售及交易收入减少 27% 至 8.86 亿欧元，融资收入减少 16% 至 5.22 亿欧元。德意志银行公布，与美国税改相关的支出大约为 14 亿欧元。该支出源于其美国递延税资产估值调整。

2 日　为争取更高工资和更短工作时间，德国影响力最大的工会组织金属工业工会继续组织德国汽车行业工人罢工，活动已造成多家工厂停产。工会预计，当天有 30 万工人参加罢工。包括戴姆勒、宝马、保时捷、奥迪等德国主要汽车生产商以及博世、舍弗勒、采埃孚等多家汽车零部件公司的工人均参与其中。

5 日　德国金属工业工会同雇主达成协议，根据谈判结果，该行业两年及以上工龄的工人可以向雇主提出，将工作时间缩减到每周 28 小时，持续 6 个月到 24 个月不等，而当这一特殊时段结束后，工人有权恢复到全职工作（即 35 小时）。

6 日　德国去年 12 月的制造业订单实现超出预期的大幅增长，主要是受强劲的海外需求推动。德国经济部周二称，经季节性因素和日历因素调整后，该国 12 月制造业总订单环比增长 3.8%。此前接受《华尔街日报》调查的经济学家预计德国当月制造业订单增长 0.6%。德国经济部称，该国工业 2018 年应会迎来强劲开局。推动 12 月订单是海外需求环比 5.9% 的增长，国内订单增长 0.7%。

7 日　德国联盟党和社民党的组阁谈判落下帷幕。联盟党与社民党就《联合执政协议》取得了一致。除各领域主要政策外，双方还确定了未来政府各部门领导权在党派间的分配情况。

8日 得益于世界经济复苏，2017年德国出口连续四年创新高，出口额增幅更创下2011年以来最大涨幅。德国联邦统计局公布初步数据显示，2017年德国出口额为12794亿欧元，较上年增长6.3%。2017年德国进口额为10346亿欧元，较上年增长8.3%。贸易顺差为2449亿欧元，低于2016年的2489亿欧元。此前，德国贸易顺差连续三年创新高，德国经济增长模式备受国际社会批评。德国批发外贸商协会（BGA）表示，今年德国出口有望再创新高，预计出口额将增长5%左右，达到13400亿欧元的历史最高纪录；进口额将增长7%，达11040亿欧元。

10日 德国国防部计划调整联邦国防军在伊拉克的军事任务，今后德国将侧重在后勤和医疗卫生等领域向伊拉克政府军提供培训与咨询。国防部长冯德莱恩在访问伊拉克时表示，德军将会在未来转变和伊拉克政府军的合作方式，还将加强在首都巴格达和伊拉克中部地区的军事存在。

13日 2017年德国大选社民党的总理候选人舒尔茨宣布，将立即放弃党主席的职务。他强调，自己没有怀着痛苦和怨恨的心情离开这个职位。

16~18日 第54届慕尼黑安全会议（慕安会）在德国慕尼黑举行，来自世界各国约500名政要及各界人士出席。德国外交部长加布里尔17日的发言强调欧洲各国团结一致、联合对外彰显实力，这样欧洲才能实现和平、安全及稳定。会议主席沃尔夫冈·伊申格尔在闭幕致辞时说，在会议中，他听到了当前世界面临的朝核问题、中东乱局等挑战，也听到了促进欧洲防务联盟、"一带一路"倡议等高明见解，以及世界对于避免军备竞赛、保护主义的期待，但帮助世界远离安全危机仍缺少具体的措施建议。

19日 德国总理默克尔任命萨尔州州长克兰普-卡伦鲍尔（Annegret Kramp-Karrenbauer）为基民盟秘书长，后者由此成为该党第二号人物。

● 德国2018年将派出1.2万名军人参加在北约东部的一系列军事演习，这一数字将是2017年的三倍。根据德国国防部计划，德国参加这些演习的费用预计为9000万欧元，与2017年相比增加4000万欧元。

21日 2017年德国和中国货物贸易额达1866亿欧元。中国连续第二年成为德国最大贸易伙伴，其后分别是荷兰（1773 亿欧元）、美国（1726 亿欧元），法国列第四位。1975 ~ 2014 年，法国一直是德国第一大贸易伙伴。

24 日　第 68 届柏林国际电影节主竞赛单元各奖项于当地时间在柏林电影宫揭晓，多国合拍的争议性影片《别碰我》获最佳影片金熊奖。《别碰我》由罗马尼亚女导演阿迪娜·平蒂列执导，罗马尼亚、德国、捷克、保加利亚和法国五国合拍完成。这部电影以实验性拍摄手法，描述了身心缺陷人群的情感世界。影片因为大胆露骨的镜头语言，在电影节期间上映时曾引发大批观众离场。

26 日　德国总理默克尔领导的基民盟在柏林举行党代会，投票结果以压倒性票数通过了与社民党再度组成联合政府。这场代表大会也表决通过了默克尔亲密盟友克兰普 – 卡伦鲍尔接任党秘书长的任命案。

27 日　德国联邦行政法院裁定各城市有权禁止柴油车进城。虽然联邦政府较为排斥这种"极不受民众欢迎"的禁令，但欧盟在向柏林施压，要求其为缓解空气污染做出更大努力。

3月

4 日　社民党党员进行公投，以 66% 的赞成票同意与现任总理默克尔领导的联盟党组成大联合政府。

14 日　安格拉·默克尔在德国联邦议院投票中第四次当选德国总理。默克尔共获得 364 票赞成，高于当选所需票数。另有 315 名议员投下反对票，9 人弃权。在创下历史纪录的 171 天组阁时间之后，德国新政府正式宣誓就职。

新政府名单

内阁职位	人员	所属党派
总理	安吉拉·默克尔,女,63 岁	基民盟
总理府部长	黑尔格·布劳恩（Helge Braun）,男,45 岁	基民盟
财政部长兼副总理	奥拉夫·朔尔茨（Olaf Scholz）,男,59 岁	社民党
内务部长	霍斯特·泽霍费尔（Horst Lorenz Seehofer）,男,68 岁	基社盟

内阁职位	人员	所属党派
外交部长	海科·马斯（Heiko Maas），男，51 岁	社民党
国防部长	乌尔苏拉·冯德莱恩（Ulsula von der Leyen），女，59 岁	基民盟
经济和能源部长	彼得·阿尔特迈尔（Peter Altmaier），男，59 岁	基民盟
司法部长	卡塔琳娜·巴利（Katarina Barley），女，49 岁	社民党
劳动与社会事务部长	胡贝图斯·海勒（Hubertus Heil），男，45 岁	社民党
环境、自然保护、核安全部长	索尼娅·舒尔策（Svenja Schulze），女，49 岁	社民党
家庭部长	弗朗西斯·卡吉菲（Franziska Giffey），女，39 岁	社民党
卫生部长	延斯·施潘（Jens Spahn），男，37 岁	基民盟
教育和研究部长	安雅·卡利采克（Anja Karliczek），女，46 岁	基民盟
发展部长	盖德·穆勒（Gerd Müller），男，62 岁	基社盟
交通和数字基础设施部长	安德里斯·朔伊尔（Andreas Scheuer），男，43 岁	基社盟
食品和农业部长	尤利娅·克勒克纳（Julia Klöckner），女，45 岁	基民盟

15 日 德国汽车交通领域的学术与战略咨询机构汽车管理中心（CAM）公布了《2017 年度汽车创新报告》。根据该报告数据，2017 年度德国销售了 5.45 万辆电动车，这是 2016 年销售量的 117%。电动车所占市场份额也从上一年度的 0.8% 上升至 1.6%。

16 日 连任新一届德国总理的默克尔访问法国。德国新任外交部长马斯已于就任当天抵达巴黎，与法国外交部长勒德里昂会晤。可见，与法国的紧密合作对德国具有重要意义。

17 日 德国内政部长泽霍费尔表示，"伊斯兰教属于德国"这个说法是不对的。不过，这位基社盟主席也表示，在这里生活的穆斯林"当然属于德国"。

21 日 德国联邦总理默克尔在联邦议院发表其连任后的首次政府声明，首次坦言难民政策造成德国的分化，但伊斯兰教已经成为德国的一部分。

• 在德国被报告失踪的武器数量大幅增加。至 2018 年 1 月，共有 24531 件武器在国家武器登录册上被注明失窃或失踪，同比增加了约 18%。其中多数武器（19282 件）被报告失踪，另外 1/5（5249 件）登记为失窃。

28 日 北溪－2 股份公司发布消息称，该公司旗下旗舰项目、总造价高达 95 亿欧元的"北溪－2"天然气管道项目已经在德国取得所有必需的施工许可。北溪－2 股份公司的唯一股东系俄罗斯天然气工业股份公司（Gazprom）。

B.19
后　记

2017 年 6 月 30 日至 7 月 1 日，《德国发展报告（2017）》（德国蓝皮书）发布会、中国欧洲学会德国研究分会第 16 届年会暨"动荡欧洲背景下的德国及中德关系"学术研讨会在同济大学四平路校区举办。此次会议由同济大学德国研究中心和中国欧洲学会德国研究分会联合主办。在《德国发展报告（2017）》发布会上，同济大学常务副校长伍江和社会科学文献出版社社长谢寿光分别致辞。伍江在致辞中首先向与会者介绍了同济大学德国研究中心作为学校重点支持发展的高校智库，在过去一段时间里在咨政、科研、媒体发声等领域取得的成果，特别提到了同济大学德国研究中心在即将到来的 G20 汉堡峰会期间，将与德方伙伴举办"'一带一路'德中合作论坛"。伍江指出，为了为中德人文交流做贡献，受教育部委托，依托德国研究中心，同济大学成立了中德人文交流研究中心，并成功牵头主办了全国首届中德人文交流研讨会。伍江感谢国内同行的支持，期待大家继续给予我校德国研究中心关注和帮助，让同济德国研究成为国内和国际认可的一流品牌。谢寿光在致辞中强调，在一周之后将于德国汉堡召开 G20 领导人峰会的背景下召开《德国发展报告（2017）》发布会，具有特殊而又重要的意义。谢寿光祝贺 2016 年版《德国发展报告》荣获优秀皮书二等奖，他希望《德国发展报告》的研创进一步走向全球，使之成为吸引全球重要专家学者发表德国问题、欧洲问题以及中德关系、中欧关系原创成果的重要平台。在会上，本人就《德国发展报告（2017）》整体框架和主要内容做了介绍，并与与会专家学者分享了自己对德国 9 月大选和德法关系及欧洲一体化走向的研判。最后，中国前驻德国大使梅兆荣以"当前德国内政外交及中德关系"为题发表了主旨演讲，从德国当前内政、欧盟内部矛盾、德国外部环境，如德国与美国、俄罗斯、土耳其的关系，以及中德关系等角度做了全方位地深入阐述和分析。

在当天下午召开的中国欧洲学会德国研究分会第 16 届年会暨"动荡欧洲背景下的德国及中德关系"学术研讨会上，中国欧洲学会德国研究分会会长、中国社会科学院欧洲研究所研究员顾俊礼首先致辞。他指出，今年适逢中德建交 45 周年，因此，今年举办年会，为各位同仁提供了一个机会，大家来回顾和总结 45 年来中德关系发展中的某些经验甚至教训，共同展望中德合作未来的广阔天地，具有重要意义。他还就本届学术研讨会的主题及其相关内容做了阐释。中国欧洲学会秘书长、中国社会科学院欧洲研究所经济室主任、研究员陈新在致辞中提到德国研究分会是中国欧洲学会下属各个分会当中历史最悠久的，也是活动开展频率最高的分会。同济大学作为德国研究的重镇，有老一辈研究人员为德国研究奠定了非常好的基础，现在同济大学德国研究中心团队继往开来，把同济大学的德国研究进一步推向深入。中国驻德使馆教育处原公使衔参赞、我校原副校长、我校中德人文交流研究中心主任、研究员董琦在致辞中强调德国研究是同济大学扎根中国大地，向世界一流大学迈进的重要内容。他还重点介绍了我校中德人文交流研究中心迄今已开展的工作，包括完成"一网"、"一微信公众号"、"一书"和"一基金"的建设，并介绍了中心未来的工作计划。梅兆荣结合自身的外交调研体会，对智库和媒体在中国外交中的角色提出了希望与要求。与会专家学者围绕德国 9 月大选及内政热点、德国外交和安全政策走向、德国在欧盟中的角色及德法关系的变化、欧美和欧俄关系的变化以及中德关系的前景与挑战等议题做了相关专题报告，并就这些议题展开了充分而又热烈的讨论。

会后，《德国发展报告》主编与各位作者就 2018 年报告的选题进行了多次交流和讨论。2018 年的《德国发展报告》保持了前六年的结构框架，有总报告、政治篇、经济篇、社会文化篇、外交篇（包含中德关系）、资料篇等部分。2017 年 9 月 24 日，德国举行了联邦议院选举，随着德国另类选择党（AfD）作为第三大党首次进入联邦议院，德国迎来了 6 党体制，这也造成新政府组阁过程一波三折。在经历了德国历史上最长的组阁过程之后，默克尔领导的基民盟/基社盟和社民党终于在 3 月 14 日再次组成大联合政府，新政府在《联合执政协议》中确立了"欧洲新觉醒、德国新动力、国家新团结"的目标。有鉴于此，本书重点关注德国联邦议院选举的过程、结果及其影响，以及德国新政府在新形势下确立的内政外交新目标与举措。也正是在这样的背景下，我们将《德国发展报告（2018）》的主题确定为"默克尔 4.0 时期的德国何去何从"。

在蓝皮书撰写过程中，本人作为皮书编写单位代表，在第十八次全国皮书年会皮书研创与国别区域和全球治理研究分论坛上做了交流发言，就国别区域研究与学科和智库建设之间的关系谈了自己的看法。为了扩大《德国发展报告》的国际影响力，今年的报告和 2017 年版一样，我们继续邀请国外学者参与撰文，除了德国研究中心的外籍研究员，还有德国杜塞尔多夫大学德国与国际政党法与政治研究所、美国霍普金斯大学当代德国问题研究所的学者。我们也非常高兴德国纽伦堡应用技术大学企业管理系韦乃铭教授加入了我们的研创团队。

此外，2017 年，同济大学德国研究中心联合同济大学中德人文交流研究中心等机构也举办了一系列的学术研讨活动，为《德国发展报告（2018）》的编写提供了一个思想交流的平台。其中，特别要提到的有：7 月 8 日，同济大学德国研究中心联合学校国家创新发展研究院与德国汉堡德中企业家联合会、德国全球与区域研究中心（GIGA）在德国汉堡共同主办的"全球化与我们"暨"一带一路"德中合作论坛；9 月 27 日，同济大学德国研究中心、同济大学政治与国际关系学院欧洲研究中心、上海欧洲学会以及德国波恩大学全球研究中心联合主办，上海市国际关系学会、上海市俄罗斯东欧中亚学会、上海市世界史学会协办的"法德大选后的欧洲一体化走向"国际研讨会；9 月 28 日，由同济大学德国研究中心、中德人文交流研究中心、上海市欧美同学会留德语国家分会、德国波恩大学全球研究中心联合举办以"德国大选后的中德关系"为主题的第五届"中德论坛"；12 月 2 日至 3 日，同济大学中德人文交流研究中心、德国研究中心和中德学院联合主办，德国汉诺威莱布尼茨大学职业教育与成人教育系和德国汉诺威莱布尼茨孔子学院协办的"德国的中国能力与中国的德国能力"国际研讨会。

转眼间,《德国发展报告》已经进入了第七个年头。我们深知,我们所迈出的每一步均来之不易,不仅有各位作者的积极参与和精心供稿,也离不开社会科学文献出版社当代世界出版分社社长、马克思主义编辑部主任祝得彬和编辑王晓卿、郭红婷的大力支持和帮助。最后,还要感谢同济大学德国研究中心各位工作人员的辛勤努力。和往年一样,本报告交稿之际,新的一年的《德国发展报告》已经在构思、酝酿中,我们期待着各位专家、学者贡献智慧和创意。可以预告的是,2019 年的《德国发展报告》将主要分析和研判德国新政府执政一年后内政外交上呈现出的新特点、新趋势和遇到的新问题。

《德国发展报告(2018)》虽然付梓,然而我们的心情依然非常忐忑。书中难免疏漏和偏颇之处,还请各位专家、读者指正。

郑春荣,于上海

2018 年 5 月 1 日

Abstract

The German federal election was held on 24 September 2017. With the AfD (Alternative for Germany) entering the Bundestag—as its third largest party—for the first time, Germany now has a six-party system; this led to a lengthy and complicated formation of the new government. After the most protracted formation of a government in the history of the Federal Republic of Germany, Merkel's CDU (Christian Democratic Union), the Bavarian CSU (Christian Social Union) and the SPD (Social Democratic Party) finally, on 14 March 2018, formed a grand coalition. In the Coalition Agreement, the new government set itself the objective of "a new departure for Europe, a new momentum for Germany and a new cohesion for our nation". This book focuses on the electoral process as well as on the results and consequences of the federal election. It also looks at new goals and initiatives in domestic and foreign policies that the new government may pursue in this unprecedented situation.

The "Politics" chapter reviews the election. In 2017, the political situation in Germany experienced ups and downs. The year did not only see the election of the Federal President by the Federal Assembly, but also four state elections, namely in the Saarland, Schleswig-Holstein, North Rhine-Westphalia and Lower Saxony. At this regional level, the right-wing populist AfD continued its success. The campaign for the federal election was dominated by the debate on the refugee issue. In the election, both governing camps suffered a defeat: CDU/CSU and SPD received the lowest proportion of the vote since 1949, while the AfD became the third largest political force in the Bundestag. This not only changed the political landscape considerably, but also added uncertainty to its future. The preliminary talks aimed at forming a black-yellow-green Jamaica coalition collapsed after the withdrawal of the liberal FDP (Free Democratic Party). After mediation by the Federal President, the SPD, that had originally decided to enter the opposition, declared its readiness to hold preliminary talks with the CDU/CSU. Subsequently, an extraordinary SPD party conference agreed to launch formal coalition negotiations with the CDU/CSU. In terms of the Coalition Agreement's content, the SPD benefited most, followed by the CSU and the CDU. After the Agreement was approved by the members of the SPD and signed by the leaders of the three parties, the black-red coalition made a thrilling comeback. Yet this-fourth-Merkel government, which took a period of six months to be formed, will face a number of challenges and risks.

The German economy performed well in 2017, with GDP growing by 2. 2% and the unemployment rate falling to 5. 7% . From the supply side, however, growth in manufacturing was still weak, with a rate of 1. 8% ; from the demand side, private demand and fixed asset investment grew significantly, at rates of 2. 2% and 3. 3% respectively; the former equal to GDP growth, the latter exceeding it. Public finances achieved a surplus for the fourth consecutive year, giving the government some leeway for the implementation of a proactive fiscal policy. Faced with various challenges at home and abroad, the government proposed a series of policies to improve public and industrial infrastructure, promote education and scientific research, improve the competitive environment, expand social security, oppose trade protectionism, and strengthen international cooperation. It will play a positive role in enhancing the potential for economic growth, ensuring social fairness, safeguarding EU unity and stabilizing the international order. Economic performance in 2018 will mainly depend on demand, and it is expected that the GDP growth rate will reach 2. 7% . The chapter that deals with the "Economy" contains a paper analyzing the progress of "Industry 4. 0", a high-tech strategy that Germany has taken to innovate industrial structures and promote emerging and cutting-edge industries. Over the past two years, practical applications of "Industry 4. 0" that appeared in many regions have shown clear regional differentiation. They are mostly concentrated in the Ruhr district, in Stuttgart, Munich, Berlin and its surrounding area. Digitization, an important element of "Industry 4. 0", has developed vigorously. From the digitization of production to the expansion of broadband networks and the development of attendant legal solutions, there has been substantive progress. The speed and scale of the implementation of "Industry 4.0" has been more pronounced in large-scale enterprises than in SMEs. The latter have lagged behind in digitization and intellectualization, and the government has provided support through funds for R&D and the provision of experimental environments, where SMEs have urgent needs. While these steps are being promoted, network protection and data security have, however, become an issue that must be considered across the board, all the more so in a networked production environment. And while "Industry 4.0" is changing production, it is also impacting the social structure. The interaction of people and machines, the position of employees in future production and the skills required by them, all these are challenges faced by enterprises, society, and government. Another paper in the "Economy" chapter analyzes the background, content, and challenges of the new government's energy and climate policy. There is a large gap between the goals of the energy transition and the government's climate policies and results achieved so far. The expansion of renewable energy has exceeded expectations, but the energy and climate indicators in all other main areas have missed the target. The new government has therefore significantly lowered the priorities of the energy and climate policy in its agenda. If policies are guided by the Coalition Agreement, it will mean abandoning Germany's coveted pioneer position in international climate protection. Unless urgent and adequate measures are taken, Germany will not only fail to achieve the energy and climate goals for 2020, but will also have difficulties in realizing the goals for 2030.

The "Society and Culture" chapter starts by discussing Europe's Zeitgeist by introducing the Austrian writer Robert Menasse, whose novel *Die Hauptstadt* (*The Capital*) focuses on the European elite. The plot is closely connected to the life of Europeans and provides possible answers to urgent questions, especially to the future-oriented question of a European identity, and it provides some explanations for inevitable change. Against the background of Germany being widely regarded as a model state in confronting its past, another paper in the "Society and Culture" chapter discusses new challenges faced by Germany in dealing with past injustices it committed and the attendant position of the German government. The third paper focuses on the status quo, trends and challenges of digital education in Germany as well as relevant contents in the Coalition Agreement. Germany's digital education strategy, just as its entire digital strategy, is still in a formative phase. If the issue of the decentralization of responsibilities can be resolved during the current government's term of office and the general conditions for digital education can be improved, substantial progress could be achieved in the digitization of education, thus promoting the digitization of the entire economy and society. The last paper in this chapter focuses on language courses for refugees. After a large number of refugees arrived in Germany, the lack of relevant courses and the shortage of teachers became issues that the government must face when formulating policies for the integration of refugees.

The "Foreign Policy" chapter focuses on the relationships between Germany and France, Germany and the US, and Germany and China. 2017 saw a window of opportunity for a new departure in European integration and a restart of the German-Franco Tandem. France, Germany and the EU have given impetus to this reform, and progress is expected particularly concerning the common security and defense policy and the eurozone. There are, however, obvious divergences on which paths and what directions to take. The degree to which the new German-Franco Tandem achieves compromise and the outcome of the interplay among various stakeholders determine the success of this reform process. In terms of German-US relations, adhering to the slogan "America First", the Trump administration pursues a protectionist trade policy, and its preparedness to assume defense obligations in NATO has declined. While this has on the one hand undermined the basis for cooperation in the transatlantic partnership, it has on the other hand given the two sides an opportunity to review the principles for alliance cooperation, goals, and strategies. Against the background of a shift in global power, the transatlantic partnership remains the most important strategic resource for Germany and the United States in maintaining international order and defending the Western values of freedom and democracy. In 2016, Germany for the first time became the largest European recipient of China's foreign direct investment, and China's annual direct investment in Germany surpassed Germany's investment in China for the first time. Especially in the past two years, the upsurge of mergers and acquisitions of German high-tech companies by Chinese-funded enterprises has caused concern and a strong response from all walks of German society. In 2017, the German government abandoned its moderation and, after sending a letter to the European Commission without achieving the expected result, took the lead in monitoring and controlling foreign direct investment more closely at the national level. There are two papers in this chapter that discuss the impact of China's investment in Germany and the attendant views of various German actors. It is against this background that Germany is for a second time since 2007 engaged in a debate on its policy toward China in which many participants display a new skepticism vis-à-vis China. They advocate an adjustment of German diplomacy towards China including a tough line. What is different this time is that the proposed policy changes are not only "tactical" ones regarding specific issues, but also encompass the "strategic" dimension of political thinking on China; they not only apply to adjustments made by Germany alone, but also aim at a consensus of the EU as a whole; and they do not only advocate a change of the EU's view of China, but figure as an essential element of a "collective revision" of China policy by an "Enlarged West" including the United States. Finally, there is a paper elaborating on Germany's political and economic activities in Afghanistan during recent years, including on the opportunities and challenges of the cooperation between China and Germany in the reconstruction of Afghanistan.

Keywords: Germany; Federal Election; Economic Situation; Social Integration; Foreign Policy

Contents

I General Report

Abstract: The "Merkel 4. 0" government has set itself the objective of achieving "a new departure for Europe, a new momentum for Germany and a new cohesion for our nation". Within this "triad", not withstanding the "new departure for Europe" and the "new momentum for Germany", all efforts are eventually serving one ambition: "a new cohesion for our nation". After the general election, the two losing camps —the CDU/CSU and the SPD —formed a coalition government, focusing their domestic policy on citizens' daily life, especially addressing the social divide and the rebuilding of social cohesion. The "grand" coalition suffers from a shrinking scope of action and faces its biggest challenge in deciding how to deal with the "attacks" that the AfD launches from inside and outside of parliament. In foreign policy, the new government is based on the recognition that "global challenges need European answers". It will continue the active and productive foreign policy pursued by the previous government, recognizing that "Europe has to take its fate into its own hands" by increasing its engagement. Currently there is a window of opportunity for reforming the EU. But not much time is left for Germany and the EU, as the 2019 election for the European Parliament will be on the agenda soon after the summer. If no early breakthroughs are made on such issues as Brexit, EU reforms, etc. , the anti-EU populists' knives will be out.

Keywords: Germany; Grand Coalition; Social Welfare; Internal Security; European Orientation

Ⅱ Politics

B. 2 The German Party Landscape in 2017

Lucy Kinski, Thomas Poguntke / 019

Abstract: In 2017, there was quite some turbulence in German politics. The year did not only see the elections of the Federal President by the Federal Assembly, but also four state elections, namely in the Saarland, Schleswig-Holstein, North Rhine-Westphalia and Lower Saxony. At this regional level, the right-wing populist AfD continued its success. In the federal election, the parties that had formed a grand coalition lost heavily, only to re-enter into the same alliance after a protracted process of government formation. The AfD entered parliament as the third strongest party. The federal election campaign was dominated by the refugee debate. The Bundestag changed the Basic Law to exclude unconstitutional parties from state financing and tax advantages.

Keywords: Party System; German Politics; Federal Parliamentary Elections; Government Formation; New Parties

B. 3 A Changeable Election Year and the Thrilling Comeback of the Grand Coalition *Wang Guangcheng* / 051

Abstract: After the rapid vanishing of the "Schulz effect", the SPD lost in three successive state elections. In the program for the federal election, Martin Schulz focused on social justice to highlight the SPD's characteristics, but to limited effect: the gap to the CDU/CSU continued to widen. The voting share of the CDU, the CSU and the SPD in the general election was the lowest since 1949, while the AfD became the third largest political force. This not only changed the political landscape considerably, but also added uncertainty to its future. The preliminary talks aimed at forming a - black, yellow and green - Jamaica coalition collapsed after the withdrawal of the liberal FDP (Free Democratic Party). After mediation by the Federal President, the SPD, that had originally decided to enter the opposition, declared its readiness to hold preliminary talks with the CDU/CSU. Subsequently, an extraordinary SPD party conference agreed to launch formal coalition negotiations with the CDU/CSU. In terms of the Coalition Agreement's content, the SPD benefits the most, followed by the CSU, while the CDU benefits least. After the Agreement was approved by the members of the SPD and signed by the leaders of the three parties, the black-red coalition made a thrilling comeback. Yet this-fourth-Merkel government, which took six months to be formed, will face a number of challenges and risks.

Keywords: State Elections; Schulz; Federal Elections; Coalition Negotiations; Black-Red Coalition

III Economy

B. 4 A Report on Germany's Economy and Public Finances in 2017 *Feng Xiao, Zhu Yanyuan* / 081

Abstract: The article deals with three issues. The first part focuses on the

德国蓝皮书

economic performance of Germany in 2017, including domestic production, employment, income and distribution, liquidity, interest rates, price levels, demand structure. The second part focuses on Germany's public finances and fiscal policies in 2017, including the government's revenue and expense statement, deficits, federal fiscal policies. The third part contains an outlook on Germany's economic policies for the immediate future and forecasts growth prospects. To sum up, the authors hold that Germany's economy is in the midst of a strong recovery and that future policies reflect the government's reactions to issues such as an aging population, digitization, globalization, climate change. The recovery of the past four years is forecast to continue in 2018, with an estimated GDP growth rate of 2.7%.

Keywords: German Economy; Public Finances; Fiscal Policy

B. 5 Progress and Challenges of Germany's "Industry 4. 0"

Shi Shiwei, Kou Kou / 105

Abstract: Over the past years, Germany has on the one hand been a leader in traditional industries while on the other hand it faced a "competence trap": strong existing industries attracted many resources, while newly established industries did not grow sufficiently. The federal government launched the strategy "Industry 4. 0" in order to promote the development of emerging sectors and mitigate negative effects of path dependence. This paper analyzes the progress of "Industry 4. 0" over the past two years and attendant new measures taken by the federal government. Meanwhile, "Industry 4. 0" creates challenges for cyber security and society at large. With the implementation of the Made in China 2025", renewed progress has been made in Sino-German cooperation on innovation. This paper compares bilateral cooperation in this area.

Keywords: "Industry 4. 0"; Innovation Policy; Made in China 2025

Abstract: This paper describes the current status of Germany's energy and climate policy in 2017 and analyzes the reasons for the gap between the goals of the energy transition and the results achieved so far. It gives an overview of the relevant contents of the Coalition Agreement and undertakes a brief analysis on the new government's energy and climate policies. For 2017, the expansion of renewable energy has exceeded expectations, but the energy and climate indicators in all other main areas have missed the target. Due to the delay in the formation of a new government and the complex development of the international and domestic political environment, the new government has significantly lowered the priorities of energy and climate policy in its agenda. This paper holds the view that the energy and climate policy laid down in the Coalition Agreement is not well aligned with the objectives of the Paris Agreement. If policies are guided by the Coalition Agreement, it will mean abandoning Germany's coveted pioneer position in international climate protection. Unless urgent and adequate measures are taken, Germany will not only fail to achieve the energy and climate goals for 2020, but will also have difficulties in realizing the goals for 2030.

Keywords: Germany; Grand Coalition; Coalition Agreement; Energy and Climate Policy; Energy Transition

IV Society and Culture

Abstract: At the time of the Great Regression, one could interpret it as a metaphor that *Die Hauptstadt* (*The Capital*) by Austrian novelist Robert Menasse, focusing on the European elites in Brussels, won the 2017 German Book Prize as best German language novel of the year. Menasse constructs a three-layer-plot. Firstly, the European Commission's Directorate-General for Culture plans a so-called "Grand Jubilee Project" with Auschwitz at its center as a symbol of European historical experience and of lessons learnt. Secondly, an emeritus professor of economy from Vienna proposes in a Brussels think tank that a new European capital be built to develop a "Europe of European citizens". The site for the capital is to be Auschwitz. Thirdly, a detective plot deals with a secret alliance between NATO and the Vatican to eliminate Islamic extremism. The three layers are interwoven to depict, as a "Vorabend-Roman" (novel of eve), the current atmosphere in Europe. The plot is closely connected to the life of Europeans and provides possible answers to urgent questions, especially to the future-oriented question on European identity. The inevitable change of the times is viewed in a cultural dimension.

Keywords: Europe; Menasse; Auschwitz; Vorabend-Roman

B. 8　New Challenges for Germany on Redress and Reparations for Past Injustices　　　　　　　　　　　　*Wolfgang Röhr* / 174

Abstract: For Germany, which in dealing with past injustices is often regarded as exemplary, 2017 brought new challenges: Poland and Greece demanded reparations for World War II, Namibian peoples sued for damages for the genocide committed against their ancestors more than a century ago. In the Berlin Humboldt Forum, the question was raised whether exhibits from Africa and Asia are "Prussian" cultural assets. Volkswagen had to justify its behavior during the military dictatorial regime in Brazil. And a right wing populist politician demanded no less than a U-turn in Germany's commemorative culture.

Keywords: Germany; Reparations; Poland; Restitution of Cultural Assets; Commemorative Culture

B. 9　Digital Education in Germany: The Present Situation,

　　Challenges and Countermeasures　　　　　　*Yu Zhouming* / 188

Abstract: Education plays an important role in the digitization of the economy and society at large. But the role of digitization in education in Germany is still not satisfactory. The German government is fully aware of this and therefore launched an "Educational Initiative for the Digital Knowledge Society". This strategy regards educating people as a key factor in the process of digitization, and its understanding of digital ability includes both the technical and the social field. Its measures and objectives cover all aspects of general education, vocational education and lifelong learning. But due to the constraints of federalism and other factors, this strategy faces a number of problems such as a multitude of actors, an incomplete system and a high degree of uncertainty. In March 2018 the new government was established. The Coalition Agreement embodies the new government's determination to promote digital education. If it is able to solve existing problems and improve the general conditions, the digitization of education in Germany can be greatly developed.

Keywords: Germany; Education; Digitization; Digital Strategy

B. 10　German Policies, Procedures and Results Concerning

　　the Integration of Refugees through Language Studies

　　　　　　　　　　　　　　　　　　　Guo Jing / 207

Abstract: Since the commencement of the European refugee crisis, Germany has received a large number of refugees from Syria, Iraq and Africa, making it the second largest immigration country in the world. In order to help these immigrants integrate into German society as quickly as possible, the government introduced new revised and expanded policies and procedures aimed at integration. This paper briefly introduces these policies, sets out details of language integration procedures and their results, including integration courses for different groups, vocational language programs for those who are able to work as well as language promotion programs for college students and those who are willing to study. From data on course participation and the passing of tests we can infer that these language courses are of a high quality and have achieved good results. But the lack of relevant courses and the shortage of teachers have become problems that the government must face when formulating policies for integrating refugees.

Keywords: Germany; Refugees; Integration Policies; Language Integration

V Foreign Policy

B. 11 The New German-Franco Tandem and the Reform
of European Integration *Wu Huiping* / 232

Abstract: 2017 saw a window of opportunity for a new departure in European integration and a restart of the German-Franco Tandem. France, Germany and the EU have given impetus to this reform, and progress is expected particularly concerning the common security and defense policy and the eurozone. There are, however, obvious divergences on which paths and what directions to take. The degree to which the new German-Franco Tandem achieves compromise and the outcome of the interplay among various stake holders will determine the success of this reform process.

Keywords: German-Franco Relations; New German-Franco Tandem; European Integration

B. 12 Reflect, Redefine, Renew: Priorities for German-
American Relations *Jackson Janes, Yixiang Xu* / 250

Abstract: Adhering to the slogan "America First", the Trump administration pursues a protectionist trade policy, and its preparedness to assume defense obligations in NATO has declined. While this has on the one hand undermined the foundation for cooperation in the transatlantic partnership, it has on the other hand given the two sides an opportunity to review their principles for alliance cooperation, goals, and strategies. As leader of the European Union, Germany needs to assume more responsibility to promote the integration of the European Union on defense. An EU with more "strategic autonomy" should become an important military complement to NATO. In the face of Russia's military threats in Eastern Europe, strengthening NATO operations remains crucial to the United States and the EU; both do not only have a broad consensus on traditional security threats, but also on cyber security issues. These issues will become a new area for both sides to deepen NATO cooperation. Although the United States is strongly dissatisfied with Germany's huge trade surplus, the common opponent of Europe and the United States in international trade is China. Against the background of a shift in global power, the transatlantic partnership remains the most important strategic resource for Germany and the United States in maintaining international order and defending the Western values of freedom and democracy.

Keywords: German-American Relations; Transatlantic Partnership; NATO; Trade and Investment; Cyber Security

B. 13 Seeking a New Strategy toward China
—*Will Germany Pivot to a "New West"?*

Zhao Ke, Sun Wanlu / 264

Abstract: At present, Germany is for a second time since 2007 engaged in a debate on its policy toward China, in which many participants display a new skepticism vis-à-vis China. They advocate an adjustment of German diplomacy including a tough line. What is different this time is that the proposed policy changes are not only "tactical" ones regarding specific issues, but also encompass the "strategic" dimension of political thinking on China. They not only apply to adjustments made by Germany alone, but also aim at a consensus of the EU as a whole; they do not only advocate a change of the EU's view of China, but figure as an essential element of a "collective revision" of China policy by an "Enlarged West" including the United States.

Keywords: China-German Relations; New West; German Diplomacy; Change by Trade; Enlarged West

B. 14　The Development of Chinese Outward FDI in Germany and its Impact on German Society　　*Wei Naiming* / 276

Abstract: After having gone through a learning and integration phase in the German market for some ten years, Chinese companies have since 2011 focused their M&A activities in Germany on technology-intensive areas related to the manufacturing industry. Triggered by the controversial public debate in 2016 of the take over of high-tech star Kuka AG by the Chinese company Midea, the German government tightened its regulations for FDI in July 2017. The article analyzes the political, economic and social circumstances of this regulatory change based on statistics and survey results. The author argues that a tense relationship between China on the one hand and the West and Germany on the other hand, caused by political and normative discrepancies as well as by economic inter-dependence and competition, is inevitable. Based on the principle of mutual respect and understanding, both the Chinese and the German governments should use this policy change as an opportunity for a constructive dialogue with a view to achieving a reasonable balance in the re-construction of a new world economic order.

Keywords: Chinese M&A Activities; Regulatory Restrictions on FDI; Technology Transfer

Abstract: In 2016, Germany for the first time became the largest European recipient of China's OFDI, and China's annual OFDI in Germany exceeded Germany's investment in China. In 2017, the German government abandoned its usual moderation and, after sending a letter to the European Commission without achieving the expected result, took the lead in monitoring and controlling OFDI more closely at the national level. This article focuses on China's non-financial direct investment in Germany, explains the status quo and future developments, and summarizes and analyzes Germany's positions and responses from three perspectives, namely government, enterprises and economic research institutes. Finally, it will attempt to forecast future reactions of Germany and the EU to direct investment from China.

Keywords: Economic and Trade Relations Between Germany and China; OFDI; Mergers and Acquisitions

Abstract: In recent years, the Afghanistan issue has become a hot topic in Germany, resulting in a plethora of debates. Different views have emerged on how to deal with this issue. Political forces such as the AfD are leveling fierce criticism against the government's policy and its activities in Afghanistan. Against this background, the political, economic and social reconstruction in Afghanistan has since 2001 become an issue of major significance for the German government. With Germany playing a greater role in its reconstruction, Afghanistan has received more German aid than any other country in the world. Germany's reconstruction in Afghanistan is based on its Western democratic values and political model, aimed at promoting the country's capacity for good governance and at preventing Afghanistan from becoming a haven for terrorists and a source of refugees. Meanwhile, based on common German-Chinese interests in Afghanistan, Germany will continue its cooperation with China in a number of fields.

Keywords: Germany; Afghanistan; China; The Belt and Road

Ⅵ   Data and Statistics

General Report

The Domestic and Foreign Policies of the "Merkel 4. 0" Government[*]

Zheng Chunrong[**]

Abstract: The "Merkel 4. 0" government has set itself the objective of achieving "a new departure for Europe, a new momentum for Germany and a new cohesion for our nation". Within this "triad", not with standing the "new departure for Europe" and the "new momentum for Germany", all efforts are eventually serving one ambition: "a new cohesion for our nation". After the general election, the two losing camps—the CDU/CSU and the SPD—formed a coalition government, focusing their domestic policy on citizens' daily life, especially addressing the social divide

* This paper is a result of the National Social Science Foundation project "Study on New Trends of German Foreign Policy and China's Coping Strategy" (Project serial No. 14BG009).

** Zheng Chunrong, Professor, Ph. D. , Director, German Studies Center; Director, Institute for German and EU Studies, Tongji University.

and the rebuilding of social cohesion. The "grand" coalition suffers from a shrinking scope of action and faces its biggest challenge in deciding how to deal with the "attacks" that the AfD (Alternative for Germany) launches from inside and outside of parliament. In foreign policy, the new government is based on the recognition that "global challenges need European answers". It will continue the active and productive foreign policy pursued by the previous government, recognizing that "Europe has to take its fate into its own hands" by increasing its engagement. Currently there is a window of opportunity for reforming the EU. But not much time is left for Germany and the EU, as the 2019 election for the European Parliament will be on the agenda soon after the summer. If no early breakthroughs are made on such issues as Brexit, EU reforms, etc. , the anti-EU populists' knives will be out.

Key words: Germany; Grand Coalition; Domestic Affairs; Foreign Policy

On March 14, 2018, 171 days after the German general election on Sept. 24, 2017, the CDU (Christian Democratic Union) /CSU (The Bavarian Christian Social Union) and the SPD (Social Democratic Party) finally joined forces to form a new government, and Angela Merkel could embark on her fourth term as German Federal Chancellor ("Merkel 4. 0"). The formation of this government was the most protracted in the history of the Federal Republic of Germany. Immediately after the election, the SPD, due to its poor showing, insisted on going into the opposition. Hence the only viable possibility to form a government was for the Union parties, the Free Democratic Party (FDP) and the Greens to form a black-yellow-green "Jamaica" coalition. However, exploratory talks between these parties finally failed. Persuaded by Federal President Steinmeier, the SPD did an about-face and sat down for exploratory talks with the Union parties. During these talks, voices opposing a grand coalition ("GroKo") became increasingly loud within the SPD. Still, 56.4% of the participants at an internal meeting on Jan. 21, 2018 voted in favor of starting formal negotiations on forming a coalition with the Union parties. In a poll among all members of the SPD that was made public on Mar. 4, 66.02% of the participating party members voted in favor of the Coalition Agreement. What with the formation of the government being so complicated and time-consuming, it seems that the traditionally stable German political landscape is undergoing some subtle change. The "old" new government should not idle along "filling old wine in new bottles", but aim at bringing about real change. When he appointed the new government, President Steinmeier pointedly called on it to "win back the trust" of the German people.

The new government set itself the objective of achieving "a new departure for Europe, a new momentum for Germany and a new cohesion for our nation"[1]. These three goals are all qualified by the adjective "new", thus showing the government's determination to bring about change. The interrelation of the three goals within this triad shows that both the "new departure for Europe" and the "new momentum for Germany" serve one ultimate aim – "a new cohesion for our nation". Immediately after taking office, in her government policy statement during the first session of parliament, Merkel highlighted the need for and way to strengthen social cohesion[2]. How can the government achieve this "triad" of objectives? Which steps will it take in both domestic and foreign affairs? What are the challenges? These questions will subsequently be addressed.

Ⅰ The shrinking scope of action of the "Grand" coalition

This hard-earned grand coalition is the third such coalition that Merkel has forged with the SPD, but a seriously diminished one. At the time of the first grand coalition, the Union parties and the SPD had still reached a combined 69.4% of

---

[1] *Ein neuer Aufbruch für Europa. Eine neue Dynamik für Deutschland. Ein neuer Zusammenhalt für unser Land. Koalitionsvertrag zwischen CDU, CSU und SPD*, Berlin, Feb. 7, 2018.

[2] "Regierungserklärung von Bundeskanzlerin Merkel", 21. März 2018, https://www.bundesregierung. de/Content/DE/Regierungserklaerung/2018/2018 – 03 – 22 – regierungserklaerung – merkel. html.

the votes. This percentage dropped to 67. 2% for the second grand coalition. Now, for the "Grand Coalition 3. 0", the combined vote slumped to 53. 4%. The Union parties and the SPD are the two mainstream "people's parties" ("Volksparteien"). Yet it is embarrassing for the SPD that the designation "people's party" no longer fits it, as the gap between the 20. 5% of the vote it received in the September 2017 election and the minimum of 30% required under the scholarly definition to qualify as a "people's party" is too large to be ignored[1]. An even greater potential challenge for the entire grand coalition is the record low that the SPD reached in opinion polls during the negotiations for the formation of the cabinet. According to an ARD opinion poll of February, support for the SPD fell to 18%, just 4 percentage point higher than the 14% for the AfD. The extended period of time that a two-party coalition has governed has apparently gradually led to the pattern of a cartel party[2], where the two "people's parties" are weakened while minority parties become increasingly attractive, leading to a further fragmentation of the political landscape[3]. As long as the pattern of the two governing parties persists there is reason for concern about a continuing decline in support for the major parties.

Moreover, within the two major parties divergences of views between the leadership and the grassroots members cause internal friction. One example of such friction is the "No GroKo" movement started by the Youth Wing of the SPD. At a critical time, when the former president of the European Parliament and chairman of the SPD Martin Schulz had to resign from the party leadership because of his changeable position on whether to form a grand coalition and join the Merkel cabinet, the leader of the SPD parliamentary group in the Bundestag Andrea Nahles was elected as chairperson. But it remains to be seen whether this first female leader of Germany's oldest political party can put down the internal

---

[1] Manfred G. Schmidt, *Wörterbuch zur Politik*, 3. , überarbeitete und aktualisierte Auflage, Stuttgart: Kröner-Verlag, 2010.

[2] Gao Qiqi, Zhang Jiawei, "The Rise of Cartel Party Pattern in Germany and Analysis of Causes", *Deutschland Studien*, No. 1, 2016, pp. 18 – 32.

[3] Patrick Gensing, "SPD in der Krise Volkspartei ohne Volk?", tagesschau. de, Feb. 2, 2018, http: //faktenfinder. tagesschau. de/inland/spd – volkspartei – 101. html.

rebellion. Should support for the SPD in opinion polls continue to decline while the party governs jointly with the CDU/CSU, those in the SPD who are supportive of the grand coalition will come under great pressure.

Within the CDU, grassroots members are generally dissatisfied with the Merkel-led team for the concessions it made to the SPD in the coalition negotiations. At the Feb. 26, 2018 CDU party convention in Berlin, out of someone thousand representatives only 27 voted against the Coalition Agreement. But while the majority of Christian Democrats are supportive of the grand coalition, grumbling about their party's disastrous election result and the concessions made to the SPD, especially handing over the finance ministry to the SPD, cannot be covered up. To pacify criticism from within the party, Merkel made some conciliatory moves on personnel issues. Younger people were appointed to ministerial positions, such as Jens Spahn, aged 37, who became minister of health, Julia Klöckner, 46 years old, who took over the ministry of agriculture, and Anja Karliczek, also 46 years old, who became minister of education. The appointment of Jens Spahn, a conservative who used to keep his distance from Merkel's refugee policy, is taken as a signal of good will and reconciliation from Merkel to her opponents within the party. Meanwhile, the Minister-President of the Saarland, Annegret Kramp-Karrenbauer, "volunteered" to become the party's new Secretary General. "AKK" is a friend to all sides because she holds conservative views on some social issues while being known for a more open attitude toward welfare policy. She will take charge of the reform of the party and the modification of its program, thus giving Merkel leeway to temporarily shake off internal criticism because of her failure to make inner-party changes. AKK is nicknamed "Mini-Merkel" and deemed by many CDU members as a promising successor to Merkel. Now playing to a larger audience, she can fully display her ability to make a difference in politics at the federal level. All in all, however, old problems continue to persist, and the two major parties must seriously consider how to bridge differences between their respective leaders and the grassroots members and how to strengthen internal cohesion.

Apart from its shrinking support, another headache for the "grand" coalition is the negative influence the AfD may exert in parliament. Studies have found that in the 2017 general election the social divide in voter participation decreased, and this was mainly because voters in socially precarious voting districts that had usually recorded the lowest voter participation this time did participate: to vote for the AfD ("AfD effect"). Meanwhile, this election also revealed a new line of conflict, namely the division between skeptics and supporters of modernization, between milieus that open up to globalization and those that want to preserve the status quo. This new dividing line has already influenced the public debate, especially the mode of discourse on refugee-related topics in parliament. This dividing line might possibly exert a long-lasting influence on the German party system[1]. Nowadays, with the AfD as the biggest opposition party in parliament, an AfD member serves as chairman of the influential Budget Committee. Also the chairmen of the Committee on Legal Affairs and the Committee on Tourism are AfD members. According to Rule 59-74 of the Rules of Procedure of the Bundestag[2], the chairperson of a committee shall prepare, convene and preside over committee meetings as well as implement the committee's decisions[3]. So there is a possibility that the AfD could impair procedures in the Budget Committee.

An important indicator of the grand coalition government's scope of action is whether it holds a majority in the upper house ("Bundesrat"). Yet, the black-red coalition government does not have such a majority. The states ("Länder") that the coalition parties govern jointly—Lower Saxony, Mecklenburg-Vorpommern, Saxony and the Saarland plus the CSU—governed Bavaria-reach only 22 votes out of a total of 69, much less than the majority of 35. For the coalition government to obtain a majority, it needs support from at least three of the states that the Greens jointly govern with other parties, e. g. the Greens-CDU-governed Baden-Württemberg, the CDU-Greens-governed Hesse, or the SPD-Greens-governed city-states Hamburg and Bremen. Generally speaking, it is not very likely that the Greens would oppose the coalition government in the upper house, as many of the

---

① "The 2017 Bundestag Election: Election results reveal new line of conflict in Germany's democracy", https://www. bertelsmann – stiftung. de/en/topics/aktuelle – meldungen/2017/oktober/the – 2017 – bundestag – election – election – results – reveal – new – line – of – conflict – in – germanys – democracy/.

② Geschäftsordnung des Deutschen Bundestages in der Fassung der Bekanntmachung vom 2. Juli 1980 (BGBl. I S. 1237), zuletzt geändert laut Bekanntmachung vom 12. Juni 2017 (BGBl. I S. 1877).

③ Peter Boehringer, chairman of the Budget Committee, is an AfD MP who opposes the coalition's policies on supporting the Euro and on refugees.

policies on social welfare agreed upon by the Union parties and the SPD in the Coalition Agreement concur with Green positions.

While three opposition parties—the Left Party, the FDP and the Greens—are represented in the upper house since they co-govern certain federal states, their influence is actually limited. They can prevent laws that require approval ("Zustimmungsgesetze") from being passed, but they can do nothing against laws that do not require approval ("Einspruchsgesetze") nor can they enact draft proposals by opposition parties, as they would be unable to obtain the majority required. Among the reform projects of the black-red coalition government, many concern the labor market and pensions. Laws on such issues, e. g. on the curbing of labor contracts that are concluded only for a fixed term without a valid reason, the return to parity in the contributions of employers and employees in social health insurance, the retention of a level of pensions equivalent to 48% of the last net payment before retirement, or laws introducing a basic pension or imposing a limit to rising rents etc. usually do not require approval. Bills such as the one reducing the "solidarity surcharge" that are part of the Coalition Agreement do however require the approval of the upper house, as they affect the finances of the federal states. Similarly, designating nations whose citizens are rarely granted political asylum (below 5% of applications), such as Morocco, Algeria, Tunisia and others, as countries of safe origin also requires approval. Other bills definitely require approval, like the one proposed by the CDU/CSU and the SPD about abolishing the "ban on cooperation" ("Kooperationsverbot") between the federation and the states in education; this requires an amendment of the constitution (Basic Law) for which a 2/3 majority vote in both the federal parliament and the upper house are necessary. Since the Greens, the FDP and the Left Party have long demanded that this ban be repealed, there would not be much headwind in passing this bill. On other issues such as the designation of nations of safe origin there are very likely to be objections by the Greens, for they think this bill violates the legitimate right of individuals to asylum[1].

---

[1] "Macht der Bundesrat der Groko einen Strich durch die Rechnung?", Merkur. de, Feb. 9, 2018, https: //www. merkur. de/politik/macht – bundesrat – groko – einen – strich – durch – rechnung – zr – 9603544. html.

"After the election is before the election." There will be parliamentary elections in two German federal states in October 2018: in Bavaria on Oct. 14 and in Hesse on Oct. 28. The Bavarian election is particularly noteworthy. According to an opinion poll by the Forsa Institute of Feb. 25, 2018, the AfD could gain 10% of the votes, whereas the CSU could receive as little as 42% of the votes and would probably lose the absolute majority of seats (since 2013 the CSU has been able to govern Bavaria alone with 47.7% of the votes). After the CSU's poor show (6.2%) in the federal election in September 2017, it put forward a "10-point plan" requesting the Union parties to undertake a turn to the right in their program. Fearing another bruise in the forthcoming election, CSU leader Federal Minister of the Interior Seehofer restarted the debate on whether "Muslims belong to Germany" immediately after he took office, in an attempt to win back the voters that have moved to the AfD and to create a favorable atmosphere for the CSU in the forthcoming election by impressing upon voters its tough stance on refugee issues.

To sum up, the Merkel 4.0 "Grand" coalition suffers from a shrinking scope of action and the government faces its biggest challenge in deciding how to counter the attacks that the AfD launches from inside and outside of parliament. To deal with this, the parties in power not only stress the need for better coordination on policy issues but also highlight the importance of parliamentary debate. Apparently the major parties intend to "disenchant" the AfD by forcing it into debates of concrete issues.

II Key issues of domestic policy: social welfare, security and integration

Recent years have seen sound economic growth in Germany, which in turn provides the new government with ample financial means to fulfill its responsibilities. The robust economic growth is based on Germany's high export. According to the prediction of the "Five Sages of Economy", Germany's GDP will increase by 2.3% in 2018 and by 1.9% in 2019. Since the German economy is heavily export-dependent, potential risks still exist: mainly because of a possible rise of trade protectionism across the world, the uncertain result of the Brexit negotiations and especially the penalty tariffs that the US imposed on the import of aluminum and steel[1].

The new Coalition Agreement has 177 pages and 13 chapters[2]. On domestic affairs it concerns mainly social welfare, national security and the integration of refugees. This article will now analyze steps that the new government will take in domestic affairs.

At the final stage of the negotiation, the most controversial topics were the requirements the SPD raised concerning labor market and health policy. On labor market policy, compromises achieved between the Union parties and the SPD include the following: In companies with more than 45 employees, employees will have the option to return from a part-time job to a full-time job; yet, in enterprises with 45 to 200 employees, only 1/15 of the employees will have this option. In other words, only employees of companies with more than 200 employees can fully enjoy this right. The contribution for unemployment insurance will be reduced by 0. 3 percentage points; the Union parties and the SPD hope to get the long-term unemployed back to work by providing them with subsidized jobs in a social labor market. Another controversial issue is labor contracts that have a fixed-term without a valid reason. At the request of the SPD, the time limit for such contracts has been reduced from a maximum of two years to one year and a half. The size of companies will be considered in deciding how many fixed-term contracts can be concluded; e. g. a company with more than 75 employees can sign such contracts with only 2. 5% of its staff. It will no longer be possible to conclude repeated fixed-term contracts. On issues of migration, both the Union

---

① "Neue Konjunkturprognose Kräftiges Wachstum-trotz Handelsstreits", tagesschau. de, Mar. 21, 2018, http: //www. tagesschau. de/wirtschaft/wirtschaftsweise – 117. html.

② Katharina Schuler and Lisa Caspari, "Koalitionsvertrag: Keine Zeit für 177 Seiten? Worauf sich SPD und Union verständigt haben", Zeit Online, Feb. 7, 2018, http: //www. zeit. de/politik/ deutschland/2018 – 02/grosse – koalition – koalitionsvertrag – union – spd; "GroKo – Gespräche: Was Union und SPD vereinbart haben", tagesschau. de, Feb. 7, 2018, http: // www. tagesschau. de/inland/union – spd – ergebnisse – 101. html; "Union und SPD: Das steht im Koalitionsvertrag", Spiegel Online, Feb. 7, 2018, http: //www. spiegel. de/politik/deutschland/ groko – verhandlungen – das – steht – im – koalitionsvertrag – a – 1191414. html.

parties and the SPD see a need for the immigration of more qualified personnel. To address the lack of qualified staff in all areas, they agreed on an immigration law. The most notable structural challenge for the German economy is the shortage of qualified staff. In a survey made by the Federation of German Industry and Commerce in autumn 2017, all enterprises surveyed described the shortage of qualified staff as the biggest risk for their business activity and pointed out that this problem is becoming more and more serious. The Five Sages of Economy also predicted that the shortage of labor would increasingly hamper the growth of the economy[1].

In health policy, the SPD demanded the abolition of what it calls the "two classes" public-private health insurance system, but the Union parties did not make any concession in this regard. As a result, the two sides agreed in the Coalition Agreement to set up a committee that will make proposals on how to narrow down the difference between payments to physicians for treating members of social and private members of insurance. According to plan, this committee shall put forward its proposals by the end of 2019; a decision will then be made on whether they will be implemented or not. In addition, the new government will set up an "immediate action program" to help members of social health insurance to gain easier access to benefits and treatment. With regard to social health insurance, parity of the contributions of employer and employee will be restored. Presently employer and employee equally share a contribution of 14.6% of the employee's wages; in addition, the employee pays an additional contribution of, on average, about 1% of his wages. In order to allay the shortage of nursing staff, an "immediate and appreciable" improvement of working conditions and payment of staff in senior citizens' homes and in clinics is planned. Staffing is going to be improved and, as a first step, 8,000 new workplaces for nursing professionals will be created. Regarding pensions, their level, i.e. the ratio of pension to salary, should until 2025 not be lower than today's ratio of 48%. Establishing this ratio aims at boosting people's confidence in the social pension system over the long-

---

① "Neue Konjunkturprognose Kräftiges Wachstum – trotz Handelsstreits", tagesschau. de, Mar. 21, 2018, http://www. tagesschau. de/wirtschaft/wirtschaftsweise – 117. html.

term. Meanwhile, the contribution to social pension insurance shall not exceed 20% of wages. Regarding the long-term stabilization of contributions and pensions after 2025, a committee will be set up. The coalition government also plans to introduce a basic pension that is 10% higher than basic welfare and funded by the social pension insurance. The logic behind this is that those who have retired after decades of work should receive a higher pension than those who never worked.

The new government also supports families in many ways, e.g. child benefits are increased by 25 euros per month and the tax exemption for children is raised accordingly. Moreover, benefits for low-income families for raising children will also be raised. Children's rights will be enhanced and included in the constitution. The Union parties and the SPD are also determined to introduce "child benefits for housing" (Baukindergeld): Families that acquire a home will receive 1,200 euros per child per year for 10 years. This aims at making it easier for families to purchase or build their own homes.

The Union parties and the SPD also plan to modify the Basic Law so as to enable the federation to better support the renovation of public schools. Currently the law only permits the federal government to fund such renovation in towns and villages that are struggling financially. The coalition also plans to support investments in full-time schools and improvements of their students' care with 2 billion euros. A right to receive full-time care will also be introduced. Finally the federal government will work together with all federal states to establish a national council on education with a view to rendering the education of schools in different states more comparable.

In taxation and finance, the Union parties and the SPD aim at maintaining the "black zero" meaning balanced-budget, such as was first achieved in 2014, also over the coming years. While pursuing this aim, the government still plans to cut taxes. To be more precise, it plans to cut the solidarity surcharge from 2021 onwards. In that year, 90% of those that presently pay the solidarity surcharge will no longer have to pay. But different than foreseen in the initial plan, the Coalition Agreement does not mention when the solidarity surcharge will finally be phased out entirely.

Regarding refugee policy and social security, the new government also plans some significant steps. Firstly, "central reception, decision-making and return facilities" will be established for asylum procedures. In future, the number of family members who will be allowed to join relatives who have only a status of subsidiary protection in Germany is capped at 1,000 per month. The present rigorous scrutiny of asylum seekers will continue. Besides, the total net number of incoming refugees shall not exceed the range of 180,000 to 220,000 per year. With this limit, the CSU holds that its requirement for an upper limit on the number of asylum seekers is fulfilled, while the SPD feels relieved that the individual's right to asylum prescribed in the Basic Law is not violated. To strengthen national security, the new government plans to add 7,500 positions in the security agencies of the federal and state governments and add 2,000 positions for judges; to fight terrorism, common standards will be applied nation-wide.

In summary, a large number of measures aims at dealing with the multiple problems brought about by the refugee crisis. An opinion poll by Infratest Dimap held on Sept. 25, 2017, one day after the general election, shows that 70% of the respondents are worried about the increasing polarization of the German society; this tops the list of their concerns. In second place is the concern about the "increase of crime" (62%), following that are worries that "Islam becomes stronger than Christianity" (46%) and that "too many foreigners move into Germany" (38%). But the issues that had a decisive effect on the vote were the "policy on primary and secondary education" (64%), "anti-terrorism" (59%), "security of senior citizens' pensions" (57%) and the "influx of refugees" (27%). Correspondingly, Merkel admitted in her first government policy declaration after taking office on Mar. 21, 2018 that the debate in German society about how to deal with the refugee crisis had split the country. Despite the excellent economic situation Germans were worried about their future and social cohesion, and discussions had become polarized. Merkel held that it was the government's responsibility to "overcome the division and build a new cohesion". The prosperity of Germany should benefit all[1]. To reduce the financial burden of poor

---

[1] "Merkel: 'Deutschland, das sind wir alle!'", https://www.bundesregierung.de/Content/DE/Artikel/2018/03/2018 – 03 – 21 – reg – erkl – kanzlerin. html.

families and disadvantaged citizens, the new government decided to set up a committee on the "equality of living conditions" with the aim of coordinating all relevant plans from different departments to help the federal government, towns and villages to work together to meet the German people's expectation for equal living conditions.

Merkel stated that while Germany has historically been shaped by Christianity and Judaism, now also 4,5 million Muslims live in Germany. Their religion, Islam, was "meanwhile also a part of Germany". Merkel emphasized that she is the chancellor of all Germans. This was clearly a response to Interior Minister Seehofer, who had stated that "Islam does not belong to Germany, but the Muslims who live with us obviously do". This argument is anything but new, it comes up regularly. It is generally believed that the sentence "Islam belongs to Germany" was first coined by then Federal President Christian Wulff in his address on the Day of German Unity on Oct. 3, 2010 in reaction to the book *Germany Does Away With Itself* by Thilo Sarrazin that had caused a widespread controversial debate[1].

Ⅲ Key issues of foreign policy: "Europe has to take its fate into its own hands"

With so many uncertainties around the world, there are undoubtedly numerous foreign policy challenges for the government[2]. Generally, the Coalition Agreement shows that the new German government is willing to continue the active and productive foreign policy of the previous government. The central idea conveyed by the Coalition Agreement is that "Europe should take its fate into its

---

[1] Stephan Detjen, "Die Geschichte eines Satzes 'Der Islam gehört zu Deutschland'", *Deutschlandfunk Kultur*, Jan. 14, 2015, http://www.deutschlandfunkkultur.de/die-geschichte-eines-satzes-der-islam-gehoert-zu-deutschland.1895.de.html?dram:article_id=308696.

[2] For further exploration and analysis of this issue, please refer to Christian Mölling and Daniel Schwarzer, eds., *Außenpolitische Herausforderungen für die nächste Bundesregierung*, DGAPkompakt Nr. 6/ Sommer 2017.

own hands" by increasing its engagement[1].

European and transatlantic relations have long been the two major pillars of German diplomacy; they are to be maintained and promoted in parallel. However, in view of the alienation in transatlantic relations caused by the Trump-led administration, Germany has to focus more on the EU. In this respect, the Coalition Agreement mentions two objectives: One, Europe must become more independent and more capable of taking action; two, Germany intends to stabilize its relationship with the US. Or, to phrase it differently: "Remain transatlantic and become more European". A similar expression of the idea to focus on Europe can be found in the very first sentence of the paragraph dealing with foreign policy: "German foreign policy is committed to peace and firmly anchored in the United Nations and the European Union." While NATO is mentioned as a pillar of German security, its importance is stressed less than in the past.

Appropriately, the first chapter of the Coalition Agreement deals with Europe, thus according it a prominent place that it has never received before. While this was a core requirement made by the SPD under the leadership of the former president of the European Parliament Martin Schulz, Merkel also intends to revitalize, jointly with French president Macron, the German-French partnership. In Merkel's first government policy declaration after her re-election as chancellor, Europe featured prominently. Merkel asked EU member states for "much more common ground in foreign policy", for only by acting jointly could the EU safeguard its sovereignty, interests, values and prosperity. To French President Macron, what matters most are the EU's economic policies, especially a reform of the Eurozone.

The plan for a reform of the Eurozone that Macron proposed in his address "Initiative for Europe" at the Paris Sorbonne University on Sept. 26, two days after the German general election, include the new position of a Eurozone Finance Minister, a dedicated Eurozone budget and an Eurozone parliament to

---

[1] See Andreas Rinke, "Neue deutsche Verantwortlichkeit. Der Koalitionsvertrag zeugt von außen – und europapolitischem Aufbruchwillen", *Internationale Politik*, März/April 2018, pp. 78 – 82.

monitor it[1]. But since the Union parties and the SPD have diverging views on this plan, the Coalition Agreement only mentions specific financial means to contribute to economic stabilization and social convergence in the EU as a starting point for a future investment budget for the Eurozone[2]. The SPD interpreted this as the end of the "austerity" policy, hoping that more funds will in future be used to fight youth unemployment in the EU. According to the Coalition Agreement, efforts will also be made to develop the European Stability Mechanism (ESM) into a "European Monetary Fund" that is anchored in EU law. Furthermore, the new government proposed in the Coalition Agreement that a fairer taxation at the EU level shall be levied on Internet giants such as Google, Apple, Facebook and Amazon. Agreement was also reached by the major parties on issues of enhancing employee's rights in the EU and the conclusion of a "European Social Treaty". Above all, the position of the European Parliament is to be enhanced, and EU citizens should be able to participate in discussions about EU reforms.

Nevertheless, compared with such issues as the reform of the Eurozone, refugees and migration are the No. 1 concern in Germany. Therefore the Coalition Agreement proposes that all EU members shall equally share responsibility for the resettlement of refugees and that Europe jointly better protects its external borders. As a matter of fact, since Frontex has evolved into a European Border and Coast Guard, conditions have much improved. As agreed by the Union parties and the SPD, Merkel has requested to increase the staffing of Frontex[3]. She also spoke in

---

[1] Zheng Chunrong, "Why Eurozone reform is difficult", Shang Guan News, Oct. 16, 2017, http://www.jfdaily.com/news/detail?id=68153.

[2] In 2016, Germany's net contribution to the EU budget stood at 13 billion euros, topping the list of all net contributors; following Germany was France, whose contribution stood at 8.2 billion euros; the UK ranked third with a net contribution of 5.6 billion euros. It must be noted that in 2015 the net contribution of the UK was 11.7 billion euros. According to the EU Commission, after Brexit the EU budget will show a gap of 10 – 13 billion euros. See Hendrik Kafsack, "Deutschland zahlt mehr als doppelt so viel an die EU wie Großbritannien", faz.net, Nov. 26, 2017, http://www.faz.net/aktuell/wirtschaft/deutschland – bleibt – der – groesste – eu – nettozahler – 15311451.html.

[3] "Kanzlerin vor dem EU-Gipfel: Merkel: Deutschland geht es nur gut, wenn es Europa gut geht", faz.net, Feb. 25, 2018, www.faz.net/aktuell/politik/inland/angela – merkel – europa – im – zentrum – der – grossen – koalition – 15462198/betont – die – bedeutung – europas – 15462213.htmll.

favor of an improved entry and exit registration. Merkel hopes to reach agreement on a common European asylum system at the European Council to be held in June 2018. Lastly, Merkel demanded a closer cooperation with African countries so as to combat the reasons for illegal migration at the source.

Jointly with the reinforcement of external border protection, Germany also committed itself to an improved European cooperation on common security and defense policy. Based on joint efforts by Germany and France, in December 2017 25 EU member states concluded an agreement on Permanent Structured Cooperation on Defense (PESCO). Not participating are Denmark and Malta which both opted out of the common security and defense policy and the UK that is withdrawing from the EU. PESCO is a practical example for a "multi-speed Europe" in EU security and defense. In March 2018 the EU publicized an action plan commonly termed "Military Schengen" aimed at improving EU military mobility through free movement of military units throughout Europe. This is another step forward towards the establishment of a European defense union[1]. In the Coalition Agreement, the new government suggests to revitalize the European defense union through PESCO and take further measures towards an "Army of Europeans".

While not explicitly mentioned in the Coalition Agreement, how to deal with Brexit remains an issue of top priority for Germany's European policy. After the EU and the UK reached agreement on such issues as EU citizens' rights in the UK and the UK's financial responsibilities to the EU after Brexit ("breakup fee"), Brexit negotiations finally entered their second round in December 2017. Negotiations involved the framework of future UK-EU bilateral relations and the duration of a transitional period after the UK's complete withdrawal in March 2019. EU officials including EU Commission president Juncker and European Council president Tusk pointed out that the second round of negotiations was harder than the first one. The two sides continued to have wide differences of opinion on e. g. financial services, aviation and commodity trade. One year ago,

---

[1] Zeng Fanqiang, "How far is the EU from autonomous defense?", *People's Daily Overseas Edition*, Apr. 7, 2018, Vol. 6, http://paper. people. com. cn/rmrbhwb/html/2018 – 04/07/content _ 1846374. htm.

the EU had hinted that it hoped to reach a free trade agreement with the UK that was similar to the Comprehensive Economic and Trade Agreement (CETA) that the EU had concluded with Canada. The UK, however, hopes to maintain a closer relationship than that under CETA, as this does not cover the financial and insurance industries that are especially competitive in the UK[1]. In March 2018, the representatives of the EU and the UK jointly declared that both sides had already reached agreement on most details of the Brexit agreement including a transitional period after Brexit until Dec. 31, 2020. At the Brussels Spring Summit on March 23, 2018 the European Council adopted the phase II Brexit negotiation guideline, emphasizing its commitment to the establishment of a EU-UK partnership that is "as close as possible" in the areas of economics and trade, security and defense, anti-terrorism, etc.. In the meantime the EU will consider the UK's request for withdrawing from the EU single market and the EU customs union and properly limit the depth of the UK-EU partnership[2]. In an earlier government policy declaration Merkel had pointed out that the EU and Germany will build a friendly and close future partnership with the UK, and that while the UK intends to leave the EU single market and the customs union, "the key issue is to reach an in-depth and detailed free trade agreement in accordance with reality." Besides an agreement on trade, the EU needs to reach agreement with the UK in three areas: cooperation in aviation, the justice system, and foreign affairs, and security and defense. According to the current plan, both parties will address specific key points in a political announcement before October 2018. Key points of the trade agreement will also be addressed in this announcement. In any case, a hard Brexit would hurt both sides.

Considering the increasing international responsibilities that Germany will assume in the future, the Union parties and the SPD also agree to allocate more funds to defense and development aid. It is particularly noteworthy that Germany

---

[1] Raffaela Angstmann, "Die Brexit-Gespräche gehen in die zweite Runde", *Neue Zürcher Zeitung*, Dec. 15, 2017, https://www.nzz.ch/international/die-brexit-gespraeche-gehen-in-die-zweite-runde-ld.1339727.

[2] "EU Summit: Commitment to establishing an 'as close as possible' partnership with the UK", Xinhuanet, Mar. 24, 2018, http://www.xinhuanet.com/world/2018-03/24/c_1122585090.htm.

intends to combine measures and policies in diplomacy, security, defense and development. For this purpose, the new government will make use of additional funds in the budget to increase expenditures on defense and development aid at a ratio of 1 : 1. In the election campaign, the Union parties had proposed that defense expenditure be increased from the current level of 1.2% of GDP to the level required by NATO of 2% of GDP. But because of the SPD's opposition, this objective has not been included in the Coalition Agreement. In addition, armaments exports will continue to be limited through strict regulations. The Coalition Agreement stipulates that no armaments exports will be approved for countries while these are directly involved in the war in Yemen. To protect trust, exports that have been approved previously will, however, be exempted. Regarding deployment of the federal army (Bundeswehr) abroad, the number of troops stationed in Afghanistan and Mali is to be increased. The Bundeswehr mission against the "IS" ("Islamic State") is described as successful. That is why its training mission in northern Iraq can be ended; its major task will shift to comprehensive stabilization and continuing suppression of the "IS" terror through capacity building.

Regarding German-US relations, after Trump assumed office some US policies and steps have already harmed Germany's strategic interests, e. g. the US Congress has damaged Europe's economic interests with its sanctions on Russia, the US threat of leaving the Iranian nuclear deal has increased the danger of war in areas bordering Europe, and the US recognition of Jerusalem as capital of Israel has exerted far-reaching negative effects on the Middle East peace process. In a keynote speech at the Berlin Foreign Policy Forum organized by the Körber Foundation the Foreign Minister of the caretaker government, Sigmar Gabriel, pointed out that because of "the present retreat of the US under Trump from the role of reliable guarantor of Western multilateralism", Germany has to readjust its policy and take a more independent and self-confident position towards the US. Gabriel also stated that even though the US is one of Germany's most important strategic partners, Germany has to achieve a "strategic balance of interests" in the future Germany-US partnership. To Gabriel, "the EU can survive only when it defines its own interests and projects its strength"①. As to Trump's threat of levying penalty tariffs on imported steel and aluminum, Merkel asserted in her government policy declaration that such tariffs were in contravention of international law and that "isolation would harm everyone"; she also threatened to take countermeasures. But in the end, Germany and other EU members have met the conditions for being exempt from the tariffs.

German-Russian relations continue to be strained by the "Frozen Conflicts"; the attempted assassination of a former double agent in Salisbury, England, led to a further alienation between Russia on one and Germany and the EU on the other side. Many European countries including Germany expelled Russian diplomatic staff, and Russia retaliated in kind. On this issue, Germany trusted the UK's judgment that Russia is behind this attempt, and took sides with the UK, thereby forming a Western anti-Russian front②. Germany does however not want the confrontation between Europe and Russia to escalate and therefore follows a two-track approach of sanctions and talks on this issue. In the same vein, when the US, the UK and France launched air strikes on Syria because of the Assad government's suspected use of chemical weapons in April 2018, Merkel declared that Germany would not join the military action, but assessed it after the strike as "necessary and adequate". Germany's stance of "oral support but no participation" is closely related to its long-cherished "culture of restraint". But in this case, one of the reasons why Germany did not join its Allies was that it did not want to further escalate the confrontation with Russia.

Regarding Turkey, though the agreement on refugees concluded between the EU and Turkey attenuated the refugee crisis to some extent, Turkey has in the eyes of the West consistently violated Western standards, in particular on democracy, the rule of law and human rights. Recently the Turkish army attacked and occupied the Kurdish town Afrin; Merkel qualified this as "unacceptable".

---

① "Warum Europa eine neue Außenpolitik braucht – Rede von Außenminister Gabriel beim Forum Außenpolitik", 05.12.2017, https://www.auswaertiges – amt. de/de/newsroom/berliner – forum – aussenpolitik/746464.

② "Fissures in the anti-Russian Front: EU leaders resist pressure to approve Russian-funded natural gas project", Mar. 30, 2018, http://www.thepaper.cn/newsDetail_forward_2051153.

German Foreign Minister Heiko Maas also called on Turkey to abide by international law in its military action in northern Syria and stated that a permanent stationing of troops would definitely not be in accordance with international law[1]. Moreover, the arrest of the journalist Deniz Yücel and several other German citizens for political reasons by Turkish authorities further impaired relations between the two countries. In the televised debate with SPD candidate Schulz, Merkel stated during the electoral campaign that she would discuss the suspension of talks on Turkey's EU accession with other EU member states. Since these hold different views on this issue, the Coalition Agreement merely notes that regarding the negotiations on the accession of Turkey, no chapters should be finished nor new ones opened. Facing a partner and neighbor as difficult as Turkey, Germany apparently does not have many effective ways to deal with it.

Finally, as to relations with China, the Coalition Agreement strikes a new tone. On the one hand, it emphasizes the importance of cooperating with an increasingly strong China; on the other hand, it points out that the "Belt and Road" initiative (BRI) entails opportunities as well as challenges. In previous documents Germany had still displayed a fairly welcoming attitude toward the BRI. This change of attitude clearly mirrors the view that "Europe should take its fate into its own hands"; the Coalition Agreement announces a European answer to the BRI so as to safeguard European interests and to better endow and focus German and European financial instruments.

IV Conclusion: "Global challenges need European answers"

After the lengthy formation of the cabinet, Germany has finally established a stable government. Compared with other EU countries, the political structure of Germany is relatively stable; but when compared to the past, its stability is mixed

---

[1] "Rede des Bundesministers des Auswärtigen, Heiko Maas, bei der Aussprache zur Regierungserklärung zu den Themen Außen, Europa und Menschenrechte vor dem Deutschen Bundestag am 21. März 2018 in Berlin", https://www.bundesregierung.de/Content/DE/Bulletin/2018/03/32 – 3 – bmaa – bt.html.

at best, with some elements of fragility. This is due to the rise of the right-wing populist AfD. The entering of the AfD into the upper house and almost all state parliaments furthers the fragmentation of the party system. If major parties fail to win back voters from the AfD, difficult cabinet formations could in future rather be the rule than the exception.

After the establishment of the coalition government, the two losers of the general election—the CDU/CSU and the SPD—concentrated their domestic policy on improving citizens' daily life. They focused their attention on addressing the social division and tried to rebuild social cohesion. While Germany's economic strength gives the new government a large financial leeway, it is still challenged with providing the socially underprivileged with a sense of prosperity and security, and at the same time maintaining economic growth against the background of a volatile international situation.

Meanwhile, the German political elites recognize more clearly their country's responsibilities in an increasingly uncertain and unpredictable world. Germany well knows its limitations, so when the US become less reliable, it focuses its attention on the revitalization of the European Union. As the British historian Timothy Garton Ash points out, Germany needs to think global and act regional, which means that its global role can only unfold through Europe[1]. That is why the Coalition Agreement states that "Europe has to take its fate into its own hands" and accords the renaissance of the EU in a prominent position. The EU continues to be faced with challenges from inside and outside, e. g. the East-West divergence of opinions on refugee problems, the differences concerning the rule of law between the EU on one side and Poland and Hungary on the other[2], and the South-North disagreement on financial issues.

Currently, after Germany has successfully established the grand coalition

[1]   Timothy Garton Ash, "Think Global, Act Regional", *The Berlin Pulse. German Foreign Policy in Perspective*, Körber Stiftung, 2017, pp. 12 – 14, http: //www. koerber – stiftung. de/fileadmin/user_upload/koerber – stiftung/redaktion/berliner – forum – aussenpolitik/pdf/2017/The – Berlin – Pulse. pdf.

[2]   "Schwierige Agenda für die EU. Ein Jahr mit nur sechs Monaten", tagesschau. de, Dec. 31, 2017, http: //www. tagesschau. de/ausland/europa – ausblick – 101. html.

government, there is a window of opportunity for reforming the EU. But not much time is left for Germany and the EU, as the 2019 elections for the European Parliament will be on the agenda soon after the summer. If no early breakthroughs are made on such issues as Brexit, EU reforms, etc. , the anti-EU populists' knives will be out.

社会科学文献出版社

皮书系列

✤ 皮书起源 ✤

"皮书"起源于十七、十八世纪的英国，主要指官方或社会组织正式发表的重要文件或报告，多以"白皮书"命名。在中国，"皮书"这一概念被社会广泛接受，并被成功运作、发展成为一种全新的出版形态，则源于中国社会科学院社会科学文献出版社。

✤ 皮书定义 ✤

皮书是对中国与世界发展状况和热点问题进行年度监测，以专业的角度、专家的视野和实证研究方法，针对某一领域或区域现状与发展态势展开分析和预测，具备原创性、实证性、专业性、连续性、前沿性、时效性等特点的公开出版物，由一系列权威研究报告组成。

✤ 皮书作者 ✤

皮书系列的作者以中国社会科学院、著名高校、地方社会科学院的研究人员为主，多为国内一流研究机构的权威专家学者，他们的看法和观点代表了学界对中国与世界的现实和未来最高水平的解读与分析。

✤ 皮书荣誉 ✤

皮书系列已成为社会科学文献出版社的著名图书品牌和中国社会科学院的知名学术品牌。2016 年，皮书系列正式列入"十三五"国家重点出版规划项目；2013~2018 年，重点皮书列入中国社会科学院承担的国家哲学社会科学创新工程项目；2018 年，59 种院外皮书使用"中国社会科学院创新工程学术出版项目"标识。

权威报告・一手数据・特色资源

皮书数据库
ANNUAL REPORT(YEARBOOK)
DATABASE

当代中国经济与社会发展高端智库平台

所获荣誉

- 2016年，入选"'十三五'国家重点电子出版物出版规划骨干工程"
- 2015年，荣获"搜索中国正能量 点赞2015""创新中国科技创新奖"
- 2013年，荣获"中国出版政府奖・网络出版物奖"提名奖
- 连续多年荣获中国数字出版博览会"数字出版・优秀品牌"奖

成为会员

　　通过网址www.pishu.com.cn访问皮书数据库网站或下载皮书数据库APP，进行手机号码验证或邮箱验证即可成为皮书数据库会员。

会员福利

- 使用手机号码首次注册的会员，账号自动充值100元体验金，可直接购买和查看数据库内容（仅限PC端）。
- 已注册用户购书后可免费获赠100元皮书数据库充值卡。刮开充值卡涂层获取充值密码，登录并进入"会员中心"—"在线充值"—"充值卡充值"，充值成功后即可购买和查看数据库内容（仅限PC端）。
- 会员福利最终解释权归社会科学文献出版社所有。

社会科学文献出版社 皮书系列
SOCIAL SCIENCES ACADEMIC PRESS (CHINA)

卡号：213781235593
密码：

数据库服务热线：400-008-6695
数据库服务QQ：2475522410
数据库服务邮箱：database@ssap.cn
图书销售热线：010-59367070/7028
图书服务QQ：1265056568
图书服务邮箱：duzhe@ssap.cn

S 基本子库
SUB DATABASE

中国社会发展数据库（下设 12 个子库）

全面整合国内外中国社会发展研究成果，汇聚独家统计数据、深度分析报告，涉及社会、人口、政治、教育、法律等 12 个领域，为了解中国社会发展动态、跟踪社会核心热点、分析社会发展趋势提供一站式资源搜索和数据分析与挖掘服务。

中国经济发展数据库（下设 12 个子库）

基于"皮书系列"中涉及中国经济发展的研究资料构建，内容涵盖宏观经济、农业经济、工业经济、产业经济等 12 个重点经济领域，为实时掌控经济运行态势、把握经济发展规律、洞察经济形势、进行经济决策提供参考和依据。

中国行业发展数据库（下设 17 个子库）

以中国国民经济行业分类为依据，覆盖金融业、旅游、医疗卫生、交通运输、能源矿产等 100 多个行业，跟踪分析国民经济相关行业市场运行状况和政策导向，汇集行业发展前沿资讯，为投资、从业及各种经济决策提供理论基础和实践指导。

中国区域发展数据库（下设 6 个子库）

对中国特定区域内的经济、社会、文化等领域现状与发展情况进行深度分析和预测，研究层级至县及县以下行政区，涉及地区、区域经济体、城市、农村等不同维度。为地方经济社会宏观态势研究、发展经验研究、案例分析提供数据服务。

中国文化传媒数据库（下设 18 个子库）

汇聚文化传媒领域专家观点、热点资讯，梳理国内外中国文化发展相关学术研究成果、一手统计数据，涵盖文化产业、新闻传播、电影娱乐、文学艺术、群众文化等 18 个重点研究领域。为文化传媒研究提供相关数据、研究报告和综合分析服务。

世界经济与国际关系数据库（下设 6 个子库）

立足"皮书系列"世界经济、国际关系相关学术资源，整合世界经济、国际政治、世界文化与科技、全球性问题、国际组织与国际法、区域研究 6 大领域研究成果，为世界经济与国际关系研究提供全方位数据分析，为决策和形势研判提供参考。

法律声明